慰藉料에 관한 研究

-不法行爲를 중심으로-

이창현 지음

경인문화사

慰藉料에 관한 研究

-不法行爲를 중심으로-

머리말

본서의 목적은 불법행위를 원인으로 한 위자료에 관한 비교법적 연구를 통하여 종래의 논의에서 명확하게 부각되지 아니한 중요한 쟁점을 찾아내 이에 대한 사견을 제시하여 현행 민법의 해석론에 기여하고자 함에 있다. 특히 종래 학설과 판례에서 재산적 손해의 배상과 구별되는 위자료의 독자성에 관한 논의는 거의 발견되지 아니하고, 위자료는 정신적 고통에 대한 배상으로 치부되어 비재산적 손해를 정신적 고통으로 일원화하는 경향이 강하였고, 비재산적 손해의 구체화가 진행되지 않았다. 또한 위자료 산정에 관한 법관의 재량을 너무 강조하여 산정사유의 적시라는 중요한 이익이 소홀하게 다루어져 왔다. 과연 이와 같은 종래의 해석론이 타당한가라는 근본적인 의문이 필자의 연구의 시발점이 되었다. 종래의 해석론의 한계를 명확하게 의식하고 문제의 해결을 위한 의미있는 시사점을 얻기 위하여 비교법적 고찰을 수행한다. 우리의 법문제에 대한 해결책의 제시라는 해석론의 임무에 충실하고 균형있는 시각을 잃지 않기 위하여 전체적으로 대륙법계와 영미법계의 주요 국가 그리고 유럽불법행위법 통합 논의를 살폈다. 또한 비교법적 고찰은 대상 국가의 논의가 쟁점별로 대비될 수 있도록 하기 위하여 일관되게 손해배상법의 개관, 위자료의 의의와 기능, 위자료청구권자, 위자료의 일신전속성 여부, 위자료청구권의 발생원인, 산정론의 순으로 진행한다. 위자료의 의의에 대하여는 재산적 손해의 배상과 구별되는 위자료의 독자성을 음미하고, 위자료의 기능에 대하여는 전보기능, 예방기능, 만족기능, 제재기능, 보완적 기능에 대하여 살핀다. 위자료청구권자에 대하여는 직접피해자와 간접피해자로 나누고, 전자에 대하여는 자연인과 법인이 위자료청구권을 가지

느냐를 살피고, 후자에 대하여는 근친자 또는 기타 제3자가 어떠한 요건하에
서 위자료청구권을 가지는가를 살핀다. 위자료의 일신전속성 여부에 대하여
는 위자료청구권의 양도성 및 상속성을 제한없이 인정할 것인가에 관한 논
의를 살핀다. 위자료청구권의 발생원인에 대하여는 총론적 고찰과 유형론적
고찰을 한다. 산정론에 대하여는 산정주체의 재량과 그 한계, 산정사유의 적
시, 입증책임, 상소심의 심리 등에 관한 논의를 소개한다. 대륙법계의 논의
(독일, 오스트리아, 스위스, 프랑스)(제1장), 영미법계의 논의(영국, 미국)(제2
장) 그리고 유럽불법행위법 통합 논의(PETL. DCFR)(제3장)를 통하여 얻어진
비교법적 고찰의 결과를 정리한다(제4장). 마지막으로 현행 민법의 해석론을
비판적으로 음미하고 필자의 사견을 제시하고자 한다(제5장). 필자의 사견
중 중요부분을 최종결론으로 제시하고 논문을 마친다(결론).

　민법상 어렵고 중요한 주제인 위자료에 관한 연구를 이제야 마치고 책으
로 발간하게 되어 마음의 짐을 덜고 홀가분함을 느낀다.

　마지막으로 독일원서강독과 대학원강의를 통하여 학문의 재미와 어려움을
몸소 가르쳐 주신 필자의 지도교수이신 양창수 대법관님께 감사드린다.

2010년 12월 이 창 현

x

結 論

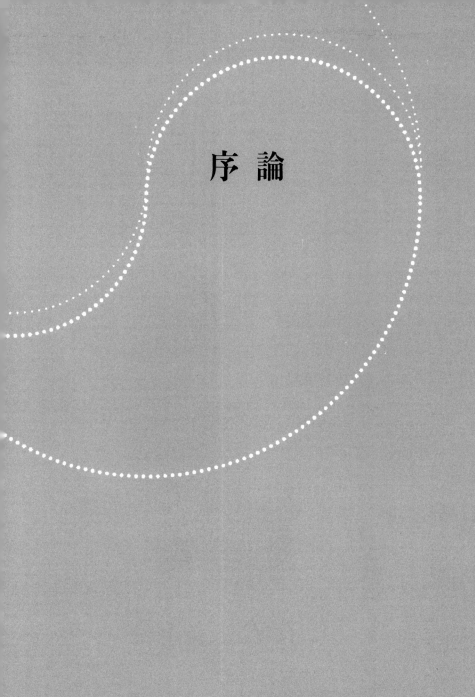

序 論

1. 問題의 所在

위자료는 정신적 고통에 대한 배상에 한정되지 아니하고 비재산적 손해의 배상이라는 일반적 의미를 가지고 있다. 위자료가 어떠한 요건하에서 배상되느냐라는 논의에 본격적으로 착수하기에 앞서 재산적 손해와 비재산적 손해의 구별기준과 비재산적 손해의 구체적 내용을 분석하는 것이 필요하다. 종래의 논의에서는 비재산적 손해를 정신적 고통으로 일원화하여 이해하고 있는바, 다음과 같은 문제가 발생할 수 있다. 첫째. 의식불명자가 정신적 고통을 인식할 수 없다면 위자료의 배상이 부정되어야 하는가. 둘째, 즉사의 경우에 순간적 고통은 미미한 것으로 평가되는데, 생명침해로 인한 위자료가 고액인 것은 어떻게 설명될 수 있는가. 셋째, 완치불능의 암환자에 대한 진단과오로 인하여 피해자가 갑자기 사망한 경우에 판례는 신변을 정리할 기회의 상실에 대한 위자료를 인정하고 있는데, 그와 같은 경우에 정신적 고통이 있다고 볼 수 있는가이다. 넷째, 회사나 법인에 대하여 판례와 학설은 회사 등이 정신적 고통을 인식할 수 없다는 점을 들어 소위 무형손해라는 이론구성을 고안하였는바, 굳이 그러한 이론구성이 필요한가이다. 더 나아가 비재산적 손해의 내용 중에서 감정세계의 침해에 대한 중요성이 종래의 논의에서 크게 부각되지 않았다. 후프만(Hubmann)은 감정은 의사에 대하여 추진력과 자극을 주며, 정신에 대하여 창조에 대한 자극을 주는 풍부한 보고이며, 시끄러운 세상으로부터 벗어나 집에서 있는 것과 같은 세계를 마련하는 것이라고 강조하였고,[1] 예링(Jhering)은 영혼에 대한 상처는 두고 두고 인간 도덕의 근저를 파괴할 수 있다고 언명하였다.[2] 필자는 인간의 고유한 특질인

---

1) Hubmann, Das Persönlichkeitsrecht, 2. Aufl., 1967, S. 256.

'감정세계'에 대한 고려를 통하여 위자료의 의미를 보다 정확하게 파악할 수 있으며, 더 나아가 귀책사유의 가중에 따른 위자료액의 증가를 제재의 관점이 아니라 전보의 관점에서 충분히 타당하게 정당화할 수 있으며, 사망의 경우보다 지속적인 후유증을 가져 오는 중상해의 경우에 근친자에게 고액의 위자료가 인정될 수 있다는 점을 설득력있게 설명할 수 있다고 생각한다.3)

종래의 학설과 판례는 위자료를 재산적 손해배상과 유사하게 손해배상의 일종으로만 파악하였고, 위자료의 의의에 대한 특별한 고려를 베풀지 아니하였다. 그러나 위자료는 감정이 없는 기계와 같은 재산이 아니라 감정의 복합체인 인간에게 고유한 문제라는 점에서 사람을 육체적·정신적 완전성을 갖춘 존재(human being with physical and mental integrity)라는 점을 직시하고, 인간의 능력과 감정의 균형상태가 인간으로서의 삶의 질에 영향을 준다는 점에 대하여 충분한 의미를 부여하는 것이다.4)

손해배상의 기본 원칙은 불법행위가 없었던 상태로 되돌리고자 하는 것인바, 비재산적 손해라고 하는 것은 본질적으로 그러한 원상회복이 가능하지 않은데, 굳이 금전배상을 하는 이유가 무엇인지에 대하여 학계의 논의가 본격적으로 행하여지지 않고 있다. 그러나 외국에서는 왜 위자료가 인정되어야 하는가에 대하여 심도있는 논의가 전개되고 있는바, 이에 대한 고찰은 우리에게 위자료의 존재 의의에 대한 시사를 하여 줄 것이다. 즉 위자료를 고통의 경감, 기쁨의 창출을 위한 것으로 볼 것인가, 그렇다면 위자료금은 그러한 목적에 한하여 사용되어야 하는가라는 물음에 대한 답을 제시해 줄

---

2) Jhering, Der Zweck im Recht, Band Ⅱ, S. 477.

3) 가장 중대한 불이익인 사망으로 인한 근친자의 고통은 시간이 흐름에 따라 약화되지만, 지속적 후유증에 시달리는 경우에 근친자의 고통은 시간의 흐름에 따라 약화되지 않고, 오히려 지속적인 부담감을 가져올 수 있는 것이다. 즉 피해자의 간호에 대한 근친자의 도덕적 의무로 인하여 근친자의 삶이 피해자에게 매이게 된다는 점을 무시할 수 없다.

4) Law Commission Consultation Paper No 140, Damages for Personal Injury: Non-Pecuniary Loss(1995), §4.5.

것이다.

위자료에 대하여 명시적으로 규정하고 있는 민법 규정은 제751조와 제752조이다. 제751조는 타인의 신체, 자유 또는 명예를 해하거나 기타 정신상 고통을 가한 자는 재산이외의 손해에 대하여도 배상할 책임이 있다고 규정하고 있으나, 학설과 판례는 대체로 생명의 경우에도 위자료를 인정하고 더 나아가 초상권, 성명권, 사생활의 비밀과 자유의 침해에 대하여도 위자료를 인정하고 있다. 그러나 학설과 판례는 일응 법문에 반하는 해석에 대한 근거를 충분하게 제시하였다고 보기 어려운데, 민법 제750조, 제751조, 제752조의 관계에 대하여는 대륙법계인 독일, 오스트리아, 스위스, 프랑스의 논의를 통하여 의미있는 시사를 받을 수 있다.

제752조는 타인의 생명을 해한 자는 피해자의 직계존속, 직계비속 및 배우자에 대하여는 재산상의 손해없는 경우에도 손해배상의 책임이 있다고 규정하고 있는데, 우리의 학설과 판례는 대체로 형제자매에 대하여도 위자료를 인정하고, 사망이 아닌 상해 그리고 불법구금, 수사미진 등의 경우에도 근친자의 위자료청구권을 인정하는데, 이에 대한 충분한 설명은 행하여지지 않았다.

인격적 법익의 침해로 인한 위자료에 있어 판례는 문제되는 법익의 내용을 구체적으로 적시하지 않고 단순히 인격적 이익을 침해하는 것이라고 설시하는 경향이 간취되는바, 이는 인격권의 구체화를 저해하는 것으로 조속히 시정되어야 한다. 즉 문제되는 법익의 내용과 침해의 태양에 비추어 산정된 위자료액을 통하여 법익의 서열을 다시 한번 가다듬는 잣대로 활용할 수 있고, 그러한 과정을 통하여 인격권의 내용은 보다 확연한 모습을 갖출 수 있다.

비재산적 손해라고 하는 것은 객관적 잣대가 없어 결국 당해 사건에서 문제되는 법익과 침해의 태양을 주목하여 유사사건에서 선고된 위자료액과의 비교를 통해서만 어느 정도의 윤곽을 잡을 수 있는 것이다. 그러나 학설과

판례는 변론종결시 나타난 제반 정상을 참작하여 위자료를 산정한다고 하므
로 당사자로서는 위자료의 산정에 있어 중요하게 고려된 사정을 파악하기
어렵고, 더 나아가 항소법원이나 다른 법원으로서도 당해 사건에서 법원이
어떻게 그 금액을 인정하였는지를 알 수 없는 난관에 닥치게 된다. 따라서
이러한 난관을 해결하기 위하여 외국에서의 논의를 살펴볼 필요가 있다.

2. 硏究의 方法과 目的

종래 위자료논의에 대하여 제기되는 의문에 대한 의미있는 시사점을 얻기
위하여 외국의 입법례를 고찰할 필요가 있고, 비교법적 고찰은 손해배상법
개관, 위자료의 의의와 기능, 위자료청구권자, 위자료청구권의 일신전속성
여부, 위자료의 발생원인, 산정론의 순으로 진행한다.

첫째, 손해배상법의 개관에 있어서는 손해배상의 일반원칙, 재산적 손해와
비재산적 손해의 구별기준, 비재산적 손해의 구체화를 다룬다.

둘째, 위자료의 의의와 기능에서는 위자료의 독자적 의미를 파악하고,
위자료의 기능을 세분화하여 전보기능, 만족기능, 예방기능, 제재기능을 다
룬다.

셋째, 위자료청구권자에서는 직접피해자로서 자연인과 법인이 위자료청구
권을 가지느냐 그리고 간접피해자로서 자연인이 어떠한 요건하에서 위자료
를 청구할 수 있느냐를 다룬다.

넷째. 위자료청구권의 일신전속성에서는 위자료청구권의 양도성과 상속성
여부를 다룬다.

다섯째, 위자료의 발생원인에서는 총론적 고찰과 유형론적 고찰을 시도한
다. 총론적 고찰에서는 일반불법행위책임, 위험책임 그리고 최근의 경과사항
을 다루고, 유형론적 고찰에서는 생명침해, 신체침해, 건강침해, 신체의 자유

의 침해, 성적 자기결정권의 침해, 명예훼손, 모욕, 사생활의 비밀과 자유의 침해, 초상권의 침해, 성명권의 침해, 재산권의 침해에 있어 위자료배상요건을 다룬다.

여섯째, 산정론에서는 산정기준과 산정원칙 그리고 고통에 대한 인식가능성에 대한 각국의 논의를 소개한다. 작금의 위자료에 대한 논의는 피해자가 위자료를 받을 수 있느냐의 문제에서 위자료액을 얼마나 받을 수 있느냐의 문제로 그 중심이 옮겨가고 있는 실정이다. 이러한 경향에 발맞추어 적정한 위자료액의 산정의 방법에 관한 각국의 논의를 소개한다. 특히 적정한 손해 배상액의 산정방법은 소송에서 위자료가 어떻게 관철되는가를 살펴야 하므로, 소송물이론, 일부청구의 허부, 손해배상액 산정의 주체(법관 또는 배심원), 위자료산정에 있어 재량의 한계, 위자료에 대한 이유제시의 정도, 상고의 허부 등에 관한 각국의 논의도 소개한다.

다만 이 논문에서는 불법행위에 기하여 발생한 비재산적 손해의 배상에 한하여 다루고, 채무불이행을 원인으로 한 위자료와 이혼을 원인으로 한 위자료에 대하여는 다루지 아니한다.

3. 硏究의 構成

각국의 입법례를 고찰함에 있어서 차이를 보다 분명하게 드러내기 위하여 크게 대륙법계, 영미법계 그리고 유럽불법행위법 통합의 논의로 나누고, 이를 다시 세분화하여 대륙법계에서는 독일, 오스트리아, 스위스, 프랑스를, 영미법계에서는 영국, 미국을, 유럽불법행위법 통합논의에서는 유럽불법행위법(PETL)과 공통참조초안(DCFR)을 소개하기로 한다. 제1장에서는 대륙법계의 논의를, 제2장에서는 영미법계의 논의를, 제3장에서는 유럽불법행위법 통합논의를, 제4장에서는 비교법적 고찰의 결과를 정리하기로 한다. 본 논문에서

는 각국의 법상황이 어떠한지를 한눈에 알아볼 수 있도록 하기 위하여 공통
된 쟁점별로 각국의 논의를 소개하고자 한다. 비교법적 성과를 기초로 하여
제5장에서는 우리민법상 해석론을 전개하고, 마지막으로 결론을 제시하면서
본 논문을 마치고자 한다.

第1章

大陸法系의 論議

第1節 獨逸의 慰藉料

1. 손해배상법의 개관

1.1. 손해배상법의 일반 원칙

손해배상의 기본 원칙은 피해자에게 불법행위가 없었더라면 있었을 상태로의 회복을 법적으로 관철하는 것이다. 민법 제249조는 이러한 원상회복원칙을 규정하고 있는데, 이러한 원칙은 재산상 손해만이 아니라 비재산적 손해의 경우에도 적용된다.[1] 이는 다른 한편으로 불법행위가 없었더라면 존재하였을 상태로의 회복을 법적으로 관철하는 것이므로 피해자가 종전의 상태보다 많은 이익을 보유하여서는 안된다는 것을 의미한다.

1.2. 재산적 손해와 비재산적 손해의 구별

1.2.1. 의의

독일민법은 재산적 손해와 비재산적 손해를 구체적으로 정의하지 않았고, 비재산적 손해는 재산적 손해가 아닌 것으로 규율하였을 뿐이다. 양자의 준별은 민법 제253조 제1항의 실제적 의미와 밀접하게 관련되어 있다. 왜냐하면 비재산적 손해는 법률상 규정된 경우에 한하여 금전으로 배상될 수 있기 때문이다.

---

[1] Staudinger/Schäfer, 12. Aufl. § 847 Rn. 2.

1.2.2. 구별기준

재산적 손해라 함은 금전으로 계량이 가능한 손해이면서 인격적 영역에
속하지 않는 것을 말한다.[2] 이러한 정의는 금전으로 계량하기 어려운 손해
의 경우에 필연적으로 수반되는 판사의 재량을 배제하고 비재산적 법익을
금전으로 전환하는 것을 막고자 하는 민법 제253조 제1항의 입법이유를 반
영한 것이다. 비재산적 손해는 침해된 법익의 종류에 따라 달라지는 것이 아
니라 발생한 손해의 종류에 따라 결정되는 것이다.[3]

1.2.3. 비재산적 손해의 구체화

1) 비재산적 법익 침해

비재산적 손해에 우선적으로 속하는 것은 비재산적 법익 자체의 침해가
있으며, 여기에는 신체, 건강, 명예, 인격권의 침해가 해당한다.[4]

2) 감정손해

'감정손해(Gefühlsschaden)'라 함은 법익침해에 대한 피해자의 대응으로서
의 고통, 불쾌감, 화 등이 발생하여 피해자의 감정세계가 침해되는 것을 말
한다. '고통(Schmerzen)'은 정신적·육체적 고통에 한정하는 것이 아니라 감
정손해를 대표하는 개념이다.[5] 다수설은 개인별로 상당한 편차가 있고 그
내용을 객관적으로 확정하기 어렵다는 점을 인정하면서도 감정손해의 배상

---

2) Lange/Schiemann, Schadensersatz, 3. Aufl. 2003, § 2 Ⅰ 2(S. 50).
3) Wiese, Der Ersatz des immateriellen Schadens, Recht und Staat(Heft 294/295), 1964,
   S. 8.
4) Witzleb, Geldansprüche bei Persönlichkeitsverletzungen durch Medien, 2002, S. 49f.
5) Deutsch, Schmerzensgeld und Genugtuung, JuS 1969, S. 198.

가능성을 일반적으로 긍정한다.6) 다만 일부 학설은 감정손해의 배상가능성을 긍정하면서도 객관적 기준에 의하여 제한적으로 운용하여야 한다고 강조한다.7)

3) 인생의 영위가능성의 침해

자유로이 인생을 설계하고 이에 맞추어 인격을 발현할 가능성을 침해하는 것은 비재산적 손해에 해당한다.8) 불법행위로 인하여 직업이나 취미활동을 포기하거나 결혼가능성이 침해되거나 명예훼손으로 인한 사회활동이 제약되는 경우가 이에 해당한다. 일부 학설은 객관적 관점에서 인생의 영위가능성의 침해를 유일한 비재산적 항목으로 파악하고, 개인에 따라 편차가 심한 감정손해는 배제된다고 주장한다.9)

4) 소결

비재산적 손해에 해당하는 것으로는 법익 자체의 침해, 감정손해, 그리고 인생의 영위가능성의 침해 등이 있다.

---

6) Stoll, Empfiehlt sich eine Neuregelung der Verpflichtung zum Geldersatz für immateriellen Schaden?, Gutachten für den 45. Deutschen Juristentag, 1964, S. 128-129; Canaris, Gewinnabschöpfung bei Verletzung des allgemeinen Persönlichkeitsrechts, FS Deutsch, S. 103. Lorenz, Immaterieller Schaden und billige Entschädigung in Geld, S. 55에 의하면 감정손해는 충분히 확실하게 인정되기 어렵다는 이유로 고려대상에서 제외되어야 한다고 주장한다.

7) Funkel, Schutz der Persönlichkeit durch Ersatz immaterieller Schäden in Geld, 2001, S. 197.

8) Witzleb(註 4), S. 54.

9) Donaldson, Zum Problem der sicheren Bemessung des Schmerzensgeldes, AcP 166(1966), S. 473ff; Knöpfel, Billigkeit und Schmerzensgeld, AcP 155(1956), S. 143.

1.3. 위자료 개관

비재산적 손해는 그 성질상 민법 제249조 소정의 원상회복을 통하여 대개 전보되지 않는다. 민법 제251조에 따라 원상회복이 가능하지 않거나 충분하지 않은 경우에 금전배상이 허용되나, 이러한 원칙은 비재산적 손해의 경우에는 민법 제253조에 따라 제한된다. 즉 법률의 근거가 있는 경우에 한하여 비재산적 손해에 대한 금전배상이 허용되는 것이다. 민법 제정 당시에 위자료를 신체, 건강, 자유, 여성의 정조의 침해로 한정하고, 명예훼손을 제외한 것은 법관에게 과도한 재량을 부여하는 것에 대한 우려와 위자료에 대한 독일인의 부정적 인식에 기초한다.[10]

2. 위자료의 의의와 기능

2.1. 위자료의 의의

위자료는 피해자의 법익이 진지하게 받아들여지고, 피해자의 권리를 공적으로 확인하는 것을 의미한다.[11] 인격권의 침해는 통상적으로 피해자가 알기 전에 이미 법익침해가 완료되어 사전적 유지청구는 실효성있는 구제수단이 되기 어렵다.[12] 따라서 금전배상은 개인의 인격적 가치의 존중을 위하여 적합하고 가장 효과적이면서도 종종 유일한 구제수단이 된다.[13]

---

10) Protokolle Ⅰ, S. 622; Motive Ⅱ, S. 729ff; Staudinger/Schäfer, 12. Aufl. § 847 Rn. 2.
11) Göthel, Funktionen des Schmerzensgeldes, RabelsZ 69(2005), S. 307.
12) BGHZ 143, 214; BGH, NJW 2000, 2195, 2198; Götting, Sanktionen bei Verletzung des postmortalen Persönlichkeitsrechts, GRUR 2004, S. 802.
13) 기르케(v. Gierke)는 기본적으로 정의의 요청상 비재산적 법익의 침해에 대하여 만족(Genugtuung)이 인정되어야 하며, 재산적 가치와 비재산적 가치가 서로 대응할 수 없으나, 금전은 정신적 즐거움의 열쇠이기 때문에 금전배상은 어느 정도 위자에

독일민법 이유서는 신체침해로 인하여 승진이나 부양 또는 결혼가능성이 침해될 가능성이 있으므로 이러한 점을 고려하여 상당한 배상액이 산정되어야 한다고 지적하였다.[14] 쉬베아트너(Schwerdtner)는 위자료를 재산적 손해배상의 연장선상에서 이해하여 재산적 손해의 입증이 어려운 경우에 발생하는 불합리를 시정하기 위한 것으로 이해한다.[15]

2.2. 위자료의 기능

2.2.1. 전보기능

불법행위의 법률효과로서의 손해배상청구권은 이미 발생한 손해의 전보를 목적으로 한다.[16] 손해액에 대응하는 금액을 배상액으로 지급하는 것인데, 이러한 전보원칙은 비재산적 손해의 경우에는 그대로 관철되기 어렵다. 왜냐하면 비재산적 손해는 그 액수를 금전으로 산정하기 어렵기 때문이다. 그러나 학설은 대체로 비재산적 손해를 금전으로 평가하기 어렵다는 점이 비재산적 손해에 있어 전보기능을 완전히 부정할 논거는 되지 못한다고 본다.[17]

적합하다고 지적하였다(v. Gierke, Deutsches Privatrecht, Band 3, Schuldrecht, 3. Aufl, 1917, S. 83.).

14) Motive Ⅱ, S. 800=Mugdan Ⅱ, S. 446f.

15) Schwerdtner, Das Persönlichkeitsrecht in der deutschen Zivilrechtsordnung, 1977, S. 264, 289, 307.

16) Witzleb(註 4), S. 68.

17) Donaldson(註 9), S. 470; Hirsch, Zur Abgrenzung von Strafrecht und Zivilrecht, FS Engisch, S. 322; Hubmann, Das Persönlichkeitsrecht, 2. Aufl. 1967, S. 351; Kern, Die Genugtuungsfunktion des Schmerzensgeldes, AcP 191(1991), S. 248; Knöpfel(註 9), S. 148; Müller, Zum Ausgleich des immateriellen Schadens nach § 847 BGB, VersR 1993, S. 911; Pecher, AcP 171(1971), S. 64f.; Stoll(註 6), S. 138; Witzleb(註 4), S. 68f.

특히 스톨(Stoll)은 비재산적 손해를 배상금과 동가치로 보는 법공동체의 합
의에 따라 전보기능이 인정되는 만큼 비재산적 손해가 일신전속적이어서 제
3자에 의하여 전보될 수 없다는 논거는 타당하지 않다고 주장한다.[18]

2.2.2. 만족기능

1) 만족기능론의 역사적 전개

초기에 만족이라는 개념은 비재산적 손해의 배상을 지칭하는 것이었다.[19]
특히 콜러(Kohler)도 불법행위로 인한 재산적 손해만 배상된다고 하는 것은
중대한 오류라고 주장하면서 위자료를 만족이라고 명명하였다.[20]

2) 연방대법원 민사연합부 판결

연방대법원은 구 민법 제847조 소정의 위자료청구권은 통상적인 손해배
상청구권이 아니라 이중 기능(전보기능과 만족기능)을 가진 독특한 청구권이
라고 보았다.[21] 위자료청구권에 직접적으로 형벌적 요소가 내재한다고 보기
는 어렵지만 적어도 속죄적 요소 또는 스위스법상 만족이라는 요소는 혼재
되어 있다고 한다.[22] 위자료에 있어 전보기능이 주된 역할을 담당하지만,[23]
정신적 고통과 같이 금전으로 계량하기 어려운 손해는 전보기능으로 설명되
기 어렵고, 가해자와 피해자간의 '인적 관계(persönliche Beziehung)'에 기초한

---

18) Stoll, Haftungsfolgen im bürgerlichen Recht, 1993, S. 178f.
19) v. Jhering, Kampf ums Recht, S. 81; Degenkolb, Inhalt des Schadensersatzes, AcP
    76(1890), S. 23; Kohler, Die Ideale im Recht, Archiv für Bürgerliches Rechts
    5(1891), S. 255f.; v. Gierke(註 13), S. 971.
20) Kohler(前註), S. 255f.
21) BGHZ 18, 149.
22) BGHZ 18, 149, 155.
23) BGHZ 18, 149, 154.

만족기능을 통하여 적정하게 설명될 수 있다고 한다.[24]

3) 학설상황

학설은 대체로 만족기능의 독자성을 부인한다.[25] 만족기능에 대한 학설의 부침은 상당히 심하였고, 현재는 만족기능에 대하여 비판적인 견해가 다수를 차지한다. 특히 만족기능은 손해배상법에 제재적 요소를 도입하는 것이며, 독자적인 만족기능을 인정할 근거가 없다는 비판이 있다.[26] 특히 비제 (Wiese)는 만족기능은 손해배상과 형벌이 아닌 제3의 것이 아니라 위자료의 특수한 기능에 불과하며, 배상액을 증가시켜 손해배상이 가지는 통상적인 예방효를 넘어서는 예방목적을 추구하여서는 안된다고 주장한다.[27]

2.2.3. 예방기능

연방대법원이 1961년 9월 19일의 판결에서 처음으로 예방기능을 언급하

---

24) BGHZ 18, 149, 156f.
25) Staudinger/Schäfer, 12. Aufl. § 847 Rn. 11; Münchkomm/Oetker, 5. Aufl. § 253 Rn. 11; Lorenz(註 6), 111; Münchkomm/Stein, 3. Aufl. § 847 Rn. 4; Münchkomm/ Mertens, 2. Aufl. § 847 Rn. 2; Münchkomm/Schwerdtner, 3. Aufl. § 12 Rn. 292, 293; Schwerdtner, Der zivilrechtliche Persönlichekeitsschutz, JuS 1978, S. 297; Klimke, Anmerkung zum Urteil des LG München Ⅱ vom 28. 5. 1980, VersR 1981, S. 391; Lange/Schiemann(註 2), § 7 Ⅴ 2; Esser/Weyers, § 61 Ⅱ 1 b; Ady, Ersatzansprüche wegen immaterieller Einbußen, 2004, S. 111; Hirsch(註 17), S. 310; Amelung, Der Schutz der Privatheit im Zivilrecht, 2002, S. 307; Canaris(註 6), S. 103.
26) MünchKomm/Oetker, 5. Aufl. § 253 Rn. 12; Staudinger/Schiemann(2004), § 253, Rn. 30; Müller(註 17), S. 914; Lorenz, Schmerzensgeld für die durch eine unerlaubte Handlung wahrnehmungs-und empfindungsunfänig gewordenen Verletzten?, FS Wiese, S. 273.
27) Wiese(註 3), S. 56f.

였고,28) 일부 학설은 이에 동조하였다.29) 연방대법원은 특히 일반적 인격
권의 침해에 대한 금전배상에서 예방기능을 강조한다.30) 그러나 학설은
대체로 손해배상책임의 부담을 통하여 부수적으로 발생하는 예방효를 인
정할 뿐이고, 전보기능과 예방기능을 대비시키거나 양자를 기능적으로 분
리하지 않는다.31) 특히 예방기능의 독자성을 인정하는 것은 형법과의 한
계를 넘는 것이며, 예방기능에 대한 특별한 강조는 형벌화에 대한 경향을
조장하고, 이중처벌금지 등의 헌법적 의문이라는 문제를 유발한다고 지적
되었다.32)

2.2.4. 제재기능

1) 역사적 전개

역사적으로 불법행위법과 형법은 같은 연원에서 출발하였고, 공적 형벌이
분리되어 독자적인 면모를 구축한 후에도 여전히 불법행위법에 제재적 목적

---

28) Urteil vom 19.09.1961 - VI ZR 259/60=BGH JZ 1962, 120.
29) Bötticher, Zur Ausrichtung der Sanktion nach dem Schutzzweck der verletzten
Privatrechtsnorm, AcP 158(1959/60), S. 385; Schäfer/Ott, Lehrbuch der ökonomischen
Analyse des Zivilrechts. 3. Aufl, 2000, S. 114. MünchKomm/Oetker, 5. Aufl. § 253
Rn. 14에 의하면 예방기능을 긍정하면서 상징적인 금액이 선고되어서는 안되고,
위하적 효력이 인정될 수 있는 상당한 금액의 위자료가 인정되어야 한다고 주장
한다.
30) BGHZ 128, 1, 15; BGH NJW 1996, 984; GRUR 2005, 179, 180.
31) Wagner, Geldersatz für Persönlichkeitsverletzungen, ZEuP 2000, S. 207f; Ady(註
25), S. 116; Canaris(註 6), S. 105; Amelung(註 25), S. 309; C. Schäfer, Strafe und
Prävention im Bürgerlichen Recht, AcP 202(2002), S. 399; Schlobach, Das
Präventionsprinzip im Recht des Schadensersatzes, 2004, S. 456.
32) Hoppe, Persönlichkeitsschutz durch Haftungsrecht, 2001, S. 140; Lange, K. W.,
Schutz des allgemeinen Persönlichkeitsrechts durch zivilrechtliche Prävention?, VersR
1999, S. 281.

이 잔존하였다.[33] 특히 사비니(Savigny)는 손해를 넘어서는 내용의 배상은 법질서의 관철을 위하여 허용되며, 피해자의 부당이득은 소송을 제기할 유인을 주기 위하여 부득이하게 감수되어야 한다고 보았다.[34] 그러나 제1위원회는 귀책사유의 정도에 따라 손해배상액이 달라지는 것에 대하여 명확히 반대의 입장을 표명하였다.[35] 도덕적 요소나 제재적 요소를 고려하여 불법행위로 인한 법률효과의 내용을 정하는 것은 지양되어야 한다고 보았다. 민법 제정 이후의 시기에 이러한 관점이 재산적 손해배상에 있어서는 관철되었으나, 비재산적 손해에 있어서 제재적 기능이 완전히 포기된 것은 아니었다.[36]

2) 현재의 법상황

연방대법원은 손해배상법에서 제재기능을 인정하지 않는다.[37] 학설도 대체로 제재기능을 인정하지 않는다.[38]

---

33) Wagner, Schadensersatz - Zweck, Inhalte, Grenzen, in: Egon Lorenz(Hg.), Karlsruher Forum 2006, S. 14.

34) Savigny, Das Obligationenrecht als Theil des heutigen Römischen Rechts, Bd. 2, 1853, S. 303.

35) Motive Ⅱ, S. 17f.

36) Wagner(註 33), S. 15.

37) BGHZ 99, 182, 202.

38) Lange/Schiemann(註 2), Einl. Ⅲ 2, S. 13; Wagner(註 33), S. 14.

3. 위자료청구권자

3.1. 직접피해자

3.1.1. 자연인

자연인은 민법 제253조 소정의 법익의 침해와 일반적 인격권의 중대한 침해로 인한 위자료를 청구할 수 있다.

3.1.2. 법인 등

학설과 판례는 대체로 법인은 일반적 인격권의 보호를 받으며, 이러한 인격권의 중대한 침해에 대하여는 위자료청구권을 인정한다.[39] 다만 일부 학설은 경제활동을 하는 법인의 경우에는 주로 재산적 손해배상이 문제되며, 경제활동을 하지 않는 법인의 경우에는 주로 위자료가 문제된다고 지적한다.[40]

3.2. 간접피해자

피해자의 사망에 따른 근친자의 정신적 고통에 대한 배상청구권을 도입하여야 한다는 요청이 입법으로 관철되지는 못하였다. 따라서 근친자는 민법 제253조 소정의 법익 침해, 특히 건강침해가 인정되는 경우에 한하여 위자료를 받을 수 있을 뿐이다.[41] 근친자 또는 제3자의 사고를 목격하는 등으로 정

---

39) BGHZ 78, 27, 28; Staudinger/Schäfer, 12. Aufl. § 847 Rn. 151.
40) MünchKomm/Rixecker, 5. Aufl. 2006, Anhang zu § 12, Das Allgemeine Persönlichkeit, Rn. 233.

신적 충격을 받은 자는 매우 엄격한 요건하에서만 위자료를 배상받을 수 있
다.42) 즉 간접피해자의 정신적 상해는 심각하고 지속적이어야 하며, 사고와
의 관계에서 피해자의 상태가 불합리하거나 과장된 것이어서는 안된다. 결
국 사고를 목격하거나 사고소식을 들은 자의 정신적 충격에 대한 손해배상
은 직접 피해자와 긴밀한 인적 관계가 있는 경우로 제한된다.43) 통상적으로
근친자(자녀, 부모 그리고 배우자), 약혼자에 한하여 이러한 손해배상이 인
정된다.44)

4. 위자료청구권의 일신전속성

4.1. 종전의 규율

구 민법 제847조 제1항 제2문에 따라 위자료청구권은 일신전속적 성격으
로 인하여 원칙적으로는 양도나 상속의 대상도 되지 않고, 예외적으로 합의
가 있거나 소송 계속중인 경우에 양도나 상속의 대상이 되었다. 이러한 규율
의 기초에는 피해자만이 청구여부 및 그 액수를 결정할 수 있다는 사고가 깔
려 있다.45) 그러나 유력설은 민법제정 당시의 상황과는 근본적으로 변경되

41) MünchKomm/Oetker, 5. Aufl. § 253 Rn. 28.
42) Magnus·Fedtke, Non-Pecuniary Loss under German Law, in: Rogers(ed.), Damages
for Non-Pecuniary Loss in a Comparative Perspective. 2001, Rn. 4(p. 111). 이 경우
피해자는 위자료외에 정신적 상해로 인한 치료비, 일실수입도 배상받는다.
43) Magnus·Fedtke(前註), Rn. 7(p. 111).
44) LG Frankfurt NJW 1969, 2286.
45) Motive Ⅱ, S. 802; Staudinger/Schäfer, 12. Aufl. § 847 Rn. 103. 셰퍼는 동 규정이
민법 제정당시의 상황을 고려한 것이라고 한다. 즉 사고가 자주 있지 않았고, 가해
자와 피해자가 서로 아는 사이일 수 있으며, 비재산적 손해를 금전으로 매수하는
것은 지배적 도덕관념에 반한다는 사정을 고려한 것이라고 한다(Staudinger/Schäfer,
12. Aufl. § 847 Rn. 104).

어 구 민법 제847조 제1항 제2문이 현재의 거래관념에 맞지 않는다고 지적한다.46) 특히 교통의 급증으로 자동차사고가 빈번하고, 가해자와 피해자간의 인적 관계도 거의 소멸되었다고 한다.

4.2. 현재의 법상태

구 민법 제847조 제1항 제2문의 폐지에 대한 공식이유서에서 위자료청구권은 일신전속적 성질에도 불구하고 피해자의 '확실한(gesichert)' 권리이므로, 이러한 권리의 존부를 사망전에 합의 또는 제소를 하였느냐라는 우연한 사정에 걸리게 하여서는 안된다고 지적되었다.47) 따라서 위자료청구권은 재산적 청구권과 마찬가지로 양도, 상속의 대상이 된다.48)

4.3. 사자의 인격권의 침해에 대한 손해배상의 가부

4.3.1. 판례의 태도

고인인 배우 마를레네 디트리히의 초상과 성명을 상업적 목적에 무단으로 사용한 것에 대하여 상속인이 제기한 소송49)에서 연방대법원은 일반적 인격권과 개별 인격권은 정신적 이익 뿐만 아니라 상업적 이익도 보호하며, 인격권의 주체가 사망한 후에도 인격권의 상업적 이익은 존속하고, 그러한 이익의 침해에는 손해배상청구권이 발생한다고 판시하였다.50) 특히 인격권의 상

---

46) Staudinger/Schäfer, 12. Aufl. § 847 Rn. 105.
47) BT-Drucksache 11/4415, S. 4.
48) Staudinger/Schiemann(2004), § 253 Rn. 48. 민사소송법 제851조 제1항, 민법 제1247조 제2항 참조.
49) BGHZ 143, 214ff.=BGH GRUR 2000, 709 mit zust. Anm. von Wagner=BGH JZ 2000, 1056 mit abl. Anm. von Schack.

업적 이익의 침해에 대한 금전배상을 인정하지 않으면 인격권의 침해에 대하여 아무런 '제재(Sanktion)'가 주어지지 않아 결국 인격권의 법적 보호가 위축될 것이라고 한다.[51]

4.3.2. 학설 상황

학설은 대체로 연방대법원의 판결에 찬성한다.[52] 바그너(Wagner)는 인격권은 재산권적 요소 뿐만 아니라 인격권적 요소를 겸유하는 저작권의 경우와 다르지 않으며 이미 'Caterina-Valente 판결'에서 그러한 가능성을 인정하고 있다고 지적한다.[53] 그러나 괴팅(Götting)은 사람의 권리능력은 사망으로 소멸하므로 위자료를 인정한 법적 근거를 상실하며, 기본법 제1조로부터 도출되는 인격에 대한 사후적 보호가 비재산적 손해의 금전배상을 보장하는 것은 아니며, 인격권의 침해에 대한 만족이라는 목적은 피해자의 사망으로 인하여 그 의미를 상실한다고 한다.[54]

---

50) BGHZ 143, 214.
51) BGHZ 143, 214, 218f.
52) Frommeyer, Persönlichkeitsschutz nach dem Tode und Schadensersatz, JuS 2002, S. 16ff.; Wagner, Anm. zum Urteil des BGH vom 1. 12. 1999. GRUR 2000, S. 720.
53) Wagner(註 31), S. 223.
54) Götting(註 12), S. 802.

5. 위자료의 발생원인

5.1. 총론적 고찰

5.1.1. 위자료가 인정되는 경우에 대한 개관

민법상 위자료가 허용되는 경우로는 민법제정당시부터 있었던 민법 제847
조 이하의 위자료(Schmerzensgeld)와 민법 제1300조 소정의 파혼위자료
(Kranzgeld)[55] 그리고 민법 제833조 소정의 동물보유자의 책임[56] 외에 휴가
를 망친 것에 대한 배상[57]과 근로계약상의 성차별에 대한 배상[58]이 추가되
었다.[59] 위자료에 대한 부정적 태도는 다음과 같은 이유에 근거한다고 설명
된다.[60] 첫째, 비재산적 손해에 대한 금전배상은 몸젠의 차액설에 입각하여
민법 제249조 이하에서 규정된 손해의 개념과 합치되지 않는다. 둘째, 프랑
스의 법상황을 염려하여 위자료 인정 여부 및 그 금액에 대한 광범위한 재
량을 법원에 부여하기를 원치 않았다. 셋째, 19세기의 시민계급에게 소유권
과 재산의 보호가 우선적으로 중요했고, 비재산적 법익은 신비한 것으로 여
겨져 법질서의 보호를 받지 못하고, 결투 등의 사회적 제재에 의하여 보호
를 받았다.

---

55) 파혼위자료는 1998년 폐지되었다.
56) BGH NJW 1977, 2158; VersR 1982, 348, 349; MünchKomm/Wagner, 4. Aufl. §
   833 Rn. 53.
57) 민법 제651조의f 제2항.
58) 민법 제611조의a 제2, 3항.
59) Ebert, Pönale Elemente im deutschen Privatrecht, 2004, S. 446.
60) Ebert(前註), S. 446f.

5.1.2. 법원에 의한 전개과정

1) 독자의 편지 사건

의뢰인의 부탁으로 변호사가 서신으로 언론사에 의뢰인에 관한 잘못된 기사의 정정을 요구하였으나, 위 변호사의 서신이 개인적인 독자투고의 형식으로 게재된 사건에서, 연방대법원은 특정한 내용의 생각이 어떤 형태로든 언어로 표현된 때에는, 그것이 저작권의 보호를 받을 수 없는 경우에도 인격의 산물이고, 그와 같은 정신산물을 공중에게 알릴 것인지 여부, 또는 어떤 형식으로 알릴 것인지는 전적으로 그 저자의 권능에 속한다고 하면서 원고의 철회청구를 기각한 원심판결을 파기하면서 일반적 인격권을 인정하였다.[61]

2) 남자기수 사건

남자기수의 사진을 무단으로 정력제의 광고에 사용한 사건에서 연방대법원은 인격권의 침해는 정신적 자유권의 침해라고 보아 구 민법 제847조 제1항을 유추적용하면서 처음으로 인격권의 침해에 대한 위자료를 긍정하였다.[62]

3) 인삼뿌리 사건

국제법과 교회법 교수를 인삼에 대한 권위자로 소개하면서 피고가 생산한 건강식품을 광고한 사건에서 연방대법원은 기본법 제1조 및 제2조 제1항에 의하여 우월적 법익으로 보호받는 인격권의 침해에 대하여 손해배상이 인정되지 않는다면 법적 보호의 공백이 생기는 것이므로 침해의 중대성 또는 귀책사유의 중대성이 인정되는 경우에 한하여 금전배상이 허용되어야 한다고

---

61) BGHZ 13, 334, 338ff.
62) BGHZ 26, 349, 356f.

판시하였다.[63)]

4) 소라야(Soraya) 사건

소라야에 대한 조작된 인터뷰 보도에 대하여 인격권의 침해로 인한 손해
배상을 청구한 사건에서 연방대법원은 중대한 인격침해에 대하여는 금전배
상이 정당화된다고 판시하였다.[64)] 피고 잡지사의 헌법소원에 대하여 연방헌
법재판소는 다음과 같이 판시하여 잡지사의 헌법소원을 기각하였다.[65)] 첫째,
법관이 인격보호에 대한 흠결을 스스로 보완할 것인가 아니면 입법자의 판
단을 기다려야 하는가에 대하여 헌법재판소는 그간의 경험(1959년과 1967년
의 법률안)에 비추어 인격보호에 대한 입법자의 결단을 기대하기 어렵고, 법
관이 당해 사안에서 규정의 흠결을 이유로 배상을 거부하는 것은 정의의 요
청에 반하는 것이다. 법관의 판결은 법률(Gesetz)에는 반하나 법(Recht)에는
합치하는 것이다. 둘째, 중대한 인격침해의 경우에 금전배상을 인정하는 것
은 표현 및 언론의 자유를 침해하는 것이 아니고, 오히려 양자의 이익을 적
정하게 형량한 것이다. 셋째, 잡지사에 대하여 선고되는 배상액은 적절한 한
계를 준수하고 있어 법적 안정성을 현저하게 훼손하는 것이 아니다.

5) 캐롤리네 공주사건

연방대법원은 구 민법 제847조의 유추가 아니라 기본법 제1조와 제2조 제
1항을 근거로 하여 인격권의 침해에 대한 위자료를 긍정하였다.[66)] 법원은 인
격권의 침해로 인한 위자료청구권이 부정되면 인격권의 법적 보호가 약화된
다는 점을 강조하였다.

---

63) BGH JZ 1962, 120, 120f.
64) BGH NJW 1965, 686.
65) BVerfGE 34, 269, 285ff.
66) BGHZ 128, 1.

5.1.3. 개혁노력

위자료의 개혁을 위한 노력은 1957년의 제42회 독일 법률가대회의 결의[67]에서 시작되어 1962년의 제45회 독일법률가대회 감정의견[68] 그리고 연방법무성이 주관한 채권법개정을 위한 감정작업[69]으로 이어졌으나, 2002년 손해배상법의 개정시까지 그 결실을 맺지 못하였다. 2002년 손해배상법의 개정으로 종래와는 달리 위험책임이나 계약위반의 경우에도 위자료가 인정될 여지가 생겼다. 그리하여 오랫동안 자의적으로 여겨졌던 법률 규정을 변경하고, 다른 유럽 국가들의 법상황에 근접하는 결과가 초래되었다.[70]

---

67) 42회 법률가대회는 효율적인 인격권의 보호를 위하여 비재산적 손해에 대한 금전배상이 필요하고, 이러한 규율은 조속하게 법률로 통과되어야 한다고 결의하였다 (Verhandlungen des 42. DJT Ⅱ, S. D 155).

68) 스톨(Stoll)은 비재산적 손해의 금전배상에 관한 45회 독일법률가대회의 감정의견서에서 역사적 및 비교법적 고찰을 행한 뒤에 구 독일민법 제253조는 입법의 과오이므로 문언에 반하는 법형성은 정당화되고, 이에 대한 법률의 개정이 시급하다는 결론을 내렸다(Stoll(註 6), S. 162ff.).

69) 홀로흐(Hohloch)는 재산적 손해에 비추어 비재산적 손해의 예외적 성격을 고려하여 열거주의는 고수되어야 하며, 비재산적 손해의 배상을 위험책임과 계약상 책임의 경우에도 확장되어야 하며, 인격권의 침해에 대하여도 비재산적 손해의 배상을 인정할 것을 제안하였고(Hohloch, Allgemeines Schadensrecht. Empfiehlt sich eine Neuregelung der gesetzlichen Regelung des Schadensrechts(§§249-255 BGB)?, Gutachten und Vorschläge zur Überarbeitung des Schuldrechts, Bd. 1. 1981, S. 440), 쾨츠(Kötz)는 위자료의 배상에 관한 한 귀책사유에 의한 책임으로의 도피를 막기 위하여 귀책사유에 의한 책임과 위험책임을 통일적으로 규율하는 것이 적합하다는 감정의견을 제시하였다(Kötz, Gefährdungshaftung, Gutachten und Vorschläge zur Überarbeitung des Schuldrechts, Bd. 2, 1981, S. 1825).

70) Ebert(註 59), S. 462f.

5.2. 각론적 고찰

5.2.1. 생명침해

민법 제823조 제1항과는 달리 민법 제253조 제2항에서는 생명이 열거되어 있지 않아 생명침해 자체에 대한 위자료는 인정되지 않는다.[71] 민법은 생명침해로 인한 재산상 손해의 배상만을 규정한다.[72] 즉 장례비(제844조 제1항), 부양료(제844조 제2항), 일실수익(제845조)이 그러하다.

5.2.2. 신체침해

민법 제253조에 기한 상해로 인한 위자료청구권은 민법 제823조 제1항 소정의 절대권에 대응하여 인정되는 것이며, 최근의 민법개정으로 귀책사유에 기한 불법행위책임의 성립과의 종속성이 사라져서 위험책임의 경우에도 위자료청구권이 인정된다.

5.2.3. 건강침해

에이즈에 감염된 피해자는 질병이 발생하지 않더라도 건강침해에 기한 위자료청구권이 인정된다.[73] 건강침해에는 정신건강의 침해도 포함된다. 피해자의 심적 반응이 의학적으로 정신적 질병에 해당하거나 사고에 대한 반응 중 불합리한 것에 해당하지 않는다면 건강침해에 해당된다.[74] 특히 최근의

---

71) Münchkomm/Oetker, 5. Aufl. § 253 Rn. 28; Staudinger/Schiemann(2004), § 253 Rn. 13; AnwaltKomm/Huber, § 253 Rn. 39; Jaeger/Luckey, Schmerzensgeld, 3. Aufl. 2005, Rn. 307; Magnus·Fedtke(註 42), Rn. 13(p. 114).
72) Magnus·Fedtke(註 42), Rn. 13(p. 114).
73) BGHZ 114, 284, 298; MünchKomm/Oetker, 5. Aufl. § 253 Rn. 22.

판결은 후자의 판단기준에 관하여 요건을 완화하고 있다.[75]

5.2.4. 자유권의 침해

민법 제253조 제2항 소정의 자유라 함은 신체의 자유를 말하고, 정신적 자유, 경제활동의 자유 그리고 의사결정의 자유는 포함되지 않는다.[76] 공권력 뿐만 아니라 사인에 의하여도 자유권의 침해가 발생할 수 있다. 예를 들어 경찰이 도착할 때까지 청원경찰에 의해 절도혐의를 받는 사람이 억류된 경우, 불법시위의 참가자가 경찰관에 의해 억류된 경우, 인질로 잡힌 경우, 교도소나 정신기관에 불법으로 감금하는 경우가 있다. 또한 피해자는 유럽인권협약 제5조 제5항을 근거로 하여 위자료를 청구할 수 있다.[77] 다만 짧은 시간동안 자유권이 침해된 사안에서는 위자료를 인정할 것인가에 대하여는 견해의 대립이 있다.[78]

5.2.5. 성적 자기결정권의 침해

구법과는 달리 현행법에 의하면 남자도 성적 자기결정권의 침해를 이유로 위자료를 청구할 수 있다.[79] 성적 자기결정권의 중대한 침해인 강간에 대하

---

74) Magnus·Fedtke(註 42), Rn. 3(p. 110).
75) BGH NJW 1996, 2425; 1998, 810, 813.
76) Staudinger/Schiemann(2004), § 253 Rn. 21.
77) Magnus·Fedtke(註 42), Rn. 45(p. 123).
78) 위자료를 부정하는 것으로 AG Frankfurt/M NJW 2002, 2263; LG Frankfurt NJW 1985, 201, 202; MünchKomm/Oetker, 5. Aufl. § 253 Rn. 31; Bamberger/Roth/Spindler, § 253 Rn. 49가 있고, 긍정하는 것으로 LG Göttingen NJW 1991, 236; AG Regensburg NJW-RR 1999, 1402가 있다.
79) MünchKomm/Oetker, 5. Aufl. § 253 Rn. 23. 구 민법 제847조 제2항에 의하면 여성이 윤리에 반하는 중죄 또는 경죄, 위계, 강박, 종속관계의 남용에 의하여 혼인외의 성교를 승낙한 경우에 위자료가 인정되었다.

여는 상당한 금액의 위자료가 인정된다.

5.2.6. 명예훼손

민법 제253조 제2항에 의하여 보호되는 법익으로 명예가 열거되지 않았으므로 명예훼손에 대하여 위자료청구권은 원칙적으로 인정되지 않는다.[80] 따라서 명예훼손이 일반적 인격권의 중대한 침해를 구성하는 경우에 한하여 위자료청구권이 인정될 뿐이다.

5.2.7. 일반적 인격권

1) 전개과정

1958년 이후 법원은 소위 일반적 인격권의 침해에 대한 금전배상을 인정하였다.[81] 이는 자신의 인격이 국가기관 뿐만 아니라 사적 영역에서도 보호를 받을 권리이며, 명예훼손과 프라이버시 침해의 경우에 있어서 손해배상의 법적 근거를 제공한다.[82] 그러나 일반적 인격권의 침해에 대한 금전배상을 규정하는 법률안은 민법전에 채택되지 못했다.[83]

---

80) Jaeger/Luckey(註 71), Rn. 322; Lange/Schiemann(註 2), S. 432.
81) BGHZ 24, 349(원고의 동의 없이 정력제의 광고에 사용된 사건으로 일명 기수사건으로 불린다). 일반적 인격권의 인정에 있어서의 지도적 판례는 BGHZ 13, 334(의뢰인에 대한 신문기사의 정정을 요구하는 변호사의 문서를 축약 보도하여 개인적으로 보낸 문서라는 인상을 준 사건: 일명 독자의 편지 사건)이다.
82) Magnus·Fedtke(註 42), Rn. 36(p. 120).
83) 민사상의 인격보호와 명예보호의 개정에 관한 법률안(1959년)과 손해배상법의 개정과 변경에 관한 법률안(1967년).

2) 일반적 인격권의 침해에 기한 위자료의 요건

인격권은 일반적 권리로서 불특정 다수의 사안에서 폭넓게 보호될 수 있지만, 개별 사안에 대한 구체적 형량을 통하여 보호범위가 정해진다.[84] 일반적 인격권의 침해로 인한 위자료는 다음의 두 가지 요건하에서 인정된다.[85] 첫째, 정정보도나 철회 또는 가처분 등의 다른 구제수단으로 원고의 이익이 충분하게 전보되지 않아야 한다. 즉 손해배상은 '최후의 구제수단(ultimum remedium)'이다. 둘째, 침해가 중대해야 한다. 침해의 중대성은 개별 사건의 제반 정상에 따라 결정되는데, 침해의 성질과 정도(대중매체에 의한 보도의 경우 발행부수), 침해된 개인적 영역의 유형(사회적 영역, 사적 영역, 내밀영역), 귀책사유의 정도(고의 또는 과실), 침해의 동기(정당한 정보의 공적 이익과 반대되는 개인적인 이윤추구)가 중요한 고려요소이다.[86] 다만 침해의 중대성 외에 귀책사유의 중대성까지 요구되는 것은 아니다.[87] 법원은 이러한 제반 사정을 매우 탄력적으로 고려한다. 그리하여 귀책사유의 정도가 중할수록, 침해의 종류는 덜 중요할 수밖에 없고, 반대의 명제도 역시 성립하며, 경미한 침해가 반복되는 경우에는 중대한 침해로 인정될 수 있다.[88]

3) 인격권의 상업화에 대한 구제수단

a) 판례의 전개

인격적 표지의 상업적 이용에 대한 금전배상의 방식에 관하여 연방대법원은 일정한 변화를 겪었다. 초기에는 실시료 상당의 손해배상의 방식이 채택

---

84) Fuchs, Deliktsrecht, 6. Aufl. 2006, S. 49.
85) BGHZ 132, 12, 27; MünchKomm/Rixecker(註 40), Rn. 221.
86) BGHZ 132, 12, 27; BGH NJW 1971, 698, 700; MünchKomm/Rixecker(註 40), Rn. 226-229.
87) MünchKomm/Rixecker(註 40), Rn. 226.
88) Magnus·Fedtke(註 42), Rn. 42(p. 122).

되었으나, 후기에는 인격권침해에 대한 금전배상의 일반원칙을 고수하였다.
즉 폴 달케의 사진이 광고목적으로 무단 사용된 사건에서 연방대법원은 지
적재산권의 보호와의 유사성에 기초하여 실시료 상당의 손해배상을 인정하
였으나,89) 남자기수인 원고의 사진이 정력제의 광고에 무단으로 사용된 사
안에서 원고가 피고와 광고계약을 체결하였더라면 받았을 금액의 배상을 청
구하였으나, 연방대법원 제6민사부는 인격적 표지의 도용에 대하여 '사용료'
를 책정하는 방식을 거부하였다.90) 동 재판부는 원고가 전혀 존재하지 않는
재산적 손해의 배상을 청구하는 것이 아니라 인격적 영역의 위법한 침해에
대한 상당한 금전배상을 청구하는 것이라고 보았다.91) 또한 제1차 모나코 공
주 판결에서도 연방대법원 제6민사부는 인격권을 지적재산권과 동일시하여
지적재산권에 적용되는 손해배상방식을 전용하는 것을 주저하였다.92)

b) 학설의 대응

일부 학설은 손해배상법에서도 인격권의 상업화를 완전히 거부하고 폴 달
케 사건에서도 가정적 사용료 상당으로 손해배상액을 산정하는 방식이 거부
되어야 한다고 주장한다.93)

캐머러의 제안94)에 따라 민법 제687조 제2항에 따라 준사무관리에 기한

---

89) BGHZ 20, 345, 352ff.
90) BGHZ 26, 349, 352f.(남자기수 판결).
91) BGHZ 26, 349, 350, 353.
92) BGHZ 128, 1, 16. 제6민사부의 재판장인 Steffen은 그러한 견해를 표명하였다
   (Steffen, Schmerzensgeld bei Persönlichkeitsrechtsverletzung durch Medien, NJW
   1997, 10, S. 13f.; derselbe, in: Lorenz(Hg.), Schutz der Persönlichkeit, Karlsruher
   Forum 1996, 1997, S. 53f. 참조).
93) Mestmäcker, Eingriffserwerb und Rechtsverletzung in der ungerechtfertigten Bereicherung,
   JZ 1958, S. 525.
94) v. Caemmerer, Der privatrechtliche Persönlichkeitsrechtsschutz nach dem deutschem
   Recht, FS v. Hippel, 1967, S. 39f.

청구권이 인정되어야 한다는 견해⁹⁵⁾와 조작된 인터뷰의 공개는 당사자의 행위로 볼 수 없으므로 준사무관리가 인정될 수 없다는 견해⁹⁶⁾가 대립한다. 특히 카나리스는 고의로 타인의 인격권을 침해한 사안에 대하여 민법 제812조 제1항 제1문 제2 경우, 제819조, 제818조 제4항, 제281조를 통하여 이익박탈을 할 수 있다고 주장하고,⁹⁷⁾ 이에 대하여 여러 학자들이 동조한다.⁹⁸⁾

5.2.8. 개별적 인격권

1) 성명권의 침해

a) 서설

성명권은 민법 제823조 제1항 소정의 절대권으로 취급된다.⁹⁹⁾ 성명권은 성명의 무단사용으로 인한 동일성의 혼란을 막고자 하는 것이어서 단순히 성명을 언급하는 것만으로는 성명권의 침해가 인정되지 않는다.¹⁰⁰⁾ 또한 상

95) Schlechtriem, Anmerkung zum Urteil des BGH vom 15. 11. 1994, JZ 1995, 362, 364; Schwerdtner, Persönlichkeitsrechtsschutz im Zivilrecht, in: Lorenz(Hg.), Schutz der Persönlichkeit, Karlsruher Forum 1996, 1997, S. 27, 41f.; Hoppe, Gewinnorientierte Persönlichkeitsverletzung in der europäischen Regenbogenpresse, ZEuP 2000, S. 50.
96) Canaris, Diskussionsbeitrag, in: Lorenz(Hg.), Schutz der Persönlichkeit, Karlsruher Forum 1996, S. 60; Westermann, Geldentschädigung bei Persönlichkeitsverletzung-Aufweichung der Dogmatik des Schadensrechts?, in: Ingo Koller/Johannes Hager et al.(Hg.), Einheit und Folgerichtigkeit im Juristischen Denken, Symposion zu Ehren von C. W. Canaris, 1998, S. 144.
97) Canaris(前註), S. 60f.
98) Taupitz, Diskussionsbeitrag, in: Lorenz(Hg.), Schutz der Persönlichkeit, Karlsruher Forum 1996, S. 75f.; Westermann(註 96), S. 144f.; Weyers, Diskussionsbeitrag, in: Lorenz(Hg.), Schutz der Persönlichkeit, Karlsruher Forum 1996, 1997, S. 87.
99) MünchKomm/Bayreuther, 5. Aufl. 2006, § 12 Rn. 242; Soergel/Heinrich, 13. Aufl. § 12 Rn. 195; Staudinger/Habermann, 2004, § 12 Rn. 350.
100) BGHZ 90, 117, 129; BGHZ 30, 7, 9f.; Staudinger-Weichmann/Habersack, § 12

업적 광고에 타인의 성명을 무단으로 사용하는 것은 성명권이 아니라 일반
적 인격권을 침해하는 것이다.101)

b) 재산적 손해배상

성명권의 침해로 인한 재산적 손해의 배상과 관련하여 구체적 손해의 입증
이 매우 곤란하여 저작권법상의 세 가지 손해산정방식이 유추적용된다.102)

c) 위자료

성명권의 침해로 인한 위자료는 민법 제253조 제2항 소정의 제한을 받지
않는다.103) 왜냐하면 성명권은 일반적 인격권의 특별한 발현형태이므로 배
상근거는 기본법 제1조와 제2조 제1항에 있기 때문이다. 다만 위자료가 인정
되기 위하여는 성명의 인격권적 내용을 직접적으로 침해하여야 하므로 성명
권의 침해로 인한 위자료는 일반적 인격권의 침해로 인한 위자료의 요건에
따라 정해진다.104)

2) 초상권의 침해

초상권의 보호는 예술저작권법 제22조 이하의 규정에서 다루어진다. 초상
권의 본질은 초상에 대한 자기결정권에 있다.105) 초상의 공개에는 당사자의

Rn. 237; Witzleb(註 4), S. 20.
101) BGHZ 81, 75; Götting, Persönlichkeitsrechte als Vermögensrechte, 1995, S. 99f.;
Witzleb(註 4), S. 21.
102) BGHZ 143, 214(Marlene Dietrich); MünchKomm/Bayreuther, 5. Aufl. 2006, § 12
Rn. 243.
103) MünchKomm/Bayreuther, 5. Aufl. 2006, § 12 Rn. 247.
104) MünchKomm/Bayreuther, 5. Aufl. 2006, § 12 Rn. 247.
105) Ulmer, Urheber-und Verlagsrecht, 3. Aufl. 1980, § 6 II 3; Schricker-Gerstenberg/
Götting, Urheberrecht, 3. Aufl. Anhang zu § 60 UrhG/§ 22 KUG, Rn. 7;
Witzleb(註 4), S. 19.

동의가 필요하나, 공개에 대한 공익이 우월한 경우에는 당사자의 동의가 없더라도 공개가 정당화된다.[106] 개별 사건에서의 초상의 공개가 정당한지는 이익형량을 통하여 이루어지고, 이 과정에서 상대적 시대사적 인물인지 절대적 시대사적 인물인지, 공개대상이 내밀영역인지 여부 등이 고려된다.[107] 초상권의 침해로 인한 재산적 손해배상은 실시료 상당액으로 정해지고,[108] 초상권의 침해로 인한 위자료가 인정되기 위하여는 침해의 중대성이 인정되어야 한다.[109]

3) 저작권의 침해

저작권의 침해에 대하여는 재산적 손해의 배상과 위자료를 구할 수 있다. 재산적 손해의 배상과 관련하여 저작권법 제97조 제1항은 3가지의 손해산정 방식을 규정한다. 구체적 손해를 입증하는 방식, 실시료 상당액을 인정하는 방식, 침해로 인한 이득을 환수하는 방식이 그것이다. 저작권법 제97조 제2항에 따라 문학, 과학 그리고 예술작품의 저자는 저작인격권이 심각하게 침해된 경우에 위자료를 청구할 수 있다.[110]

4) 정보에 대한 자기결정권의 침해

연방정보보호법 제8조 제2항에 따라 정보를 담당하는 공공기관이 당사자의 정보에 관한 인격권을 현저하게 침해하는 경우에는 위자료가 인정된다. 이는 정보에 관한 자기결정권이 기본법 제1조 제1항과 제2조 제1항에 의하

---

106) Witzleb(註 4), S. 19.
107) Witzleb(註 4), S. 20.
108) BGH GRUR 1979, 732, 734; Schricker-Gerstenberg/Götting, Urheberrecht, 3. Aufl. Anhang zu § 60 UrhG/§§33-50 KUG, Rn. 9.
109) Schricker-Gerstenberg/Götting(前註), Rn. 25f.
110) Schricker/Wild, Urheberrecht, 3. Aufl. 2006, § 97 Rn. 79; Magnus·Fedtke(註 42), Rn. 46(p. 123).

여 보장되는 일반적 인격권에 대하여 가지는 밀접한 관련성을 고려한 것이
다.[111] 다만 동법 제8조 제3항에 따라 정보에 관한 자기결정권의 침해로 인
한 손해배상액의 상한은 130,000 EUR이다.

5.2.9. 재산권의 침해

민법 제253조 제2항은 한정적 열거조항이므로 동조에서 열거되지 아니한
재산권에 대하여는 위자료가 인정되지 않는다.[112]

6. 산정론

6.1. 일반원칙

위자료의 산정은 민사소송법 제287조에 따라 판사의 재량으로 행하여지
는데, 이와 관련하여 사실심 변론종결시까지 나타난 개별 사건의 제반 정상
이 고려된다.[113] 다만 구체적 사건의 제반 사정을 고려한다는 것은 공허한
공식에 불과하고, 오히려 정신적 고통과 침해법익의 우열이 우선적으로 고려
되어야 한다는 지적이 있다.[114] 법원이 재량을 행사함에 있어서 유사한 사건
에서의 배상액과의 형평을 유지하도록 주의하여야 하는데, 여기에서는 판례

---

111) Simitis/Simitis, Bundesdatenschutzgesetz, 6. Aufl. 2006 § 8 Rn. 16.
112) MünchKomm/Oetker, 5. Aufl. § 253 Rn. 27; Ady(註 25), S. 69; Magnus·Fedtke
    (註 42), Rn. 46(p. 123).
113) BGHZ 18, 149, 151/152; Münchkomm/Oetker, 5. Aufl. § 253 Rn. 36; Staudinger/
    Schäfer, 12. Aufl. § 847 Rn. 89; Ady(註 25), S. 84.
114) Deutsch, Allgemeines Haftungsrecht, 2. Aufl. 1996, Rn. 912; Lorenz, Schmerzensgeld
    für die durch eine unerlaubte Handlung wahrnehmungs-und empfindungsunfänig
    gewordenen Verletzten?, FS Wiese, S. 276.

뿐만 아니라 권위있는 배상액자료집도 참고되어야 한다.[115] 또한 법원이 유사한 사건에서 인정된 금액과 다른 판결을 내리기 위하여는 그 이유를 설시하여야 한다.[116] 특히 위자료에 대하여는 '손해일체성의 원칙(Grundsatz der Schadenseinheit)'이 적용되어 배상액의 산정에 있어 과거 그리고 현재 뿐만 아니라 예견가능한 모든 장래의 사정이 참작되어야 한다.[117]

6.2. 산정방식

6.2.1. 주관적 고찰방식

종래 학설과 판례는 피해자가 구체적으로 인식하는 고통의 정도에 따라 위자료를 산정하여 왔다. 다만 주관적 고찰방식만을 고수하는 경우에는 의식불명의 피해자에 있어 위자료를 인정하기 어렵다는 난관에 봉착하게 된다.[118] 특히 의식불명의 피해자에 대한 위자료를 계기로 하여 객관적 고찰방식을 일부 수용하게 되었다.

6.2.2. 객관적 고찰방식

상당수의 학설은 비재산적 손해를 오로지 객관적 기준에 의해 산정하고, 감정손해를 아예 배제한다.[119] 다만 일부 학설은 객관적 고찰방식을 취하고,

---

115) Münchkomm/Oetker, 5. Aufl. § 253 Rn. 37. 권위있는 배상자료집으로 Hacks/Ring/Böhm, SchmerzensgeldBeträge와 Slizyk, Schmerzensgeld-Tabelle가 있다.
116) Münchkomm/Oetker, 5. Aufl. § 253 Rn. 37; Staudinger/Schiemann(2004), § 253 Rn. 34; AnwaltKomm/Huber, § 253 Rn. 65.
117) RG JW 1923, 174; 1934, 156; BGH VersR 1953, 390; Staudinger/Schäfer, 12. Aufl. § 847 Rn. 90.
118) Ady(註 25), S. 104.
119) Lorenz(註 6), S. 52ff.; Funkel(註 7), S. 162; MünchKomm/Stein, 3. Aufl. § 847

감정손해도 평균인의 관점에서 파악하여 포함시킨다.[120]

6.3. 공평한 산정의 문제

6.3.1. 법익간의 차등

신체침해에 대한 위자료액수에 비하여 고액의 위자료를 인정하는 인격보호에 관한 배상실무는 종종 '유명인사의 특권(Sonderrecht für Prominente)'으로 비판을 받았다.[121] 학설에서는 인격권침해로 인한 금전배상액은 미국의 징벌적 손해배상을 연상시키므로 하향조정하고, 신체침해로 인한 위자료의 증액을 요구하였다.[122] 더 나아가 푀스테(Foerste)는 잔인한 범죄의 경우에 위자료의 상향을 주장하였다.[123] 연방헌법재판소는 대중매체에 의한 인격권의 침해와 정신건강의 침해의 차별을 실질적으로 정당화하는 사유가 존재하므로 기본법 제3조 제1항에 반하지 않는다고 하면서 헌법소원을 기각하였다.[124] 왜냐하면 전자의 경우에는 판매부수를 늘리기 위한 영리목적으로 인격을 침해하였다는 점에서 예방관점이 배상액의 증액의 사유로 작용하나, 후

Rn 5.
120) Klein, Der zivlrechtliche Schutz des einzelnen vor Persönlichkeitsrechtsverletzungen durch die Sensationspresse, S. 115, 122.
121) Brüggemeier, Haftungsrecht-Struktur, Prinzipen, Schutzbereich, 2006, § 9, S. 583.
122) Seitz, Prinz und Prinzessin-Wandlungen des Deliktsrechts durch Zwangskommerzialisierung der Persönlichkeit, NJW 1996, S. 2849; Steffen(註 92), S. 10ff; Ott/Schäfer, Schmerzensgeld bei Körperverletzungen. eine ökonomische Analyse, JZ 1990, S. 564; Däubler, Sachen und Menschen im Schadensrecht, NJW 1999, S. 1611.
123) Foerste, Schmerzensgeldbemessung bei brutalen Verbrechen, NJW 1999, S. 2951f. 특히 대학교수인 그는 LG Frankfurt NJW 1998, 2294f.사건의 경우에 자신이 담당판사였다면 100,000 DM가 아니라 600,000 DM을 인정하였을 것이라고 한다.
124) BVerfG, NJW 2000, 2187, 2188.

자의 경우에는 그러한 사유(고의의 법익침해와 영리목적)가 존재하지 않고, 더 나아가 배상액이 보험자에 의해 배상된다는 점에서 예방관점이 인정되기 어렵기 때문이다. 일부 학자들은 일반적으로 신체침해에 대한 위자료를 상향 조절할 것을 제안하였다.125)

6.3.2. 남녀간 차등

흉상으로 인한 위자료의 경우에 여성이 남성보다 통상적으로 고통이 크다는 사정에 기하여 보다 많은 금액의 위자료가 인정된다고 하여 남녀평등원칙에 배치되는 것은 아니다.126) 또한 미용사와 같이 외모가 직업 수행에 있어 매우 중요한 경우에 흉상을 입은 경우에 위자료의 증액이 인정될 수 있다.127)

6.4. 고려요소

6.4.1. 피해자측 사정

1) 고통의 강도와 지속도

신체침해로 인한 고통에 대한 배상액의 산정에 있어서 가장 중요한 고려요소는 고통의 정도와 지속성이다.128)

---

125) Ott/Schäfer(註 122), S. 564; Seitz(註 122), S. 2848; Däubler(註 122), S. 1611.
126) OLG Köln VersR 1990, 434; KG VersR 1992, 974f.; OLG Frankfurt DAR 1994, 119; OLG Nürnberg DAR 1994, 157.
127) OLG München VersR 1985, 868(32세의 미용사).
128) Münchkomm/Oetker, 5. Aufl. § 253 Rn. 36; Magnus·Fedtke(註 42), Rn. 18(p. 116).

2) 고통의 인식가능성

a) 판례의 태도

음주운전사고로 인하여 횡단보도에서 어머니가 즉사하고 14개월의 여아가 식물인간의 상태에 처하게 된 경우에 연방대법원은 피해자의 인식가능성이 없으므로 전보기능과 만족기능이 인정될 수 없으나, 타인의 인생에 대한 중대한 침해에 대하여 직어도 '상징적인 배상책임(zeichenhafte Wiedergutmachung)'이 인정되어야 한다고 판시하였다.[129] 이러한 판례는 후속판결[130]에 의하여 지지되었으나, 결국 1993년의 판결[131]에 의하여 포기되었다.

의사의 분만과정상의 과실로 아이가 뇌손상을 입어 인지능력이 현저하게 훼손되자 원고측이 위자료를 청구한 사건에서 1심법원은 원고의 청구에 따라 50,000 DM와 정기금으로 매달 500 DM을 인정하였으나, 2심법원은 원고의 청구를 일부 감축하여 30,000 DM와 정기금으로 매달 300 DM을 인정하였다. 이에 대하여 원고와 피고가 모두 상고를 하였으나, 독일 연방대법원은 인지능력의 현저한 상실은 위자료의 감액사유라는 항소법원의 판단은 기본법 제1조의 인간의 존엄이라는 기본결단에 비추어 허용될 수 없다고 판시하면서 항소심판결을 파기 환송하였다.[132] 더 나아가 비재산적 손해라고 하는 것은 육체적·정신적 고통으로 한정되는 것이 아니라 인격 침해 그 자체(Einbuße der Persönlichkeit)에도 존재하는 것이며, 위자료의 전보기능이 안온한 감정의 창출로 한정되는 것은 아니라고 판시하였다.[133]

---

129) BGH NJW 1976, 1147, 1148, 1심법원은 위자료로 75,000 DM을 인정하였으나, 항소심법원은 위자료로 30,000 DM을 인정하였고, 연방대법원은 원고와 피고의 상고를 모두 기각하여 항소심판결이 확정되었다.
130) BGH NJW 1982, 2123; BGH VRS 69, 339.
131) BGH NJW 1993, 781.
132) BGH NJW 1993, 783.
133) BGH NJW 1993, 782-783.

b) 학설 상황

변경된 판례는 학계에 의하여 환영을 받았다.[134] 법원은 고통을 느끼는 피해자보다는 적은 금액이지만 의식불명의 피해자에게 상당한 금액의 위자료를 인정하였다.[135] 유력설은 의식불명의 피해자에게 손해배상액이 유용하게 사용될 수 있느냐라는 기준을 적용하는 것은 신체의 완전성에 대한 헌법적 요청에 반한다고 지적한다.[136] 다만 케른(Kern)은 전통적인 위자료의 기능에 비추어 1992년의 판결보다 1975년의 판결이 더 설득력이 있으며, 의식불명자의 위자료는 결국 유족의 이익으로 돌아가는데, 이는 민법 제844조와 제845조와 배치된다고 주장한다.[137]

3) 인생의 영위가능성의 침해

상해 등으로 인하여 알콜의존증, 범죄에의 충동 등 인격장애가 발생한 경우에는 위자료액이 증가된다.[138] 가령 사고로 인한 흉상으로 인하여 결혼가능성이 현저하게 감소한 경우에는 위자료액이 증가된다. 특히 미혼 여성의 흉상이 가져오는 여러 가지 불이익은 중대한 비재산적 손해에 해당한다.[139]

---

134) Lange/Schiemann(註 2), S. 438; Giesen, Anmerkung zum Urteil des BGH vom 13. 10. 1992, JZ 1993, S. 519; Larenz/Canaris, Schuldrecht Ⅱ BT, 2. Halbband, 13. Aufl. § 83 Ⅲ 2. b; Lorenz(註 6), S. 62, 104; Nehlsen-v Stryk, Schmerzensgeld ohne Genugtuung, JZ 1987, S. 125; Müller(註 17), S. 912f.; Soergel/Zeuner, 12. Aufl. § 847, Rn. 26; Kötz/Wagner, Deliktsrecht, 10. Aufl. 2005, Rn. 706; Staudinger/Schiemann(2004), § 253 Rn. 36; AnwaltKomm/Huber, § 253 Rn 91ff.; Münchkomm/Oetker, 5. Aufl. § 253 Rn. 45.

135) BGH NJW 1993, 781, 783; 1993, 1531, 1532; 1998, 2741, 2743.

136) Stoll(註 18), S. 358.

137) Kern, Schmerzensgeld bei totalem Ausfall aller geistigen Fähigkeiten und Sinneempfindungen, FS Gitter, 1995, S. 454f.

138) Lange/Schiemann(註 2), S. 441.

139) OLG Celle NJW 1968, 1677; OLG Frankfurt DAR 1994, 119, 120; OLG Köln VersR 1990, 434, 435; Lange/Schiemann(註 2), § 7 Ⅴ 3 S. 444; Staudinger/

인신사고로 인한 장애로 종전의 직업이나 취미활동을 포기하는 것은 중대
한 비재산적 손해에 해당한다.[140] 다만 일부 학설은 취미생활의 포기로 인하
여 위자료가 증액되기 위하여는 취미생활이 피해자에게 중요한 부분을 차지
는 하는 경우로 제한하여야 한다고 지적한다.[141]

4) 기대여명의 감소

연방대법원은 기대여명의 감소는 위자료의 증액사유에 해당하지 않는다고
판시하였으나,[142] 학설은 기대여명의 감소는 중요한 비재산적 손해에 해당
한다고 하면서 판례에 반대한다.[143]

5) 경제사정

판례는 피해자의 경제적 사정이 좋고 가해자의 경제적 사정이 나쁜 경우
에는 가해자에게 유리하게 재량을 행사할 수 있고, 피해자의 경제적 사정이
나쁜 경우에는 손해배상액을 상향할 수 있다고 한다.[144] 그러나 학설은 대체
로 이러한 판례의 태도에 반대한다.[145]

Schiemann(2004), § 253 Rn. 38; Münchkomm/Oetker, 5. Aufl. § 253 Rn. 40.

140) OLG Frankfurt VersR 1987, 1140f.; OLG Oldenburg DAR 1991, 302f.; OLG
　　Köln VersR 1992, 714

141) Lange/Schiemann(註 2), S. 442f.

142) BGH NJW 1976, 1147, 1149. OLG Bremen VersR 2003, 779와 OLG Karlsruhe
　　NZV 1999, 210은 판례에 동조한다.

143) Lange/Schiemann(註 2), § 7 Ⅴ 3 S. 441; Soergel/Zeuner, 12. Aufl. § 847 Rn. 27;
　　Münchkomm/Oetker, 5. Aufl. § 253 Rn. 43.

144) BGHZ 18, 149, 160.

145) OLG Schleswig NJW-RR 1990, 470, 471; Lange/Schiemann(註 2), § 7 Ⅴ 3 S.
　　445; Staudinger/Schiemann(2004), § 253 Rn. 43; AnwaltKomm/Huber, § 253 Rn.
　　81; JurisPK/Vieweg, 3. Aufl. § 253 Rn. 75; Münchkomm/Oetker, 5. Aufl. § 253
　　Rn. 38.

6) 나이

매우 어린 피해자가 후유장애(Dauerschäden)를 입은 경우에는 위자료가 증액된다.146) 다만 노령의 피해자에게 후유장애는 위자료의 감액사유가 된다.147)

7) 귀책사유

피해자의 귀책사유는 위자료액의 산정에 있어 고려된다.148) 다만 가해자의 귀책사유가 매우 중한 경우에는 피해자의 귀책사유는 고려되지 않을 수 있다.149) 고통을 줄일 수 있는 수술이 합리적으로 요구되는 경우에 수술에 응하지 않는 경우에는 위자료액이 감경될 수 있다.150)

8) 다른 구제수단과의 관계

언론보도로 인한 인격권의 침해 사안에서 중요한 구제수단으로는 철회청구와 반론권이 있는데, 법원은 피해자가 특정 기사의 출판금지가처분을 신청하여 인용되었다는 점을 고려할 수 있다.151) 원고가 정정보도청구권과 같이 쉽게 이용할 수 있는 구제수단을 사용하지 않은 경우에 위자료액이 감경될 수 있다.152)

---

146) Münchkomm/Oetker, 5. Aufl. § 253 Rn. 43.
147) OLG Hamm VersR 2003, 780f.; Lange/Schiemann(註 2), § 7 V 3, S. 441; Erman/ Kuckuk, 11. Aufl. § 253 Rn. 25. 다만 AnwaltKomm/Huber, § 253 Rn. 79에 의하면 나이가 아니라 고통의 지속도에 따라 위자료를 판단하여야 한다고 한다.
148) OLG Celle DAR 1999, 23; OLG Hamm NZV 1998, 155; Lange/Schiemann(註 2), § 7 V 4, S. 446; Staudinger/Schiemann(2004), § 253 Rn. 40; JurisPK/Vieweg, 3. Aufl. § 253 Rn. 78; Münchkomm/Oetker, 5. Aufl. § 253 Rn. 46.
149) OLG München NJW-RR 1999, 820; Münchkomm/Oetker, 5. Aufl. § 253 Rn. 46.
150) OLG Oldenburg OLGR 1999, 174; Münchkomm/Oetker, 5. Aufl. § 253 Rn. 47.
151) Magnus·Fedtke(註 42), Rn. 51(p. 125).

6.4.2. 가해자측 사정

1) 귀책사유의 정도

가해자의 귀책사유의 정도에 따라 배상액이 영향을 받는다는 점은 만족기능의 정당화 여부와 관계없이 일반적으로 인정되는 바이다.[153) 경과실의 경우에는 위자료액이 감경되나, 고의나 중과실의 경우에는 위자료액이 증가된다.[154) 다만 의료과오사건에 있어 중과실은 위자료액을 증가시키지 않는다고 한다.[155)

2) 경제적 사정

형평이라는 관점에 비추어 손해의 전보가 가해자에게 극심한 곤란을 초래하여서는 안된다.[156) 그러나 가해자의 경제사정에 대한 고려가 손해배상책임의 면제에 이르러서는 안되고, 가해자의 귀책사유의 정도가 심한 경우에는 가해자의 경제적 사정을 고려하여 손해배상액을 감경할 수 없다.[157) 가해자가 매우 부유한 경우에는 형평을 고려하여 손해배상액을 증가시킬 수 있다.[158)

---

152) BGH NJW 1979, 1041.
153) BGHZ 18, 149, 157f.; Lange/Schiemann(註 2), § 7 Ⅴ 3 S. 442; Bamberger/Roth/ Spindler, § 253 Rn. 45; Soergel/Zeuner 12. Aufl. § 847 Rn. 27; Erman/Kuckuk, 11. Aufl. § 253 Rn. 26; Pauker, Die Berücksichtigung des Verschuldens bei der Bemessung des Schmerzensgeldes, VersR 2004, S. 1392ff.; Münchkomm/Oetker, 5. Aufl. § 253 Rn. 48. 다만 이에 반대하는 견해로는 Lorenz(註 6), S. 134ff.와 jurisPK/Vieweg 3. Aufl. § 253 Rn. 81이하가 있다.
154) Münchkomm/Oetker, 5. Aufl. § 253 Rn. 48.
155) OLG Bremen VersR 2003, 779; OLG Düsseldorf VersR 2004, 120, 121; OLG Köln VersR 2003, 602, 604.
156) BGHZ 18, 149, 159.
157) BGHZ 18, 149, 159f.
158) BGHZ 18, 149, 159f.

3) 형사처벌여부

가해자가 형사처벌을 받은 경우에 위자료의 만족기능이 감소되느냐에 대하여 학설과 하급심의 판례는 착종되어 있었다.[159] 연방대법원은 가해자에 대한 형사처벌은 원칙적으로 위자료의 만족기능에 영향을 미치지 않는다고 하면서 고려사항이 아니라고 판시하였다.[160] 형사처벌은 공익을 위한 것이고, 만족기능은 피해자의 만족의 필요를 충족하기 위한 것으로 양자는 개념적으로 구별된다고 한다.[161] 학설은 대체로 연방대법원 판례에 찬동하고 있다.[162]

4) 불법행위 이후의 정상

법원은 가해자가 피해자가 전조등을 켜지 않고 오토바이를 운전하여 피해자를 발견할 수 없었다고 하면서 주장하였으나 감정결과 그러한 주장이 허위로 판명된 사건에서 위자료의 증액사유에 해당한다고 판시하였다.[163] 다만 일부 학설은 가해자가 수사기관에서 자신의 형사책임을 면하기 위하여

---

159) 긍정설로는 OLG Celle JZ 1970, 548; OLG Hamburg MDR 1872, 1033; OLG Düsseldorf NJW 1974, 1289; OLG Stuttgart VersR 1989, 1150, 1151; RGRK/Kreft 12. Aufl. § 847 Rn. 42; Meyer, Genugtuungsfunktion des Schmerzensgeldes und Strafzumessung, JuS 1975, S. 90가 있고, 부정설로는 OLG Hamm MDR 1974, 1018; OLG Köln VersR 1992, 197; OLG Celle VersR 976, 977; OLG Stuttgart NJW-RR 1993, 1121; LG Stuttgart NJW 1978, 595; Staudinger/Schäfer, 12. Aufl. § 847 Rn. 75; MünchKomm/Mertens, 3. Aufl. § 847 Rn. 32; Schwerdtner(註 25), S. 297; Klimke VersR 1981, 390, 391; Stoll(註 18), S. 208가 있다.

160) BGHZ 128, 117, 124.

161) BGHZ 128, 117, 122f.

162) Staudinger/Schiemann(2004), § 253 Rn. 43; jurisPK/Vieweg, 3. Aufl. § 253 Rn. 83; Magnus·Fedtke(註 42), Rn. 50(p. 124); AnwaltKomm/Huber, § 253 Rn. 104; Münchkomm/Oetker, 5. Aufl. § 253 Rn. 50.

163) LG Hechingen VersR 1982, 253.

주장하는 것은 위자료의 증액사유에 해당하지 않는다고 주장한다.[164]

배상금의 지급을 지연하거나 과소한 합의금을 제시하여 소송에 이르게 하는 것은 위자료의 증액사유에 해당한다.[165] 그러나 책임의 존부를 정당하게 다투는 것은 위자료의 증액사유에 해당하지 않는다.[166]

6.4.3. 인격권의 침해

인격권의 침해에 대한 배상액은 신체침해의 사안과 유사하게 산정되나, 침해의 중대성, 가해자의 귀책사유 그리고 예방적 고려가 특히 중요하게 고려된다.[167] 연방대법원은 일반적 인격권의 침해는 기본법 제1조와 제2조가 보장하는 중요한 헌법적 가치에 영향을 미친다는 점을 강조하였다.[168] 인격권의 침해의 성질과 정도(대중매체에 의한 보도의 경우 발행부수), 침해된 개인적 영역의 유형(사회적 영역, 사적 영역, 내밀영역), 귀책사유의 정도(고의 또는 과실), 침해의 동기(정당한 정보의 공적 이익과 반대되는 개인적인 이윤 추구)와 같은 제반 사정은 손해배상액의 산정에 영향을 미친다.[169] 즉 침해가 중대할수록, 침해영역이 보다 사적이고 내밀할수록, 귀책사유의 정도가 보다 심할수록, 침해동기가 받아들여지기 어려울수록 배상액이 증가된다. 다만 언론보도에 관한 한 법원은 배상액을 결정함에 있어서 헌법상 보장된 언

---

164) Riecker, Anmerkung zum Urteil des LG Hechingen vom 9. 1. 1981, VersR 1982, S. 254.

165) OLG Brandenburg VersR 2004, 199, 200; OLG Frankfurt OLGR 1999, 48; AnwaltKomm/Huber, § 253 Rn. 106f.; jurisPK/Vieweg, 3. Aufl. § 253 Rn. 84; Münchkomm/Oetker, 5. Aufl. § 253 Rn. 52. 다만 이에 반대하는 견해로는 Staudinger/Schiemann(2004), § 253 Rn. 33; Lorenz(註 6), S. 80ff.가 있다.

166) Lange/Schiemann(註 2), § 7 Ⅴ 3, S. 444; Münchkomm/Oetker, 5. Aufl. § 253 Rn. 52.

167) Magnus·Fedtke(註 42), Rn. 49(p. 124).

168) BGH NJW 1995, 861, 864f.

169) Magnus·Fedtke(註 42), Rn. 42(p. 122).

론출판의 자유를 고려하여야 한다.[170]

6.5. 소송법적 문제

6.5.1. 입증책임

원고는 위자료의 발생원인에 대한 입증책임을 지고, 비재산적 손해에 대한 입증책임을 지지 않는다.[171] 민법 제253조 제2항 소정의 법익을 침해하여 위자료를 구하는 경우에는 원고는 법익침해, 위법성, 귀책사유, 인과관계를 입증하여야 한다.[172] 반대로 가해자는 성립요건의 부존재에 대한 입증책임과 함께 비재산적 손해의 경미성에 대한 입증책임도 부담한다.[173] 특히 일반적 인격권의 침해를 원인으로 하여 위자료를 구하는 경우에는 불법행위의 성립요건과 함께 일반적 인격권의 중대한 침해와 다른 방법으로 손해를 전보하기 어렵다는 사정을 입증하여야 한다.[174] 손해에 대한 입증은 민사소송법 제287조 제1항을 통하여 완화된다.[175] 즉 판사는 제반 사정을 참작하여 손해배상액을 재량으로 정할 수 있다.[176]

---

170) Gounalakis, Persönlichkeitsschutz und Geldersatz, AfP 1998, S. 14; Steffen(註 92), S. 12.

171) Baumgärtel/Helling, Handbuch der Beweislast, 3. Aufl. 2007, § 253, Rn. 1.

172) Witzleb(註 4), S. 58.

173) Baumgärtel/Helling, Handbuch der Beweislast, 3. Aufl. 2007, § 253, Rn. 1.

174) OLG Stuttgart AfP 1981, 362; Löffler/Ricker, Handbuch des Pressrechts, 4. Aufl. 44. Kap. Rn. 44-47; Müller, Möglichkeiten und Grenzen des Persönlichkeitsrechts, VersR 2000, S. 803.

175) Witzleb(註 4), S. 59.

176) MünchKommZPO-Prütting, 2. Aufl. § 287 Rn. 16; Stein/Jonas-Leipold, 21. Aufl. § 287 Rn. 19; Witzleb(註 4), S. 59.

6.5.2. 산정 사유의 적시

법원은 민사소송법 제287조에 따라 사건의 제반 정상을 참작하여 자유롭게 위자료액수를 결정할 수 있다.[177] 다만 판결이유로부터 제반 정상에 대한 평가, 위자료의 이중기능에 대한 고려, 당해 사건에서 중요하게 고려된 요소를 파악할 수 있어야 한다.[178]

6.5.3. 상소심의 심리

항소심 법원은 1심 법원의 판단에 구속되지 않고 새로이 사실관계를 확정할 수 있다.[179] 항소심 법원은 1심 법원이 산정한 위자료를 민사소송법 제529조에 의거하여 충분히 심리하여야 하고, 1심 법원의 재량행사가 법률에 위반하는지로 한정하여서는 안된다.[180] 항소심 법원이 1심 법원과 같은 사실에 의거하여 현저하게 다른 금액을 산정한 경우에는 손해액을 다르게 판단한 이유 또는 1심 법원의 판단을 배척한 이유를 설시하여야 한다.[181]

이에 반하여 상고심 법원은 중요한 법명제를 간과하였는지, 사실심 법원의 판단이 법률위반이나 현저하게 잘못된 평가에 기초하고 있는지 여부만 심리할 수 있다.[182] 상고심의 심리가 제대로 이루어지기 위하여는 사실심 법원이 위자료의 산정근거와 이에 대한 판단을 판결문에 적시하여야 한다.[183]

---

177) Staudinger/Schäfer, 12. Aufl. § 847 Rn. 129.
178) BGH VersR 1976, 967.
179) Staudinger/Schäfer, 12. Aufl. § 847 Rn. 130.
180) BGH NJW 2006, 1589; Geigel/Pardey, Haftpflichtprozess, 25. Aufl. 2008, 7. Kap. Rn. 34.
181) BGH VersR 1988, 943; Geigel/Pardey(前註), Rn. 34.
182) Staudinger/Schäfer, 12. Aufl. § 847 Rn. 130.
183) BGHZ 6, 62; BGH VersR 1965, 239; Staudinger/Schäfer, 12. Aufl. § 847 Rn. 131.

민사소송법 제287조 소정의 재량을 남용하지 않는 한 위자료액의 상당성은
상고심 법원의 심리대상이 아니다.[184]

---

184) Staudinger/Schäfer, 12. Aufl. § 847 Rn. 131.

第2節 오스트리아의 慰藉料

1. 손해배상법 개관

1.1. 손해배상원칙

오스트리아 민법상의 손해배상제도는 프로이센일반란트법과 프랑스민법을 절충한 태도를 취하고 있다.[1] 즉 일반 조항(제1293조, 제1323조, 제1324조)과 개별 조항(제1325조 이하의 규정들)이 병존한다. 민법 제1323조에 따라 원상회복주의가 원칙으로 채택되었다.[2] 이는 원상회복주의가 피해자의 완전성이익을 가장 잘 보장하기 때문이다.[3] 다만 원상회복이 불가능하거나 의미없는 경우에만 예외적으로 금전배상주의가 적용된다.

1.2. 재산적 손해와 비재산적 손해의 구별

재산적 손해와 비재산적 손해는 침해법익의 성격이 아니라 발생한 손해의 성격에 따라 구분된다. 금전으로 평가가 가능한 재산의 감소를 초래하지 않는 불이익을 비재산적 손해라고 한다.[4] 비재산적 손해는 정신적·육체적 고통 뿐만 아니라 인생의 영위가능성의 침해도 포함한다.[5] 비재산적 손해는

---

1) Ebert, Pönale Elemente im deutschen Privatrecht, 2004, S. 138.
2) Koziol, Österreichisches Haftpflichtrecht Ⅰ, 3. Aufl. 1997, Rn. 9/1(S. 285).
3) Koziol(前註), Rn. 9/1(S. 286); Huber, Fragen der Schadensberechnung, 2. Aufl. 1995, S. 141ff.
4) Koziol(註 2), Rn. 2/102.
5) Danzl/Gutiérez-Lobos/Müller, Das Schmerzengeld in medizinischer und juristischer Sicht, 9. Aufl. 2008, S. 63-64; P. Bydlinski, Grundzüge des Privatrechts, 6. Aufl.

통상적으로 인격권의 침해를 통하여 발생하나, 인격적 법익의 침해로 인하여 재산적 손해도 발생할 수 있다. 가령 자유박탈 또는 신용훼손으로 인한 수익 상실이 그러하다. 물론 재산적 법익의 침해로 인하여 재산적 손해 뿐만 아니라 비재산적 손해도 발생할 수 있다. 물건의 파괴는 소유자에 대하여 특별한 관계로 인하여 감정손해를 초래할 수 있다(민법 제1331조).

1.3. 재산적 손해배상

민법 제1323조 제2문에 따라 재산적 손해배상은 경과실로 인한 불법행위에 있어 적극적 손해의 배상만 인정하는 경우("Schadloshaltung")와 고의 또는 중과실로 인한 불법행위에 있어 적극적 재산적 손해 뿐만 아니라 소극적 재산적 손해, 비재산적 손해의 배상도 인정하는 경우("volle Genugtuung")로 나뉜다. 경과실로 인한 재물손괴의 경우에는 손괴시점의 시가만이 배상되고, 고의 또는 중과실로 인한 재물손괴의 경우에는 일실수입도 배상되고, 형사범죄 등에 기한 경우에는 애호이익도 배상된다(민법 제1331조, 제1332조). 민법 제1326조는 추상으로 인하여 승진이나 결혼 등의 가능성이 침해된 것에 대하여 재산적 손해의 배상을 규정한다.

1.4. 위자료

위자료가 법률상 인정되는 경우로는 민법 제1325조, 제1328조, 제1328조의a, 제1331조, 부정경쟁방지법 제16조 제2항, 대중매체법 제6조, 제7조, 제7조의a, 제7조의b 그리고 제7조의c, 정보보호법 제33조, 저작권법 제87조 제2

2005, Rn. 777f.; Gschnitzer/Faistenberger, Schuldrecht BT und Schadenersatz, 2. Aufl. 1988, S. 459.

항, 특허법 제150조 제3항, 상표법 제53조 제4항, 의장법 제34조, 실용신안법
제41조, 소작법 제8조 제3항이 있다. 그러나 민법 외의 특별법에서 위자료를
인정하는 규정들은 체계적인 이유가 아니라 우연적 요소에 의하여 제정된
것이라는 점을 들어 유력설은 이러한 규정들에 한하여 위자료를 인정하는
것은 매우 불합리한 결과를 초래한다고 주장한다.[6]

2. 위자료의 의의와 기능

2.1. 위자료의 의의

위자료는 인격적 법익에 대한 직접적인 보호를 실질적으로 구현하는 장치
로 이해된다.[7] 재산이라고 하는 것은 인격발현의 수단이며, 재산적 손해에
대한 배상은 인격적 법익에 대한 간접적 보호이므로 인격적 법익에 대한 직
접적 보호는 재산적 법익의 보호보다 강력하게 요청된다.[8]

2.2. 위자료의 기능

2.2.1. 전보기능

손해배상법은 손해의 전보를 주된 목적으로 하며, 이러한 원칙은 위자료의

---

6) F. Bydlinski, Der Ersatz ideellen Schadens als sachliches und methodisches Problem,
   JBl 1965, S. 183ff.; Karner/Koziol, Der Ersatz ideellen Schadens im österreichischen
   Recht und Reform, 15. ÖJT Band Ⅱ/1, 2003, S. 22.
7) Karner/Koziol(前註), S. 12.
8) Strasser, Immaterieller Schaden im österreichischen Recht, 1964, S. 56; F. Bydlinski
   (註 6), S. 247f.

경우에도 마찬가지로 적용된다.[9] 비재산적 손해는 금전으로 정확하게 산정될 수 없으나, 금전배상은 피해자에게 안온한 상태를 창출하여 감정을 긍정적인 쪽으로 변경할 수 있는 수단을 제공하는 점에서 손해의 전보에 기여한다.[10]

2.2.2. 만족기능

학설은 대체로 만족기능을 인정하지 않는다.[11] 일부 학설은 비재산적 손해는 금전으로 전보될 수 없는 것이라고 하면서 배상의 실질은 만족의 형태를 띤 속죄라고 한다.[12]

2.2.3. 예방기능

학설은 대체로 예방기능의 독자성을 인정하지 않는다.[13] 손해배상의무의

---

9) OGH JBl 1976, 315; F. Bydlinski(註 6), S. 253f.; Karner/Koziol(註 6), S. 24; Gschnitzer/Faistenberger(註 5), S. 459.

10) Koziol(註 2), Rn 11/19(S. 359); Schwimann/Harrer, 3. Aufl. 2006, § 1325, Rn. 63; Kurzkommentar zum ABGB/Danzl, 2. Aufl. 2007, § 1325, Rn. 26; Danzl/Gutiérez-Lobos/Müller(註 5), S. 70; Gschnitzer/Faistenberger(註 5), S. 459.

11) Jelinek, Die Persönlichkeit des Verletzen und das Entstehen des Schmerzengeldanspruchs, JBl 1977, S. 13, 19; Prisching, Immaterieller Schadensersatz in Österreich und USA, 2003, S. 42-43; Schwimann/Harrer, 3. Aufl. 2006, ABGB § 1325, Rn. 63; Rummel/Reischauer, 3. Aufl. 2002, ABGB, § 1325, Rn. 43; Karner/Koziol(註 6), S. 24; Gschnitzer/Faistenberger(註 5), S. 460; Danzl/Gutiérez-Lobos/Müller(註 5), S. 122. F. Bydlinski(註 6), S. 254에 의하면 만족기능은 독자적인 것으로 인정되지 않고 오히려 전보기능에 혼재되어 있다고 한다.

12) Strasser(註 8), S. 16ff. Koziol(註 2), Rn. 1/14(S. 9)에 의하면 위험책임의 경우에는 속죄라는 관점이 유지될 수 없다고 하면서 Strasser의 견해를 비판한다.

13) F. Bydlinski, System und Prinzipien des Privatsrechts, 1996, S. 190ff.; Koziol(註 2), Rn. 1/15(S. 10); Koziol, Grundgedanken, Grundnorm, Schaden und geschützte Interessen, in: Griss/Kathrein/Koziol(Hg.), Entwurf eines neuen österreichischen

부과를 통하여 불법행위가 예방된다고 할 뿐이며 예방기능을 강조하여 손해액 자체를 증가시키지는 않는다.[14]

2.2.4. 제재기능

학설은 대체로 제재적 기능의 독자성은 부정한다.[15] 다만 귀책사유의 정도에 따라 재산적 손해배상의 범위를 달리하는 민법의 태도는 제재적 기능을 강조하는 것이며, 손해배상법에서 제재적 요소를 강조하는 경향이 간취된다고 한다.[16] 그렇다고 하여 오스트리아법상 징벌적 손해배상이 인정되는 것은 아니다.[17]

3. 위자료청구권자

3.1. 직접피해자

3.1.1. 자연인

1) 서설

자연인이 불법행위로 인하여 비재산적 손해를 입은 경우에 법률이 정하는

Schadenersatzrechts, 2006, Rn. 22(S. 31); Prisching(註 11), S. 43.

14) Koziol(註 2), Rn. 1/15-17(S. 10f.).

15) Schwimann/Harrer, 3. Aufl. 2006, ABGB § 1325, Rn. 64; Rummel/Reischauer, 3. Aufl. 2002, ABGB, § 1325, Rn. 43; Koziol(註 2), Rn. 1/17(S. 11); F. Bydlinski, Die Umrechnung immaterieller schaden in Geld, Liber Amicorum Pierre Widmer, 2003, S. 47.

16) Koziol(註 2), Rn 1/16(S. 11); Prisching(註 11), S. 44.

17) Karner/Koziol(註 6), S. 24f.

바에 따라 위자료를 청구할 수 있다. 학설은 대체로 태아나 유아도 성인과 마찬가지로 정신적 고통에 대한 위자료를 청구할 수 있다고 한다.[18]

2) 의식불명자

대법원은 종래 건강침해 자체는 위자료의 발생원인이 될 수 없다고 하면서 고통에 대한 인식가능성이 없는 경우에 위자료를 부인하여 왔다.[19] 그러나 대법원은 최근에 피해자가 의식불명의 상태에 있다고 하더라도 위자료를 받을 수 있다고 판시하였다.[20] 왜냐하면 기쁨과 슬픔을 느끼는 것은 인간의 기본적인 요건에 해당하는 것인데 이를 박탈당하는 것은 중대한 손해이기 때문이다. 학설은 대체로 최근의 판례의 태도를 지지한다.[21] 이러한 해석은 인간의 존엄에 대한 헌법상 요청에 부합한다.[22] 다만 일부 학설은 의식불명자의 경우에 위자료의 목적은 달성될 수 없으므로 상징적 금액의 위자료를 인정하는 것으로 족하다고 한다.[23]

3.1.2. 법인

명예훼손이나 성명권의 침해에 대하여 자연인에게 위자료가 부정되는 만큼 법인에게 일반적 인격권의 침해를 이유로 위자료가 인정되기는 어렵

---

18) Koziol, Die Bedeutung des Zeitfaktors bei der Bemessung ideeller Schäden, FS Hausheer, 2002, S. 598.
19) Danzl/Gutiérez-Lobos/Müller(註 5), S. 121f.
20) OGH, ZVR 1993, 150.
21) Koziol(註 2), Rn. 11/23; Danzl/Gutiérez-Lobos/Müller(註 5), S. 138; Karner/Koziol (註 6), S. 59; Kurzkommentar zum ABGB/Danzl, 2. Aufl. 2007, § 1325, Rn. 27. Rummel/Reischauer, 3. Aufl. 2002, ABGB, § 1325, Rn. 47a는 판례에 찬동하면서 위자료는 비재산적 손해에 대한 반대급부의 성격을 지닌다고 강조한다.
22) Danzl/Gutiérez-Lobos/Müller(註 5), S. 137.
23) Schwimann/Harrer, 3. Aufl. 2006, ABGB § 1325, Rn. 80.

다.[24] 다만 법인은 특별법이 정하는 바에 따라 제한적으로 위자료를 받을 수 있다.[25]

3.2. 간접피해자

3.2.1. 정신적 상해

근친자가 사고를 목격하거나 사고소식을 들어서 정신질환을 입은 경우에는 민법 제1325조에 따라 위자료를 받는다.[26] 여기서 근친자라 함은 부모, 자식, 배우자 또는 '사실혼 배우자(Lebensgefährte)', 약혼자, 형제자매 등을 말하며,[27] 근친관계에서는 법률상의 관계가 아니라 사실적인 인적 결합의 강도가 중요하다.[28] 다만 형제자매의 경우에는 긴밀한 인적 관계가 인정되어야 위자료가 인정된다.[29]

3.2.2. 단순한 정신적 고통

대법원은 최근에 민법 제1328조, 제1329조, 제1331조의 유추를 통하여 고의 또는 중과실에 기한 사망에 있어서 근친자는 건강침해가 없더라도 피해자의 사망으로 인한 슬픔 등에 대한 위자료를 청구할 수 있으나, 경과실이나

---

24) Frick, Persönlichkeitsrechte, Wien 1991, S. 42.
25) OGH in SZ 62/192; Frick(前註), S. 42. 부정경쟁방지법 제16조 제2항; 저작권법 제87조 제2항; 특허법 제150조 제3항; 상표법 제53조 제4항, 의장법 제34조, 실용신안법 제41조 등 참조.
26) Karner/Koziol(註 6), S. 78f.
27) OGH 29. 08. 2002, 8 Ob 127/02p＝ SZ 2002/110; Karner/Koziol(註 6), S. 83.
28) Karner/Koziol(註 6), S. 83.
29) OGH 2 Ob 90/05g SZ 2005/59; Kurzkommentar zum ABGB/Danzl, 2. Aufl. 2007, § 1325, Rn. 29.

위험책임의 경우에는 귀책사유의 중대성 요건을 충족하지 못한다고 판시하였다.[30] 그러나 유력설은 민법 제1327조를 유추적용하여 근친자에게 정신적 고통에 대한 배상을 긍정하는 것이 최근의 입법경향에 부응하는 것이라고 주장한다.[31]

4. 위자료청구권의 일신전속성

4.1. 상속성

민법 제1337조에 따라 위자료채무는 상속인에게 이전되므로, 위자료청구권의 상속만이 문제된다. 종래 대법원은 민법 제1325조의 '청구(Verlangen)'라는 문언으로부터 동 청구권의 일신전속적 성질을 감안하여 피해자의 사망으로 소멸하고, 사망이전에 가해자가 이를 승인하거나 피해자가 이미 제소한 경우에 한하여 예외적으로 상속될 수 있다고 해석하였다.[32] 그러나 대법원은 1996년 9월 30일 판결에서 1991년 11월의 강제집행법의 개정으로 민법 제1325조에 기한 위자료청구권은 피해자의 청구와 관계없이 상속된다고 판시하였다.[33] 즉 민법 제1325조에 '청구'라는 문언

---

30) OGH 16. 5. 2001, 2 Ob 84/01v=ZVR 2001/73=JBl 2001, 660. 오스트리아 대법원은 민법 제1324조의 '완전한 만족'이 일반적으로 위자료를 의미한다는 견해를 받아들이지 않는다.

31) Karner/Koziol, Non-Pecuniary Loss under Austrian Law, in: Rogers(ed.), Damages for non-pecuniary loss in a comparative perspective, 2001, Rn. 19. Koziol(註 2), Rn. 11/11(S. 354)은 사냥개의 죽음으로 인하여 발생한 감정손해는 제1331조를 통하여 배상될 수 있으나, 자식의 죽음으로 인하여 발생한 심적 고통은 배상되지 않는다는 평가모순을 피하기 위하여 유추해석을 통하여 근친자에게도 심적 고통에 대한 배상을 인정하는 것이 가능하다고 주장한다.

32) OGH GIUNF 6485; GIUNF 6530; JBl 1962, 560; JBl 1965, 33; SZ 54/25; SZ 61/144; SZ 64/51.

을 부가한 역사적 입법자의 의사는 철도책임법[34]과 강제집행법[35]의 개정
으로 더 이상 유지될 수 없다는 것이다. 학설은 변경된 판례의 태도에 찬
성한다.[36]

4.2. 양도성

피해자는 승인이나 제소전이라고 하더라도 위자료청구권을 법률행위를 통
하여 양도할 수 있다.[37]

5. 위자료의 발생원인

5.1. 총론적 고찰

5.1.1. 일반불법행위책임

민법 제정당시에 위자료를 명시적으로 긍정한 법률규정은 상해로 인한 위

---

33) OGH 6 Ob 2068/96b=SZ 69/217=ZVR 1996, 126.
34) 1968년 11월의 철도책임법개정으로 동법상의 위자료청구권은 아무 제한없이 상속
    의 대상이 되었다(österr. BGBl. 1968/69).
35) 1991년 11월의 강제집행법개정으로 압류를 위한 요건(승인 또는 제소)이 폐지되었
    다(österr. BGBl 1991/628).
36) Rummel/Reischauer, 3. Aufl. 2002, ABGB § 1325, Rn. 51; Kurzkommentar zum
    ABGB/Danzl, 2. Aufl. 2007, § 1325, Rn. 35; Kurzkommentar zum ABGB/Danzl,
    § 1325, Rn. 35; Danzl/Gutiérez-Lobos/Mülle(註 5), S. 225; Kath, Schmerzengeld,
    2005, S. 184.
37) OGH SZ 19/293; SZ 40/7; Rummel/Reischauer, 3. Aufl. 2002, § 1325, Rn. 51;
    Schwimann/Harrer, 3. Aufl. 2006, ABGB § 1325, Rn. 91; Danzl/Gutiérez-Lobos/
    Müller(註 5), S. 228.

자료를 규정한 제1325조와 물건의 손괴로 인한 애호이익의 배상을 규정한 제1331조에 불과하였다. 자유권의 침해, 명예훼손에 대하여 법률상 위자료가 명시적으로 규정되지 않았다. 따라서 법률상 명시적으로 규정되지 않는 경우에 위자료는 부정되는가 아니면 다른 규정에 의하여 인정되는가가 학설상 활발히 논의되었다.

1) 판례의 전개

대법원은 무고로 인하여 피해자가 구금된 경우에 민법 제1293조와 제1323조를 적용하여 위자료를 인정하였다.[38] 또한 대법원은 강간의 경우에 재산적 손해의 배상만 인정하는 것은 법감정에 반한다고 하면서 민법 제1323조를 적용하여 위자료를 인정하였다.[39]

대법원 전원재판부에서 1908년에 비재산적 손해는 법률에 명시적으로 규정된 경우에만 배상된다고 판시하였고,[40] 대법원은 그 후 위자료에 대하여 매우 제한적인 입장을 오랫동안 고수하였다. 신체의 자유를 보장하는 유럽인권협약 제5조 제5항에 근거하여 대법원은 공권력에 의한 자유권의 침해에 대하여 위자료를 인정할 뿐이다. 그러나 사인에 의한 자유권의 침해에 대하여는 대법원은 종전의 엄격한 입장을 고수하고 있다.[41] 최근의 대법원판례는 중대한 귀책사유(고의 또는 중과실)로 피해자가 사망한 경우에 근친자의 정신적 고통에 대한 위자료를 인정하였다.[42]

---

38) OGH in GIU 11007
39) OGH in GIU 12365.
40) OGH in GIUNF 4185.
41) OGH in SZ 52/28=JBl 1980, 372; JBl 2001, 660.
42) OGH 2 Ob 84/01(=ZVR 2001/73); 2 Ob 141/04f(=ZVR 2004/86).

2) 학설상황

다수설은 민법 제1323조 소정의 '야기된 불이익의 해소(die Tilgung der verursachten Beleidigung)'라는 문언을 명예훼손이나 모욕으로 발생한 불이익의 제거에 한정하지 아니하고 일반적인 비재산적 손해의 배상의 근거로 삼아 고의 또는 중과실의 경우에 비재산적 손해의 배상을 인정한다.[43] 다만 최근의 소수설은 민법 제1293조의 손해개념을 근거로 하여 법률에 다른 정함이 없는 한 경과실의 경우에도 위자료의 배상을 허용하고자 한다.[44]

5.1.2. 위험책임

위험책임은 특별법에 의하여 규율되는데, 1997년까지 특별법에 의한 위자료청구권은 매우 상이하게 규율되어 있어서 심각한 평가모순을 초래하였다.[45] 위자료에 관한 위험책임의 규율이 상이한 것은 역사적인 이유로서만 설명될 수 있는데, 이러한 불합리는 1997년 개정으로 해소되었다.[46] 입법자는 학계의 요구를 받아들여 위험책임으로 인한 상해나 사망에 대하여 위자료를 일반적으로 인정한 것이다.[47]

---

43) Armin Ehrenzweig, JBl. 1910, S. 169ff.; Klang/Wolff, 2. Aufl. ABGB § 1323, S. 123; Wolff, Grundriss des Österreichischen Bürgerlichen Rechts, 2. Aufl. 1946, S. 66; Albert Ehrenzweig, JBl. 1952, S. 645; F. Bydlinski(註 6), S. 179f, 182, 240, 247; Mayrhofer, Schuldrecht, Allgemeiner Teil, 3. Aufl. 1986, S. 323; Karner, Der Ersatz ideeller Schäden bei Körperverletzung, 1999, S. 86; Kurzkommentar zum ABGB/Karner, 2. Aufl. 2007, § 1293, Rn. 2; Karner/Koziol(註 6), S. 17ff.; Koziol (註 2), Rn. 11/6, 13.

44) Strasser(註 8), S. 43ff.; Gschnitzer, Schuldrecht, Besonderer Teil und Schadenersatz, 1963, S. 162.

45) Karner(註 43), S. 7ff; Karner/Koziol(註 6), S. 49f.

46) Karner(註 43), S. 11ff; Karner/Koziol(註 6), S. 50.

47) Karner/Koziol(註 6), S. 50; Schwimann/Harrer, 3. Aufl. 2006, ABGB § 1325, Rn.

5.1.3. 인격권의 침해

1) 인격보호의 원칙

민법 제16조는 모든 인간은 이성에 비추어 명백한 타고난 권리를 가지므로 인격으로 대우받아야 하며, 노예나 예속신분 그리고 이와 관련된 권한을 행사하는 것은 이 나라에서 허용되지 않는다고 규정하면서 인격보호의 원칙을 천명하였으며, 이 규정은 오스트리아법질서의 핵심적인 규정이다.[48] 인격은 필요한 경우에는 사망후에도 보호된다.[49] 인격보호의 원칙은 법인의 경우에도 적용된다.[50] 인격보호는 생명, 신체의 완전성, 자유, 성적 자기결정권, 성명권, 명예, 사생활의 보호, 초상권, 저작인격권, 발명자의 명예 그리고 정보보호를 포함한다.[51]

2) 인격권의 침해로 인한 위자료

대법원은 법률이 규정한 경우에 한하여 위자료를 긍정한다.[52] 유력설은 인격권의 침해로 인한 위자료를 형사범죄와 결부시킬 필요는 없고, 오히려 민법 제1323조와 제1324조라는 일반조항에 따라 중대한 귀책사유가 존재하는 경우에 한하여 위자료를 긍정하는 것이 타당하다고 한다.[53] 다만 경미한 감정침해는 일반적 생활위험으로서 감수하여야 하는 것이며, 더 나아가 감정

69; Rummel/Reischauer, ABGB, 3. Aufl. 2000, § 1325, Rn. 48; Danzl/Gutiérez-Lobos/Müller(註 5), S. 75; Mayrhofer, Schuldrecht, AT, 3. Aufl. 1986, S. 323.

48) Rummel/Aicher, ABGB, 3. Aufl. 2000, § 16, Rn. 3.

49) Kurzkommentar zum ABGB/Koch, 2. Aufl. 2007, § 16, Rn. 4-5; Koziol, Österreichisches Haftpflichtrecht, Ⅱ, 2. Aufl. 1984, S. 16ff.

50) Kurzkommentar zum ABGB/Koch, 2. Aufl. 2007, § 16, Rn. 6.

51) Kurzkommentar zum ABGB/Koch, 2. Aufl. 2007, § 16, Rn. 7.

52) OGH GIUNF 4185; Frick(註 24), S. 59f.

53) Karner/Koziol(註 6), S. 38; F. Bydlinski(註 13), S. 224.

침해의 존부 및 그 정도를 객관적으로 측정할 척도가 존재하지 않는다는 점에서 인격권의 침해로 인한 위자료는 현저한 경우로 한정된다.[54]

3) 인격권의 사후 보호

사람이 자신이 살아온 삶의 경과에 대한 중대한 침해로부터 보호를 받을 수 있다고 신뢰할 수 있는 경우에야 비로소 생존중의 삶을 자유롭게 영위할 수 있으므로 인격권은 사후에도 일정한 보호를 받는다.[55] 다만 유력설은 망인의 인격권의 보호는 철회청구 등 원상회복의 형태로 한정되고, 금전배상은 허용되지 않는다고 한다.[56]

5.1.4. 최근의 경향

1) 개정 법률 개관

1996년 개정된 민법 제1328조에 따르면 폭행, 협박, 종속관계를 이용하여 성적 자기결정권을 침해한 자는 '적극적 손해(den erlittenen Schaden)'와 '일실 수입(den entgangenen Gewinn)' 뿐만 아니라 '비재산적 손해(eind angemessene Entschädigung für die erlittene Beeinträchtigung)'도 배상하여야 한다.[57] 이에 따라 여성 뿐만 아니라 남성과 아이도 성적 자기결정권의 침해에 대한 보호를 받게 되었다.

2003년에 신설된 민법 제1328조의a는 사생활의 침해 뿐만 아니라 사생활

---

54) Karner/Koziol(註 6), S. 38f.
55) OGH in SZ 57/98; Koziol(註 49), S. 16ff; Rummel/Aicher, ABGB, 3. Aufl. 2000, § 16, Rn. 28; Schwimann/Posch, ABGB, § 16, Rn. 48ff.; Karner/Koziol(註 6), S. 106; Frick(註 24), S. 165; Kurzkommentar zum ABGB/Koch, 2. Aufl. 2007, § 16, Rn. 5.
56) Karner/Koziol(註 6), S. 106f.
57) österr. BGBl. 1996/759.

침해로부터 얻은 자료를 공개하거나 이용하는 것도 금지하고 있으며, 사생활의 중대한 침해에 대하여는 위자료도 규정하고 있다.[58]

2) 손해배상법 초안

a) 제정경위

종래 손해배상법이 특별법의 제정을 통하여 전개되어 체계적 통일적 모습을 갖추지 못하였다는 비판에 직면하여 유럽 인접국의 법상황에 주목하면서 손해배상법의 전면적인 개혁을 위한 기초작업이 시작되었다.[59]

b) 오스트리아 손해배상법 초안

aa) 위자료

손해배상법 초안 제1316조의 주요 내용은 다음과 같다. 첫째, 중대하고 객관적으로 명백한 인격권의 침해의 경우에는 금전배상이 인정된다. 둘째, 신체, 건강, 자유의 침해, 성적 자기결정권의 침해, 고의 또는 중과실에 기한 사생활침해, 중대한 귀책사유에 기한 죽음이나 중상해에 대한 공포, 고의의 재물손괴로 인한 애호이익의 침해, 사망이나 중상해로 인한 근친자의 고통에 대하여 금전배상이 인정된다. 셋째, 비재산적 손해에 대한 배상청구권은 양도 및 상속의 대상이 된다.

bb) 명예훼손

민법 제1330조는 중대한 명예훼손에 대하여 위자료를 부정하여 개정의 필요가 긴급하였고,[60] 이러한 사정을 감안하여 초안 제1321조 제1항은 명예를

---

58) österr. BGBl. 2003/91.
59) Hopf, Das Reformvorhaben, in: Griss/Kathrein/Koziol(Hg.), Entwurf eines neuen österreichischen Schadenersatzrechts, 2006, Rn. 1-7(S. 17-20).
60) Karner, Geldersatz für ideelle Schäden, Minderung der Erastzpflicht, Beweislast,

훼손당하거나 사실이 유포되어 신용, 영업, 승진이 침해된 자는 의사표시의 철회(제1314조), 재산상 손해의 배상(제1315조), 명성이 중대하게 침해된 경우에는 비재산적 손해의 배상(제1316조)을 청구할 수 있다고 규정한다.

cc) 자유권의 침해

초안 제1320조 제1항은 타인의 자유를 침해한 자는 이를 원상회복시키고, 재산상 손해와 비재산적 손해를 배상하여야 한다고 규정하고 있는데, 가해자가 과실로 자유권을 침해한 것만으로 충분하다.[61] 자유권에 대한 헌법적 보호의 요청상 짧은 시간 동안 자유권을 침해당한 경우에도 위자료가 긍정된다.[62]

5.2. 유형론적 고찰

5.2.1. 생명침해

1) 재산적 손해

민법 제1327조에 따라 생명침해로 인한 비용(장례비 등)과 유족의 부양료 상당의 재산적 손해가 배상된다. 법률상 부양청구권이 있는 자에게만 부양료 상당의 손해배상청구권이 인정된다.[63]

Verjährung, in: Griss/Kathrein/Koziol(Hg.), Entwurf eines neuen österreichischen Schadenersatzrechts, 2006, Rn. 11(S. 87); Karner/Koziol(註 6), S. 98ff, 145.

61) 오스트리아 국가배상법 제1조 이하의 규정, 유럽인권협약 제5조 제5항, 자유권의 보호에 관한 연방헌법 제7조 그리고 2005년의 형사보상법 참조.

62) Georg, Kathrein, Haftung für Körper-, Freiheits- und Ehrverletzungen und für mangelhafte Wege, in: Griss/Kathrein/Koziol(Hg.), Entwurf eines neuen österreichischen Schadenersatzrechts, 2006, Rn. 14(S. 100).

63) Schwimann/Harrer, 3. Aufl. 2006, ABGB § 1327, Rn. 11; Kurzkommentar zum

2) 비재산적 손해

학설과 판례는 대체로 생명 자체의 상실에 대한 위자료를 부정하나,[64] 이에 대하여 이보다 경미한 상해에 대하여 위자료를 긍정하는 것에 비추어 평가모순이라는 비판이 있다.[65]

3.2.2. 신체침해

1) 민법의 규율

민법 제1325조는 신체침해의 경우에 치료비, 일실수입 그리고 위자료를 배상받을 수 있다고 규정한다. 제1325조 소정의 '신체침해'라 함은 협의의 신체침해 뿐만 아니라 건강침해도 포함한다.[66] 폭행으로 신체침해가 없더라도 정신적 고통에 대한 위자료가 긍정된다.[67] 다만 정신적 고통이 건강의 침해로 인정되기 위하여는 최소한 질환으로 볼 수 있을 정도가 되어야 한다.[68]

2) 침해의 태양

신체침해의 경우 가해자가 경과실이더라도 피해자는 고통에 대한 배상을 청구할 수 있고,[69] 이는 엄격책임의 경우에도 마찬가지이다.[70] 민법 제1323

ABGB/Danzl, 2. Aufl. 2007, § 1327, Rn. 5.

64) Danzl/Gutiérez-Lobos/Müller(註 5), S. 122.

65) Karner/Koziol(註 6), S. 65.

66) Karner/Koziol(註 31), Rn. 13; Danzl, Die (psychische) Gesundheit als geschütztes Rechtsgut des § 1325 ABGB, ZVR 1990, 18; Karner(註 43), S. 61ff.; Kurzkommentar zum ABGB/Danzl, 2. Aufl. 2007, § 1325, Rn. 1; Danzl/Gutiérez-Lobos/Müller(註 5), S. 96; Kath(註 36), S. 38.

67) Schwimann/Harrer, 3. Aufl. 2006, ABGB § 1325, Rn. 66.

68) Karner/Koziol(註 31), Rn. 13; Schwimann/Harrer, 3. Aufl. 2006, ABGB § 1325, Rn. 66; Kurzkommentar zum ABGB/Danzl, 2. Aufl. 2007, § 1326, Rn. 2.

조와 제1324조와는 달리 경과실의 경우에도 위자료가 인정되는 것은 침해법
익의 우월성과 침해내용이 객관적으로 확정될 수 있다는 점에 기인한다.[71]

3) 추상

추상의 경우에 민법 제1326조에 따라 재산적 손해를 배상받을 수 있고,
재산적 손해로 전보되지 않는 비재산적 손해가 인정되는 경우에는 제1325조
에 따라 위자료도 배상된다.[72]

4) 쇼크 손해

근친자가 피해자의 사고를 목격하거나 사고소식을 전해듣고 충격을 받아
치료를 요하는 상태에 이른 경우에 위자료가 인정된다.[73]

5.2.3. 자유권의 침해

1) 법률규정

민법 제1329조는 납치, 사인에 의한 감금 또는 공권력에 의한 고의의 불
법체포로 인하여 자유권이 침해된 경우에 자유의 회복과 '완전한 만족(voller
Genugtuung)'을 규정하고 있다. '완전한 만족'의 의미에 대하여 학설과 판례

---

69) Karner/Koziol(註 6), S. 48f.
70) 철도책임법(EKHG) 제13조 제4호.
71) Karner/Koziol(註 6), S. 49.
72) OGH ZVR 1968, 186; 1976, 268; Schwimann/Harrer, 3. Aufl. 2006, ABGB §
    1325, Rn. 77; Kurzkommentar zum ABGB/Danzl, 2. Aufl. 2007, § 1326, Rn. 1.
73) OGH ZVR 2001, 52; ZVR 2001, 72; Kurzkommentar zum ABGB/Danzl, 2. Aufl.
    2007, § 1325, Rn. 29. 물론 치료비나 일실수입 등의 재산적 손해도 배상받을 수
    있다.

는 첨예하게 대립하고 있다. 유럽인권협약 제5조 제5항에 따르면 공권력에 의한 자유권의 침해에는 귀책사유가 요구되지 않는다.[74]

2) 판례의 추이

대법원은 초기에 사람은 신체로만 구성된 것이 아니라 정신세계도 갖고 있다고 하면서 자유박탈에 대하여 위자료를 인정하면서 관대한 입장을 취하였다.[75] 그러나 대법원은 피고가 원고를 무고하여 원고가 오랜 기간동안 징역을 살았거나 구속된 사안에 대하여 제1329조의 '완전한 만족'이라는 법문은 그 자체로 위자료의 배상을 포함하는 것이 아니라고 하면서 위자료청구를 기각하였다.[76] 대법원은 현재까지 위자료는 법률에 명시적으로 규정된 경우에 한하여 배상된다는 태도를 견지하고 있다.[77] 다만 유럽인권협약 제5조 제5항을 고려하여 대법원은 공권력에 의한 협약에 반하는 체포와 구금에 대하여 귀책사유를 불문하고 비재산적 손해의 배상을 청구할 수 있다고 판시하여 종전의 엄격한 입장에서 일부 후퇴하였다.[78] 그러나 판례는 사인에 의한 자유권침해에 있어서는 고의의 경우에만 위자료를 인정하고, 중과실이라고 하더라도 과실의 경우에는 위자료를 인정하지 않는다.[79]

---

74) OGH SZ 48/69; SZ 62/176; Kurzkommentar zum ABGB/Danzl, 2. Aufl. 2007, § 1329, Rn. 2.
75) OGH in GIU 11007.
76) OGH JBL 1952, 465.
77) GIUNF 3981; GIUNF 4185=Judikat 184(alt); ZBl 1927/284; EvBl 1949/456; EvBl 1950/414; JBl 1951, 377; SZ 62/77=JBl 1989, 792. F. Bydlinski(註 6), S. 178f. 는 이는 독일민법의 영향이라고 주장한다.
78) OGH SZ 48/69=JBl 1975, S. 645.
79) OGH in SZ 52/28=JBl 1980, 372; JBl 2001, 660.

3) 학설상황

유력설은 판례의 제한적 태도를 비판하면서 사인이 피해자를 불법구금한 경우에는 일반 원칙에 따라 중과실이 인정되면 비재산적 손해에 대한 배상책임이 긍정된다고 한다.[80]

5.2.4. 성적 자기결정권의 침해

1) 법률의 개정 경과

제정당시의 민법 제1328조는 혼인약속을 신뢰하여 아이를 출산한 여성은 혼인약속을 지키지 않은 남성에 대하여 분만비용과 산욕비용을 청구할 수 있다고 규정하였고, 1916년 3차개정으로 민법 제1328조는 형사범죄, 강박, 종속관계의 남용에 의하여 여성으로 하여금 혼인 외의 동거를 하게 한 자는 적극적 손해와 소극적 손해를 배상할 의무를 진다고 규정하여, 여성의 성적 자기결정권의 침해에 대하여 재산적 손해배상만 인정하였다고 한다.[81] 1996년 개정된 민법 제1328조에 따르면 폭행, 협박, 종속관계를 이용하여 성적 자기결정권을 침해한 자는 적극적 손해와 일실 수입 뿐만 아니라 비재산적 손해도 배상하여야 한다.[82] 이에 따라 여성 뿐만 아니라 남성과 아이도 성적 자기결정권의 침해로부터 보호를 받는다.[83] 다만 직장에서의 성희롱에 대하

---

80) F. Bydlinski(註 6), S. 251; Koziol(註 2), Rn. 11/18; Karner, Die Neuregelung des Ersatzes ideeller Schäden bei geschlechtlichem Mißbrauch, JBl 1997, S. 700; Karner/Koziol(註 31), Rn. 93; Kurzkommentar zum ABGB/Danzl, 2. Aufl. 2007, § 1329, Rn. 4.

81) OGH 9. 5. 1985, SZ 58/80=JBl. 1986, 114; F. Bydlinski(註 6), S. 246; Rummel/ Reischauer, ABGB 3. Aufl. 2002, § 1328, Rn. 14. 그러나 학설과 판례는 종전의 규정에 따르더라도 강간의 경우에는 위자료를 긍정하였다.

82) österr. BGBl. 1996/759.

83) Rummel/Reischauer, ABGB 3. Aufl. 2002, § 1328, Rn. 1; Kurzkommentar zum

여는 특별법인 연방차별금지법과 차별금지법에 따라 비재산적 손해의 배상
을 받는다.[84]

2) 손해배상의 내용

민법 제1328조는 귀책사유에 따라 배상범위를 달리하지 않으며, 성적 자
기결정권의 침해에 대하여 적극적 손해와 일실 수입 뿐만 아니라 위자료가
배상된다.[85]

성적 자기결정권의 침해로 인한 결혼가능성의 침해에 대하여도 배상이 인
정되고, 손해배상액의 산정에 있어서는 민사소송법 제273조에 따라 판사의
재량이 인정된다.[86] 성적 자기결정권의 침해로 인하여 정신적 상해를 입은
경우에는 제1325조와 제1328조의 경합이 인정되고, 이러한 사정은 위자료의
산정에 있어 참작된다.[87] 또한 성적 자기결정권의 침해사실이 공개되어 사
회활동이 위축되고 정신적 고통을 입은 경우에는 그러한 사정도 위자료의
산정에서 고려된다.[88]

5.2.5. 성명권의 침해

민법 제43조는 자신의 성명을 문제삼는 것과 성명을 무단으로 사용하는

ABGB/Danzl, 2. Aufl. 2007, § 1328, Rn. 1.
84) Karner/Koziol(註 31), Rn. 89; Kurzkommentar zum ABGB/Danzl, 2. Aufl. 2007, §
1328, Rn. 9.
85) Kurzkommentar zum ABGB/Danzl, 2. Aufl. 2007, § 1328, Rn. 8.
86) Schwimann/Harrer, 3. Aufl. 2006, ABGB § 1328, Rn. 12.
87) Rummel/Reischauer, ABGB 3. Aufl. 2002, § 1328, Rn. 31; Schwimann/Harrer, 3.
Aufl. 2006, ABGB § 1328, Rn. 13; Kurzkommentar zum ABGB/Danzl, 2. Aufl.
2007, § 1328, Rn. 8; Karner(註 43), S. 195.
88) Karner, Die Neuregelung des Ersatzes ideeller Schäden bei geschlechtlichem
Mißbrauch, JBl 1997, S. 697; Kath(註 36), S. 42.

경우에 유지청구를 할 수 있고, 상대방이 귀책사유가 있는 경우에 손해배상
을 청구할 수 있다고 규정한다. 성명권의 보호대상은 성명 뿐만 아니라 가명,
예명 등도 포함되고, 자연인 뿐만 아니라 법인도 성명권을 향유한다.[89] 과거
의 학설은 성명권의 침해의 경우에는 재산적 손해배상만 인정하고 위자료를
인정하지 않았으나,[90] 최근의 학설은 대체로 위자료도 인정한다.[91]

5.2.6. 초상권의 침해

저작권법 제78조는 초상에 대한 무단 촬영 및 공개를 금지하고 있으며, 초
상권의 침해에 대하여는 제87조 제1항에 따라 귀책사유와 관계없이 일실수
입이라는 재산적 손해가 배상되며, 동조 제2항에 따라 비재산적 손해에 대한
상당한 배상이 인정된다.[92] 초상권의 침해는 사진촬영 뿐만 아니라 삽화 등
에 의하여도 발생할 수 있다.[93] 또한 대중매체에 의한 초상권의 침해의 경우
에는 대중매체법 제7조의a가 적용되어 위자료가 인정될 수 있다.

---

89) Rummel/Aicher, ABGB 3. Aufl. 2000, § 43, Rn. 3-4; Kurzkommentar zum ABGB/
Koch, 2. Aufl. 2007, § 43, Rn. 2-3; Klang/Adler, ABGB 2. Aufl. § 43, S. 295f.
90) Klang/Adler, ABGB 2. Aufl. § 43, S. 294.
91) F. Bydlinski(註 6), 247ff; Koziol(註 2), Rn. 2/102; Kurzkommentar zum ABGB/
Koch, 2. Aufl. 2007, § 16, Rn. 10; Kurzkommentar zum ABGB/Koch, 2. Aufl.
2007, § 43, Rn. 10; Frick(註 24), S. 81. Rummel/Aicher, ABGB 3. Aufl. 2000, §
43, Rn. 22은 종래의 다수설은 독일민법의 영향이라고 비판하면서 최근의 학설에
동조한다.
92) Frick(註 24), S. 81.
93) Koziol(註 49), S. 12.

5.2.7. 명예훼손

1) 민법상 규율

민법 제1330조 제1항은 명예훼손에 대하여 적극적 재산적 손해와 소극적 재산적 손해의 배상을 규정하고, 동조 제2항은 허위사실의 공개로 인하여 신용과 영업 등에 불이익을 입은 경우에 철회와 공표를 청구할 수 있다고 규정한다. 명예훼손에 대하여 위자료를 명시적으로 긍정하지 않은 것은 오스트리아 민법전 심의과정에서 명예훼손에 대하여 금전배상을 허용하지 않는 것이 유익하고 명예로운 것이며, 명예의 보호는 형법의 과제이고 민법의 과제는 명예훼손으로 인한 재산적 손해배상으로 한정된다고 보았기 때문이다.[94] 학설은 대체로 비재산적 손해의 객관적 산정이 매우 어렵다는 이유로 명예훼손에 있어서 위자료를 부정한다.[95] 이에 반하여 유력설은 통상적인 명예훼손의 경우에는 위자료가 부정되지만, 인간의 존엄을 해치는 중대한 명예훼손의 경우에는 위자료가 인정된다고 한다.[96]

2) 대중매체법상 규율

대중매체법 제6조는 대중매체에 의한 명예훼손의 경우에 위자료를 긍정한다.[97] 위자료의 산정에 있어서는 공표의 범위, 명예훼손의 정도 등이

---

94) J. Ofner, Ur-Entwurf II, S. 196(Sitzung vom 2. 6. 1806). Zeiller, Commentar zu § 1330 ABGB Anm. 2에 의하면 명예로운 시민은 명예를 돈으로 매수하지 않는다고 한다.
95) Rummel/Reischauer, ABGB 3. Aufl. 2002, § 1330, Rn. 3; Kurzkommentar zum ABGB/Danzl, 2. Aufl. 2007, § 1330, Rn. 11; Frick(註 24), S. 42.
96) F. Bydlinski(註 6), S. 252ff; Karner/Koziol(註 6), S. 98f.
97) Schwimann/Harrer, 3. Aufl. 2006, ABGB § 1330, Rn. 63; Brandstetter/Schmid, Kommentar zum Mediengesetz, 2. Aufl. 1999, § 6, Rn. 36; Litzka/Strebinger, MedienG, 5. Aufl. 2005, § 6, Rn. 4.

고려된다.

5.2.8. 사생활의 침해

1) 민법상 규율

민법 제1328조의a는 사생활의 침해 뿐만 아니라 사생활침해로부터 얻은 자료를 공개하거나 이용하는 것도 금지하고 있으며, 사생활의 중대한 침해에 대하여는 위자료도 인정된다. 물론 사생활의 침해에 대한 특별법이 있는 경우에는 민법 제1328조의a가 적용되지 않는다(동조 제2항). 다만 사생활침해의 중대성이 인정되는 한 경과실이더라도 위자료가 긍정된다.[98] 사생활의 보호범위에는 건강상태, 특별한 기호, 가족생활, 성장과정 등이 포함된다.[99] 다만 영업비밀은 사생활의 범주에 속하지 않는다.[100]

2) 특별법상 규율

대중매체법은 피해자의 사적인 영역이 대중매체에 의해 공표된 경우, 범죄피해자나 범죄혐의를 받고 있는 자의 신상을 공개하는 경우, 불법 감청 등의 방법으로 얻은 정보를 대중매체에 의하여 공표하는 경우에 위자료를 규정한다.[101] 정보보호법 제33조에 따르면 동법을 위반하여 개인정보를 침해한 경우에는 민법의 일반원칙에 따라 손해배상을 구할 수 있고, 여기의 손해에는 '비재산적 손해(die erlittene Kränkung)'도 포함된다. 학설은 개인정보의

---

98) Rummel/Reischauer, 3. Aufl. 2002, ABGB § 1328a, Rn. 9; Schwimann/Harrer, 3. Aufl. 2006, ABGB § 1328a, Rn. 6; Kurzkommentar zum ABGB/Danzl, 2. Aufl. 2007, § 1328a, Rn. 3.
99) Kurzkommentar zum ABGB/Danzl, 2. Aufl. 2007, § 1328a, Rn. 4.
100) Kurzkommentar zum ABGB/Danzl, 2. Aufl. 2007, § 1328a, Rn. 4.
101) 대중매체법 제7조, 제7조의a, 제7조의c 참조.

심각한 침해에 한하여 위자료를 인정하며, 배상의 요건과 범위에 대하여 대
중매체법 제6조, 제7조가 준용된다.[102) 저작권법 제77조는 편지, 일기 기타
개인적인 서류의 무단공개를 금지한다.

5.2.9. 재산권에 대한 침해

1) 손해배상 일반

경과실로 인한 재물손괴의 경우에는 적극적 재산적 손해만이 배상되고,
고의 또는 중과실로 인한 재물손괴의 경우에는 적극적 재산적 손해 뿐만
아니라 일실수입 등 소극적 재산적 손해도 배상된다(민법 제1331조, 제
1332조).

2) 비재산적 손해

가해자가 형법을 위반하거나 악의(Mutwillen und Schadenfreude)로 재산권
을 침해한 경우에 한하여 피해자는 특별한 애호이익을 배상받을 수 있다(민
법 제1331조). 이는 재산권침해로 인한 비재산적 손해는 예외적으로 발생하
기 때문이다.[103) 특히 가보나 추억의 소장품이 멸실된 경우에 재산적 손해만
으로 배상이 충분하지 않아 특별한 애호이익이 고려된다.[104) 보호법규의 위
반이나(민법 제1311조) 고의에 의한 양속위반(민법 제1295조 제2항)의 경우
에도 위자료가 인정될 수 있다.[105)

---

102) Karner/Koziol(註 31), Rn. 85.

103) F. Bydlinski(註 6), S. 241, 248, 251; Koziol(註 2), Rn. 11/9.

104) Rummel/Reischauer, 3. Aufl. 2002, ABGB, § 1331, Rn. 2.

105) Koziol(註 2), Rn 11/9; Karner/Koziol(註 6), S. 109.

6. 산정론

6.1. 일반원칙

법관은 개별 사정의 제반 정상을 참작하여 위자료를 산정하며, 특히 유사 사건에서 선고된 위자료를 참작하여야 한다.[106) 확고한 판례에 따르면 1심 변론종결시를 기준으로 예견가능한 장래의 비재산적 손해로 포함하여 하나의 위자료액을 산정한다.[107)

6.2. 고려요소

6.2.1. 일반적 기준

민법 제1325조에 의한 위자료액수를 산정함에 있어 침해의 중대성과 그로 인한 건강상태의 악화, 고통의 강도와 지속도를 고려한다.[108) 전자의 경우에는 외적 측면인 침해행위와 그로 인한 외적 결과를 기준으로 삼는 것이고, 후자의 경우에는 그로 인한 내적 측면인 감정손해를 기준으로 삼는 것이다. 위자료의 산정에 있어서는 침해법익의 성질이 고려된다.[109) 가령 상해나 성적 자기결정권의 침해는 성명권의 침해보다는 중한 것으로 고려된다. 위자료가 외적인 법익의 침해와 관련되지만, 그 침해의 정도는 주관적 요소에 따라 달라질 수 있다.

---

106) OGH ZVR 1956, 21; 1966, 279; 1995, 44; Schwimann/Harrer, 3. Aufl. 2006, ABGB § 1325, Rn. 71; Karner/Koziol(註 6), S. 121.
107) OGH JBl 2003, 650; Kath(註 36), S. 73; Prisching(註 11), S. 51; Schwimann/Harrer, 3. Aufl. 2006, ABGB § 1325, Rn. 87; Kurzkommentar zum ABGB/Danzl, 2. Aufl. 2007, § 1325, Rn. 30; Danzl/Gutiérez-Lobos/Müller(註 5), 9. Aufl. S. 236.
108) Koziol(註 2), Rn 11/20(S. 359); Kath(註 36), S. 40.
109) Karner/Koziol(註 6), S. 120f.

피해자의 고통은 개인에 따라 차이가 있으므로 측정하기가 매우 어려우나, 감정손해를 그 산정상의 어려움 등을 이유로 배제하는 것은 타당하지 않다.[110) 왜냐하면 민법 제1331조는 명확히 순수한 감정손해에 대하여도 배상을 인정하고 있기 때문이다. 통상적으로 침해의 종류와 중대성에서 고통의 정도를 추론하는 방식으로 감정손해에 대한 어려움을 해결한다. 더 나아가 침해로 인한 육체적 고통만을 고려하는 것이 아니라, 불구와 그로 인한 심적 고통도 고려된다.[111)

6.2.2. 피해자측 사정

1) 고통의 정도와 지속성

위자료액수의 산정에 있어 고통의 정도와 지속성 그리고 건강침해의 정도, 치료기간 등이 고려된다.[112) 신체침해의 경우에도 개인의 신체조건 등에 따라 고통의 크기는 달라질 수 있는 것이므로 부득이하게 정상적인 감정세계를 가진 합리적인 평균인을 기준으로 위자료가 산정된다.[113) 신체침해로 인한 후유증이 있는 경우에는 위자료가 증액된다.[114) 특히 자유권의 침해에 있어서 침해의 강도와 지속성, 피해자의 심리적 상태, 민감성 등은 고려되나, 피해자의 사회적 지위는 고려되지 않는다.[115) 기대여명의 감축으로 인한 정신적 고통은 지각력 있는 자와 의식불명이 있는 자간에 차이가 인정된다.[116)

---

110) Koziol(註 2), Rn 11/20(S. 359).
111) Koziol(註 2), Rn 11/21(S. 359).
112) OGH 8 Ob 229/82; Koziol(註 2), Rn. 11/20; Prisching(註 11), S. 50.
113) Strasser(註 8), S. 22f; F. Bydlinski(註 6), S. 242; Koziol(註 2), Rn. 11/21; Karner/Koziol(註 6), S. 123.
114) OGH ZVR 1979, 263; Schwimann/Harrer, 3. Aufl. 2006, ABGB § 1325, Rn. 77.
115) Kurzkommentar zum ABGB/Danzl, 2. Aufl. 2007, § 1329, Rn. 5.
116) Karner/Kozio(註 31), Rn 37-38; Karner(註 43), S. 139-140.

피해자가 즉사하여 죽음에 대한 고통을 인식할 수 있는 시간이 없는 경우에
는 정신적 고통에 대한 위자료는 인정되지 않는다.[117]

2) 귀책사유의 정도

피해자의 귀책사유는 위자료를 감소시키는 사정에 해당한다.[118] 망인의
과실을 근친자의 위자료청구권에서 고려할 것이냐의 문제에 대하여 판례와
학설은 근친자의 권리는 망인과의 근친관계에 근거하여 인정된 것이므로 이
러한 사정은 위자료액의 산정에 있어서도 고려되어야 한다고 한다.[119] 다만
상당수의 학설은 근친자의 권리가 망인의 권리를 상속받은 것이 아니라 고
유한 권리라는 점을 들어 망인의 과실을 고려하지 않는다.[120]

3) 사회적 지위 등

신체침해로 인한 위자료액수의 산정에 있어 학설과 판례는 대체로 피해자
의 사회적 지위, 문화적 욕구 그리고 경제정도를 고려하지 않는다.[121] 다만
일부 학설은 피해자가 입은 고통에 상응하는 즐거움의 창출을 위하여는 피
해자의 사회적 지위 등이 고려되어야 한다고 한다.[122]

---

117) Karner/Koziol(註 31), Rn. 41.
118) Schwimann/Harrer, 3. Aufl. 2006, ABGB § 1325, Rn. 82. 다만 Danzl/Gutiérez-
    Lobos/Müller(註 5), 9. Aufl. 2008, S. 77는 이에 반대한다.
119) OGH 2 Ob 178/04x; Kath(註 36), S. 126; Karner/Koziol(註 6), S. 85f.
120) Kletečka, Mitverschulden, S. 86f.; Koziol(註 2), Rn. 8/47, Fn. 191; Beisteiner,
    Angehörigenschmerzengeld, 2009, S. 251-252. Danzl/Gutiérez-Lobos/Müller(註 5),
    S. 80은 근친자의 고유의 과실이 인정되어야만 과실이 고려될 수 있다고 한다. 즉
    미성년자의 사망에 대하여 부모의 과실이 인정되거나 의학적 조치를 취하지 아니
    하여 손해가 확대된 경우에 과실이 고려될 수 있다고 한다.
121) OGH SZ 25, 268; ZVR 1959, 128; 1960, 87; Schwimann/Harrer, 3. Aufl. 2006,
    ABGB § 1325, Rn. 75; Karner/Koziol(註 6), S. 125; Danzl/Gutiérez-Lobos/Müller
    (註 5), S. 93; Kath(註 36), S. 40.

4) 연령 등

피해자의 연령에 따라 정신적 고통의 감각 및 인지의 정도가 달라지는 것
은 아니므로 이에 따라 정신적 고통이 달라진다고 보지 않는다는 것이 원칙
이다.[123] 다만 청년이 입은 신체적 장애 등은 노인에 비하여 결혼가능성, 가
족계획, 직업선택 등에 미치는 영향이 매우 크므로 피해자의 연령대는 위자
료액의 산정에 있어 고려된다.[124] 또한 기대여명의 감소는 위자료의 증액사
유에 해당한다.[125]

5) 성별

피해자의 성별은 위자료액의 산정에 있어 원칙적으로 고려되지 않으나,
추상으로 인한 정신적 고통의 경우에는 여성, 특히 미혼여성의 경우에 위자
료의 증액사유로 고려되고, 이는 경험칙에 상응한다.[126]

6) 직업생활 및 여가생활의 침해

직업 생활이나 여가생활이 침해된 사정은 위자료의 산정에 있어 고려된

---

122) Rummel/Reischauer, 3. Aufl. 2002, ABGB § 1325, Rn. 46; Klang/Wolff, 2. Aufl. ABGB § 1325, S. 138; Strasser(註 8), S. 22. Steininger, Minderung der Erwerbsfähigkeit ohne Verdienstentgang. Die abstrakten Rente nach § 1325 ABGB und angrenzende Fragen, FS Wilburg(1965), 202은 민법 제1324조를 유추적용하여 귀책사유의 정도에 따라 위자료의 배상범위를 달리 하여야 하고, 특히 중과실의 경우에는 피해자의 구체적 사정이 고려될 수 있다고 한다.
123) Danzl/Gutiérez-Lobos/Müller(註 5), S. 85.
124) Schwimann/Harrer, 3. Aufl. 2006, ABGB § 1325, Rn. 79; Danzl/Gutiérez-Lobos/ Müller(註 5), S. 86; Karner/Koziol(註 6), S. 126.
125) Schwimann/Harrer, 3. Aufl. 2006, ABGB § 1325, Rn. 79.
126) OGH 24. 4. 1969, 2 Ob 109/69; 12. 5. 1970, 2 Ob 160/70; Danzl/Gutiérez-Lobos/Müller(註 5), S. 91f.

다.[127] 특히 연주가에게 있어 손의 상실과 운동선수의 신체장애는 평균인의 그것보다 훨씬 더 큰 고통을 주는 것으로 이해된다.[128]

7) 다른 구제수단과의 관계

대중매체의 소유주가 적시에 반론보도를 하지 않으면, 피해자는 가해자로부터 간접강제금(Geldbuße)을 지급받게 되는데(대중매체법 제18조, 제20조), 이러한 금원은 위자료의 산정에 있어 참작된다.[129]

6.2.3. 가해자측 사정

1) 귀책사유의 정도

일부 학설은 민법 제1324조의 법리를 위자료의 경우에도 적용하여 귀책사유의 정도에 따라 경한 경우에는 객관적 측면에서 비재산적 손해를 산정하고, 중한 경우에는 주관적 측면에서 비재산적 손해를 산정하여야 한다고 한다.[130]

2) 경제적 사정 등

학설과 판례는 대체로 가해자의 경제적 사정이 위자료에 영향을 미쳐서는 안된다고 본다.[131]

---

127) Kath(註 36), S. 40f.
128) Karner/Koziol(註 6), S. 124f.
129) Karner/Koziol(註 31), Rn. 118.
130) Steininger(註 122), S. 202; Koziol(註 2), Rn. 11/23-24(S. 361ff.).
131) OGH ZVR 1967, 16; 1976, 208; Rummel/Reischauer, 3. Aufl. 2002, ABGB, § 1325, Rn. 46; Schwimann/Harrer, 3. Aufl. 2006, ABGB, § 1325, Rn. 81; Prisching (註 11), S. 40; Danzl/Gutiérez-Lobos/Müller(註 5), S. 93.

3) 불법행위로부터 얻은 수익

선정적 보도의 경우와 같이 가해자가 불법행위로부터 얻은 이익도 위자료 액의 산정에 있어 고려된다.[132]

4) 형사처벌여부

가해자가 형사처벌을 받았느냐의 여부는 원칙적으로 민사법원이 정하는 비재산적 손해에 대한 배상액에 영향을 주지 않는다.[133] 왜냐하면 형벌은 공적 이익을 대변하는 것이고, 손해배상은 사적 이익을 대변하는 것이므로 양자는 별개의 기능을 수행하는 것이기 때문이다.

6.3. 소송법적 문제

6.3.1. 법원의 재량

민사소송법 제273조 제1항에 따라 판사는 손해액의 정확한 입증이 현저하게 어렵거나 불가능한 경우에 자유재량으로 손해액을 산정할 수 있고, 이는 위자료의 경우에도 적용된다. 다만 피해자는 위자료의 증액사유에 대한 입증책임을 진다.[134]

6.3.2. 상소의 문제

민사소송법 제273조에 따른 위자료액수의 산정이 법률문제이기는 하나,

---

132) Karner/Koziol(註 6), S. 121f.
133) Karner/Koziol(註 31), Rn. 114.
134) Rummel/Reischauer, 3. Aufl. 2002, ABGB, § 1325, Rn. 47.

손해배상액이 개별 사건의 제반 사정에 기초하여 정해지는 것이어서 통상적으로 민사소송법 제502조 제1항 소정의 상고의 대상이 되지 않는다.[135) 다만 현저한 산정과오가 있거나 종래 인정되어 온 금액을 넘어선 경우에만 예외적으로 상고가 허용된다.[136)

135) Karner/Koziol(註 6), S. 130; Kurzkommentar zum ABGB/Danzl, 2. Aufl. 2007, §
     1325, Rn. 30; Fasching/Konecny/Rechberger, 2. Aufl. 2004 § 273 ZPO, Rn. 13;
     Danzl/Gutiérez-Lobos/Müller(註 5), S. 67, 310; Kath(註 36), S. 47.
136) Danzl/Gutiérez-Lobos/Müller(註 5), S. 311; Karner/Koziol(註 6), S. 130f.

第3節 스위스의 慰藉料

1. 손해배상법 개관

1.1. 서설

스위스의 손해배상법은 '재산적 손해의 배상(Schadenersatz)'과 비재산적 손해의 배상에 해당하는 '만족(Genugtuung)'[1]을 엄격하게 구분한다.[2] 스위스채무법은 불법행위의 유형을 사망, 상해 그리고 인격권의 침해로 분류하고, 그 유형별로 재산적 손해와 비재산적 손해의 배상을 규정한다. 채무법 제45조는 사망으로 인한 재산적 손해로 장례비, 사망시까지의 치료비와 노동능력상실에 따른 일실수입 그리고 부양료를 규정하고 있다. 채무법 제46조는 재산적 손해로 상해로 인한 치료비 및 노동능력상실에 따른 일실수입을 규정한다. 채무법 제47조는 상해피해자 본인과 사망피해자의 근친자에게 위자료를 규정하고, 채무법 제49조는 인격권의 피해자에 대하여 위자료를 규정한다.

---

1) 스위스법은 비재산적 손해의 배상을 '만족(Genugtuung)'이라고 규정하고 있으나, 이하에서는 용어의 통일을 위하여 위자료로 서술한다.

2) v. Gerlach, Gewinnherausgabe bei Persönlichkeitsverletzungen nach schweizerischem Vorbild?, VersR 2002, 917, 920; Ady, Ersatzansprüche wegen immaterieller Einbußen, 2004, S. 144; Honsell, Schweizerisches Haftpflichtrecht, 4. Aufl. 2005, § 10 Rn. 1(S. 111); Keller, Haftpflicht im Privatrecht. Bd. II, 2. Aufl. 1998, S. 122; Oftinger/Stark, Schweizerisches Haftpflichtrecht, 5. Aufl. 1995, Bd. I, § 8 Rn. 2(S. 419); Berner Kommentar/Brehm, 2. Aufl. 1998, OR Art. 47, Rn. 52.

1.2. 재산적 손해와 비재산적 손해의 구별

금전으로 환가가능한 손해가 재산적 손해이고, 그렇지 아니한 손해가 비재산적 손해이다.[3] 비재산적 손해에는 육체적·정신적 고통, 안녕의 감소, 명예의 훼손, 인생을 자유롭게 형성할 가능성에 대한 침해 등이 포함된다.[4] 비재산적 손해는 수학적 계산에 의하여 재산의 차액이 조사되는 것이 아니라 규범적 고찰에 의하여 정하여 지는 것이다.[5] 실무상으로는 채무법 제42조 제2항에 따른 재산적 손해의 산정과 채무법 제49조에 따른 비재산적 손해의 산정이 혼용되기도 하나, 유력설은 이러한 실무의 태도에 대하여 법이론적 관점에서 의문스러울 뿐만 아니라 법발견을 가로막는 난점이 있다고 지적한다.[6]

2. 위자료의 의의와 기능

2.1. 위자료의 의의

고통과 금전이 서로 비교할 수 있는 성질의 것은 아니지만, 비재산적 손해를 전보하기 위하여 금전보다 나은 대안을 찾기 어려운 것이다.[7] 유력설은 정신적 고통은 금전으로 보상될 수 없는 성질의 것이기는 하지만, 피해자에게 일정한 보상을 주는 것은 일반적인 법의식에 부합하는 것이라고 강조한

---

3) Honsell(前註), § 1 Rn. 37(S. 9).

4) Siedler, in: Münch/Geiser(Hg.), Schaden-Haftung-Versicherung, Rn. 10.23; Merz, Schweizerisches Privatrecht, Obligationenrecht, Allgemeiner Teil, Bd. 6/1, § 18. Genugtuung, S. 242; Keller(註 2), S. 120; Oftinger/Stark(註 2), § 8 Rn. 12(S. 424); Rey, Ausservertragliches Haftpflichtrecht, 4. Aufl. 2008, Rn. 442.

5) Siedler(前註), Rn. 10.28.

6) Berner Kommentar/Brehm(註 2), Rn. 53-55.

7) Berner Kommentar/Brehm(註 2), Rn. 6-7; Merz(註 4), S. 243.

다.[8] 일부 학설은 인격침해에 대한 일종의 '보상(Wiedergutmachung)'으로서 안온한 감정을 창출하거나 물건을 사거나 여행을 하는 등으로 불쾌한 감정을 잊게 하는 가능성을 부여한다고 강조한다.[9]

다만 사회생활은 자질구레한 성가신 일로 구성되어 있기 때문에 모든 종류의 고통이 배상되는 것은 아니고 그러한 고통이 특별하게 심각한 경우에만 법이 개입한다는 점에서 일정한 정도를 넘어서는 침해에 대하여만 위자료가 인정된다.[10]

2.2. 위자료의 기능

2.2.1. 전보기능

위자료는 인신사고와 인격권침해로 인한 비재산적 손해를 금전으로 전보하기 위한 것이다.[11] 즉 비재산적 손해와 금전급부가 서로 비교할 수 없는 성질의 것이기는 하지만, 손해배상금은 피해자에게 안온한 감정을 창출하고 침해받은 감정세계를 잊도록 도와주는 것이다.[12] 특히 일부 학설은 가해자가 책임을 져야 한다는 점에서가 아니라 피해자가 돈을 받게 된다는 점에서 만족이 창출된다고 주장한다.[13] 물론 입법자의 의도와는 달리 비재

---

8) Merz(註 4), S. 244.
9) Siedler(註 4), Rn. 10.25.
10) Tercier, Short Comments Concerning Non-Pecuniary Loss Under Swiss Law, in: Rogers(ed.), Damages for Non-Pecuniary loss in a comparative perspective, 2001, Rn. 40-41.
11) BGE 123 Ⅲ 10, 15; Berner Kommentar/Brehm(註 2), Rn. 9; Zürcher Kommentar/ Landolt, 3. Aufl. 2007, Vormerkungen zu OR Art. 47/49, Rn. 17; Rey(註 4), Rn. 445.
12) BGE 102 Ⅱ 18, 22; 115 Ⅱ 156 E 2; 123 Ⅲ 10, 15.
13) Merz(註 4), S. 243.

산적 손해의 배상이 다른 목적으로 사용될 수 있다는 점을 간과하여서는
안된다.14)

2.2.2. 만족기능

스위스에서 '만족(Genugtuung)'은 비재산적 손해의 배상을 지칭하는 것에
불과하며, 전보기능과 구별되는 독자적인 만족기능은 거의 인정되지 않는
다.15) 특히 유력설은 위자료의 목적은 '만족(Satisfaktion)'이나 '속죄(Sühne)'
를 위한 것이 아니라고 강조한다.16) 다만 연방대법원은 위자료가 어느 정도
피해자의 보복의 욕구와 관련이 있다고 인정한다.17)

2.2.3. 예방기능

위자료에 독자적 예방기능이 인정되는 것은 아니다.18) 가해자가 과거에
유사한 불법행위를 하였거나 다시 불법행위를 감행할 사정이 있다는 이유만
으로 위자료를 증액할 수 없다. 위자료는 보충적 예방기능을 수행할 뿐이
다.19) 손해배상의무의 부담을 통하여 가해자는 손해가 발생하지 않도록 행
위할 유인을 가지는 것이다.

---

14) Tercier(註 10), Rn. 38.
15) BGE 123 Ⅲ 10 E. 4c/bb; Honsell(註 2), § 10 Rn. 3(S. 112).
16) Honsell(註 2), § 10 Rn. 2(S. 111).
17) BGE 131 Ⅲ 26; BGE 58 Ⅱ 341 E. 1; 58 Ⅱ 244 E. 6. 특히 명예훼손 등 인격권
    침해의 경우에 그러하다고 한다.
18) Zürcher Kommentar/Landolt(註 11), Rn. 42.
19) Honsell(註 2), § 1 Rn. 63(S. 13).

2.2.4. 제재기능

구 채무법 제49조에 의한 위자료청구권이 성립하기 위하여 '특별하게 중
대한 귀책사유'가 요구되었을 때에는 동 규정이 제재기능을 수행한다는 견
해도 주장되었으나, 채무법 제49조의 개정으로 '특별하게 중대한 귀책사유'
라는 요건이 폐지된 이후 제재기능이 설 자리를 잃게 되었다.[20] 특히 연방대
법원은 위자료는 제재를 목적으로 하는 것이 아니라 안녕을 다른 방식으로
고양시키거나 불이익을 보다 참을 수 있게 함으로써 손해를 전보하는 것이
라고 명확하게 판시하였다.[21] 학설상으로도 위자료의 제재적 요소는 완전히
후퇴하였다.[22] 제재기능의 부정은 위자료의 상속성과 위험책임에서의 위자
료에서도 드러난다.[23] 귀책사유의 정도에 따라 고통의 정도가 달라지는 것
이므로 이를 제재기능의 관점에서 이해할 것은 아니다.[24]

---

20) Jäggi, Fragen des Privatrechtlichen Schutzes der Persönlichkeit, ZSR 1960 Ⅱ, S.
189a; von Büren, Schweizerisches Obligationenrecht, Allgemeiner Teil, 1964, S. 86,
278; Berner Kommentar/Brehm, 2. Aufl. 1998, OR. Art. 49, Rn. 18.
21) BGE 115 Ⅱ 156, 158f.; 102 Ⅱ 22.
22) Zürcher Kommentar/Landolt(註 11), Rn. 25; Hausheer, Verstärkter Persönlichkeitss-
chutz: Der Kampf an verschieden Fronten, FG Deschenaux, 1977, S. 81, 84;
Guhl/Koller, Schweizerische Obligationenrecht, 9. Aufl. 2000, § 10, Rn. 7; Rey(註
4), Rn. 447; v. Tuhr/Peter, Allgemeiner Teil des Schweizerischen Obligationenrechts,
Bd. 1, 3. Aufl. 1979, § 16, S. 127; Oftinger, Schweizerisches Haftpflichtrecht, 4.
Aufl. 1975, § 8 Ⅰ(S. 291); Oftinger/Stark(註 2), § 8, Rn. 8(S. 422).
23) Zürcher Kommentar/Landolt(註 11), Rn. 26.
24) Oftinger/Stark(註 2), § 8 Rn. 9(S. 422); Honsell(註 2), § 1 Rn. 69(S. 14).

3. 위자료청구권자

3.1. 직접피해자

3.1.1. 자연인

1) 유아 및 태아

사고당시에 부모의 상태를 인식할 수 없는 유아나 사고후에 태어난 아이의 경우에도 부모의 사망에 대하여 위자료청구권이 인정된다.[25]

2) 의식불명자

의식불명자에 대한 위자료의 배상이라는 문제는 피해자에 대한 배상액은 결국 그 가족들의 이익으로 돌아간다는 점에서 간단한 문제는 아니다. 판례와 다수설은 주관적 인식능력의 결여는 그 자체로 객관적인 인격권의 침해이며, 의식불명의 경우에는 배상을 부정하고 그보다 경미한 경우에는 배상을 인정하는 것은 입법자의 의사에 반한다고 하면서 의식불명자의 위자료청구권을 긍정한다.[26] 이에 반해 부정설은 의식불명자에게는 피해자 본인에게 안온한 감정을 창출하고자 하는 위자료의 목적이 달성될 수 없으며, 피해자의 청구권을 부정하고 가족들에게 직접 청구권을 인정하는 것이 타당하다고 한다.[27]

---

25) Zürcher Kommentar/Landolt(註 11), Rn. 87; Berner Kommentar/Brehm(註 2), Rn. 87; Basler Kommentar/Schnyder, I, 4. Aufl. 2007, OR Art. 49, Rn. 8; Honsell(註 2), § 10, Rn. 4(S. 112).

26) BGE 108 II 422; 112 II 220/221; Zürcher Kommentar/Landolt(註 11), Rn. 89-93; Honsell(註 2), § 10, Rn. 11(S. 113).

27) Berner Kommentar/Brehm(註 2), Rn. 21; Merz(註 4), S. 240-241; Tercier(註 10), Rn. 18; Honsell(註 2), § 10, Rn. 11(S. 113); Rey(註 4), Rn. 482.

3.1.2. 법인

학설과 판례는 대체로 법인에 대하여도 원칙적으로 인격권의 보호를 인정하고 있다.[28] 법인은 성명권, 명예권, 사생활의 비밀과 자유를 향유한다.[29] 판례는 비재산적 손해를 인식할 수 있는 능력이라는 요건이 구비되지 않더라도 위자료청구권이 인정될 수 있으므로 법인의 경우에도 위자료청구권이 인정된다고 판시하였다.[30] 학설은 법인의 경우에는 기관을 통하여 비재산적 손해를 인식할 수 있으므로 주관적 인식능력의 결여라는 전제는 타당하지 않고 오히려 법인에 대한 보호필요성에 의거하여 위자료청구권을 인정하여야 한다는 긍정설[31]과 의식불명의 자연인과 같이 법인의 경우에도 위자료청구권이 부정되어야 한다는 부정설[32]로 나뉜다. 법인의 위자료청구권을 인정하는 견해에 따르면 법인은 채무법 제47조가 아니라 제49조에 의거하여 위자료청구권을 행사할 수 있다.[33]

---

28) BGE 95 Ⅱ 481; Burckhardt, Die Revision des Schweizerischen Obligationrechts in Hinsicht auf das Schadensersatzrecht, ZSR 44(1903), S. 489; Jäggi(註 20), S. 217a; Maurer, Das Persönlichkeitsrecht der juristischen Person bei Konzern und Kartell, Zürcher Diss. 1953, S. 44, 56ff.; Schwenzer, Schweizerisches Obligationenrecht, Allgemeiner Teil, 4. Aufl. 2006, Rn. 17.10. Basler Kommentar/Meili, 3. Aufl. 2006, ZGB § 28, Rn. 34에 의하면 법인은 비밀 영역, 사적 영역 그리고 영업상의 평판에 대한 보호를 받는다고 한다.

29) Zürcher Kommentar/Landolt, 3. Aufl. 2007, OR Art. 49, Rn. 16.

30) BGE 60 Ⅱ 326, 328; 64 Ⅱ 14, 23; 95 Ⅱ 481ff.

31) v. Tuhr/Peter(註 22), S. 130; Zürcher Kommentar/Landolt(註 11), Rn. 104; Berner Kommentar/Brehm(註 20), Rn. 42; Basler Kommentar/Schnyder, Ⅰ, 4. Aufl. 2007, OR Art. 49, Rn. 7; Keller(註 2), S. 128; Rey(註 4), Rn. 484.

32) Merz(註 4), § 18. Genugtuung, S. 241. 동소에 의하면 법인의 기관이 느끼는 안온한 감정은 법인의 위자료청구권에 있어서 중요하지 않다고 한다.

33) BGE 95 Ⅱ 501; Basler Kommentar/Schnyder, Ⅰ, 4. Aufl. 2007, OR Art. 47, Rn. 8; von Büren(註 20), S. 86.

3.2. 간접피해자

3.2.1. 인정유형

1) 생명침해

채무법 제47조에 따라 생명침해로 인한 위자료청구권이 근친자에게 인정
된다.

2) 중상해

학설과 판례는 대체로 중상해의 경우에도 채무법 제49조에 따라 근친자의
위자료청구권을 인정한다.[34] 다만 중상해로 인한 위자료청구권이 인정되기
위하여는 개호가 필요하거나 피해자의 중상해로 인하여 가족생활의 본질적
변경이 초래되어야 한다.[35] 중상해에 해당하는 경우로는 사지마비, 뇌손상,
식물인간상태, 심한 추상, 에이즈 등 중병에의 감염, 성기능상실 등이 있다.[36]

3) 중대한 인격권 침해

중대한 인격권 침해를 당한 경우에 근친자는 채무법 제49조에 따라 위자
료를 청구할 수 있다.[37] 중대한 인격권 침해는 사망 또는 중상해에 준하는

---

34) BGE 117 Ⅱ 60; Zürcher Kommentar/Landolt(註 29), Rn. 687; Berner Kommentar/
 Brehm(註 2), Rn. 187ff. Oftinger/Stark(註 2), § 8 Rn. 76(S. 449)에 의하면 피해자
 의 간호에 대한 근친자의 도덕적 의무로 인하여 근친자의 삶이 피해자에게 매이게
 된다는 점을 강조한다.
35) BGE 112 Ⅱ 220ff.; 116 Ⅱ 519ff.; Siedler(註 4), Rn. 10.68; Zürcher Kommentar/
 Landolt(註 29), Rn. 687.
36) Zürcher Kommentar/Landolt(註 29), Rn. 689-696.
37) Zürcher Kommentar/Landolt(註 29), Rn. 698.

경우이어야 한다. 피해자가 불법으로 구금되거나, 아이가 상당한 기간동안
유괴된 경우에도 근친자의 위자료가 인정된다.[38]

3.2.2. 근친자의 범위

1) 총론적 고찰

채무법 제47조는 생명침해로 인한 위자료청구권자로 '근친자(Angehörige)'
를 규정한다. 근친자에는 배우자, 부모, 자식, 형제자매, 약혼자가 포함된
다.[39] 대체로 배우자의 상실, 자식의 상실, 부모의 상실의 순으로 위자료가
하향된다.[40] 근친자의 범위는 법률상의 관계가 아니라 사실상 긴밀한 관계
가 중요한 판단기준이 된다.[41] 정신적 고통이라는 통설적 설명과는 다른 차
원에서 근친자의 비재산적 손해는 중요한 인적 관계의 훼손이라고 설명되기
도 한다.[42]

2) 개별적 고찰

a) 배우자

배우자는 피해자의 사망으로 반려자를 잃게 되는 것이므로 가장 많은 금
액의 위자료가 인정된다.[43] 다만 위자료의 산정에 있어서는 구체적인 사정
이 고려되어야 한다. 배우자가 피해자의 사망전에 이미 이혼소송을 제기한

---

38) Zürcher Kommentar/Landolt(註 29), Rn. 375; Berner Kommentar/Brehm(註 20),
   Rn. 39, 67; Keller(註 2), S. 162ff.; Siedler(註 4), Rn. 10.68.
39) Honsell(註 2), § 10 Rn. 4(S. 112); Schwenzer(註 28), Rn. 17.09.
40) Oftinger/Stark(註 2), § 8 Rn. 92(S. 458).
41) BGE 113 Ⅱ 332, 339; Zürcher Kommentar/Landolt, 3. Aufl. 2007, OR Art. 47,
   Rn. 408; Schwenzer(註 28), Rn. 17.09.
42) Oftinger/Stark(註 2), § 8 Rn. 81(S. 454).
43) Oftinger/Stark(註 2), § 8 Rn. 90(S. 457).

경우에는 위자료가 인정되지 않는다.44) 판례는 망인에게 정부가 있거나 혼
인관계가 파탄된 경우에도 혼인관계의 원만을 추정하여 배우자에게 위자료
청구권이 인정된다고 판시하였다.45) 이에 대하여 일부 학설은 오히려 배우
자가 혼인관계의 원만을 입증하는 것이 스위스민법 제8조가 정하는 바의 입
증규칙에 비추어 타당하며, 망인이 매우 오랫동안 배우자와 별거한 경우에는
채무법 제47조 소정의 특별한 사정이 결여되어 위자료청구권이 부정될 수
있다고 한다.46)

다만 내연의 처에게 위자료청구권이 인정되느냐에 대하여 부정설은 양속
위반을 들어 반대하고,47) 긍정설은 양속위반이라는 논거는 이미 극복되었고
그보다는 결혼약속의 존부48) 또는 관계의 친밀성 여부49)에 따라 위자료청구
권을 인정한다.50)

b) 부모 및 자식

친부모와 자식 사이 뿐만 아니라 양부모와 양친자 사이에서도 위자료가
인정된다.51) 자식이 미성년인지 그리고 독자인지 등은 부모의 위자료의 산
정에 있어 중요한 고려요소이다.52) 또한 부모 쌍방이 사망한 경우에 자식의

---

44) Berner Kommentar/Brehm(註 2), Rn. 32; Keller(註 2), S. 148.
45) BGE 99 Ⅱ 207, 214.
46) Berner Kommentar/Brehm(註 2), Rn. 137.
47) Grossen Ménage de fait, Travaux de l'Association H. Capitant 1957 14; Abdulrahman-
    Naji, 104f. Berner Kommentar/Brehm(註 2), Rn. 160에서 재인용.
48) Berner Kommentar/Brehm(註 2), Rn. 160. 동소에 의하면 청구권자의 범위가 과도
    하게 확장되는 것을 막기 위하여 입증요건을 높게 설정하여야 하며, 설령 위자료청
    구권이 인정된다고 하더라도 그 금액은 법률상 배우자의 경우보다 낮아야 한다고
    한다.
49) Oftinger/Stark(註 2), § 8 Rn. 84(S. 456).
50) Keller(註 2), S. 150; Berner Kommentar/Brehm(註 2), Rn. 160; Oftinger/Stark(註
    2), § 8 Rn. 84(S. 456).
51) Zürcher Kommentar/Landolt(註 41), Rn. 417, 420; Siedler(註 4), Rn. 10.63.

위자료는 일방의 사망보다 훨씬 높게 산정된다.[53] 부모와 자식간에는 동거
여부 및 결혼 여부에 따라 위자료에 상당한 차이를 가져 온다.[54] 그러나 조
부모나 손자는 특별한 관계가 있거나 동거하는 경우에만 위자료청구권을 가
진다.[55]

c) 형제자매

형제자매의 위자료청구권은 특별한 인적 관계를 유지하고 있거나 동거하
는 경우에만 위자료가 인정되고, 인정되는 위자료도 부모 및 자식의 경우보
다 현저하게 낮다.[56]

d) 약혼자

약혼자의 경우에는 혼인의 가능성, 관계의 친밀성, 지속성 등의 정도에 따
라 배우자에 준하여 위자료가 인정된다.[57]

e) 친구

약혼에 준하는 긴밀한 교제관계에 있는 자는 채무법 제47조에 근거한 위

---

52) Siedler(註 4), Rn. 10.66; Oftinger/Stark(註 2), § 8 Rn. 93-94(S. 458).
53) Oftinger/Stark(註 2), § 8 Rn. 95(S. 458).
54) Oftinger/Stark(註 2), § 8 Rn. 97(S. 459).
55) Siedler(註 4), Rn. 10.63.
56) BGE 66 Ⅱ 220; 89 Ⅱ 400; Zürcher Kommentar/Landolt(註 41), Rn. 424; Zürcher
    Kommentar/Landolt(註 29), Rn. 709; Berner Kommentar/Brehm(註 2), Rn. 153;
    Oftinger/Stark(註 2), Rn. 98(S. 459); Siedler(註 4), Rn. 10.63; Keller(註 2), S. 133.
    Oftinger/Stark(註 2), Rn. 87(S. 457)에 의하면 부모밑에서 같이 생활하는 어린 나이
    의 형제자매의 경우에는 위자료청구권이 인정되나, 상당히 나이를 먹은 형제자매
    의 경우에는 같이 살거나 긴밀한 관계를 갖는 경우에 한하여 위자료청구권이 인정
    된다고 한다.
57) Zürcher Kommentar/Landolt(註 41), Rn. 412; Oftinger/Stark(註 2), § 8 Rn. 99(S.
    459).

자료를 청구할 수 있다.[58] 단순한 친구관계에 있는 자는 위자료를 청구할 수
없다.

4. 위자료청구권의 일신전속성

4.1. 상속성

다수설과 판례는 위자료청구권이 재산적 가치가 없다고 할 수 없으므로
다른 금전채권과 마찬가지로 상속성을 긍정하나, 위자료청구권이 가지는 주
관적 요소를 감안하여 제소 또는 변호사에게 사건을 위임하는 것을 통하여
위자료청구권을 행사하려는 의도가 드러날 것을 요건으로 삼는다.[59] 다만
상당수의 유력설은 위와 같은 요건은 타당하지 않다고 하면서 상속성을 제
한없이 긍정한다.[60]

4.2. 양도성

다수설과 판례는 상속성과는 달리 아무 제한없이 양도성을 긍정한다.[61]

---

58) Zürcher Kommentar/Landolt(註 41), Rn. 416.
59) BGE 41 Ⅱ 336, 339; 63 Ⅱ 157, 160; Berner Kommentar/Becker(Bern 1941), OR
    47, Rn. 1; Berner Kommentar/Brehm(註 2), Rn. 122f.; Oftinger/Stark(註 2), § 8
    Rn. 45(S. 437f.); Tercier(註 10), Rn. 21; Keller(註 2), S. 130. v. Tuhr/Peter(註 22),
    S. 128, Fn. 9에 의하면 사망후에 지급되는 위자료금은 피해자에게 만족을 창출할
    수 없다는 전제에서 피해자가 청구의 의사를 표하지 않고 사망한 경우에는 위자료
    청구권은 소멸한다고 한다.
60) Zürcher Kommentar/Landolt(註 11), Rn. 290; Basler Kommentar/Schnyder, Ⅰ, 4.
    Aufl. 2007, OR Art. 47, Rn. 7; Oftinger(註 22), S. 293; von Büren(註 20), S. 86
    Fn. 161; Honsell(註 2), § 10 Rn. 5(S. 112); Rey(註 4), Rn. 446.

특히 연방대법원은 피해자가 자신의 판단에 따라 자신의 채권을 처분할 수 없다고 보아야 할 근거를 찾기 어렵다는 이유로 위자료청구권의 양도성을 긍정하였다.[62] 다만 소수설은 약혼위반에 대한 위자료청구권에 관한 스위스 민법 제93조 제2항을 유추하여 승인이나 제소라는 요건이 구비되어야 위자료청구권의 양도가 가능하다고 한다.[63]

5. 위자료청구권의 발생원인

5.1. 총론적 고찰

5.1.1. 위자료의 전개과정

1) 1881년 6월 16일의 연방채무법

입법자는 1881년 6월 16일의 연방채무법의 제정시에 위자료에 관한 두 가지 입장을 고려하였다.[64] 첫 번째가 신체상해와 사망의 경우만을 규율하는 연방채무법 제54조인데, 이는 독일법에서 연원한다.[65] 두 번째가 인격권의 침해에 대한 일반조항인 연방채무법 제55조인데, 이는 프랑스법에서 연원한다.[66] 동 규정은 프랑스법을 모범으로 삼아 재산적 손해 또는 비재산적 손해

---

61) BGE 63 Ⅱ 157, 160; Berner Kommentar/Becker(Bern 1941), OR 47, Rn. 1; von Büren(註 20), S. 86; Berner Kommentar/Brehm(註 2), Rn. 126f.; Basler Kommentar/Schnyder, Ⅰ, 4. Aufl. 2007, OR Art. 47, Rn. 7; Oftinger/Stark(註 2). § 8 Rn. 44(S. 437); Keller(註 2), S. 129.
62) BGE 63 Ⅱ 157; 79 Ⅱ 106; 81 Ⅱ 390.
63) v. Tuhr/Peter(註 22), S. 128, Fn. 9.
64) Tercier(註 10), Rn. 2.
65) Tercier(註 10), Rn. 4.
66) Tercier(註 10), Rn. 5.

를 불문하고 모든 손해를 포함하고, 더 나아가 입증이 불가능한 손해도 포함시키려는 의도를 가진다.[67]

2) 1907년 12월 10일의 민법전과 1911년 3월 30일의 개정채무법

1907년 12월 10일 민법전의 도입과 1911년 3월 30일 채무법개정으로 종전 규정의 규율범위가 좁아졌다.[68] 다만 입법자는 위자료를 법률에 규정된 경우로 한정하는 것이 유용하다고 판단하였는데(제28조 제2항), 이는 위자료를 불신하는 독일법의 영향에 기인한다.[69] 채무법 제47조는 연방채무법 제54조를 채택하면서 단지 '고의와 중과실에 대한 특별한 고려'라는 문언을 삭제하였다.[70] 채무법 제49조는 연방채무법 제55조를 이어 받은 것으로 인격권의 침해에 대한 제반 유형을 포함한다.

3) 1983년 12월 16일자 개정

1983년 12월 16일자 개정으로 입법자는 인격권에 관한 심도있고 전면적인 개혁을 수행하여 위자료의 원칙을 강화하였다.[71] 특히 법률에 규정된 경우라는 제한을 가진 제28조 제2항이 삭제되고 원고의 주소지에서 소송을 제기할 수 있게 되었는데,[72] 이는 특히 대중매체에 의한 인격권의 침해에 대한 보호를 강화하기 위한 것이다.[73] 스위스 채무법 제49조의 '특별하게 중대한 귀책사유'라는 문언이 삭제되고, 더 나아가 인격권의 침해의 정도도 '특별한 중대성'에서 '중대성'으로 변경되었다.[74] 그러나 인격권의 침해로 인한 위자

---

67) Tercier(註 10), Rn. 5.
68) Tercier(註 10), Rn. 7.
69) Tercier(註 10), Rn. 8.
70) Tercier(註 10), Rn. 9.
71) Tercier(註 10), Rn. 11.
72) 이는 관할에 관한 일반원칙에 대한 예외이다(제28조의 b 참조).
73) Tercier(註 10), Rn. 12.

료의 보충성은 유지되었다.[75]

4) 스위스 배상책임법 예비초안

a) 예비초안 제정 경위

스위스 배상책임법은 서로 일관되지 않는 많은 특별법에서 규율되는데, 이로 인한 법적 불안정성은 오래전부터 인식되어 왔다. 연방법무성이 발족시킨 연구위원회[76]와 전문가에 의한 보고서를 토대로 배상책임법의 통합을 위한 예비초안이 제정되었으나, 연방의회는 예비초안에 대한 의견개진절차에서 개진된 반대에 부딪혀 배상책임법의 개정을 입법프로그램 2003-07에 포함시키지 않기로 결의하였다.

b) 예비초안의 내용

aa) 조문

예비초안 제45조의e는 비재산적 손해에 대하여 다음과 같이 규정하고 있다.

"① 인격을 침해당한 자는 침해의 정도, 특히 정신적 및 육체적 고통이 이를 정당화하는 한 비재산적 손해에 대한 만족을 청구할 수 있다.

② 법원은 피해자에게 상당한 금전배상을 명할 수 있다. 다만 다른 방법으로 만족을 받을 수 있는 경우에는 그러하지 아니하다.

③ 사망이나 중상해의 경우에 피해자의 가족도 위자료청구권을 가진다."

---

74) BBl 1982 II 681에 의하면 인격이 재산적 이익보다 덜 보호되어야 한다는 것은 타당하지 않다는 이유에서 귀책사유의 요건이 폐지되었다.

75) Berner Kommentar/Brehm(註 20), Rn. 7; Tercier(註 10), Rn. 13.

76) 동위원회는 위원장 Pierre Widmer, 위원 Alfred Koller, Emil W. Stark, Peter Stein, Pierre Tercier, Pierre Wessner로 구성되었다.

ab) 예비초안에 대한 공식이유서

예비초안 제45조의e는 채무법 제47조, 49조의 만족에 관한 규율을 토대로
제정한 것이며, 동조 제3항에 규정된 중상해에 있어서의 가족의 위자료청구
권은 판례를 입법화한 것이다. 1983년 채무법 제49조의 개정으로 위자료청
구권이 인정되기 위하여 반드시 귀책사유가 요구되는 것은 아니다. 따라서
예비초안의 제정자들은 특별법의 경우에 일반원칙과 다를 근거를 찾아볼 수
없으므로 위자료청구권에 대한 특별법상의 제한{가령 도로교통법(SVG) 제8
조, 국가배상법(VG) 제6조}을 폐지할 것을 제안하였다.77) 연방대법원은
1986년의 판결에서 상해의 피해자의 가족은 그 고통이 특별한 정도에 이른
다는 것을 입증하는 경우에 위자료청구권을 가진다고 판시하였다.78)

5) 인격권의 보호에 관한 규정의 신설

민법 제28조의b를 신설하여 종래의 법규정에 의하여 보호가 미흡하였던
폭력, 강박, '스토킹(stalking)'에 의한 보호를 강화하고, 특히 가정폭력의 피
해자에 대한 보호를 강화하였다.79) 피해자는 가정폭력의 가해자의 접근이나
접촉의 금지를 청구할 수 있다.

5.1.2. 위자료의 청구권원

1) 채무법 제47조

채무법 제47조는 사망의 경우에 근친자가, 신체침해의 경우에는 그 피해
자가 위자료를 청구할 수 있다고 규정한다.

---

77) Revision und Vereinheitlichung des Haftpflichtrechts, Erläuternder Bericht, S. 87.
78) BGE 112 Ⅱ 222.
79) BBl 2005, 6871, 6872.

2) 채무법 제49조

채무법 제49조 제1항은 인격권의 침해가 중대하고 달리 전보될 수 없는 경우에만 위자료가 인정된다고 규정한다.

3) 채무법 제47조와 제49조의 관계

상해와 사망으로 인한 위자료청구권을 규정하는 채무법 제47조는 채무법 제49조에 대한 특별규정이다.[80] 따라서 채무법 제47조가 적용되는 경우에는 채무법 제49조는 적용되지 않는다. 또한 채무법 제49조는 일반규정으로서 특별규정이 없는 경우에만 보충적으로 적용된다.[81]

4) 민법상 규율

민법 제29조 제2항은 성명권의 침해에 대하여 위자료가 인정될 수 있다고 규정한다.[82] 또한 민법 제28조의a 제3항은 채무법 제47조와 제49조를 준용한다.

5) 특별법상 규율

채무법 제47조와 제49조는 불법행위의 영역에서 일반적으로 적용된다. 특별법은 채무법 제41조 이하의 규정들을 준용한다.[83] 저작권의 침해와 부정

---

80) BGE 112 Ⅱ 220; 116 Ⅱ 733; Berner Kommentar/Brehm(註 2), Rn. 5; Zürcher Kommentar/Landolt(註 11), Rn. 54; Rey(註 4), Rn. 449.
81) Berner Kommentar/Brehm(註 20), Rn. 15.
82) 위자료청구권을 규정하였던 스위스민법 제93조 제1항, 제134조 제2항, 제151조 제2항, 제153조 제1항은 폐지되었다.
83) 핵에너지법(KHG) 제7조 제1항; 도로교통법(SVG) 제62조 제1항; 송수관법(RLG) 제34조; 항공교통법(LFG) 제79조; 부정경쟁방지법(UWG) 제9조 제3항; 정보보호법(DSG) 제15조 제1항; 범죄피해자보호법(OHG) 제12조 제2항.

경쟁방지법의 경우에도 채무법 제49조에 따라 위자료가 인정된다.[84]

5.1.3. 위험책임

채무법 제47조는 상해와 사망에 대한 위자료청구권을 규정함에 있어 별도로 고의 또는 과실과 같은 귀책사유를 요구하지 않아서 채무법 제47조는 책임규정이 아니라 위자료청구권의 내용을 정하는 규정에 불과하다.[85] 따라서 위험책임에 의한 상해 또는 사망의 경우에는 채무법 제47조에 따라 위자료청구권이 인정될 수 있다.[86] 또한 특별법의 경우에도 채무법 제47조가 준용되어 위자료청구권이 인정된다.[87] 다만 철도사고에 있어서 위자료는 고의 또는 중과실에 한하여 예외적으로 인정될 수 있고, 이러한 법리는 기선사고나 우편사고의 경우에도 적용된다.[88] 그러나 유력설은 1881년 채무법이 시행되던 당시에 제정된 철도책임법상의 귀책사유요건은 1985년 채무법 개정으로 설 자리를 잃었다고 주장한다.[89]

---

84) Berner Kommentar/Brehm(註 2), Rn. 50-51.
85) Berner Kommentar/Brehm(註 2), Rn. 15, 18.
86) Zürcher Kommentar/Landolt(註 11), Rn. 33; Rey(註 4), Rn. 477; Honsell(註 2), § 10 Rn. 8(S. 113).
87) 도로교통법(SVG) 제62조 제1항; 송수관법(RLG) 제34조; 항공교통법(LFG) 제79조; 부정경쟁방지법(UWG) 제9조 제3항; 정보보호법(DSG) 제15조 제1항; 범죄피해자보호법(OHG) 제12조 제2항.
88) 철도, 기선, 우편에 관한 책임법(EHG) 제8조, 제24조.
89) Zürcher Kommentar/Landolt(註 11), Rn. 34.

5.2. 유형론적 고찰

5.2.1. 생명침해

1) 재산적 손해

채무법 제45조는 사망으로 인한 손해의 항목으로 장례비, 치료비 및 일실수입 그리고 부양료를 규정하고 있다. 치료비 및 일실수입은 상해로부터 사망시까지 발생한 것을 말한다. 부양청구권을 가지는 자는 피해자가 법률상 부양의무를 지는 자로 한정되지 않는다.[90]

2) 비재산적 손해

생명침해 자체에 대하여는 피해자 본인의 위자료청구권이 인정되지 않고, 근친자의 위자료청구권만 인정될 뿐이다.[91] 근친자의 위자료청구권은 직접 피해자로 위자료청구권을 제한하는 원칙에 대한 예외이다.[92]

5.2.2. 신체침해

1) 적용범위

채무법 제47조 소정의 신체침해에는 육체적 완전성의 침해 뿐만 아니라 정신적 완전성의 침해도 포함된다.[93]

유명한 피아니스트의 손가락이 절단된 경우에는 단순한 상해가 아니라 음

---

90) Schwenzer(註 28), Rn. 18.32.
91) Schwenzer(註 28), Rn. 18.27.
92) Berner Kommentar/Brehm(註 2), Rn. 132.
93) Oftinger/Stark(註 2), § 8 Rn. 72(S. 447).

악가로서의 명성에 대한 중대한 침해도 발생하는 것이다.[94] 성기능의 상실
은 배우자로서의 자질에 대한 중대한 침해이며, 청력상실은 타인과의 소통을
어렵게 한다는 점에서 중대한 손해에 해당한다.[95]

2) 쇼크 손해

직접적인 신체에 대하여 유형력의 행사에 의하지 아니하고, 사고의 목격
등에 의하여 정신적 상해가 발생할 수 있다. 다만 사고와 정신적 상해간에
상당인과관계가 인정되어야 한다.[96] 경미한 사고를 목격한 경우에는 대개
상당인과관계가 부정된다.[97]

사고의 목격과 정신적 상해간에 상당인과관계가 인정되는 경우에는 채무
법 제47조에 따라 위자료가 인정된다.[98]

3) 손해배상

신체의 침해로 인하여 재산적 손해 뿐만 아니라 비재산적 손해도 발생한
다. 전자에 대하여는 채무법 제46조 제1항이 치료비와 일실수입을 재산적 손
해로 규정한다.[99] 후자에 대하여는 채무법 제47조는 상해와 사망사안에서
특별한 사정을 고려하여 피해자나 망인의 근친자에게 위자료가 인정될 수
있다고 규정하고 있는바, 이러한 보충적 성격에 비추어 상해는 상당한 정도
에 이르러야 한다.[100] 따라서 멍이 들거나 뇌진탕만으로는 위자료청구권이

---

94) Oftinger/Stark(註 2), § 8 Rn. 65(S. 446).

95) Oftinger/Stark(註 2), § 8 Rn. 68-69(S. 446).

96) Zürcher Kommentar/Landolt(註 41), Rn. 122.

97) Zürcher Kommentar/Landolt(註 41), Rn. 124.

98) Oftinger/Stark(註 2), § 8 Rn. 73(S. 448).

99) 동 규정의 성격에 대하여 열거설과 예시설의 대립이 있다. 이에 대하여는 Schwenzer
   (註 28), Rn. 18.12. 참조.

100) Berner Kommentar/Brehm(註 2), Rn. 29; Siedler(註 4), Rn. 10.61; Schwenzer(註

인정되지 않는다. 다만 채무법 제47조가 규정하는 상해의 태양은 가장 넓게
해석된다.[101] 즉 외모에 흠이 생긴 경우와 일시적인 장애도 상해에 포함되
나, 위자료청구권이 인정되기 위하여는 그 중대성이 인정되어야 한다. 또한
육체적 고통 뿐만 아니라 정신적 고통에 대하여도 위자료가 인정된다.[102] 구
채무법 제54조는 위자료청구권의 요건으로 '중한 귀책사유'를 규정하고 있
었으나, 채무법 제47조는 이와 달리 '귀책사유'를 그 요건으로 규정하지 않
는다. 그럼에도 불구하고 판례는 귀책사유에 대하여 중한 의미를 부여하고
있다.[103] 다만 피해자의 과실은 위자료청구권의 배제사유가 아니라 감경사
유에 불과하다.[104]

5.2.3. 자유권의 침해

1) 서설

자유권은 크게 신체의 자유와 의사결정의 자유로 구분된다.[105] 신체의 자
유의 침해는 개인의 활동범위를 일정한 장소로 제한하는 경우에 인정된
다.[106] 의사결정의 자유의 침해는 강박에 의하여 의사결정의 자유가 침해되
거나 충분한 설명이 행해지지 않은 상태에서 침습행위가 이루어진 경우에
인정된다.[107]

---

28), Rn. 17.08.

101) Berner Kommentar/Brehm(註 2), Rn. 13.

102) Berner Kommentar/Brehm(註 2), Rn. 14.

103) Berner Kommentar/Brehm(註 2), Rn. 33.

104) Tercier(註 10), Rn. 17.

105) Zürcher Kommentar/Landolt(註 29), Rn. 276ff; Berner Kommentar/Brehm(註 20),
Rn. 46-51.

106) Zürcher Kommentar/Landolt(註 29), Rn. 375.

107) Zürcher Kommentar/Landolt(註 29), Rn. 278, 299.

2) 신체의 자유

a) 불법행위의 성립

신체의 자유의 침해는 크게 전혀 법률상 근거없이 구금되는 경우 (ungesetzliche Inhaftierung)와 무죄판결 등으로 구금의 법률상 근거가 사후적 으로 없어진 경우(ungerechtfertigte Inhaftierung)로 구분될 수 있다.[108) 전자 의 경우에는 유럽인권협약 제5조 제5호가 적용되나, 후자의 경우에는 그러 하지 않다.[109)

b) 손해배상의 내용

유럽인권협약 제5조 제5호에 따라 불법으로 구금한 경우에는 재산적 손해 뿐만 아니라 비재산적 손해도 배상받을 수 있다.[110) 다만 몇 시간 동안만 구 금한 경우에도 위자료가 인정된다.[111) 장기간 구금된 경우에는 통상적으로 하루당 100-500 스위스 프랑의 위자료가 인정되고, 구금으로 인하여 정신건 강의 침해가 발생하거나 구금 사실 등이 지인에게 알려진 경우에는 증액될 수 있다.[112) 위자료의 산정에 있어 중요한 고려요소는 구금기간이며, 종전의 평판, 지명도, 후유증 등 개별 사건의 중요한 사정이 고려된다.[113) 무죄판결 로 혐의를 벗은 경우에는 혐의의 내용, 재판의 공개여부 및 경과 등이 위자 료의 산정에 있어 중요한 고려요소가 된다.[114)

---

108) Zürcher Kommentar/Landolt(註 29), Rn. 376.
109) Zürcher Kommentar/Landolt(註 29), Rn. 377-378.
110) Siedler(註 4), Rn. 10.77.
111) BGE 113 Ⅰa 177; Zürcher Kommentar/Landolt(註 29), Rn. 380. 다만 Siedler(註 4), Rn. 10.78은 위자료는 인정되지 않고 확인판결만 가능하다고 한다.
112) Siedler(註 4), Rn. 10.78-79.
113) Zürcher Kommentar/Landolt(註 29), Rn. 384-385.
114) Zürcher Kommentar/Landolt(註 29), Rn. 333.

3) 의사결정의 자유

강박으로 의사결정의 자유가 침해되었다고 하여 곧바로 위자료가 긍정되는 것은 아니다. 위자료가 긍정되기 위하여는 형사처벌이 되는 정도의 강박이 있거나 강박으로 인한 건강침해가 있어야 한다.[115]

5.2.4. 성적 자기결정권의 침해

성적 자기결정권의 침해에는 강간, 성희롱, 아동성추행 등이 포함된다.[116] 지속적인 아동성추행의 경우에는 강간보다 많은 금액이 위자료로 인정된다.[117] 이는 성추행으로 인한 발생한 심신장애가 아동의 성장에 지속적으로 영향을 주기 때문이다.

5.2.5. 명예훼손

스위스에서는 명예훼손과 모욕을 구별하지 않고 넓은 의미의 명예훼손으로 다루어지며, 인신공격이나 공개된 장소에서의 폭행은 명예훼손에 해당한다.[118] 또한 직업 수행상 요구되는 명성의 침해에 대하여도 명예훼손이 인정된다.[119] 다만 명예훼손의 존부는 피해자의 주관적 감정에 의할 것이 아니라 합리적 평균인의 관점에서 판단되어야 한다.[120] 직업적 또는 사회적 명성에 대한 경미한 침해의 경우에는 위자료가 인정되지 않는다.[121] 명예훼손의 중

---

115) Zürcher Kommentar/Landolt(註 29), Rn. 278.
116) Siedler(註 4), Rn. 10.74-76.
117) Siedler(註 4), Rn. 10.76.
118) Berner Kommentar/Brehm(註 20), Rn. 61-62.
119) Zürcher Kommentar/Landolt(註 29), Rn. 110; Berner Kommentar/Brehm(註 20), Rn. 57.
120) BGE 120 Ⅱ 97; Zürcher Kommentar/Landolt(註 29), Rn. 112.
121) Zürcher Kommentar/Landolt(註 29), Rn. 154.

대성은 어떠한 방식으로 어떠한 범위의 사람들에게 공개되었느냐에 따라 결정된다.[122] 그리하여 대중매체에 의한 명예훼손의 경우에는 고액의 위자료가 인정된다.[123]

5.2.6. 사생활의 자유의 침해

개인은 자신의 사적 영역을 보호받을 권리를 가지며, 사적 영역에 대한 중대한 침해에 대하여는 위자료가 인정된다.[124] 사생활은 대체로 내밀영역 또는 비밀영역, 사적 영역, 공적 영역으로 구분된다.[125]

내밀영역으로 건강상태, 성생활, 직업상 비밀, 통신과 우편의 비밀이 있으며, 이에 대한 침입은 원칙적으로 위자료가 긍정된다.[126]

사적 영역으로 대화, 가족생활, 개인정보, 주거활동 등이 있으며,[127] 객관적으로 중대한 침입의 경우에만 위자료가 긍정된다.[128]

공개된 장소에서의 활동을 포괄하는 공적 영역이라고 하더라도 예기치 못한 침입으로부터 보호되며, 중대한 침입에 대하여는 위자료가 긍정된다.[129]

5.2.7. 성명권의 침해

민법 제29조 제2항은 성명권의 침해에 대하여 위자료청구권이 인정될 수

---

122) Zürcher Kommentar/Landolt(註 29), Rn. 155.
123) Siedler(註 4), Rn. 10.80.
124) Berner Kommentar/Brehm(註 20), Rn. 65.
125) BGE 118 Ⅳ 41 E. 4; 97 Ⅱ 97 E. 3; Zürcher Kommentar/Landolt(註 29), Rn. 452; Basler Kommentar/Meili, 3. Aufl. 2006, ZGB, Art. 28, Rn. 23.
126) Zürcher Kommentar/Landolt(註 29), Rn. 453-462.
127) Zürcher Kommentar/Landolt(註 29), Rn. 568-577.
128) Zürcher Kommentar/Landolt(註 29), Rn. 579.
129) Zürcher Kommentar/Landolt(註 29), Rn. 604.

있다고 규정하고 있는데, 채무법 제49조에 따라 중대성과 보충성의 요건이
충족되어야 위자료가 인정된다.[130]

5.2.8. 초상권의 침해

초상권은 자신의 초상에 대한 촬영 여부 및 그 사진 등의 공개 여부에 관
한 개인의 결정권을 그 내용으로 한다.[131] 제28조의a 제3항에 의하여 채무
법 제49조가 준용되어 중대성과 보충성의 요건을 충족하여야 위자료가 인
정된다.

5.2.9. 개인정보의 침해

정보에 관한 개인의 인격과 기본권을 보장하기 위하여 1992년 연방정보보
호법이 제정되었다. 동법에 의하면 당사자의 동의를 받지 않고 개인정보를
처리하거나 중요한 개인정보를 제3자에게 공개하는 것은 인격권의 침해를
구성한다.[132] 정보에 관한 자기결정권의 침해에 대한 민사적 보호에 관하여
는 민법 제28조부터 제28조의이 준용된다.[133] 민법 제28조의a 제3항에 따라
채무법 소정의 재산적 손해배상, 위자료, 이익환수가 가능하다. 특히 위자료
와 관련하여서는 중대성과 보충성의 요건을 충족하여야 한다.[134]

---

130) BGE 42 Ⅱ 320; Basler Kommentar/Meili, 3. Aufl. 2006, ZGB Art. 29, Rn. 67.
131) Zürcher Kommentar/Landolt(註 29), Rn. 592; Basler Kommentar/Meili, 2. Aufl.
    2006, ZGB, Art. 28, Rn. 19.
132) 정보보호법(DSG) 제12조.
133) 정보보호법(DSG) 제15조 제1항.
134) Basler Kommentar/Rampini, 2. Aufl. 2006, Datenschutzgesetz, Art. 15 Rn. 22.

5.2.10. 차별대우

1) 차별금지

헌법 제8조 제2항은 출신, 인종, 성별, 연령 그리고 장애를 이유로 한 차별을 금지하고 있으며, 이를 구체화한 국내법으로 차별금지법과 장애인보호법이 있으며, 인종차별에 대하여는 국제협약이 있다.

2) 특별법상 구제수단

차별금지법은 금지청구, 방해배제청구 그리고 확인의 소라는 예방적 구제수단, 손해배상이라는 구제수단 그리고 별도의 법정배상제도라는 구제수단을 규정한다.[135] 장애인보호법은 장애차별에 대하여 최고 5,000 스위스 프랑까지 배상되며, 장애차별이 인격권의 침해를 구성하는 경우에는 위자료도 인정된다.[136]

3) 위자료

차별대우는 인격권의 침해에 해당하므로 채무법 제49조 소정의 요건에 따라 위자료가 인정된다.[137] 차별대우에 대한 법정배상액과 위자료는 경합하여 인정될 수 있다.[138]

---

135) 차별금지법 제3, 5조 참조. 법정배상제도는 사용자가 차별대우를 한 경우에 인정되는 금액으로 임금차별에 대하여는 차액배상을, 채용, 해고의 차별 및 성희롱에 대하여는 최고 6월치 이내의 월급을 배상액으로 인정한다.
136) Zürcher Kommentar/Landolt(註 29), Rn. 274.
137) Zürcher Kommentar/Landolt(註 29), Rn. 196.
138) Zürcher Kommentar/Landolt(註 29), Rn. 235.

5.2.11. 재산권의 침해

단순한 애호이익의 침해에 대하여 위자료는 원칙적으로 인정되지 않고, 채무법 제43조 제1항에 따라 재산적 손해의 산정에서 고려될 뿐이다.[139) 다만 예외적으로 애호이익의 침해가 중대한 인격권의 침해를 구성하는 경우에는 채무법 제49조에 따라 위자료가 인정될 수 있다.[140)

6. 산정론

6.1. 일반원칙

6.1.1. 법관의 재량

위자료는 본질적으로 규범적인 성격을 띤다.[141) 즉 손해의 산정이 엄격한 논리에 입각하여 이루어질 수 있는 것이 아니어서, 위자료는 가해자가 기꺼이 지불할 수 있는 정도에서 규범적으로 정해지는 것이다. 위자료의 허부 및 정도는 법관의 합리적 재량에 속한다.[142) 특히 위자료의 액수에 관하여는 더

---

139) Zürcher Kommentar/Landolt(註 11), Rn. 125; Schwenzer(註 28), Rn. 18.04; Rey (註 4), Rn. 466b.

140) BGE 84 Ⅱ 290, 292; Berner Kommentar/Brehm(註 20), Rn. 73; Jäggi(註 20), S. 188a ; v. Tuhr/Peter(註 22), 119 N. 25; Keller/Gabi, Haftpflichtrecht, 2. Aufl. 1988, S. 99; Honsell(註 2), § 8 Rn. 46(S. 84); Rey(註 4), Rn. 466b; Schwenzer(註 28), Rn. 18.04. Oftinger/Stark(註 2), Rn. 40(S. 435)에 의하면 애완견, 가보 등 소유자에게 특별한 애호이익이 있는 물건의 손상이나 멸실이 근친자의 사망이나 중상해에 준하는 경우에만 채무법 제47조에 따라 위자료청구권이 인정될 수 있다고 한다.

141) Tercier(註 10), Rn. 37.

142) Zürcher Kommentar/Landolt(註 11), Rn. 188; Basler Kommentar/Schnyder, Ⅰ, 4.

넓은 재량이 부여된다.

6.1.2. 일체적 고찰의 원리

비재산적 손해는 과거, 현재 그리고 미래의 비재산적 손해를 합하여 하나의 금액으로 산정된다.[143) 장래의 비재산적 손해는 정확하게 입증할 수 없으므로 채무법 제42조 제2항에 따라 법관의 재량이 인정된다.[144)

6.1.3. 산정기준

위자료의 산정에 있어서는 객관적 요소 뿐만 아니라 주관적 요소를 모두 고려하는 절충적 방식을 취한다.[145) 주관적 요소를 확실하게 심리할 수 없으므로 침해결과의 정도라는 객관적 기준에 의존하게 된다.[146) 불법행위로 인하여 피해자가 입은 비재산적 손해의 정도를 정확하게 산정하는 것은 불가능에 가깝기 때문에 입증된 중요한 사정을 토대로 평균적 관점에서 손해를 산정할 수밖에 없고 피해자의 개별 사정은 평균인의 그것을 상회하는 경우에만 고려될 수 있다.[147) 더 나아가 근친자의 위자료액의 산정에 있어 피해자와의 관계에 대한 세밀한 심리는 근친자의 감정을 해칠 수도 있다.[148)

Aufl. 2007, OR Art. 47, Rn. 21; Oftinger/Stark(註 2), § 8 Rn. 27(S. 430).

143) Zürcher Kommentar/Landolt(註 11), Rn. 136; Rey(註 4), Rn. 445.

144) Zürcher Kommentar/Landolt(註 11), Rn. 138.

145) Zürcher Kommentar/Landolt(註 11), Rn. 189.

146) Oftinger/Stark(註 2), § 8 Rn. 25(S. 430).

147) BGE 120 II 99; Berner Kommentar/Brehm(註 20), Rn. 22; Siedler(註 4), Rn. 10.42.

148) Siedler(註 4), Rn. 10.43.

6.1.4. 선례의 고려

위자료청구권의 액수를 정함에 있어 기준금액이 정해져 있는 것이 아니고 개별 사안의 제반 사정이 고려될 뿐이며, 이러한 제반 정상들은 일반화가 어려워서 세밀한 주의를 요한다.[149] 실무상으로 유사한 사건에서 선고된 판결을 참조하여 통일성을 확보하고자 하는 경향이 간취되는데,[150] 이는 법적 안정성의 차원에서 바람직한 것이다.[151] 너무 오래전에 선고된 판결은 선례로서의 가치가 떨어지며, 특히 25년이상 지난 판결은 특별한 경우에만 고려된다.[152] 또한 과거의 선례에 대하여는 물가변동을 고려하여 상향조정이 필수적이다.[153] 그러나 선례와 다르다는 것만으로 재량의 하자가 인정되는 것은 아니다.[154]

6.2. 고려요소

6.2.1. 피해자측 사정

1) 침해결과의 정도와 지속성

위자료액수는 침해결과의 정도와 지속도에 따라 결정된다.[155] 상해의 경

---

149) Berner Kommentar/Brehm(註 2), Rn. 62.
150) Zürcher Kommentar/Landolt(註 11), Rn. 15.
151) Berner Kommentar/Brehm(註 2), Rn. 63; Oftinger/Stark(註 2), § 8 Rn. 24(S. 430); Rey(註 4), Rn. 488.
152) Zürcher Kommentar/Landolt(註 11), Rn. 16.
153) Zürcher Kommentar/Landolt(註 11), Rn. 18.
154) Zürcher Kommentar/Landolt(註 11), Rn. 20.
155) Basler Kommentar/Schnyder, I, 4. Aufl. 2007, OR Art. 47, Rn. 21; Merz(註 4), S. 246; Honsell(註 2), § 10 Rn. 10(S. 113); Schwenzer(註 28), Rn. 17.12; Keller (註 2), S. 132; Honsell(註 2), § 10 Rn. 16(S. 115); Rey(註 4), Rn. 490.

우에는 후유증, 고통의 정도와 지속성, 입원기간 등이 중요한 요소로 고려된다. 중대한 장애로 인하여 다른 사람의 도움 없이 일상생활이 어려운 경우에는 위자료액이 증가한다.[156] 장기간의 입원으로 가족과 떨어져 생활하게 되는 사정도 위자료의 증액사유이다.[157] 가해행위에 따라 고통의 정도는 개인에 따라 편차가 크므로, 불법행위가 인정되면 평균적인 금액의 위자료가 인정되고, 피해자의 민감성에 따른 고통의 가중에 대한 입증책임은 피해자가 부담한다.[158]

2) 피해자의 나이

후유장애로 피해자의 삶이 지속적으로 영향을 받는 경우에는 피해자의 나이는 위자료액수에 중요한 영향을 미친다.[159] 특히 어린 아이의 후유장애에 대하여는 높은 금액의 위자료가 인정된다.[160] 이는 후유장애가 피해자의 삶에 오랜 기간동안 지속적으로 영향을 미칠 수 있다는 점을 고려한 것이다.

3) 귀책사유의 정도 등

피해자의 과실, 자연력의 결합, 피해자의 특이체질 등은 위자료액수를 감소시키는 사정이다.[161] 특히 자유권의 침해에 있어서 피해자가 체포 또는 구금을 유발하는 행위를 하였다는 사정은 위자료액수를 감소시킨다.[162]

---

156) Siedler(註 4), Rn. 10.58.
157) Berner Kommentar/Brehm(註 2), Rn. 167.
158) Zürcher Kommentar/Landolt(註 41), Rn. 155.
159) Siedler(註 4), Rn. 10.58; Rey(註 4), Rn. 491.
160) Zürcher Kommentar/Landolt(註 41), Rn. 160.
161) BGE 112 Ⅱ 131 E. 2; 110 Ⅱ 163; Berner Kommentar/Brehm(註 2), Rn. 33-37, 73, 75; Basler Kommentar/Schnyder, Ⅰ, 4. Aufl. 2007, OR Art. 47, Rn. 18; Merz (註 4), S. 246; Rey(註 4), Rn. 495.
162) Siedler(註 4), Rn. 10.79.

4) 사회적 지위

명망있는 사람이 불법으로 체포되었고, 이러한 사정이 주변 사람들에게 알려진 경우에는 위자료액수가 증가된다.[163] 사고로 인한 청력의 현저한 상실은 타인과의 소통을 어렵게 하고 개인을 고립시키는 결과를 초래하므로 위자료의 증가사유가 된다.[164]

5) 직업 및 여가생활의 침해

불법행위로 인하여 직업이나 여가생활을 포기하여야 하는 사정은 위자료 액수를 증가시킨다.[165] 승진의 가능성이 상당히 침해되는 경우와 불법구금 기간동안 피해자가 해고당한 경우에는 위자료액수가 증가한다.[166]

6) 추상

추상은 피해자에게 강한 심리적 압박을 줄 수 있고, 더 나아가 피해자는 신체부위에 따라 복장을 선택할 자유를 제한받는다.[167] 특히 얼굴에 상처가 난 경우에는 여자가 남자보다 중하게 처리된다.[168]

---

163) Siedler(註 4), Rn. 10.79.
164) Siedler(註 4), Rn. 10.69.
165) Siedler(註 4), Rn. 10.58; Zürcher Kommentar/Landolt(註 41), Rn. 177; Berner Kommentar/Brehm(註 2), Rn. 168-169.
166) Zürcher Kommentar/Landolt(註 41), Rn. 170; Siedler(註 4), Rn. 10.79.
167) Berner Kommentar/Brehm(註 2), Rn. 176.
168) BGE 81 Ⅱ 512 E. 2b; 100 Ⅱ 298 E. 4b; Berner Kommentar/Brehm(註 2), Rn. 177. Zürcher Kommentar/Landolt(註 41), Rn. 189에 의하면 위의 판례와 학설을 남녀차별이라고 비판한다.

7) 결혼가능성의 감소

젊은 피해자가 신체침해로 인하여 결혼가능성이 감소되는 경우에는 상당한 위자료액이 인정된다.[169]

8) 성기능의 감소

사고로 인한 성기능의 감소는 위자료액수의 산정에 있어 고려된다.[170] 성불구의 경우에 피해자의 배우자도 채무법 제49조에 따라 위자료를 청구할 수 있다.[171]

9) 기대여명의 감소

기대여명의 감소는 위자료액수를 증가시킨다.[172] 특히 그러한 사정의 인식은 정신적 고통을 가중시킨다. 다만 의식불명자의 경우에는 그러한 사정의 인식가능성이 없으므로 이러한 사정이 위자료액수에 영향을 미치지 않는다.[173]

10) 재산상태

피해자의 재산상태는 위자료의 산정에 있어 원칙적으로 고려되지 않는다.[174]

---

169) BGE 46 Ⅱ 50, 54; 81 Ⅱ 512, 516ff; Berner Kommentar/Brehm(註 2), Rn. 179.
170) Berner Kommentar/Brehm(註 2), Rn. 180.
171) Berner Kommentar/Brehm(註 2), Rn. 190.
172) Siedler(註 4), Rn. 10.58; Keller(註 2), S. 135.
173) Siedler(註 4), Rn. 10.58.
174) Keller(註 2), S. 136.

6.2.2. 가해자측 사정

1) 귀책사유의 정도

판례는 가해자의 귀책사유의 정도를 중요한 고려사유로 삼고 있다.[175] 학설은 귀책사유의 정도를 만족액의 산정시 고려하는 것은 私罰로 허용되지 않는다는 견해[176]와 가해자의 중과실과 무자비성은 경험칙에 비추어 귀책사유가 가중되면 피해자의 정신적 고통이 커지고 가해자를 용서할 수가 없으므로 위자료액을 증가시킨다는 견해[177]로 나뉜다.

2) 형사처벌의 존부

형사처벌의 존부가 위자료에 어떠한 영향을 미치느냐에 대한 판례의 태도는 착종되어 있다. 즉 가해자가 형사처벌을 받았다는 사정을 위자료액의 감경사유로 보는 판결[178]과 가해자가 너무 관대한 형사처벌을 받았다면, 이러한 사정을 감안하여 위자료청구권이 증액되어야 한다는 판결[179]이 병존하고 있다. 학설은 가해자가 형사처벌을 받은 경우에는 위자료청구권이 부정되거나 그 내용이 감소될 수 있다는 긍정설[180]과 가해자가 형사처벌을 받았다는 사정은 위자료액의 산정에 고려되어서는 안된다는 부정설[181]이 대립한다.

---

175) BGE 95 Ⅱ, 306, 308; 110 Ⅱ 166; 112 Ⅱ 133; 116 Ⅱ 733.
176) Berner Kommentar/Brehm(註 2), Rn. 19.
177) Zürcher Kommentar/Landolt(註 11), Rn. 36; Merz(註 4), S. 246; Siedler(註 4), Rn. 10.25, 10.58; Honsell(註 2), § 10 Rn. 16(S. 115); Keller(註 2), S. 134.
178) BGE 41 Ⅱ 439, 445; 42 Ⅱ 587, 596.
179) BGE 82 Ⅱ 36, 42.
180) Berner Kommentar/Brehm(註 2), Rn. 38; Berner Kommentar/Brehm(註 20), Rn. 8-10. Oftinger(註 22), S. 298은 위자료액이 면제되는 것은 매우 예외적인 경우로 한정되어야 한다고 한다.
181) v. Tuhr/Peter(註 22), § 16 Fn. 6. 동소에 의하면 위자료는 가해자의 재산손실이 아니라 피해자의 재산증가를 목적으로 하는데, 가해자에 대한 형사처벌은 피해자

3) 경제적 사정

판례는 가해자의 재산상태를 고려하여 위자료청구권을 부인하거나 감소할
수 있다고 하나, 채무법 제44조 제2항이 정하는 경우를 제외하고 가해자의
재산상태를 고려하는 것은 타당하지 않다는 견해가 유력하다.182)

4) 기타 사정

사고가 호의관계에서 발생한 경우, 사고후 신속하게 사과한 경우에는 위
자료의 감액사유가 되나, 배상금의 지급을 지체하는 것은 위자료의 증액사유
가 된다.183) 그러나 가해자가 책임의 존부 및 정도를 정당하게 다투는 것은
위자료의 증액사유에 해당하지 않는다.184) 물론 근거없이 책임을 부정하는
것은 위자료의 증액사유이다.185)

6.2.3. 기타 사정

1) 재산적 손해배상의 인정여부

연방대법원은 위자료가 재산상 손해배상과 구별되는 것이라고 하더라도
관련성이 있으므로 피해자가 재산상 손해배상을 전혀 받지 못하는 경우에는
위자료가 증액될 수 있다고 판시하였다.186) 이에 대하여는 일부 학설은 재산

의 재산증가를 가져오지 않는다고 한다.

182) Berner Kommentar/Brehm(註 2), Rn. 85f.
183) Keller(註 2), S. 135; Rey(註 4), Rn. 502. Oftinger/Stark(註 2), § 8 Rn. 39(S. 435)
에 의하면 원칙적으로 그러한 사정에 의하여 위자료가 감소되지 않는다고 한다.
왜냐하면 진정한 사과는 최소한의 예의라고 보기 때문이다.
184) Zürcher Kommentar/Landolt(註 41), Rn. 190.
185) Zürcher Kommentar/Landolt(註 41), Rn. 191.
186) BGE 58 II 213, 218.

적 손해배상과 위자료는 법적으로 엄격하게 구별되어야 하며, 위자료의 목적
은 재산적 손해배상을 보충하는 것이 아니라고 주장한다.[187]

2) 불법행위 이후의 사정

가해자가 명예훼손이후에 사죄하거나 철회한 경우에는 위자료액이 감경
된다.[188]

3) 자연재해 등

사고에 자연재해가 기여한 것이거나 가해자의 책임능력이 제한된 경우에
는 위자료의 액수가 감소될 수 있다.[189]

6.2.4. 근친자의 위자료

1) 비재산적 손해의 내용

근친자의 위자료에 있어서 비재산적 손해는 근친자의 사망 등으로 인한
긴밀한 인적 관계의 훼손이라고 할 수 있다. 따라서 비재산적 손해의 내용은
피해자와 근친자의 인적 관계가 사실상 어느 정도로 긴밀하느냐에 따라 달
라진다.[190] 긴밀한 인적 관계에 대한 주요한 지표로 촌수(배우자, 부자관계,
형제자매관계 등)와 동거여부이다.

---

187) Berner Kommentar/Brehm(註 2), Rn. 55.
188) Berner Kommentar/Brehm(註 20), Rn. 8.
189) Berner Kommentar/Brehm(註 2), Rn. 84.
190) BGE 127 IV 215 E. 2b; Zürcher Kommentar/Landolt(註 41), Rn. 431; Siedler(註 4), Rn. 10.64.

2) 촌수(Verwandtsschaftsgrad)

근친자의 위자료청구권을 산정함에 있어 가장 중요한 고려사유는 피해자와 근친자간의 촌수이다.[191] 실무상으로 촌수에 따라 즉 배우자, 부모, 자녀의 순으로 배상액이 낮게 책정된다.[192] 부모자식간에 동거를 하지 않거나 자식이 결혼한 경우에 경우에는 위자료액이 감소되며, 근친자의 수가 많은 경우에도 위자료액이 감소될 수 있다.[193]

근친자가 피해자의 사망으로 인하여 건강이 침해된 경우에는 별도로 위자료청구권을 행사할 수 없고, 건강침해는 손해배상액의 산정에 참고될 뿐이다.[194] 아이가 사망한 경우에 부모의 성별에 따라 위자료청구권의 액수가 달라지지 않으며, 사망당시 아이의 나이와 성별도 위자료청구권의 액수의 산정에 있어 크게 중요하지 않다.[195] 다만 사망한 아이가 독자인 경우에는 부모의 고통이 보다 클 것이므로 위자료액수가 증가한다.[196]

3) 동거여부

판례와 학설은 동거여부는 위자료산정의 중요한 고려요소로 삼는다.[197] 동거하지 않는 경우에는 피해자와 근친자간에 긴밀한 인적관계가 존재하지

---

191) BGE 89 Ⅱ 396; Siedler(註 4), Rn. 10.64; Rey(註 4), Rn. 458, 493. Oftinger/ Stark(註 2), § 8 Rn. 89(S. 457)에 의하면 배우자의 상실이 가장 큰 불이익이고, 그 다음에 자식의 사망에 대한 부모의 불이익, 부모의 사망에 대한 자식의 불이익이 순차적으로 낮다고 한다.

192) Zürcher Kommentar/Landolt(註 41), Rn. 426; Berner Kommentar/Brehm(註 2), Rn. 65.

193) Siedler(註 4), Rn. 10.67-70.

194) Berner Kommentar/Brehm(註 2), Rn. 139.

195) Berner Kommentar/Brehm(註 2), Rn. 143f.

196) Berner Kommentar/Brehm(註 2), Rn. 145.

197) BGE 118 Ⅱ 404; 118 Ⅱ 235 E. 3b; Zürcher Kommentar/Landolt(註 41), Rn. 429.

않는 것으로 사실상 추정된다.[198] 그러나 일시적으로 별거하는 경우에는 근친자의 위자료는 긍정된다.[199]

4) 침해법익의 내용

연방대법원은 지속적인 치료와 개호를 요하는 중상해의 근친자에 대하여 사망의 경우보다 높은 위자료액을 인정하였는데, 이는 근친자에게 있어 사망은 지속적인 치료와 개호를 요하는 중상해보다 쉽게 극복될 수 있는 것이라는 점을 고려한 것이다.[200]

5) 피해자 본인의 귀책사유

근친자의 위자료청구권이 고유의 권리라고 하더라도 피해자가 보유하였을 권리로부터 도출되는 것이므로 손해배상액의 산정에 있어서 피해자 본인의 과실 등이 고려된다.[201]

6) 입증책임

근친자의 위자료에 있어서 피해자와의 긴밀성의 정도를 자세히 심리하는 것은 근친자의 감정을 해할 수 있으므로 통상적인 금액으로 위자료를 인정하고, 근친자가 특별한 사정을 입증하는 경우에 한하여 이를 넘어서는 금액을 위자료로 인정한다.[202]

---

198) Zürcher Kommentar/Landolt(註 41), Rn. 429.
199) Zürcher Kommentar/Landolt(註 41), Rn. 430.
200) BGE 113 Ⅱ 323, 339; 114 Ⅱ 144, 150; 118 Ⅱ 404, 409; Keller(註 2), S. 165; Siedler(註 4), Rn. 10.70.
201) Tercier(註 10), Rn. 45; Schwenzer(註 28), Rn. 17.12; Rey(註 4), Rn. 496.
202) Siedler(註 4), Rn. 10.43.

6.3. 소송법적 문제

6.3.1. 입증책임

위자료를 청구하기 위하여 피해자는 채무법 제41조에 따라 위법행위, 귀책사유, 상당인과관계, 비재산적 손해를 입증하여야 하는데, 비재산적 손해는 그 성질상 구체적으로 수치를 들어 입증할 수 없으므로 법관은 채무법 제42조 제2항에 따라 사물의 통상적 경과를 고려하여 손해를 산정할 수 있다.[203] 이는 피해자의 입증책임을 면제하는 것이 아니고, 입증책임을 경감할 뿐이다.[204] 즉 피해자는 손해의 발생과 산정에 중요한 외적 사정인 침해의 종류와 정도, 근친관계의 정도 등을 주장하고 입증하여야 한다. 특히 위자료의 액수에 관하여는 불법행위의 성립요건(특히 침해법익과 침해의 태양)에 대한 입증을 통하여 평균적인 금액의 위자료가 인정되고, 이를 상회하는 금액에 대하여는 피해자가, 이를 하회하는 금액에 대하여는 가해자가 입증책임을 부담한다.[205]

6.3.2. 산정근거의 명시

위자료산정의 적정성을 실질적으로 심사하기 위하여는 판결이유에 위자료산정의 근거를 명시하여야 한다.[206] 위자료의 산정에서 실제로 고려된 사정과 중요하게 고려된 사정을 명시하는 것으로 충분하다.

---

203) Siedler(註 4), Rn. 10.41.
204) Siedler(註 4), Rn. 10.41.
205) Zürcher Kommentar/Landolt(註 11), Rn. 127.
206) Zürcher Kommentar/Landolt(註 11), Rn. 190.

6.3.3. 상소의 문제

법원은 채무법 제42조 제2항에 따라 위자료액의 산정에 있어서 매우 넓은 재량을 가진다.[207] 연방대법원에 대한 상고는 법률문제로 한정되며 재량위반에 대한 심리는 현저한 경우로 한정된다.[208] 재량위반이 현저한 경우로는 학설과 판례에서 인정하는 산정기준에 대한 근거없는 일탈, 중요하지 않는 사정의 고려, 중요한 사정에 대한 불고려, 현저하게 부당한 위자료액수가 있다.[209]

---

207) Schwenzer(註 28), Rn. 17.12.
208) Kummer, Grundriss des Zivilprozessrechts, 1970, S. 162; Perini, Richterliches Ermessen bei der Schadensberechnung, 1994, S. 125.
209) Zürcher Kommentar/Landolt(註 11), Rn. 198.

第4節 프랑스의 慰藉料

1. 손해배상법 槪觀

1.1. 개관

프랑스 민법에서 손해의 범위와 그 배상가능성이라는 문제는 민법 제1382
조에 의하여 처리되는데, 동 규정에 의하면 자신의 '과책(faute)'으로 타인에
게 손해를 가한 자는 그로 인한 손해의 배상의무를 진다. 파기원은 손해의
성격과 관계없이 모든 종류의 손해에 대한 배상을 허용하고자 하는 것이 입
법자의 의사라고 판시하였다.[1] 즉 손해의 확실성, 직접성, 적법성이 인정되
면, 재산적 손해이든 비재산적 손해이든 배상되는 것이다.[2]

1.2. 재산적 손해와 비재산적 손해의 구별

불법행위로 인하여 발생한 불이익이 재산적인 것이냐 비재산적인 것이냐
에 따라 재산적 손해(préjudice matériel 또는 dommage matériel)와 비재산적
손해(préjudice extrapatrimonial) 또는 정신적 손해(préjudice moral 또는
dommage moral)로 분류된다.[3] 침해의 대상이 재산권이냐 인격권이냐에 따

---

1) Suzanne Galand-Carval, Non-Pecuniary Loss under French Law, in: Rogers(ed.), Damages
   for Non-Pecuniary Loss in a Comparative Perspective, Rn. 2(S. 87).
2) Cass. civ. Ⅱ vom 20. 6. 1984, Bull. civ. Ⅱ, Nr. 113; Schernitzky, Immaterieller
   Schadensersatz in Deutschland, Frankreich und in der Europäischen Union, 2004,
   S. 19.
3) Schernitzky(註 2), S. 3.

라 달라지는 것은 아니다.[4] 가령 인신사고의 경우에 일실수입이라는 재산적 손해와 고통이라는 비재산적 손해가 발생하며 상인의 명예훼손의 경우에 매출감소라는 재산적 손해가 발생할 수 있다.

1.3. 비재산적 손해의 구체화

1.3.1. 서설

1973년 12월 27일자 법률 제73-1200호와 1976년 12월 6일자 법률 등에서 인신사고로 인한 비재산적 손해로 육체적 정신적 고통, 미적 손해, 즐거움의 손해를 규정하고 있으나, 판례는 이 규정을 예시적인 것으로 보아 인신사고로 인한 성적 손해도 추가로 인정한다.[5]

1.3.2. '육체적·정신적 고통(prèjudice de souffrance)'

육체적·정신적 고통에 대한 배상을 의미하는 '위자료(Pretium doloris)'라는 용어는 1973년 12월 27일자 법률 제73-1200호와 1985년 7월 5일자 법률 제85-677호에 의하여 도입되었다.[6] 의학전문가는 고통의 강도와 지속성을 고려하여 1(매우 경미)부터 7(매우 심각)까지의 단계로 세분한다.[7]

---

4) Mazeaud/Tunc, Traité Théorique et Pratique de la Responsabilté civile Délictuelle et Contractuelle, Sixième Édition, Tome Premier, 1965, n. 294.
5) Schernitzky(註 2), S. 19.
6) Schernitzky(註 2), S. 23.
7) Suzanne Galand-Carval(註 1), Rn. 9(S. 89). 최근에 법원은 피해자가 사고후로부터 회복시까지 겪게 되는 불편들을 총칭하는 '일시적 장애(l'incapacité traumatique temporaire à caractère personnel)'라는 비재산적 손해의 유형을 인정하였다.

1.3.3. '생리적 손해(Le prèjudice physiologique)'

일상 생활에 영향을 미치는 신체 기능에 대한 영구장애인 '생리적 손해'는 의학감정결과를 토대로 나이를 고려하여 법원이 결정한다.[8] 의학감정을 통하여 확정된 장애율을 'le calcul ac point'라는 방법에 의하여 금전으로 환산하는데, 이는 나이와 반비례관계에 있다.[9]

1.3.4. '미적 손해(Le prèjudice esthètique)'

파기원은 불구, 흉터 그리고 화상의 경우에 '미적 손해'를 넓게 인정한다.[10] 특히 파리 항소법원은 하반신불구나 사지마비 피해자에게 '서 있는 남자나 여자의 이미지의 상실(la perte de l'image de l'homme ou de la femme debout)'에 대한 배상을 인정하였는데, 이는 침대에 누워서만 지내거나 휠체어에 매어 있는 상황으로 인하여 사회생활이 매우 위축된다는 점이 흉상에 비견될 수 있다.[11] 고통에 대한 손해와 마찬가지로 7등급으로 분류되는 미적 손해는 '영구장애(IP)'와는 독립하여 인정된다.[12]

1.3.5. '성적 손해(Le prèjudice sexuel)'

성행위를 하지 못하거나 정상적인 방법으로 아이를 가질 수 없는 '성적 손

8) Suzanne Galand-Carval(註 1), Rn. 14(S. 90).
9) Suzanne Galand-Carval(註 1), Rn. 15(S. 90). 의학감정을 통하여 확정된 피해자의 장해를 퍼센트로 환산한 수치가 'IPP(le taux l'incapacitè permanente partielle)'인데, 이러한 수치는 매우 신빙성이 높아 파기원과 법무부에 의하여 승인되었다고 한다 {Suzanne Galand-Carval(註 1), Rn. 14(S. 90)}.
10) Suzanne Galand-Carval(註 1), Rn. 16(S. 90).
11) Suzanne Galand-Carval(註 1), Rn. 16(S. 90).
12) Suzanne Galand-Carval(註 1), Rn. 16(S. 91); Schernitzky(註 2), S. 26.

해'는 1973년 12월 27일자 법률 제73-1200호에 의하여 별도의 손해항목으로 인정받지는 못하였다.[13] 판례는 초기에 성적 손해를 삶의 즐거움에 대한 손해의 한 내용으로 보다가 독자적인 손해항목으로 인정하였다.[14] 다만 별도의 손해항목으로 배상받기 위하여는 의학감정을 통하여 성적 손해가 인정되어야 한다.[15] 특히 피해자가 어린 아이거나 미혼의 젊은이가 성적 손해를 입은 경우에는 결혼하여 가족을 구성할 수 없다는 점(prèjudice d'ètablissement)도 고려하여 배상액이 산정된다.[16] 다만 피해자의 흉상으로 인하여 정상적인 성적 생활을 영위하기 어려운 경우에 배우자는 성적 손해가 아니라 정신적 고통에 대한 배상인 위자료(Pretium doloris)를 받을 수 있다.[17]

1.3.6. '즐거움의 손해(Le prèjudice d'agrèment)'

'즐거움의 손해'는 1973년 12월 27일자 법률 제73-1200호와 1985년 7월 5일자 법률 제85-677호에 의하여 독자적인 손해항목으로 인정되었다.[18] 판례는 초기에 이러한 손해를 매우 좁게 해석하여 스포츠, 예술 및 문화활동의 박탈에 한정하였으나, 최근에는 걷기, 독서, 정원가꾸기와 같은 평범한 여가활동이 제한받는 것도 즐거움의 손해로 포함한다.[19] 다만 판례는 '생리적 손해'와 구별하기 곤란하고 이중배상의 위험이 있다는 비판을 고려하여 '생리적 손해'와 중첩되지 않는 '즐거움의 손해'에 대한 입증을 요구한다.[20]

---

13) Schernitzky(註 2), S. 31.
14) Schernitzky(註 2), S. 31; Suzanne Galand-Carval(註 1), Rn. 17(S. 91).
15) Schernitzky(註 2), S. 32.
16) Suzanne Galand-Carval(註 1), Rn. 17(S. 91).
17) Schernitzky(註 2), S. 32.
18) Schernitzky(註 2), S. 26.
19) 鄭泰綸, "이른바 慰藉料의 補完的 機能과 관련하여 살펴본 프랑스에서의 慰藉料制度", 判例實務硏究[Ⅶ](2004. 12), 251면; Suzanne Galand-Carval(註 1), Rn. 18(S. 91); Schernitzky(註 2), S. 27.

1.3.7. '감염손해(prèjudice de contamination)'

에이즈 바이러스의 감염자에게 인정되는 '감염손해'는 잠복기간과 투병기간이 길고 사망가능성이 높다는 에이즈 바이러스의 특수성을 감안하여 인정된 것이다.[21] 즉 에이즈 바이러스 감염자는 병이 발병하기 전에 이미 공포에 휩싸이게 되어 생활이 근본적으로 변경되어 삶의 즐거움이 대부분 박탈되는 것이다. 결국 육체적·정신적 고통과 즐거움의 상실, 죽음에 대한 공포, 기대여명의 축소에 대한 좌절감 등이 총체적으로 고려되어 하나의 감염손해로 배상되는 것이다.[22]

1.3.8. '애정손해(prèjudice de affection)'

판례와 학설은 대체로 피해자의 사망 또는 상해에 대하여 근친자 등에게 애정손해의 배상을 매우 관대하게 인정하고 있고, 이는 최근의 입법에 의하여 지지되고 있다.[23] 특히 중상을 입은 피해자를 자주 보는 것으로 인한 고통이 피해자의 사망으로 인한 고통보다 적다고 할 수 없다.[24] 다만 애정손해에 대하여는 그 배상권한자가 너무 많다는 비판이 유력하다.[25]

---

20) Cass. civ. Ⅱ vom 18. 10. 1989. Resp. civ. et assur. 1989, comm., nr. 406; Suzanne Galand-Carval(註 1), Rn. 18(S. 91); Schernitzky(註 2), S. 29.

21) Wagner, Ersatz immmaterieller Schäden: Bestandsaufnahme und europäische Perspektiven, JZ 2004, S. 324.

22) Wagner(前註), S. 324.

23) 鄭泰綸(註 19), 251면.

24) Cass. req. vom 22. 12. 1942, D.H. 1945, 99; Cass. civ. vom 22. 10. 1946, J.C.P. 1946, Ed. G, Ⅱ, 3365; Schernitzky(註 2), S. 35-36.

25) Suzanne Galand-Carval(註 1), Rn. 28(S. 93). 동소에 의하면 특히 1982년 벨레(Bellet) 위원회는 애정손해의 배상에 대한 프랑스 법원의 태도는 너무 관대하며, 60세가 넘는 형제자매에게 배상을 인정하는 것은 무익하다고 지적하였다고 한다.

2. 위자료의 의의와 기능

2.1. 위자료의 의의

위자료는 프랑스의 법전통에 매우 뿌리깊게 박혀 있는 것이어서 완전 폐지는 상상하기 어렵고, 이는 특히 인신사고에서 그러하다.[26] 위자료는 사고가 인간의 노동능력에만 부정적 영향을 미치는 것으로 한정하지 않고, 사람을 육체적·정신적 완전성을 가진 존재로 취급하는 것이다.[27] 위자료는 자신의 고통이 법적으로 인정되었다는 점에서 피해자에게 안도감을 주는 긍정적 효과를 가진다.

2.2. 위자료의 기능

2.2.1. 전보기능

일반적으로 위자료에 있어 전보기능만이 인정되고, 제재기능을 인정되지 않는다.[28] 불법행위가 없었더라면 존재하였을 상태로 되돌리고자 하는 손해배상법의 일반원칙이 비재산적 손해의 경우에 엄격하게 적용되기는 어렵지만, 비재산적 손해에 대한 등가물을 제공하는 것을 통하여 완전배상원칙이 관철된다.[29] 일부 학설은 비재산적 손해가 가해자의 귀책사유의 정도에 따라 산정되는 것이므로 사적 제재라고 주장하나, 학설은 대체적으로 위자료를 비재산적 손해에 대한 규범적 대가물의 보장이라고 본다.[30]

26) Suzanne Galand-Carval(註 1), Rn. 25(S. 92).
27) Suzanne Galand-Carval(註 1), Rn. 7(S. 88).
28) Cass. crim. vom 18.1.1962, Bull. crim., Nr. 85; Cass. civ. Ⅱ vom 28. 11. 1962, Gaz. Pal. 1963, Ⅰ, 108; Lambert-Faivre, D. 1992, 165; Schernitzky(註 2), S. 9.
29) Mazeaud/Tunc(註 4), n. 311; Schernitzky(註 2), S. 11.

2.2.2. 제재기능

위자료가 제재적 기능을 수행한다는 초기의 주장은 파기원이 엄격책임의 경우에도(민법 제1384조 제1항) 위자료가 인정될 수 있다고 판시함에 따라 설득력이 약화되었다.[31] 다만 일부 학설은 위자료를 손해배상이 아닌 사벌로 보아 제재적 기능 또는 만족기능을 인정하여 가해자의 귀책사유의 정도를 기준으로 위자료를 결정하고, 더 나아가 위험책임의 경우에는 위자료를 부정하여야 한다고 주장한다.[32] 일부 학설은 익명의 편지를 통하여 가정의 평화를 해친 경우에 5,000 프랑스 프랑, 비판적 기사를 올린 자에게 카지노의 출입을 거부한 경우에 1,000 프랑스 프랑이 각 선고된 것에 대하여 제재기능이 고려된 것이라고 한다.[33]

2.2.3. 만족기능

인격권의 침해의 경우에는 인신사고의 경우와는 상황이 조금 다르다.[34] 판례는 인격권 침해사안에서 전보기능의 우위를 인정하면서도 보충적으로 만족기능을 인정하여 가해자의 귀책사유가 중대한 경우에 배상액을 증가시킬 수 있다고 한다.[35] 학설도 이에 동조하여 통상적인 배상액으로는 인격권의 침해에 대한 예방적 효과를 거둘 수 없다고 주장한다.[36]

30) Mazeaud/Tunc(註 4), n. 313; Schernitzky(註 2), S. 11.
31) Suzanne Galand-Carval(註 1), Rn. 30(S. 94).
32) Viney/Jourdain, Les cinditions de la responsabilité, 1998, N. 254; Schernitzky(註 2), S. 11-12.
33) Stoll, Empfiehlt sich eine Neuregelung der Verpflichtung zum Geldersatz für immateriellen Schaden?, Gutachten für den 45. Deutschen Juristentag, 1964, S. 78.
34) Schernitzky(註 2), S. 12.
35) Ady, Ersatzansprüche wegen immaterieller Einbußen, 2004, 141f.; Schernitzky(註 2), S. 12.

2.2.4. 확인기능

법원은 상징적 손해배상을 통하여 불법을 확인하고 가해자를 훈계하여 본보기를 보인다.[37] 장례식이 진행되는 동안에 시장이 교회종을 울리게 한 경우, 부모의 의사에 반하여 아이의 세례식을 올리거나 아이를 성가대원을 하게 한 경우에 상징적 손해배상이 인정된다.[38] 상징적(symbolique)인 1프랑의 배상으로 판사가 가해자의 잘못을 공적으로 확인하고, 소송비용을 피고에게 부담하는 방법이 상당히 자주 활용된다.[39]

3. 위자료청구권자

3.1. 직접피해자

3.1.1. 자연인

자연인이 생존한 동안 타인의 불법행위로 인하여 비재산적 손해를 입은 경우에 민법 제1382조에 따라 위자료를 배상받는다. 결국 사후적 인격권의 침해에 대하여 망인은 위자료청구권을 취득하지 못한다. 인격권은 원칙적으로 주체의 사망으로 소멸하나, 예외적으로 저작권법 제121조의1 제3항에 따라 저작인격권은 상속인에게 승계된다.[40] 사후적 인격권의 침해에 대하여

---

36) Viney/Jourdain, Les effets de la responsabilité, 2001, N. 58-1; Lindon, J.C.P. 1970, Ed. G, I, Nr. 2336, 32; Schernitzky(註 2), S. 12.
37) Stoll(註 33), S. 78.
38) Stoll(註 33), S. 78.
39) Mazeaud/Tunc(註 4), n. 301.
40) Schernitzky(註 2), S. 104.

망인의 상속인은 망인에 대한 경외감의 침해를 이유로 자신의 위자료청구권
을 행사할 수 있을 뿐이고, 망인의 위자료청구권을 행사할 수는 없다.[41]

3.1.2. 의식불명자

의식불명자의 위자료와 관련하여서는 주관설과 객관설이 대립한다. 주관
설에 의하면 정신적 고통을 인식할 수 없으므로 위자료가 부정되나, 객관설
에 의하면 비재산적 손해가 판사에 의하여 객관적으로 결정되므로 위자료가
긍정된다.[42] 판례는 의식불명의 사정이 위자료청구권을 배제하는 것은 아니
라고 하면서 객관설을 취한다.[43] 다만 객관설에 대하여는 위자료가 사적 제
재의 성격을 가진다는 비판이 제기된다.[44]

3.1.3. 법인

법인은 신체활동의 침해나 고통에 기한 위자료를 청구할 수 없다.[45] 또한
파기원 형사부는 미성년자의 보호를 위탁받은 사단이 미성년자의 사망에 대
하여 위자료를 청구할 수 없다고 판시하였다.[46] 법인은 사회적 평판의 침해
나 사생활의 침해에 대하여 위자료청구권을 가진다.[47] 왜냐하면 법인은 사

---

41) Schernitzky(註 2), S. 107-109.
42) Schernitzky(註 2), S. 123.
43) Cass. crim. vom 3. 4. 1978, J.C.P. 1979, Ed. G, Ⅱ, 19168; Cass. civ. vom 22. 2.
    1995, Bull. civ. Ⅱ, Nr. 61; Cass. civ. Ⅱ vom 28. 6. 1995, Bull. civ. Ⅱ, Nr. 224.;
    Schernitzky(註 2), S. 123.
44) Perier, Juris-Classeur 1382-1386, Fasc. 202-1-2, Rn. 80.
45) Schernitzky(註 2), S. 20.
46) Cass. crim. vom 22. 5. 1979, Bull. crim., Nr. 180; Schernitzky(註 2), S. 20.
47) 鄭泰綸(註 19), 250면; TGI Paris vom 8. 7. 1970. D. 1972, jurispr. 88(우편의 비밀
    이 침해당한 사안); Schernitzky(註 1), S. 70.

회적 실체로서 평판과 외부적으로 드러나는 영역과는 구별되는 내적 영역을 가지기 때문이다. 또한 법인은 성명권이나 영업비밀의 침해로 인한 위자료청 구권을 가진다.[48]

3.2. 간접피해자

3.2.1. 근친자

인신사고 피해자의 근친자 등에게 '애정 손해(Le prèjudice d' affection)'의 배상이 매우 넓게 인정된다.[49] 근친자 등의 애정손해는 사망이나 이에 준하는 극단적인 경우에 한하여 인정되었다가, 이러한 요건이 이제는 사라져서 모든 인신 상해사건으로 확장되었다.[50]

피해자와 청구권자 사이에 혼인관계나 혈족관계가 반드시 구비되어야 하는 것은 아니어서 약혼자나 친척이 아닌 자도 피해자와 긴밀한 관계가 인정된다면, 위자료를 배상받을 수 있다.[51] 따라서 부모 또는 배우자 뿐만 아니라 형제자매 그리고 양자 등에게 위자료청구권이 인정된다. 사회복지시설에 아이를 위탁한 부모에 대하여도 위자료가 인정되나, 그 금액은 통상적인 경우보다 훨씬 적을 것이다.[52] 배상액도 일률적으로 정해져 있고, 근친자에게 애정손해가 추정되어 정신적 충격이나 애정손해를 입증할 필요가 없다.[53]

---

48) 鄭泰綸(註 19), 250면; Schernitzky(註 2), S. 76.
49) Suzanne Galand-Carval(註 1), Rn. 19(S. 91); Stoll(註 33), S. 80.
50) Suzanne Galand-Carval(註 1), Rn. 19(S. 91); Schernitzky(註 2), S. 36.
51) Schernitzky(註 2), S. 113f.
52) Schernitzky(註 2), S. 114.
53) Suzanne Galand-Carval(註 1), Rn. 19(S. 91); Schernitzky(註 2), S. 115. 물론 이러한 추정은 번복될 수 있는 것이다. 즉 남편의 사고 당시에 원고는 남편과 이혼을 하기 위하여 수속을 밟고 있었다는 점을 피고가 입증한다면, 원고는 정신적 손해에 대한 배상을 청구할 수 없다.

3.2.2. 중혼적 사실혼 배우자

파기원 형사부와 하급법원들은 중혼적 사실혼 관계에 있는 자에게 피해자의 사망에 대한 위자료를 인정하나,[54] 파기원 민사부는 적법한 이익의 요건의 흠결을 들어 위자료를 부정한다.[55]

3.2.3. 재산권의 침해

예외적이기는 하나 판례는 애완동물의 사망에 대하여 주인에게 위자료를 인정한다.[56] 이러한 판례에 대하여 재산적 손해의 배상으로 족하고, 위자료를 인정하는 것은 비도덕적이라는 비판이 있으나, 판례가 위자료를 인정하는 사안은 시가가 존재하지 않아 재산적 손해의 배상이 충분하지 않은 경우라는 재반론이 있다.[57]

4. 위자료청구권의 일신전속성

학설은 위자료청구권의 양도성을 부정한다.[58] 위자료청구권은 인적 성질을 가지나 결국 금전청구권이므로 상속인에게 상속되며, 파기원 연합부의 지도적인 판결이래로 상속인은 피해자가 제소하지 않은 경우에도 독자적으로 제소할 수 있다.[59] 다만 일부 학설은 위자료가 사적 제재, 복수 또는 권리에

---

54) Cass. crim. 13. 2. 37, D. P. 1938. 1. 5; Lyon 23. 10. 29, D. P. 1929. 2. 169; Paris 9. 11. 32, S. 1933. 2. 29.
55) Cass. civ. 10. 1. 63, D. 1963. j. 404.
56) Tr. civ. Caen 30. 10. 62. J.C.P. 1962 Ⅱ 12954; Cass. civ. 16. 1. 62, J.C.P. 1962 Ⅱ 12557.
57) Schernitzky(註 2), S. 39.
58) Schernitzky(註 2), S. 68.

대한 공적 확인 등의 기능을 수행한다는 점을 들어 판례에 반대한다.[60]

5. 위자료의 발생원인

5.1. 총론적 고찰

5.1.1. 법률상 규율

민법 제1382조는 자신의 과책(faute)으로 타인에게 손해를 가한 자는 그로 인한 손해의 배상의무가 있다고 규정하고 있을 뿐이며, 비재산적 손해에 대하여 명시적으로 규율하지 않는다.[61] 비재산적 손해는 민법 제정당시에는 규정된 바는 없었으나 그 후 민법 개정으로 제266조 제1항에서 규율되고, 1881년 7월 29일자 법률 제46조, 형사소송법 제626조 등에서 규정되고 있다. 다만 프랑스에서는 비재산적 손해를 일반적으로 제한하거나 배제하는 조항인 독일 민법 제253조와 같은 규정이 없다. 그리하여 불법행위책임 뿐만 아니라 계약책임 더 나아가 위험책임의 경우에도 위자료가 인정된다.[62]

---

59) Cass. ch. mixte vom 30. 4. 1976, Bull. civ. ch. mixte, Nr. 2; Cass. ch. mixte vom 30. 4. 1976, Bull. civ. ch. mixte, Nr. 3; Schernitzky(註 2), S. 121.

60) Lambert-Faivre, dommage corporel, N. 149; Viney/Jourdain(註 36), N. 171; Schernitzky(註 2), S. 121.

61) 물론 위자료는 1881년 7월 29일의 법률(언론법) 제46조, 1905년 7월 12일자 평화적 재판에 관한 법률 제6조, 법원의 오판에 의한 피해자를 위한 손해배상을 규정하는 1895년 6월 8일자 법률, 1933년 2월 7일자 개인적 자유의 보장에 관한 법률, 1941년 4월 2일자 법률, 형사소송법 제3조 제2항, 제626조, 민법 제9조, 제266조 제1항, 사회보장법 제397조, 제468조, 제470조에서 명시적으로 인정되고 있다 (Schernitzky(註 2), S. 19).

62) Perier, Juris-Classeur 1382-1386, Fasc. 202-1-2, n. 10; Schernitzky(註 2), S. 19.

5.1.2. 판례

민법 제1382조에 의한 위자료의 원칙은 1833년의 파기원 판결63)에 의해
수립된 이후 확고한 형태를 취한다.64) 약사들이 약을 불법으로 판매한 상인
에 대하여 제기한 손해배상사건에서 항소심법원은 원고가 주장한 손해(재산
적 손해와 직업적 명성과 양심적인 직업의 수행의 침해라는 비재산적 손해)
를 인정한 객관적 증거가 없다는 이유로 원고의 청구를 기각하였으나, 파기
원은 비재산적 손해의 산정 곤란이 위자료를 부정할 만한 충분한 이유가 되
지 못한다는 점을 강조하면서 원고의 청구를 기각한 항소심판결을 파기하
였다.65)

Lejars c. Consorts Templier(1923) 사건에서 파기원은 자식은 아버지의 사망
으로 인한 재산적 손해 뿐만 아니라 정신적 고통에 대하여도 배상을 받을 수
있다고 판시한 이후 비재산적 손해의 범주를 계속하여 확장하였다.66)

5.1.3. 학설상황

다수설은 비재산적 손해의 배상을 긍정하나, 일부의 학설은 비재산적 손
해의 배상을 제한한다. 소수설은 비재산적 손해의 배상을 형사범죄로 한정하
거나, 비재산적 손해를 사회적 부분(명예훼손)과 개인적 부분(근친자의 사망
으로 인한 애정감정의 침해)으로 나누어 전자에 대하여만 배상을 긍정하는
견해 등으로 나뉜다.67)

---

63) Cour de cassation, Chambres réunies 15. 6. 1833.
64) Schernitzky(註 2), S. 18.
65) Cour de cassation, Chambres réunies 15. 6. 1833, [1833] Sirey (S.), 1, 458, Vergau,
    Der Ersatz immateriellen Schadens in der Rechtsprechung des 19. Jahrhunderts zum
    französischen und zum deutschen Deliktsrecht, S. 18.
66) Cour de cassation, chambres civile, 13. 2. 1923 [1923] Dalloz périodique et
    critique(D.C.), 1, 52, note H. Lalou; Suzanne Galand-Carval(註 1), Rn. 4(S. 88).

5.1.4. 위험책임

민법 제1382조에 따라 자신의 과책이 인정되는 경우에 비재산적 손해가 배상되는 것은 명확하다. 귀책사유를 전제로 하지 않는 위험책임의 경우에 위자료가 인정될 수 있느냐가 문제될 수 있는데, 위험책임의 경우에도 비재산적 손해의 배상이 제한되거나 부인되지 않는다.[68]

5.2. 유형론적 고찰

5.2.1. 생명침해

판례와 다수설은 '생명침해 자체에 대한 위자료(pretium mortis)'를 인정하지 않으나,[69] 소수설은 사망은 100%의 노동능력상실에 상응하는 것이므로 위자료를 긍정한다.[70] 프랑스에서 사망이나 중상해에 대한 공포에 대한 배상이 청구된 바가 없었으나, 이러한 손해도 청구되면 인정되었을 것이다.[71] 왜냐하면 프랑스법상 비재산적 손해라는 개념은 제한적인 것이 아니며, 강렬한 공포감을 배상에서 배제할 이유가 없기 때문이다.

5.2.2. 신체침해

상해를 입은 피해자의 비재산적 손해는 하나로 특정될 수 있는 것이 아니고, 오히려 여러 가지 요소들의 총합이며, 법원은 피해자의 장애가 영구적인

---

67) Mazeaud/Tunc(註 4), n. 307-308; Schernitzky(註 2), S. 23.
68) Suzanne Galand-Carval(註 1), Rn. 55(S. 100); Stoll(註 33), S. 82.
69) Stoll, Der Tod als Schadensfall, FS Zepos, 1973, Band Ⅱ, S. 685.
70) Schernitzky(註 2), S. 122.
71) Suzanne Galand-Carval(註 1), Rn. 41(S. 97).

경우에는 비재산적 손해의 종류를 세분하나, 일시장애의 경우에는 그러하지 않다.[72] 이에 반하여 피해자가 일시장애를 겪은 후 완전히 회복한 경우라도 육체적 고통에 대한 배상을 청구할 수 있다. 신체상해로 인하여 부득이하게 행해진 수술로 인하여 육체적·정신적 고통이 가중된 경우에는 이에 대한 배상이 인정된다.[73]

젊은 남성이 사고로 인하여 얼굴에 상처를 입고 다리가 부러진 경우에 고통에 대한 배상 뿐만 아니라 미적 손해에 대한 배상과 인생의 즐거움의 상실에 대한 배상도 받는다.[74]

5.2.3. 자유권의 침해

자유권을 침해당한 자는 민법 제1382조를 근거로 하여 비재산적 손해의 배상을 받을 수 있다.[75] 가령 절도혐의를 받는 고객에 대하여 백화점 직원이 불법적으로 몸과 소지품을 수색하는 경우에 피해자는 자유권과 존엄성에 대한 침해로 인한 비재산적 손해의 배상을 청구할 수 있다.

5.2.4. 성적 자기결정권 등의 침해

폭행은 신체에 대한 유형력의 행사로서 그 정도에 따라 피해자에게 단순한 근심에서부터 극도의 공포를 가져올 수 있다.[76] 폭행과 강간 등은 형사범죄이므로 피해자는 일반적으로 형사법원에서 부대소송절차를 통하여 또는 범죄피해자배상기금에서 배상을 받는데, 이 경우 손해는 불법행위법의 일반

---

72) Suzanne Galand-Carval(註 1), Rn. 8(S. 89).
73) Schernitzky(註 2), S. 20.
74) Stoll(註 33), S. 80.
75) Suzanne Galand-Carval(註 1), Rn. 72(S. 105).
76) Suzanne Galand-Carval(註 1), Rn. 70(S. 104).

원칙에 따라 산정된다.[77]

5.2.5. 명예훼손

명예의 보호에는 1881년 7월 29일자 법률 제34조에 따라 망인의 명예도 포함되며, 자연인 뿐만 아니라 법인도 명예훼손으로 인한 위자료를 청구할 수 있다.[78]

명예훼손으로 인한 손해배상을 청구하기 위하여는 불법행위법 일반 원칙에 따라 귀책사유를 입증하여야 하나, 명예훼손이 동시에 사생활의 침해를 구성하는 경우에는 귀책사유나 손해의 입증이 요구되지 않는다.[79]

5.2.6. 사생활의 침해

1) 전개과정

1960년대까지 사생활의 보호는 명예훼손의 법리와 성명권 그리고 초상권에 의하여 간접적으로 이루어졌을 뿐이고 일반적인 보호가 이루어지지 않았다.[80] 1960년대 중반부터 법원은 공인의 사생활의 보호에 역점을 두기 시작하였고, 의회는 민법 제9조를 통하여 이러한 요청에 대응하였다. 사생활의 보호에 대한 새로운 법적 규율은 인간의 존엄에 대한 사회의 인식이 제고되고 기술의 발전으로 인한 침해의 위험이 높아졌다는 사정에 기인한다.[81]

---

77) Suzanne Galand-Carval(註 1), Rn. 70(S. 104).
78) Schernitzky(註 2), S. 81f.
79) Schernitzky(註 2), S. 81.
80) Gounalakis, Privacy and the Media-a Comparative Perspective, 2000, S. 65.
81) Schernitzky(註 2), S. 69.

2) 침해의 태양

사생활의 침해는 사적 사항의 공개, 사적 영역의 침입, 감시와 감독, 추적 등으로 나타날 수 있다.[82]

3) 손해배상

민법 제9조에 의하여 보호되는 사생활은 독립된 권리성을 가져서 민법의 일반원칙으로 우회할 필요가 없다.[83] 더 나아가 손해배상청구에 있어서도 귀책사유나 손해의 입증이 필요없다.[84] 즉 사생활의 침해를 입증하면 일정한 금액의 손해가 배상되는 것이다. 물론 침해의 중대성이 입증되면 고액의 배상이 인정될 수 있다.[85]

5.2.7. 성명권의 침해

법률상 규정되지는 않았으나 인격권의 하나로 타인과 구별되는 정체성을 위하여 성명권이 인정된다.[86] 다만 성명권은 독자적 권리성이 가지는 것이 아니어서 손해배상청구를 위하여는 귀책사유와 손해를 입증하여야 한다.[87] 성명권의 침해가 인정되기 위하여는 제3자의 측면에서 혼동의 위험이 존재하여야 하는데, 이는 남소를 방지하기 위한 것이다.[88]

---

82) Schernitzky(註 2), S. 72.
83) Schernitzky(註 2), S. 72.
84) Cass. civ. Ⅰ vom 5. 11. 1996, Bull. civ. Ⅰ, Nr. 378; Cass. civ. Ⅰ vom 25. 2.
    1997, Bull. civ. Ⅰ, Nr. 73; Schernitzky(註 2), S. 73.
85) Schernitzky(註 2), S. 73.
86) Schernitzky(註 2), S. 75.
87) Schernitzky(註 2), S. 76f.
88) Schernitzky(註 2), S. 75f.

5.2.8. 초상권의 침해

초상권은 판례에 의하여 인정된 인격권으로 제3자가 타인의 초상을 무단으로 촬영하거나 촬영한 사진을 공개하는 등으로 사용하는 것을 금지하며, 신체의 일부나 실루엣을 촬영한 경우에는 피해자를 특정할 수 있는 경우에만 초상권의 침해가 인정된다.[89] 초상 등을 상업적으로 이용할 권리는 사생활의 보호범위에 속하지 않고 재산권에 해당하여 상속인에게 승계될 수 있다.[90]

5.2.9. 재산권에 대한 침해

재산권의 침해에 대하여 비재산적 손해가 인정되는 것은 매우 드물고, 특히 애완동물이 죽은 것에 대하여 그 소유자에게 위자료가 인정되는 것은 예외에 속한다.[91] 다만 대체할 수 없는 물건이 멸실된 경우에야 비로소 위자료가 인정될 수 있다.[92] 재산권의 침해에 대하여 1프랑의 상징적 손해배상이 선고되기도 하는데, 이는 가해행위의 위법성을 확인하고 피해자에게 일종의 만족을 주는 기능을 수행한다.[93]

---

89) Schernitzky(註 2), S. 78.
90) Picard, The Right to Privacy in French Law, in: Markesinis(ed.), Protecting Privacy: The Clifford Chance Lectures vol. 4, 1999, p. 81.
91) Suzanne Galand-Carval(註 1), Rn. 73(S. 105).
92) Schernitzky(註 2), S. 38.
93) Schernitzky(註 2), S. 39.

6. 산정론

6.1. 일반원칙

파기원은 손해배상은 오로지 손해의 전보에 기여하여야 하고 피해자는 불법행위가 있기 전보다 많은 액수의 손해배상을 받아서는 안된다고 판시하면서 '완전배상의 원칙(principe de la réparation intégrale)'을 천명하였다.[94] 프랑스에서 위자료액은 구체적인 피해자의 지각을 기준으로 하는 것이 아니라, 추상적이고 객관적 기준에 따라 정한다.[95] 가령 아버지의 사망에 대한 유아의 위자료의 산정이 그러하다. 그리하여 학설은 판례의 태도를 위자료청구권을 매우 주관적인 것으로 보나, 손해의 산정에 있어서는 객관적 접근방식을 채택한 것이라고 설명한다.[96] 위자료의 산정의 기준시점은 판결 선고시이며, 이 시점까지 비재산적 손해에 영향을 미치는 제반 사정이 고려된다.[97]

6.2. 고려요소

6.2.1. 피해자측 사정

1) 고통의 인식가능성

의식불명자의 위자료에 관하여 오랫동안 견해가 대립하였다.[98] 주관설에 의하는 경우에 의식불명의 피해자는 위자료를 받지 못하나, 객관설에 의하는

---

94) Ady(註 35), S. 140.
95) Schernitzky(註 2), S. 174.
96) Schernitzky(註 2), S. 174.
97) Schernitzky(註 2), S. 174.
98) Suzanne Galand-Carval(註 1), Rn. 35(S. 95).

경우 의식불명의 피해자는 위자료를 받는다. 이에 대하여는 파기원에서도 내부적으로 견해의 대립이 있었다. 즉 형사부는 비재산적 손해를 객관적으로 판정하는 방식을 선호하였으나,[99] 민사부는 자신의 심각한 상태를 인식하지 못하는 피해자에게 배상하는 것을 꺼려하였다.[100] 파기원 형사부는 자신의 입장을 일관되게 고수하였고, 이러한 입장은 결국 파기원 제2민사부에 의해 지지를 받았다. 즉 파기원 제2민사부(Second Civil Division)는 1995년에 무의식이라는 사정은 배상액의 산정에 전혀 영향을 미치지 않는다고 판시하였다.[101] 따라서 의식불명자는 생리학적 손해, 생활의 편리에 대한 손해 그리고 성적 손해와 같은 일련의 '인적 손해(dommage personnel)'를 완전히 배상을 받는 것이다.[102] 일부 학설은 피해자의 필요에 근거하여 산정된 손해를 명하는 것이 유일한 합리적 해결책이므로 의식불명의 피해자에게 비재산적 손해의 배상을 명하는 것은 타당하지 않다고 한다.[103]

2) 침해의 중대성

신체침해로 인한 위자료에 있어서는 침해의 정도, 수술의 정도, 개호 및 입원기간 등이 고려된다.[104] 애호이익의 배상에 있어서는 피해자 또는 피해물간의 관계가 긴밀할수록 배상액이 높게 인정된다.

---

99) 피해자가 사고 후 미처서 자신의 상태를 인식할 수 없게 된 사안에서 파기원은 손해의 배상은 피해자의 인식에 의존하는 것이 아니라 법관의 객관적 판단에 의존하는 것이라고 판시하였다(Cour de cassation, chambre criminelle, 3. 4. 1978, [1979] J. C. P. Ⅱ note S. Brousseau).

100) Suzanne Galand-Carval(註 1), Rn. 35(S. 95).

101) Cour de cassation, 2ème chambre civile, 22. 2. 1995, two cases, BC Ⅱ. no. 61; Suzanne Galand-Carval(註 1), Rn. 36(S. 96).

102) Suzanne Galand-Carval(註 1), Rn. 37(S. 96).

103) R. BARROT, Le dommage corporel et sa compensation, 1988, 385; Suzanne Galand-Carval(註 1), Rn. 35(S. 95).

104) Schernitzky(註 2), S. 175.

3) 귀책사유

피해자는 흉상으로 인한 손해를 감소시키기 위하여 수술을 받을 의무가 있는지가 문제된다. 판례는 초기에 중하고 고통스러운 수술을 받을 필요는 없으나 복잡하지 않고 손해를 현저하게 줄일 수 있는 수술을 받지 않은 경우에는 과실상계를 인정하였다.[105] 다만 1997년에 파기원 민사부는 프랑스 민법 제16조의3에 표명된 신체의 완전성원칙에 따라 법률에 다른 정함이 없는 한 수술에 응할 의무가 없다고 판시하였다.[106]

인신사고에 있어서의 직접 피해자의 귀책사유는 근친자의 위자료에 있어서 고려되어야 한다.[107] 왜냐하면 하나의 사고로 인하여 피해자의 청구권과 근친자의 청구권이 발생하는 것이기 때문이다.

4) 연령 등

흉상으로 위자료액을 산정함에 있어서는 흉상의 객관적 정도와 함께 피해자의 나이, 성별, 직업 등이 고려된다.[108] 생활의 기쁨의 상실에 대한 배상에 있어서는 피해자가 사고 후 어떠한 행위를 할 수 없는지가 중요하며, 피해자의 나이와 영구장애의 정도도 고려되는데, 나이어린 피해자의 경우에는 대개 높은 배상액이 인정된다.[109] 성적 손해의 경우에는 나이가 많을수록 배상액이 적게 인정되고, 피해자의 성별은 중요하지 않다.[110]

---

105) Schernitzky(註 2), S. 26.
106) Cass. civ. Ⅱ vom 19. 3. 1997, Bull. civ. Ⅱ, Nr. 86; Schernitzky(註 2), S. 26.
107) Cass. Ass. plén. vom 19. 6. 1981. D. 1981, 641; Schernitzky(註 2), S. 116.
108) Schernitzky(註 2), S. 175.
109) Schernitzky(註 2), S. 176.
110) Schernitzky(註 2), S. 176.

5) 사회적 지위 및 경제사정

법원은 당사자의 자력은 손해배상액에 영향을 미치지 않으며, 피해자의 사회적 지위는 결정적 산정기준이 되어서는 안된다고 판시하였다.[111]

6.2.2. 가해자측 사정

프랑스법상 위자료액은 가해자의 행위에 의해 영향을 받지 않는다는 원칙은 확고하다.[112] 따라서 가해자의 귀책사유가 중대하다고 하더라도 배상액이 증가하지 않고, 가해자의 귀책사유가 경미하다고 하더라도 배상액이 감소하지 않는다. 이에 대하여 위자료를 私罰로 보아 제재기능 또는 만족기능을 인정하는 학설에서는 손해배상액은 손해의 정도가 아니라 귀책사유의 정도에 따라 산정된다고 한다.[113]

6.2.3. 인격권침해

인격권의 침해에 있어서는 원칙적으로 침해의 정도에 따라 위자료액이 산정되나, 가해자의 귀책사유가 중한 경우에는 배상액이 증가하며, 명예훼손적 보도의 철회의 가부, 가해자가 인격권의 침해로 인하여 얻게 되는 수익 등이 배상액의 산정에 있어 고려된다.[114]

---

111) Suzanne Galand-Carval(註 1), Rn. 53(S. 99).
112) Suzanne Galand-Carval(註 1), Rn. 52(S. 99).
113) Viney/Jourdain(註 32), n. 254; Schernitzky(註 2), S. 181.
114) Schernitzky(註 2), S. 183.

6.3. 소송법상 문제

6.3.1. 법관의 재량

파기원은 손해의 산정은 사실심 법관의 권한이라고 보고, 법관이 손해배상액을 산정함에 있어 상당히 넓은 재량을 가지며, 파기원은 사실심법관이 그 평가의 근거가 되는 요소들을 명확하게 할 것을 요구하지 않는다.[115] 1973년 12월 27일자 법률 제73-1200호가 일정한 인적 손해[116]에 대하여 구상권을 제한하자, 위와 같은 인적 손해에 대한 배상금과 다른 손해에 대한 배상금을 분리하여야 한다는 점에서 판사의 재량권은 제한받는다.[117] 더 나아가 인신사고로 인하여 발생하는 개별 손해항목별로 배상액을 산정하여야 하고, 총합하여 하나의 금액으로 배상액을 산정하여서는 안된다.[118]

6.3.2. 산정원칙

인신사고로 인하여 발생하는 개별 손해항목별로 배상액을 산정하여야 하고, 총합하여 하나의 금액으로 배상액을 산정하여서는 안된다.[119] 이는 위자료산정에 관한 법원의 재량에 대한 법적인 통제를 보다 쉽게 하고, 비재산적 손해의 정확한 실체를 제대로 이해하는 데에 이점이 있다.[120] 일부 학설은

---

115) 鄭泰綸(註 19), 252면. 동소에 의하면 파기원은 법관은 손해의 액수를 결정할 때에 사용된 요소들을 명시할 의무를 지지 않고 그가 행하는 평가 그것만에 의하여 손해의 존재를 정당화한다고 판시하였다고 한다(Civ. 2e, 15 févr. 1962, Bull. civ., Ⅱ, p. 130).
116) 육체적·정신적 고통, 미적 손해, 즐거움의 손해, 애정의 손해 등이 포함된다.
117) 鄭泰綸(註 19), 253면.
118) Viney/Jourdain(註 32), n. 261; Schernitzky(註 2), S. 19.
119) Viney/Jourdain(註 32), n. 261; Schernitzky(註 2), S. 19; Suzanne Galand-Carval(註 1), Rn. 67(S. 103).

법관이 위자료의 산정근거를 제시하지 않고 단순히 위자료액만 선고하는 것은 위자료가 다소 자의적인 방식에 의해 산정되었다는 우려를 불식시키기 어려워서 바람직하지 않다고 지적한다.[121]

6.3.3. 표준화의 요청

위자료에 관하여 법령상 정해진 금액이나 법령상의 기준표가 없더라도 프랑스 법원은 배상액 산정에 있어서 일관성을 얻기 위하여 선례를 중시하여 왔다.[122] 파기원은 선례를 출발점으로 삼고 피해자의 구체적이고 개별적인 사정에 맞추어 수치를 조절하는 것은 합리적인 해결책이며 완전배상의 원칙과 배치되는 것은 아니라고 판시하였다.[123]

---

120) Schernitzky(註 2), S. 19f.
121) Suzanne Galand-Carval(註 1), Rn. 67(S. 103f).
122) Suzanne Galand-Carval(註 1), Rn. 56(S. 100).
123) Cour de cassation, 2ème chambre civile, 1. 2. 1995, BC Ⅱ, no. 42; Suzanne Galand-Carval(註 1), Rn. 59(S. 101).

第2章

英美法系의 論議

第1節 英美法系의 槪觀

1. 영미법계의 일반적 특징

대륙법계는 포괄적 단일 법전을 보유하고 있으나, 영미법계에서는 포괄적 단일 법전이 존재하지 않는다. 영미법계에서 판례법이 대륙법계의 포괄적 단일 법전의 기능을 수행하고, 제정법은 판례법의 흠결을 보충하는 기능을 수행한다. 대륙법계에서는 포괄적 법전에 의하여 주요한 법적 분쟁이 해결되나, 영미법계에서는 제정법은 보충적 구제수단의 의미를 가진다.[1] 따라서 영미법계 국가에서 제정법은 유추에 의하여 다른 사안에 적용될 수 없다. 영미법계에서 제정법의 중요성이 점차 증가되었으나, 여전히 판례법은 주도적 지위를 차지한다.

2. 불법행위법의 체계

영미법은 전통적으로 소권법체계를 좇아 특정한 이익을 보호하기 위하여 발전된 개별 불법행위(tort), 일반적인 과실불법행위(negligence)[2] 그리고 엄격책임(strict liability)로 대별된다. 많은 개별 불법행위들은 손해를 입증한 경우

---

1) Clerk/Lindsell/Dugdale, Torts, 19th ed. 2006, § 1-18; v. Mehren, The US Legal System: Between the Common Law and Civil Law Legal Traditions, Saggi, Conferenze e Seminari, 40, 2000, p. 9.
2) negligence라는 용어는 일반적인 과실불법행위책임과 불법행위성립요건으로서의 귀책사유라는 두 가지 의미로 사용되나, 문맥에 따라 명확하게 구별되어야 한다 (Clerk/Lindsell/Dugdale, Torts, 19th ed. 2006, § 23-228; Zweigert/Kötz, Einführung in die Rechtsvergleichung, 3. Aufl. 1996, S. 611).

에만 원칙적으로 소구될 수 있으나, '그 자체로 소구가능한 불법행위(tort actionable per se)'3)의 경우에는 손해의 입증이 없더라도 명목적 손해배상은 소구될 수 있다.4) 또한 그 자체로 소구가능한 불법행위의 경우에 법원은 정신적 고통에 대하여 매우 관대하게 배상한다.5)

3. 불법행위의 유형

3.1. 그 자체로 소구가능한 불법행위 (torts actionable per se)

신체에 대한 유형력의 행사(battery), 신체에 대한 직접적인 위협(assault), 불법구금(fslse imprisonment)과 같은 인신침해의 불법행위는 그 자체로 소구가능한 불법행위에 해당한다.6) 고의로 인간의 존엄과 자유를 침해하는 불법행위의 경우에는 정신적 고통에 대한 배상이 인정되며, 불법구금된 자가 자신이 감금된 사실을 인식하지 못하였더라도 배상이 부정되는 것은 아니다.7) 명예훼손이 그 자체로 소구가능한 불법행위에 속하는 것은 명예가 가지는 중요성에 대한 고려에 기인한다.8) 문서에 의한 명예훼손의 경우에는 명목적

---

3) 토지소유권의 직접적 침해(trespass to land), 폭행(assault), 불법구금(false imprisonment), 문서에 의한 명예훼손(libel) 등이 이에 해당한다(Markesinis/Deakin, Tort Law, 6th ed. 2008, p. 940).

4) Burrows, Remedies for Torts and Breach of Contract, 3rd ed. 2004, p. 589.

5) Giliker, a 'new' head of damages: damages for mental distress in the English law of torts, 20 Legal Study, 19, 26(2000).

6) Giliker(前註), 20 Legal Study, 19, 27(2000).

7) Murray v Minister of Defence [1988] 1 WLR 692, 703-704. 다만 법원은 피해자가 불법구금사실을 인식하지 못한 경우에는 명목적 손해배상만을 인정한다고 한다 (Giliker(註 5), 20 Legal Study, 19, 27, Fn. 40(2000)).

8) Giliker(註 5), 20 Legal Study, 19, 29(2000).

손해 이상의 금액이 배상된다. 명예훼손으로 인한 비재산적 손해는 명예 자체에 대한 침해, 명예에 대한 긍인, 명예훼손으로 인한 고통 및 굴욕감이 포함된다.[9]

그 자체로 소구가능한 불법행위에는 주거침입이 포함되는데, 이는 토지소유권에 대한 부당한 간섭으로부터 보호를 보장하기 위한 것이어서 인격적 이익의 보호를 내용으로 하는 인신침해소권과 명예훼손소권과는 차이가 있다.[10]

3.2. 그 자체로 소구가능하지 않은 불법행위
(torts not actionable per se)

주로 경제적 이익을 보호하기 위한 불법행위는 대체적으로 '그 자체로 소구가능한 불법행위(torts actionable per se)'에 속하지 않는데, 여기에는 '악의적 기소(malicious prosecution)', '악의적 허위사실의 공표(malicious falsehood)', '사기(deceit; fraud)', '생활방해(nuisance)' 등이 포함된다. '악의적 기소(malicious prosecution)'는 그 자체로 소구가능하지 않은 불법행위로 분류되기는 하지만,[11] 불법구금과의 밀접한 관련성에 기인하여 정신적 고통에 대한 배상이 긍정되기도 한다.[12] 다만 원고는 피고가 상당한 이유없이 악의적으로 법적 절차를 강구하여 손해를 입었다는 점을 입증하여야 한다.[13]

'악의적 허위사실의 공표(malicious falsehood)'라는 소권과 '사기소권(deceit; fraud)'은 원고의 명예가 아니라 경제적 이익을 보호하는 것이어서 정신적 고통에 대한 배상이 제외되며, 이 경우에는 재산적 손해에 대한 입증이 요구된다.

9) John v MGN Ltd [1997] QB 586, 607.
10) Giliker(註 5), 20 Legal Study, 19, 31(2000).
11) Giliker(註 5), 20 Legal Study, 19, 34(2000).
12) Thompson v Metropolitan Poice Commissioner [1998] QB 498.
13) Giliker(註 5), 20 Legal Study, 19, 34(2000).

4. 구제수단

4.1. 손해배상제도

4.1.1. 전보적 손해배상

전통적으로 전보적 손해배상은 '일반손해(general damage)'와 '특별손해 (special damage)'로 구분되었는데, 전자는 비재산적 손해와 장래의 재산적 손해를 포함하며, 후자는 사실심 변론종결시까지 발생한 재산상 손해를 포함하며,[14] '육체적·정신적 고통(pain and suffering)'이나 '교제의 기회(consortium)의 상실', 명예훼손으로 인한 명예감정의 침해 등이 '일반손해'에 포함된다.[15]

4.1.2. 명목적 손해배상(nominal damages)

'소송권원(cause of action)'은 인정되나 피해가 경미하거나 전보적 손해배상액이 인정되지 않은 경우에 원고의 권리가 침해되었다는 점을 확인하기 위하여 '명목적 손해배상'이 인정된다.[16] 그러나 인신침해에 해당하는 불법행위의 경우에는 특별 손해가 없더라도 실질적인 배상이 인정된다.[17]

---

14) Burrows(註 4), p. 270; 22 Am. Jur. 2d Damages §§ 37, 38, 40(2007); Restatement (Second) of Torts § 904 (1979), comment.

15) Restatement (Second) of Torts § 904 (1979), comment; 22 Am. Jur. 2d Damages § 25(2007).

16) Restatement (Second) of Torts § 907 (1979), comment; Dobbs, Remedies, Damages-Equity-Restitution, Volume 1, 2nd ed. 1993, § 3.8, p. 191.

17) Dobbs(前註), § 3.8, p. 191.

4.1.3. 가중적 손해배상(aggravated damages)

영국법은 악의적 또는 공격적인 불법행위에 대하여 가중적 손해배상이 인정되나, 설령 중과실이라고 하더라도 과실의 경우에는 인정되지 않는다.[18] 가중적 손해배상은 예견가능한 재산적 손해와 사회생활상 불이익 그리고 가해자의 행위에 의한 감정의 악화 등을 포괄하는 것이어서 전보의 성격을 띤다.[19] 미국법은 별도로 가중적 손해배상이라는 제도를 인정하지 않고 고의적 불법행위에 대한 손해배상액의 가중은 징벌적 손해배상의 틀안에서 처리된다.

4.1.4. 징벌적 손해배상(punitive damages)

영미법은 대륙법과는 달리 가해자에 대한 제재를 명시적인 목적으로 삼는 징벌적 손해배상제도를 보유한다. 다만 징벌적 손해배상이 인정되는 범위와 징벌적 손해배상액은 영국과 미국에 있어 상당한 차이를 보이고 있다. Rookes v Barnard 사건의 판례에 따라 영국법상 징벌적 손해배상은 ① 법률이 명시적으로 규정한 경우, ② 이익을 얻기 위한 계산된 불법행위 ③ 공무원의 억압적 행위라는 유형으로 제한되었으나,[20] Kuddus v Chief Constable of Leicestershire 사건의 귀족원판례 이후로 엄격한 소권이론이 적용되지 않으므로 그러한 제한이 상당부분 약화되었다.[21] 미국법은 폭행, 환경범죄, 신인

---

18) Kralj v McGrath [1986] 1 All E.R. 54; Cooke/Oughton, The Common Law of Obligations, 3rd ed. 2000, p. 280; Markesinis/Deakin(註 3), pp. 943-944; Ady, Ersatzansprüche wegen immaterieller Einbußen, 2004, S. 146.

19) Clerk/Lindsell/Doudu·Price, Torts, 19th ed. 2006, § 23-228.

20) [1964] AC 1129, 1220-1233; Clerk/Lindsell/Burrows, Torts, 19th ed. 2006, § 29-139. 제도사인 Rookes가 제도사연합에서 탈퇴하자, 제도사 연합회장인 Barnard 가 closed union shop 조항에 따라 Rookes의 해고를 종용한 사건에서 원고가 징벌적 손해배상을 구한 사건이다.

의무의 위반, 사기 등 다양한 종류의 사건에 대하여 징벌적 손해배상을 인정한다.22)

4.1.5. 이익환수적 손해배상(restitutionary damages)

'이익환수적 손해배상'은 피고가 불법행위를 통하여 원고의 손해보다 많은 이익을 올린 경우에 원고가 피고의 수익을 반환받는 것인데, 이는 물건을 횡령하거나 타인의 부동산을 무단으로 침입하는 경우와 지적재산권을 침해하는 경우에 주로 인정된다.23) 다만 선정적 보도로 인한 명예훼손의 경우에는 '이익환수적 손해배상'은 인정되지 않는다.24)

4.2. 유지명령(injunction)

영미법상 불법행위에 대한 주된 구제수단은 손해배상이고, 손해배상만으로는 피해자의 보호가 불충분한 경우에 형평법상 인정되는 구제수단이 유지명령이다.25) 유지명령은 대개 본안판결전 행하여지는 유지명령(interlocutory injunctions: interim injunctions)과 본안판결 후 행하여지는 유지명령(final injunctions after trial)으로 나뉜다.26)

---

21) [2002] 2 AC 122.
22) Dobbs, the Law of Torts, Practitioner Treatise Series, 2005, § 381, p. 1065. 적법절차의 원칙은 징벌적 손해배상에 있어 배심원에게 징벌적 손해배상의 목적이 징벌과 예방에 있다는 점을 주지시켜야 하고, 법원은 가해행위의 비난가능성에 비추어 징벌적 손해배상액이 적정한 것인지를 심사하여야 한다고 하면서 미국법상으로도 일정한 제한을 둔다{Dobbs(註 22), § 383, p. 1070}.
23) Burrows(註 4), p. 376; Law Commission Report, Aggravated, Exemplary and Restitutionary Damages, Part Ⅲ, §§ 1.9-1.22(pp. 30-35).
24) Goff/Jones, Law of Restitution, 5th ed. 1998, p. 782.
25) Clerk/Lindsell/Burrows, Torts, 19th ed. 2006, § 30-01.

5. 배심재판제도

대륙법계와는 달리 영미법계에서는 판사가 아니라 배심원이 손해배상액을 결정한다는 점에서 중대한 차이가 있다. 그러나 이러한 차이는 실제적으로 크지 않다. 왜냐하면 영국에서는 현재는 1%에 훨씬 못 미치는 민사재판만이 배심원 앞에서 진행되며,[27] 미국에서는 배심재판을 받을 권리가 헌법상 보장되나 실제로 민사재판의 2%만이 배심원이 참여하고, 나머지 98%는 단독 판사에 의하여 민사재판이 진행되기 때문이다.[28]

---

26) Gatley, Libel and Slander, 10th ed. 2004, § 9.26.

27) Andrews, English civil procedure: fundamentals of the new civil justice system, 2003, § 34.08(p. 775).

28) Bouck, Civil Jury Trials-Assessing Non-Pecuniary Damages-Civil Jury Trial, 81 Canadian Bar Review, 493, 505(2002). 청구에 대한 충분한 증거가 제시된 경우에 한하여 1심 판사는 사건을 배심원에게 인계하므로 1심 판사는 배심재판에 상당한 영향력을 행사할 수 있다{Dobbs(註 22), § 18 p. 34.}.

第2節 英國의 慰藉料

1. 손해배상법 개관

1.1. 비재산적 손해의 내용

1.1.1. 재산적 손해와 비재산적 손해의 준별

재산상의 불이익이 발생하여 금전으로 쉽게 손해액이 산정가능하냐에 따라 재산적 손해와 비재산적 손해가 구분된다.[1] 재산상 손해라는 개념은 재산과 관련된 불이익으로 유형재산과 무형재산을 모두 포함하며, 이에 해당하지 않는 모든 것이 비재산적 손해에 해당한다.[2] 비재산적 손해에 포함되는 것으로 육체적·정신적 고통, 편리함의 상실, 명예훼손에 있어 평판의 훼손, 무고에 있어 사회적 신용의 감소, 정신적 스트레스 그리고 육체적 불편이 있는데,[3] 이러한 손해는 시장 가격과 같이 객관적인 기준이 없어 산정곤란의 문제가 남는다.[4] 인신사고로 인한 비재산적 손해는 대개 '정신적·육체적 고통(pain and suffering)'과 '인생의 영위가능성의 침해(loss of amenity)'로 분류되고, 전자는 고통을 느낄 수 없는 경우에는 배상이 인정되지 않는다는 점에서 주관적으로 산정되나, 후자는 피해자가 자신의 상태를 인식할 수 없느냐와 무관하게 객관적으로 산정된다.[5]

---

1) Burrows, Remedies for Torts and Breach of Contract, 3rd ed. 2004, p. 30.
2) Rogers, Non-Pecuniary Loss under English Law, in: Rogers(ed.), Damages for Non-Pecuniary Loss in a Comparative Perspective, 2001. p. 54,
3) Burrows(註 1), p. 30.
4) Rogers(註 2), p. 54.
5) Burrows(註 1), p. 272.

1.1.2. 비재산적 손해의 구체화

1) 정신적·육체적 고통(pain and suffering)

인신침해로 인한 전형적인 비재산적 손해로 정신적·육체적 고통이 있다.[6] 불법행위로 인하여 발생한 고통은 그것이 정신적인 것이든 육체적인 것이든 상관없이 배상되며, 고통은 현재의 것 뿐만 아니라 장래 예견되는 것도 포함된다.[7] 다만 의식불명자의 고통에 대한 배상에 대하여 학설은 대체로 부정적이다.[8]

2) 인생의 영위가능성의 침해(loss of amenities)

인생을 즐길 능력의 상실은 정신적 육체적 고통과 더불어 인신침해로 인한 주요한 비재산적 손해이다.[9] 인생을 즐길 능력의 상실은 크게 불법행위로 인하여 발생한 직접적인 손해(injury itself: loss of faculty)와 그로 인하여 발생한 추가손해로 세분된다.[10] 이에는 운동이나 취미활동의 포기, 결혼가능성의 감소, 직장의 포기, 성생활의 박탈, 성격의 변화 등이 포함된다.[11]

---

6) Tettenborn, The Law of Damages, Butterworths Common Law Series, 2003, § 4.04.

7) Heaps v. Perrite Ltd [1937] 2 All E.R. 60.

8) West v. Shephard [1964] A.C. 326, 349(per Lord Morris); Clerk/Lindsell/Burrows, Torts, 19th ed. 2006, § 29-53; Tettenborn, The Law of Damages, Butterworths Common Law Series, 2003, § 4.06.

9) Tettenborn, The Law of Damages, Butterworths Common Law Series, 2003, § 4.08.

10) West v. Shephard [1964] A.C. 326, 355(per Lord Devlin); Clerk/Lindsell/Burrows, Torts, 19th ed. 2006, § 29-54. 다만 중상해의 경우에는 양자를 구분하는 것이 불필요하다고 한다.

11) Clerk/Lindsell/Burrows, Torts, 19th ed. 2006, § 29-55; Tettenborn, The Law of Damages, Butterworths Common Law Series, 2003, § 4.08.

3) 육체적 불편함(physical inconvenience and discomfort)

이 항목은 인신사고가 있는 경우에 육체적·정신적 고통과 중첩된다. 그러나 인신사고가 없더라도 사기(deceit), 불법구금(false imprisonment), 생활방해(nuisance)의 경우에는 육체적 불편함은 독자적인 비재산적 손해의 항목이 된다.[12]

4) 사회적 평가의 저해(social discredit)

사회적 평가의 저해는 독자적 비재산적 손해를 구성한다. 사회적 평가를 보호하는 불법행위로는 명예훼손, 불법제소(malicious prosecution), 불법구금(false imprisonment)이 있다.[13]

5) 감정이익의 침해(mental distress)

감정이익의 침해가 독자적 비재산적 손해의 항목으로 인정되기 위하여는 이를 보호하는 불법행위가 성립하여야 한다.[14] 즉 명예훼손, 악의적 제소, 인신에 대한 위협, 신인의무의 위반, 주거침입, 생활방해가 이에 해당한다.[15] 또한 성, 인종, 장애를 이유로 한 차별, 괴롭힘(harassment)에 대하여는 법률에 의하여 감정이익의 침해에 대한 배상이 인정된다.[16] 가중적 손해배상은

---

12) McGregor, Damages, 18th ed. 2009, § 3-009; Tettenborn, The Law of Damages, Butterworths Common Law Series, 2003, § 4.27.
13) McGregor, Damages, 18th ed. 2009, § 3-010; Tettenborn, The Law of Damages, Butterworths Common Law Series, 2003, § 4.30.
14) McGregor, Damages, 18th ed. 2009, § 3-011.
15) Tettenborn, The Law of Damages, Butterworths Common Law Series, 2003, § 4.11.
16) Sex Discrimination Act 1975 s.66(4); Race Relations Act 1976 s.57(4); Disability Discrimination Act 1995 s.25(2) and s. 28Ⅴ(2); Protection from Harassment Act 1997, s.3(2); McGregor, Damages, 18th ed. 2009, § 3-011; Tettenborn, The Law of Damages, Butterworths Common Law Series, 2003, § 4.12.

감정이익의 침해를 고려하는 것이다.[17]

6) 교제의 이익의 침해(loss of society of relatives)

부인과 자녀와의 교제의 이익의 침해라는 불법행위가 인정되다가 1982년 사법집행법에 의하여 폐지되고 유족배상제도가 도입되었다.[18]

7) 소결

실무상으로 대개 정신적 육체적 고통과 인생을 즐길 능력의 감소를 구분하지 않고 하나의 금액으로 배상을 명한다. 다만 의식불명자의 경우에는 전자에 대하여는 배상이 인정되지 않으나, 후자에 대하여는 배상이 인정된다는 차이가 있다.[19]

1.2. 관련문제

비재산적 손해와 관련하여 중요한 손해의 분류가 '일반손해(general damage)'와 '특별손해(special damage)'인데, 전자는 비재산적 손해와 장래의 재산적 손해가 포함되며, 후자는 실질적으로 정확한 산정이 가능한 사실심 변론종결시까지 발생한 재산상 손해를 의미한다.[20]

---

17) McGregor, Damages, 18th ed. 2009, § 3-011.

18) Administration of Justice Act 1982 s.2 und s.3; Fatal Accidents Act 1976 s.1A; McGregor, Damages, 18th ed. 2009, § 3-012; Tettenborn, The Law of Damages, Butterworths Common Law Series, 2003, § 4.10.

19) West v. Shephard [1964] A.C. 326, 349(per Lord Morris); Tettenborn, The Law of Damages, Butterworths Common Law Series, 2003, § 4.09; Law Commission Report, Damages for Personal Injury: Non-Pecuniary Loss, 1998, para 2.19.

20) Burrows(註 1), p. 270.

2. 위자료의 의의와 기능

2.1. 위자료의 의의

영국법상 특정이행청구는 형평법상의 구제수단이어서 예외적으로 인정될 뿐이다. 특히 포크스위원회는 금전배상 외에 다른 구제수단이 거의 존재하지 않는 점을 감안하여 금전배상이 가지는 특별한 의미를 강조하였다.[21]

1995년의 인신사고로 인한 비재산적 손해의 배상에 관한 검토보고서에서 '법개정위원회'는 비재산적 손해에 대한 배상의 의미를 다음과 같이 적시하였다.[22] 첫째, 비재산적 손해에 대한 배상을 통하여 인간의 능력과 감정의 균형상태가 인간으로서의 삶의 질에 영향을 준다는 점에 대하여 충분한 의미를 부여하는 것이다. 둘째, 비재산적 손해의 배상은 확고하게 자리를 잡았으며, 이는 감정상태와 기타 무형의 이익의 의미를 확실하게 인식하는 것과 보조를 이룬다. 셋째, 비재산적 손해에 대한 배상을 폐지하는 것은 불법행위로 인하여 재산상 손해를 입지 않는 아이나 주부 등을 부당하게 차별하는 것이다.

2.2. 위자료의 기능

2.2.1. 전보기능

손해배상법은 이미 발생한 손해의 전보를 주된 목적으로 한다. 즉 손해배

---

21) Report of the Committee on Defamation, 1975, §§ 623-624(p. 171). 1975년의 명예 훼손에 관한 법개정위원회의 위원장이 포크스(Faulks)여서 통상 '포크스위원회'로 불리운다.

22) Law Commission Consultation Paper, Damages for Personal Injury: Non-Pecuniary Loss, 1995, § 4.5.

상은 금전급부를 통하여 피해자로 하여금 불법행위가 없었던 상태로 되돌리게 하는 것이다.[23] 재산적 손해와는 달리 비재산적 손해는 엄격한 의미의 전보가 달성될 수가 없다. 왜냐하면 손해배상금으로 고통을 없애거나 상실된 수족을 원상으로 회복시킬 수 없기 때문이다. 그리하여 비재산적 손해의 전보기능에 대하여는 다음과 같은 표준적인 설명이 행해진다.[24] 첫째, 피해자가 받는 고통은 충분히 실제적인 것이어서 이를 경감하기 위한 보상(palliative)이 이루어져야 한다. 둘째, 피해자는 배상금을 통하여 고통을 대체할 것(satisfaction)을 얻을 수 있다. 셋째, 위자료는 불법행위로 인한 추가비용의 전보에 유용하게 사용될 수 있다. 즉 예상하기 어려운 재산적 손해가 발생한 경우 재산적 손해의 배상만으로는 이러한 점이 충분히 고려될 수 없다.

2.2.2. 확인기능

영국법은 전보기능 외에 원고의 권리를 공적으로 확인하는 기능을 인정하고 있다.[25] 이는 '명목적 손해배상(nominal damages)'이라는 제도를 통하여 구체화된다.[26] 즉 '그 자체로 소구가능한 불법행위(tort actionable per se)'인 주거침입, 폭행, 불법구금, 문서에 의한 명예훼손의 경우에 손해의 입증이 없더라도 명목적 손해배상을 인정하여 원고의 권리가 침해되었음을 공적으로

---

23) Livingstone v. Rawyards Coal Co. (1880) 5. App. Cas. 25, 29(per Lord Blackburn); Clerk/Lindsell/Burrows, Torts, 19th ed. 2006, § 29-06; McGregor, Damages, 18th ed. 2009, p. 14; Tettenborn, The Law of Damages, Butterworths Common Law Series, 2003, § 1.34.

24) Royal Commission on Civil Liability and Compensation for Personal Injury(Cmnd. 7054), 1978, para. 360. 동 위원회는 위원장인 피어슨(Pearson)을 내세워 '피어슨 위원회'로 통칭된다.

25) Tettenborn, The Law of Damages, Butterworths Common Law Series, 2003, § 1.43; Markesinis/Deakin, Tort Law, 6th ed. 2008, S. 942.

26) Burrows(註 1), p. 589.

확인하는 것이다.

2.2.3. 만족기능

스위스와 같이 영국에서도 만족기능은 독자적인 기능을 수행하는 것은 아니고, 전보기능의 틀에서 논의될 뿐이다. 즉 악의적 또는 공격적인 불법행위에 대하여 인정되는 '가중적 손해배상(aggravated damages)'에서 만족기능이 고려된다.[27]

2.2.4. 예방기능

예방기능은 오랜 역사를 지니고 있다.[28] 인신침해에 대하여 상당한 손해배상액을 인정함으로써 불법행위의 재발을 막고자 하였다. 다만 일부 학설은 예방기능은 손해배상청구권의 부수효과에 불과하다고 지적한다.[29] 또한 예방기능은 징벌적 손해배상을 통하여 전면적으로 달성된다.[30]

---

27) Cooke/Oughton, The Common Law of Obligations, 3rd ed. 2000, p. 280; Markesinis/ Deakin(註 25), p. 944; Ady, Ersatzansprüche wegen immaterieller Einbußen, 2004, S. 146.

28) Tettenborn, The Law of Damages, Butterworths Common Law Series, 2003, § 1.40.

29) Markesinis/Deakin(註 25), pp. 51-52.

30) Rookes v. Barnard [1964] 1 All E.R. 367, 407(per Lord Devlin); Street, principles of the law of damages, 1962, p. 33; Ady(註 27), S. 152. 일부 학설은 당사자가 아닌 제3자에 미치는 효과를 고려할 필요가 없다고 하면서 징벌적 손해배상의 예방기능을 부정한다(Fleming, The Law of Torts, 8th ed. 1992, p. 242).

2.2.5. 제재기능

제재기능은 '징벌적 손해배상(exemplary damages)'[31]에 대하여 인정되나, 전보적 손해배상에 대하여는 인정되지 않는다.[32]

3. 위자료청구권자

3.1. 직접피해자

3.1.1. 자연인과 법인

타인의 불법행위로 비재산적 손해를 입은 자는 손해배상을 구할 수 있는데, 이는 자연인에게 한정되는 것이 아니라 법인에게도 인정된다. 명예훼손에 대하여 법인은 사회적 평가의 훼손과 일실수입의 배상을 청구할 수 있으나, 정신적 고통에 대한 배상은 인정되지 않는다.[33] 특히 법인에게도 가중적 손해배상이 인정될 수 있는지 문제되나, 대체로 이에 대하여 부정적이다.[34]

---

31) 징벌적 손해배상을 지칭하는 용어로 'exemplary damages'가 영국에서는 통용되나, 커먼로계열의 다른 나라에서는 'punitive damages'라는 용어가 통용된다{Gatley, Libel and Slander, 11th ed. 2008, § 9.16 Fn. 162(p. 286)} 다만 법개정위원회는 'punitive damages'를 사용하는 것이 바람직하다는 의견을 표명하였다.

32) Clerk/Lindsell/Burrows, Torts, 19th ed. 2006, § 29-138.

33) Gatley, Libel and Slander, 11th ed. 2008, § 8.16.

34) Collins Stewart Ltd v Financial Times Ltd (No. 2) [2006] E.M.L.R. 5; Columbia Picture Industries v Robinson [1987] Ch 38; McGregor, Damages, 18th ed. 2009, § 3-011. 다만 Messenger Newspapers Group Ltd v National Graphical Association [1984] IRLR 397, 407은 법인의 가중적 손해배상을 긍정한다.

3.1.2. 의식불명자

의식불명의 피해자에게 위자료가 인정될 수 있는지가 문제된다. 의식불명
자에게 고통에 대한 배상이 부정되는 것에 대하여는 대체로 의견의 일치가
있으나, '인생을 즐길 수 있는 능력의 상실(loss of amenity)'에 대한 배상이
가능한지에 대하여는 다툼이 있다. Wise v Kaye 사건에서 항소법원은 피해
자가 고통이나 자신의 상황을 인식하지 못하더라도 배상이 인정된다고 판시
하였다.35) 또한 West v Shephard 사건에서 귀족원(House of Lords)의 다수의
견은 고통을 느끼지 못하는 피해자도 인생을 즐길 수 있는 능력이 상실된 것
에 대하여 실질적인 배상을 받는 것에 찬성하였고,36) 이에 대하여 일부 학설
은 귀족원의 다수의견이 '가치의 객관적 감소(objective diminution in value)'
라는 기준을 중요하게 고려한 것이라고 평가한다.37)

3.2. 간접피해자

3.2.1. 법적 규율

보통법상 사람의 사망을 손해로 볼 수 없다는 원칙이 적용되어 근친자는
피해자의 사망에 대하여 전혀 청구권을 가지지 못하였으나,38) '1846년 사망
사고법(Fatal Accidents Act 1846)'39)에 의해 처음으로 근친자의 청구권이 인

---

35) [1962] 1 Q.B. 638. 교통사고 직후 의식불명의 상태가 되어 피해자는 자신의 상황
을 전혀 인식할 수 없었다.
36) [1964] A.C. 326. 교통사고로 인하여 당시 41세의 여성은 평생개호가 필요한 상태
에 처하게 되었고, 말을 할 수는 없었으나 얼굴표정으로 좋고 나쁨을 표시할 수 있
었다.
37) Rogers(註 2), Rn. 14(p. 59).
38) Admiralty Commissioners v. S.S. America [1917] A.C 38.
39) 동법은 마지막으로 1976년에 개정되어 현재까지 존속하고 있다.

정되었다.[40) 이 청구권은 종래 재산상 손해만을 내용으로 하였는데,[41) '1982
년 사법 운영에 관한 법률(Administration of Justice Act 1982)'에 의하여 추가
된 '1976년 사망사고법(Fatal Accidents Act 1976)' 제1A조에 의해 부모 또는
배우자에게 일정 금액의 유족배상금이 인정되었다.[42)

3.2.2. 근친자의 범위

유족배상청구권은 잔존배우자나 부모(미혼인 미성년자의 사망의 경우에)
에게만 인정되고,[43) 이러한 청구권은 법정청구권자의 사망으로 소멸하고 후
순위자에게 승계되지 않는다.[44)

---

40) Burrows(註 1), p. 298; Rogers(註 2), Rn. 20(p. 62). 1976년 사망사고법 제1조 제3
   항에 의하면 배우자, 자식, 부모, 손자, 손녀, 조부모, 형제자매, 삼촌, 고모, 망인에
   의하여 자식이나 부모로 취급된 자, 사고시까지 약 2년 이상 배우자로서 동거한 자
   가 근친자(dependant)로 취급된다.
41) 장례비와 부양료 상당의 재산상 손해가 이에 해당한다(Clerk/Lindsell/Burrows,
   Torts, 19th ed. 2006, § 29-91).
42) 2002년까지 유족배상금은 £ 7,500였으나, 법개정위원회의 권고에 따라 2002. 4. 1.
   부터 £ 10,000로 상향되었고, 2008. 1. 1.부터 £ 11,800로 다시 상향되었다.
43) 1976년 사망사고법 제1A조 제2, 4항에 의하면 결혼한 경우에는 배우자에게, 미혼
   인 미성년자(18세미만)경우에는 부모에게 유족배상금이 인정되고, 부모가 구존하는
   경우에는 유족배상금이 균분된다. 그러나 법률혼이 아닌 경우에는 타방배우자에게
   유족배상금이 인정되지 않고, 모에게만 유족배상금이 인정된다(Barrie, Personal
   Injury Law, 2nd ed. 2005, § 29.32).
44) Law Reform(Miscellaneous Provisions) Act, 1934, sec. 1(1A). 결혼한 경우에는 배우
   자에게, 미혼인 경우에는 부모에게 인정되고, 부모가 구존하는 경우에는 유족배상
   금인 £11,800이 균분된다. 사망사고의 경우에 재산상 청구권이 인정되는 근친자의
   범위보다 훨씬 좁다.

3.2.3. 배상액

유족배상금을 정액으로 한 것은 청구권자의 슬픔을 실제로 확인하는 것은 불쾌한 것이어서 이를 밝히고자 하는 소송이 묵인되어서는 안된다는 점을 고려한 것이다.[45) 다만 근친자의 사망으로 인하여 정신질환이 발생한 경우에는 유족배상금과 별도로 이에 대한 배상을 청구할 수 있으며, 양자의 배상액은 서로 상관이 없다.[46)

4. 위자료청구권의 일신전속성

4.1. 현재의 법상황

명예훼손으로 인한 손해배상청구권과 유족배상청구권(right to bereavement damages)을 제외하면 불법행위에 기한 청구권은 상속인에게 승계되므로 사망 전에 소가 제기되어야 한다는 요건은 존재하지 않는다.[47) 피해자가 사망한 경우에 징벌적 손해배상청구권은 소멸하나,[48) 징벌적 손해배상청구권은 가해자의 사망의 경우에도 그 상속인에 대하여 제기될 수 있다.[49)

---

45) Law Commission Report, Claims for Wrongful Death, 1999, §§ 6.35-6.36(p. 100).
46) Law Commission Report(前註) § 6.55(p. 105).
47) Law Reform(Miscellaneous Provisions) Act, 1934, sec. 1(1A).
48) Law Reform(Miscellaneous Provisions) Act, 1934, sec. 1(2),(c).
49) Law Commission Report, Aggravated, Exemplary and Restitutionary Damage, Part Ⅳ §1.191 (p. 90).

4.2. 개정 논의

법개정위원회는 가해자가 사망한 경우에는 피해자가 가해자의 상속인을 상대로 징벌적 손해배상을 청구할 수 없다고 권고한다.[50] 왜냐하면 가해자가 사망한 경우에는 징벌적 손해배상의 목적이 달성될 수 없고, 무고한 상속인만 처벌받게 되기 때문이다.

5. 위자료의 발생원인

5.1. 서설

불법행위(tort)는 보호법익별로 별개의 불법행위가 인정되는데 반하여 과실불법행위는 하나의 일반적인 불법행위가 인정될 뿐이다.[51] 생명이나 신체의 안전의 위협, 자유권의 침해, 명예훼손의 경우에는 정신적 고통 등 비재산적 손해가 관대하게 배상되나, 그렇지 않은 경우에 발생하는 단순한 정신적 고통에 대하여는 엄격한 요건하에서만 배상이 인정된다.[52] 사생활의 비밀과 자유의 침해를 판례법상 불법행위로 인정할 것이냐가 '1998년 인권법(human rights act 1998)'의 시행으로 본격적으로 논의되기 시작하였다.

---

50) Law Commission Report(前註), Part Ⅴ, § 1.278(p. 178).
51) Clerk/Lindsell/Dugdale, Torts, 19th ed. 2006, § 8-01.
52) Rogers(註 2), Rn. 6-7(p. 56).

5.2. '1998년 인권법(human rights act 1998)'이 불법행 위법에 미치는 영향

'1998년 인권법' 시행으로 영국법에 새로운 문제가 많이 제기되었다. 1998
년 인권법 제6조 제1항은 공권력의 주체가 유럽인권협약상의 개인의 권리를
침해하는 것을 불법이라고 규정하고 있다. 동법이 법원으로 하여금 새로운
유형의 불법행위를 인정하도록 요구하는 것은 아니지만, 법원은 협약상의
권리를 고려하여 기존의 법제도를 수정할 필요를 느낄 지도 모른다고 한
다.[53] 즉 동법이 프라이버시침해라는 불법행위를 인정하지 않았지만, 동법
으로 인하여 프라이버시를 보호하기 위하여 '비밀유지의무의 위반(breach of
confidence)'이라는 형평법상의 불법행위의 역할이 증대될 것이라고 한다.[54]
또한 1998년 인권법은 유럽인권협약과 배치되는 새로운 불법행위를 인정하
는 것을 막을 것이라고 한다.[55] 더 나아가 유럽인권협약의 관점에서 종래의
커먼로상의 원칙을 수정하는 경우도 발생하였다. 즉 법원은 의도하지 아니한
명예훼손에 대한 커먼로상의 엄격책임은 유럽인권협약 제12조에서 정한 표
현의 자유에 배치된다고 판시하였다.[56]

5.3. 프라이버시 소권 인정여부

5.3.1. 문제의 소재

종래 영국에서는 인격적 이익의 보호를 위한 일반적인 소권에 해당하는

---

53) Burrows(註 1), p. 16.
54) Burrows(註 1), p. 16.
55) Winfield/Jolowicz/Rogers, Tort, 17th ed. 2006, §2-11(p. 64).
56) O'Shea v MGN Ltd [2001] E.M.L.R .943.

프라이버시권을 인정하지 않았다.[57] 그러나 '1998년 인권법'의 시행으로 프
라이버시권이 사인간에도 인정될 수 있는지가 문제되었다. '1998년 인권법'
이 '수직효(vertical effect)'[58]를 넘어서서 동법 제6조 제3항 소정의 '공권력의
주체(public authority)'에 법원이 포함되기 때문에 사인상호간에도 '수평효
(horizonal effect)'가 인정될 여지가 있는 것이다.

5.3.2. 판례의 전개

1) 귀족원의 판례

a) Wainwright v Home Office 사건

수용중인 가족을 위하여 교도소를 방문한 사람을 알몸수색한 것에 대하여
손해배상을 청구한 Wainwright v Home Office 사건에서 귀족원은 프라이버
시라는 새로운 소권을 창출하기를 거부하였다.[59]

b) Campbell v Mirror Group Newspapers Ltd 사건

Campbell이 마약중독자 모임에 참석한 것을 사진으로 촬영하고 이를 보도
한 것에 대하여 손해배상을 청구한 Campbell v Mirror Group Newspapers Ltd
사건[60]에서 귀족원은 3대 2의 근소한 다수의견으로 원고에게 3500 파운드

---

57) Campbell v Mirror Group Newspapers Ltd [2004] 2 A.C. 457=[2004] H.R.L.R. 24, para 11(per Lord Nichollos); Rogers(註 2), p. 74.
58) 수직효는 공권력의 주체와 사인간에 적용되는 효력을 말하고, 수평효는 사인 상호
간에 적용되는 효력을 말한다(尹眞秀, "英國의 1998년 人權法(Human Rights Act 1998)이 私法關係에 미치는 영향", 서울대학교 法學, 제43권 제1호(2002. 3), 129면 참조).
59) Wainwright v Home Office [2004] 2 A.C. 406, para. 31-35(per Lord Hoffmann).
60) 이 판결을 자세하게 소개하고 있는 국내문헌으로 金水晶, "私生活의 自由와 言論의 自由의 衡量-公共場所에서 撮影된 公的 人物의 寫眞報道에 관한 유럽의

(기본적 손해배상 2,500 파운드, 가중적 손해배상 1,000 파운드)를 인용한 1심 판결을 확정하였다.[61] 다수의견과 소수의견은 모두 사적 사항의 보호와 표현의 자유가 형량되어야 한다는 점에서 의견의 일치를 보았으나,[62] 소수의견은 피고의 표현의 자유가 원고의 비밀보호보다 무겁게 고려되어야 한다고 보아 상고를 기각하자는 것이었다.[63]

aa) 다수의견

Baroness Hale 대법관은 1998년 인권법이 사인간에 새로운 소송권원을 창조하는 것은 아니지만, 협약상의 권리를 보호하는 방향으로 종전의 법리를 전개하여야 한다고 한다.[64] Hope 대법관은 Woolf 판사의 의견을 인용하면서 협약상의 권리가 비밀보호소권에 영향을 미칠 것이라고 판시하였다.[65]

bb) 소수의견

Nicholls 대법관과 Hoffmann 대법관은 사생활의 보호와 표현의 자유는 개인과 국가간만이 아니라 개인과 개인(언론기관을 포함)간에서도 적용된다고 판시하였다.[66]

論議를 中心으로-", 民事法學 31호(2006), 269면 이하(특히 288면 이하)가 있다.
61) Campbell v Mirror Group Newspapers Ltd [2004] 2 A.C. 457. Lord Hope, Baroness Hale, Carswell은 다수의견에, Lord Nicholls, Hoffmann은 소수의견에 가담하였다.
62) Campbell v Mirror Group Newspapers Ltd [2004] 2 A.C. 457=[2004] H.R.L.R. 24, para. 36(per Lord Hoffmann).
63) Campbell v Mirror Group Newspapers Ltd [2004] 2 A.C. 457=[2004] H.R.L.R. 24, para. 17-18(per Lord Nichollos), 50(per Lord Hoffmann).
64) Campbell v Mirror Group Newspapers Ltd [2004] 2 A.C. 457=[2004] H.R.L.R. 24, para. 132(per Lord Baroness Hale).
65) Campbell v Mirror Group Newspapers Ltd [2004] 2 A.C. 457=[2004] H.R.L.R. 24, para. 86(per Lord Hope). Carswell 대법관은 이 부분에 관한 명시적 의견을 제시하지 않고 다수의견에 동조하였을 뿐이다.
66) Campbell v Mirror Group Newspapers Ltd [2004] 2 A.C. 457=[2004] H.R.L.R. 24,

c) 소결

Wainwright v Home Office 사건은 1998년 인권법 시행전의 사건이어서 판례의 효력이 강력한 것은 아니며,[67] 귀족원은 프라이버시소권을 정면으로 인정하는 것에 대하여는 부정적인 태도를 취하면서 비밀보호의 법리를 확장하였다.[68] Nicholls 대법관은 새롭게 인정된 비밀보호의 법리의 실질은 개인정보의 침해라고 지적한다.[69]

2) 하급법원의 판례

a) Douglas v Hello! Ltd

영화배우인 마이클 더글라스와 캐서린 제타 존스의 결혼식 사진을 몰래 촬영하여 이를 Hello! 라는 잡지사가 게재하려고 하자, 이들 부부가 게재금지를 구하는 유지명령을 신청한 사건에서 1심 법원은 유지명령을 인용하였으나, 항소법원은 원고들의 이익이 프라이버시권 또는 비밀보호소권에 의해 보호되는 것이기는 하나 사전유지명령을 허가할 정도는 아니라고 하여 원고들의 청구를 기각하였다.[70] 동 법원은 결혼식사진의 게재가 원고들의 비밀을 침해하는 것이지만, 이에 대한 보호는 손해배상으로 충분하고 사전 유지명령을 허가할 정도는 아니라고 판시하였다.[71] 다만 Sedley 판사는 개인의 프라이버시권을 인정하여야 하고, 그 보호범위는 표현의 자유와의 형량에 의하여 구체적으로 정해진다고 역설하였다.[72]

---

para. 17-18(per Lord Nichollos), 50(per Lord Hoffmann).

67) Morgan, Privacy in the House of Lords, Again, 120 L.Q.R 563(2004).

68) Morgan, Privacy in the House of Lords, Again, 120 L.Q.R 563(2004).

69) Campbell v Mirror Group Newspapers Ltd [2004] 2 A.C. 457=[2004] H.R.L.R. 24, para. 14(per Lord Nichollos),

70) 尹眞秀(註 58), 148-150면 참조.

71) Douglas v. Hello! [2001] Q.B. 967, 968.

72) Douglas v. Hello! [2001] Q.B. 967, 1005.

b) A v B Plc

유명축구선수의 혼외정사에 대한 보도에 대하여 사전유지명령을 신청한
사건의 항소심에서 Woolf 판사는 비밀보호소권의 전개에 있어 유럽 인권 협
약 제8조와 제10조가 보장하는 사생활의 자유와 표현의 자유를 형량하여야
한다고 판시하였다.[73]

c) McKennitt v Ash

Ash가 유명한 가수인 McKennitt의 사적 사항을 담은 책을 출판하자
McKennitt가 출판금지와 손해배상을 청구한 사건의 항소심에서 Buxton 판사
는 비밀보호소권의 법리를 전개하기 위하여는 유럽인권협약 제8조와 제10조
를 참고하여야 한다고 판시하였다.[74]

d) Mosley v News Group Newspapers Ltd

F1 회장인 Mosley는 자신에 대한 성추문기사를 게재한 신문사에 대하여
전보적 손해배상과 징벌적 손해배상을 청구하였으나, 고급법원 형평부는 징
벌적 손해배상은 기각하고 전보적 손해배상액을 60,000 파운드로 인정하였
다.[75] 동 법원은 1998년 인권법과 유럽인권협약의 자극을 받아 비밀보호소
권의 범위가 확장되어 있다고 한다.[76] 즉 비밀유지의 관계가 없는 경우에도
프라이버시의 합리적 기대가 인정되는 정보에 대한 보호가 인정된다고 한다.

---

73) A v B Plc [2003] Q.B. 195, 202 para. 4.
74) McKennitt v Ash [2008] Q.B. 73=[2007] E.M.L.R. 4 [para. 11](per Buxton L.J. 나
   머지 관여 판사들도 동조함).
75) Mosley v News Group Newspapers Ltd [2008] E.M.L.R. 20, 679.
76) Mosley v News Group Newspapers Ltd [2008] E.M.L.R. 20, 686.

5.3.3. 학설상황

다수설은 1998년 인권법이 프라이버시라는 소송권원을 창조하는 것은 아니나, 법원이 프라이버시를 보호하기 위하여 비밀보호의 법리를 적용할 유인을 제공하였다고 한다.[77] 소수설은 완전한 수평효를 지지하는 학설,[78] 현행법을 협약상의 권리에 부합하게 해석하여야 한다고 하면서 강한 간접 수평효를 주장하는 학설,[79] 협약상의 가치를 고려하여야 한다고 하면서 약한 간접 수평효를 주장하는 학설[80]로 나뉜다. 다만 유력설은 완전한 수평효는 판사에게 선례구속의 원칙을 회피할 가능성을 부여한다고 지적한다.[81]

5.4. 유형론적 고찰

5.4.1. 생명침해

생명침해의 경우에 피해자 본인은 어떠한 권리도 가지지 못한다.[82] 즉 피해자는 자신의 생명침해에 대하여 위자료는 물론이고 기대여명보다 일찍 사

---

77) Douglas v Hello! Ltd [2003] 3 All ER 996; Campbell v Mirror Group Newspapers Ltd [2004] 2 All ER 995. 비밀보호소권은 비밀 사항 뿐만 아니라 사적 사항이라는 2개의 다른 대상을 보호한다고 한다(NSW Law Reform Commission, Consultation Paper 1 (2007) - Invasion of privacy, 3.29). 영국에서의 자세한 학설 상황에 대하여는 尹眞秀(註 58), 133-147면 참조.

78) W. Wade, Human Rights and the Judiciary, (1998) E.H.R.L.R. 520ff.

79) Hunt, The Human Rights Act, (1998) P.L. 423.

80) Phillipson, The Human Rights Act, 'Horizontal Effect' and the Common Law: a Bang or a Whimper?, (1999) 62 M.L.R. 824.

81) Winfield/Jolowitcz/Rogers(註 55), p. 63.

82) Admiralty Commissioners v. S.S. America [1917] A.C 38; Clerk/Lindsell/Burrows, Torts, 19th ed. 2006, § 29-83. 물론 근친자에게 장례비, 부양료상당의 손해배상청구권이 발생한다.

망한 기간동안의 일실수입도 청구하지 못한다. 결국 상해와 사망간에 상당한
시간적 간격이 있는 경우에 한하여 피해자는 그 기간중의 고통과 생활의 기
쁨에 대한 배상과 일실수익과 적극적 비용과 같은 재산적 손해의 배상에 대
한 권리를 가질 뿐이다.[83]

귀족원은 즉사의 경우에 죽음에 대한 공포에 대하여 피해자 본인에게 손
해배상청구권을 인정하지 않는다.[84] 왜냐하면 피상속인이 충격을 당하였을
순간에는 무의식이 되었을 것이기 때문이다.

5.4.2. 상해

상해가 있는 경우에는 정신적 고통에 대한 배상이 인정되나, 상해가 없는
경우에는 정신적 고통이 정신질환에 해당한다는 점을 입증하여야 비로소 배
상을 받는다.[85] 다만 상해가 없더라도 신체의 안전에 대한 위협이 있는 경우
에는 별개의 불법행위(assault)가 성립하므로 그로 인한 정신적 고통에 대한
배상이 가능하다.

피어슨 위원회는 불법행위법체계에서 발생하는 비용절감을 위하여 상해
로부터 3개월간의 비재산적 손해에 대한 배상을 부정할 것을 제안하였으
나,[86] 이러한 제안이 채택되지 않았다. 그 후 법개정위원회는 위 문제를 다

---

83) Rogers(註 2), Rn. 19(p. 61). 한때 피해자의 인식과 무관하게 '기대여명의 상실'에
   대한 권리를 인정하고 상속인이 이 권리를 승계하였으나, '1982년 사법 운영에 관
   한 법률(Administration of Justice Act 1982)' 제1조 제1항 a호에 의해 폐지되었고,
   동항 b호에 의하여 상해로 인하여 발생한 고통에 대한 배상액을 산정함에 있어 기
   대여명의 감소의 인식 여하를 고려할 뿐이다.
84) Hicks v Chief Constable of South Yorkshire, [1992] 2 All ER, 65.
85) Law Commission Report, Damages under the Human Rights Act 1998, 2000, §
   4.69(p. 71); Rogers(註 2), p. 57.
86) Royal Commission on Civil Liability and Compensation for Personal Injury(Cmnd.
   7054), 1978. Paras 362, 382-389.

시 검토하였으나 역시 현행대로 배상을 긍정하는 것이 타당하다고 진단하였다.[87]

5.4.3. 자유권의 침해(false imprisonment)

1) 침해유형

자유권의 침해라는 불법행위(false imprisonment)는 크게 불법체포와 불법구금으로 구분된다.[88] 전자는 체포사실과 그 이유를 고지받지 않고 체포된 경우에 성립하며, 후자는 정당한 이유없이 특정한 장소로 구금되는 경우에 성립한다.[89] 인신침해에 속하는 일련의 불법행위(trespass to the person)는 고의든 과실이든 관계없이 인정된다.[90] 피고에게 과실이 없다고 하더라도 책임이 인정된다는 점에서 일종의 엄격책임이다.[91] 원고가 불법구금의 사실을 알아야 할 필요도 없으며, 자유권의 침해에 대하여 특별 손해를 입증할 필요 없이 상당한 손해를 배상하는 것은 개인의 자유에 대하여 중대한 의미를 부여하는 것이다.[92]

---

87) Law Commission Report(註 19), para 2.25-2.28.
88) Clerk/Lindsell/Jones, Torts, 19th ed. 2006, § 15-24. false imprisonment는 광의로 자유권의 침해 일반을 지칭하는 불법행위로, 협의로 불법구금을 의미한다. 대개는 광의로 해석되어 자유권을 침해하는 불법행위로 false imprisonment가 지칭된다.
89) Collins v Wilcock [1984] W.L.R. 1172, 1178; Clerk/Lindsell/Jones, Torts, 19th ed. 2006, § 15-24.
90) Clerk/Lindsell/Jones, Torts, 19th ed. 2006, § 15-04. 데닝 판사는 인신침해 불법행위를 고의로 한정하자는 견해를 표명하였다(Letang v Cooper [1965] 1 Q.B. 232, 239).
91) Clerk/Lindsell/Jones, Torts, 19th ed. 2006, § 15-26.
92) Murray v Ministry of Defence [1988] 1 W.L.R. 692, 704(per Lord Griffiths); Clerk/Lindsell/Jones, Torts, 19th ed. 2006, §§ 15-25, 26.

2) 손해배상의 내용

자유권의 침해는 폭행과 협박과 마찬가지로 그 자체로 소구가능한 불법행위로서 상당한 금액의 손해배상이 인정된다.[93] 자유권의 침해로 인한 손해로는 자유권의 침해 뿐만 아니라 명예의 훼손으로 인한 일련의 손해도 포함된다.[94]

5.4.4. 폭행과 이에 준하는 행위

신체에 대한 유형력을 행사하는 경우에 'battery'라는 불법행위가 성립하며, 이의 성립을 위하여 고의나 상해가 요구되는 것은 아니다.[95] 다만 일상생활에 비추어 일반적으로 받아들여질 수 있는 신체접촉의 경우에는 동의가 추정된다.[96] 고의로 신체에 대한 유형력을 행사하려는 태세를 취하는 경우에 'assault'라는 불법행위가 성립하며, 말로 협박하는 것만으로는 이에 해당하지 않는다.[97]

5.4.5. 성적 자기결정권의 침해

성적 자기결정권의 침해라는 독립된 불법행위가 인정되는 것은 아니고, 대개 신체에 대한 유형력의 행사를 수반하므로 '폭행소권(battery)'에 의하여 처리된다.[98] 다만 성적 자기결정권의 침해라는 사정은 배상액의 산정에 있

---

93) Clerk/Lindsell/Jones, Torts, 19th ed. 2006, § 15-03.
94) Childs v Lewis (1924) 40 TLR 870; Walter v Alltools Ltd (1944) 61 TLR 39; Burrows(註 1), p. 318.
95) Clerk/Lindsell/Jones, Torts, 19th ed. 2006, § 15-09.
96) Clerk/Lindsell/Jones, Torts, 19th ed. 2006, § 15-11.
97) Clerk/Lindsell/Jones, Torts, 19th ed. 2006, § 15-12, 13.
98) Griffiths v Williams JPIL 1996, 157-158; Rogers(註 2), p. 75.

어 참작된다. 특히 법원은 성적 자기결정권침해에 대한 법정형의 가중과 부부강간죄의 신설이라는 사정을 참작하여 종전의 배상액보다 상당히 많은 금액을 배상액으로 인정하였다.[99]

5.4.6. 명예훼손

1) 명예훼손의 성립

명예훼손은 문서 등의 영구적 형태로 행하여지는 명예훼손(libel)과 구두에 의한 명예훼손(slander)으로 나뉜다.[100] 명예훼손은 피해자에 대한 사회적 평가를 주된 보호법익으로 삼는다.[101] 영국법은 명예훼손에 해당하는 사항이 허위라는 점은 원고가 입증하는 것이 아니라, 피고가 사실이라는 점을 입증하여 책임이 면제되는 구조를 택한다.[102]

2) 손해배상의 내용

명예훼손으로 인한 손해로는 사회적 평가의 침해라는 비재산적 손해외에 재산적 손해 그리고 정신적 고통이 있다.[103]

실무상 손해는 자신의 명예가 불특정 다수에게 알려져 침해되었다는 점에 기인하는 원고의 정신적 고통과 피고의 행위를 고려하여 '대략적으로(at large)' 산정된다.[104] 명예훼손사건에서 배심원이 결정한 손해배상액이 과도

---

99) Griffiths v Williams JPIL 1996, 157-158. W v Meah 사건에서 피해자에게 15,000 파운드와 10,000파운드가 인정되었으나, Griffiths v Williams 사건에서는 피해자에게 50,000 파운드의 위자료가 인정되었다.

100) Rogers(註 2), p. 73.

101) Burrows(註 1), p. 312.

102) Ohly, Der Schutz der Persönlichkeit im englishen Zivilrecht, RabelsZ 65(2001), S. 43.

103) Burrows(註 1), p. 317.

하다는 비판이 제기되어 왔고, 이에 항소법원은 적정한 개입을 통하여 어느 정도 예측가능성을 확보하였다.[105]

5.4.7. 프라이버시의 침해

1) 프라이버시 소권 인정 여부

전통적으로 영국법에는 손해배상소권에 의해 보호되는 독립된 프라이버시 권이 존재하지 않았다.[106] 그러나 1998년 영국인권법이 시행되는 2000년 10월 2일 이후에는 '공권력의 주체(public body)'가 유럽인권협약이 규정한 권리들을 위반하는 것은 불법행위를 구성한다. 동 협약 8조에 의한 사생활과 가족생활을 보호받을 권리가 침해되면, 공정한 만족을 주기 위하여 필요한 한도에서 법원은 손해배상을 인정할 수 있고, 손해의 산정에 관하여는 유럽 인권법원이 적용하는 원칙을 고려하여야 한다.[107] 다만 공권력의 주체가 아닌 자도 동 협약의 수범자가 되는지에 대하여는 다툼이 있다.[108]

2) 사적 영역의 침입

영국법상 사적 영역의 침입에 대한 보호는 '주거침입소권(trespass to land)' 과 '생활방해소권(nuisance)'에 의하여 간접적으로 이루어진다.[109]

---

104) Rogers(註 2), Rn. 57(p. 74).
105) Clerk/Lindsell/Doudu·Price, Torts, 19th ed. 2006, § 23-224. 1990년 법원 및 법률 사무법 제8조에 의하여 항소법원이 재심리를 결정하지 않고 배심평결액을 변경할 수 있게 되었다.
106) Rogers(註 2), Rn. 59(p. 74).
107) Rogers(註 2), Rn. 59(p. 74).
108) Ohly(註 102), S. 72.
109) Ohly(註 102), S. 44.

3) 사적 사항의 공개

a) '비밀보호소권(breach of confidence)'

형평법의 영역에 속하는 '비밀보호소권(breach of confidence)'이 인정되기 위하여는 정보의 비밀성, 비밀유지의무, 정보의 공개 또는 처분의 위법성이 구비되어야 한다.110) 비밀유지의무는 명시적으로 또는 묵시적으로 계약으로 부터 도출될 수 있지만, 계약이 비밀보호에 관한 소권의 요건은 아니다.111) 비밀보호에 관한 소권에 기하여는 유지명령 뿐만 아니라 손해배상도 가능하며,112) 정신적 고통도 손해배상이 가능하다.113)

b) 비밀보호소권의 확장

1998년 인권법의 시행으로 비밀보호소권의 적용범위가 종래의 비밀정보에서 사적 사항으로 확대되었다.114) 병실에 무단으로 침입하여 환자의 사진을 찍은 경우에 무단침입자와 환자간의 비밀유지의 관계를 인정할 수 없기 때문에 비밀보호소권이 인정되기 어렵다.115) 1998년 인권법 제1조가 수평효를 가져오는 것은 아니라고 하더라도, 동법 제6조는 법원을 포함한 공권력의 주체가 협약상의 권리에 합치한 조치를 취할 것을 요구하는 효력을 가진다.116)

---

110) Coco v. Clark [1969] R.P.C. 41, 47; Ohly(註 102), S. 49.
111) Ohly(註 102), S. 50.
112) Gatley, Libel and Slander, 11th ed. 2008, §§ 22.16-22.17.
113) Cornelius v. De Taranto [2001] E.M.L.R. 12; Campbell v. MGN Ltd. [2002] E.M.L.R. 30. 다만 W v. Egdell 사건([1989] 1 All ER, 1089)에서는 고통에 대한 배상이 부정되었다.
114) Toulson/Phipps, Confidentiality, 2nd ed. 2006, 2-006; Douglas v. Hello!Ltd [2007] UKHL 21, 255(per Lord Nichols).
115) Elliott, Privacy, Confidentiality and Horizontality: The Case of The Celebrity Wedding Photographs, 60 Cambridge Law Journal 231(2001).
116) Elliott(前註), 60 Cambridge Law Journal 231, 232(2001).

4) 인적 표지의 무단 이용

영국법상 성명권은 인정되지 않으나, '사칭통용소권(passing off)'에 의하여 성명권에 대한 보호가 부분적으로 이루어진다.117) 다만 동 소권의 적용범위는 경제적 영역으로 한정되어 청구권자가 광의의 영업활동을 하고 있어야 한다.118)

영국법은 초상권을 인정하지 않으나, 저작권법상 주문자에게 인정되는 사진의 공개를 거부할 권리를 통하여 부분적으로 초상권의 보호가 이루어진다.119)

5) 개인 정보의 침해

유럽공동체 정보보호지침이 자국법으로 전환된 '1998년 정보보호법(Data Protection Act 1998)'은 구법인 '1984년 정보보호법(Data Protection Act 1984)'과는 달리 전자정보로 보호범위를 한정하지 않고,120) 동법 위반의 불법행위에 대한 손해배상의 범위에 '정신적 고통(distress)'도 포함시켰다.121)

5.4.8. 차별대우

성별, 인종, 장애를 이유로 차별하는 것은 제정법에 의한 불법행위에 해당하고, 이로 인한 손해배상은 정신적 고통에 대한 배상도 포함한다.122) 상당한 기간동안 인종차별이 조직적으로 행해진 사건에서 정신적 고통에 대한 배상

---

117) Ohly(註 102), S. 47.
118) Kaye v. Robertson [1991] F.S.R. 62; Ohly(註 102), S. 47.
119) Ohly(註 102), S. 52.
120) Data Protection Act 1998 sec. 1(1).
121) Data Protection Act 1998 sec. 13.
122) 1975년 성차별금지법 제66조 제4항, 1976년 인종관계법 제57조 제4항, 1995년 장애인차별금지법 제8조 제4항.

으로 20,000 파운드, 가중적 손해배상으로 7,500 파운드가 인정되었다.[123]

5.4.9. 부당제소(Malicious Prosecution)

부당하게 타인을 상대로 소송을 제기하였으나 결국 소송이 근거없는 것으로 밝혀진 경우에 Malicious Prosecution라는 불법행위가 인정된다. 부당제소라는 불법행위는 부당한 형사고소, 부당한 해산 및 파산신청의 경우에 인정되고, 기타의 민사사건이나 행정사건의 경우에는 인정되지 않는다.[124] 부당제소로 인하여 사회적 평가의 훼손, 자유의 침해, 재산적 손해가 발생한다.

5.4.10. 재산권에 대한 침해

물건에 대한 손해는 시장가격의 감소에 따라 산정되며, 원칙적으로 물건에 대한 소유자의 특별한 가치는 고려되지 않는다.[125] 그러나 예외적으로 감정적 가치가 시가를 산정함에 있어 고려될 수 있다.[126]

5.4.11. 토지에 대한 침해(trespass to land)

1) 불법행위의 성립

토지에 대한 점유권을 침해하는 경우에 불법행위(trespass to land)가 성립한다. 주거침입소권은 주거 등을 직접적·배타적으로 점유하는 자에 한하여 인정된다.[127] 따라서 환자는 병실에 대한 배타적 직접적 점유자가 아니어서

---

123) Prison Service v Johnson [1997] I.C.R. 275.
124) Gregory v Portsmouth City Council [2000] 1 AC 419.
125) Rogers(註 2), Rn. 66(p. 77).
126) Piper v Darling (1940) 67 LIL Rep 419.
127) Clerk/Lindsell/Murphy, Torts, 19th ed. 2006, § 19-10; Ohly(註 102), S. 44.

주거침입소권을 주장하지 못한다. 또한 적법한 청구권자는 타인이 주거에 침
입하여 사진를 찍는 행위를 막을 수 있으나, 주거에 침입하지 않고 사진을
찍는 행위를 막을 수는 없다.[128]

2) 손해배상의 내용

타인의 토지를 위법하게 침입한 자는 그 자체로 손해배상의 의무를 진다.
하루나 이틀동안 점유권을 침해한 경우에는 명목적 손해배상이 인정되나, 그
이상을 넘어가는 경우에는 상당한 금액의 손해배상이 인정된다.[129] 소유자
가 위법하게 임차인을 퇴거시킨 경우에도 육체적 불편에 대한 손해배상이
인정된다.[130]

침해의 태양이 심각하고 피해자의 인격적 이익을 침해하는 경우에는 가중
적 배상이 인정될 수 있으며, 공무원의 자의적 행위나 손해배상액을 넘는 이
득을 얻기 위한 고의적 행위가 있는 경우에는 징벌적 배상도 예외적으로 인
정될 수 있다.[131]

5.4.12. 동산에 대한 침해

1) 불법행위의 성립

동산에 대한 침해는 점유권을 침해하는 동산점유권침해(trespass to goods)
과 처분권을 침해하는 횡령(conversion)으로 대별된다.[132] 후자에는 권한없이

---

128) Ohly(註 102), S. 44.
129) Twyman v Knowles (1853) 13 CB 222; Clerk/Lindsell/Murphy, Torts, 19th ed.
2006, § 19-62.
130) Millington v Duffy (1984) 17 HLR 232.
131) Clerk/Lindsell/Murphy, Torts, 19th ed. 2006, § 19-68.
132) Clerk/Lindsell/Tettenborn, Torts, 19th ed. 2006, § 17-02.

타인의 물건을 처분하거나 영수하는 행위를 포함한다.

2) 손해배상의 내용

전보적 손해배상으로 통상 시가상당의 손해배상이 인정되고, 예외적으로 특별손해도 배상될 수 있다.[133] 침해의 태양이 심각한 경우에는 가중적 배상도 인정된다. 동산에 대한 침해에 대하여 징벌적 배상이 인정되지 않았으나, Kuddus v Chief Constable of Leicestershire 사건의 귀족원판례 이후로 엄격한 소권이론이 적용되지 않으므로 경우에 따라서는 동산에 대한 침해에 있어서도 징벌적 배상이 인정될 수 있다.

5.4.12. 사기(deceit)

1) 불법행위의 성립

가해자의 허위진술을 믿고 행위한 자가 손해를 입은 경우에 사기(deceit)라는 불법행위가 성립한다.[134]

2) 손해배상의 내용

사기라는 불법행위는 그 자체로 제소가능한 불법행위가 아니어서 손해의 입증이 필요하다.[135] 손해배상의 내용으로는 재산적 손해 뿐만 아니라 육체적 불편 또는 정신적 고통이 인정될 수 있다.

소유자가 임차인을 속여 퇴거하게 한 경우에 사기(deceit)라는 불법행위가 성립하며, 이 경우에는 육체적 불편에 대한 손해배상이 인정된다.[136] 중개인

---

133) Clerk/Lindsell/Tettenborn, Torts, 19th ed. 2006, §§ 17-88, 17-101.
134) Clerk/Lindsell/Tettenborn, Torts, 19th ed. 2006, § 18-01.
135) Clerk/Lindsell/Tettenborn, Torts, 19th ed. 2006, § 18-36.

이 지붕테라스가 있다고 부실표시를 한 경우에도 임차인에게 불편함과 실망
감에 대한 손해배상이 인정된다.137)

5.4.13. 악의적 허위사실의 공표(Malicious Falsehood)

1) 불법행위의 성립

악의적으로 허위사실을 공표하여 타인에게 손해를 가하는 경우에 악의적
허위사실의 공표(Malicious Falsehood)라는 불법행위가 성립한다.138) 이는 주
로 피해자의 경제적 이익을 보호하고자 하는 것이다.139)

2) 손해배상의 내용

a) 1952년 명예훼손법이 적용되는 경우

1952년 명예훼손법 제3조는 피해자에게 경제적 손해를 가하기 위하여 서
면이나 영구적 형태로 허위사실을 공표하거나 피해자의 직업, 사업 등과 관
련하여 손해를 가하고자 한 경우에는 피해자는 특별손해를 입증할 필요가
없다고 규정한다. 다만 표현의 자유의 보장을 위하여 경제적 손해를 가하기
위한 점에 대하여는 상당한 개연성이 입증되어야 한다.140) 손해배상은 재산
적 손해가 포함되나, 사회적 평가의 훼손에 대하여는 손해배상이 인정되지
않는다.141)

---

136) Mafo v Adams [1970] 1 QB 548.
137) Saunders v Edwards [1987] 1 WLR 1116.
138) Clerk/Lindsell/Carty, Torts, 19th ed. 2006, § 24-09.
139) Clerk/Lindsell/Carty, Torts, 19th ed. 2006, § 24-08. 보호법익의 차원에서 피해자
    의 인격적 이익을 보호하고자 하는 명예훼손(defamation)과 구별된다.
140) IBM v Web-sphere Ltd [2004] EWHC 529; Clerk/Lindsell/Carty, Torts, 19th ed.
    2006, § 24-16.
141) Clerk/Lindsell/Carty, Torts, 19th ed. 2006, § 24-16.

b) 1952년 명예훼손법이 적용되지 않는 경우

1952년 명예훼손법이 적용되지 않는 경우에는 악의적 허위사실의 공표는 그 자체로 제소가능한 불법행위가 아니므로 일반원칙에 따라 피해자가 손해를 입증하여야 한다.[142] 대체적인 견해는 손해배상에는 재산적 손해가 포함되나, 사회적 평가의 훼손에 대하여는 손해배상이 인정되지 않는다고 한다.[143] 그러나 최근의 판결에 의하면 정신적 고통과 감정이익의 침해가 손해배상에 포함될 수 있다고 한다.[144]

5.4.14. 생활방해(Nuisance)

1) 불법행위의 성립

생활방해라 함은 직접적인 침입에 의하지 않고 소유자의 소유권행사를 방해하는 일련의 불법행위를 말한다.[145] 생활방해의 요체는 부동산에 대한 소유권의 행사의 보호이지 소유자의 신체의 안전이 아니다.[146] 동 소권을 제기할 수 있는 자는 당해 부동산을 실질적으로 점유하는 자이어야 하며, 생활방해로 인하여 특별 손해를 입었다는 점을 입증하여야 한다.[147]

---

142) Clerk/Lindsell/Carty, Torts, 19th ed. 2006, § 24-17.
143) Joyce v Sengupta [1993] 1 WLR 337, 348(per Nicholls VC); Clerk/Lindsell/Carty, Torts, 19th ed. 2006, § 24-17.
144) Khodaparast v Shad [2000] All ER 545.
145) Clerk/Lindsell/Buckley, Torts, 19th ed. 2006, § 20-01.
146) Newark, The Boundaries of Nuisance, (1949) 65 L.Q.R. 480, 482; fleming(註 30), p. 416; Hunter v Canary Wharf Ltd [1997] A.C. 655, 688(per Lord Goff).
147) Hunter v Canary Wharf Ltd [1997] A.C. 655, 688(per Lord Goff); Clerk/Lindsell/Buckley, Torts, 19th ed. 2006, § 20-02.

2) 손해배상의 내용

생활방해가 소유물의 시가의 감소를 초래하는 경우에는 그에 따라 손해가
산정된다.[148] 즉 소유자 등의 육체적 불편 등에 의하여 산정되는 것이 아니라
부동산의 사용적합성의 감소에 의하여 산정된다.[149] 이 경우에는 소유자만이
손해배상청구권을 행사할 수 있고, 점유자의 육체적 불편 등의 손해는 고려되
지 않는다.[150] 대체로 손해배상액은 적게 인정된다.[151] 또한 생활방해로 인하
여 후속손해가 발생한 경우에는 예견가능성을 충족하면 배상이 인정된다.[152]

3.4.15. 단순한 정신적 고통에 대한 배상

과실로 정신적 고통을 가한 자는 피해자의 정신적 고통이 질병에 이르는
경우에 한하여 배상책임을 진다.[153] 걱정, 공포, 일시적 충격과 같은 일상적
감정상태는 배상이 되지 않는다. 과실불법행위의 경우에 배상책임을 제한하
는 법리가 고의의 경우에 마찬가지로 적용되는 것은 아니다.[154] Wilkinson v
Downton 사건의 판례[155]에 따라 고의로 정신적 고통을 가하는 것을 '학대

---

148) Ough v King [1967] 3 All ER 859; Oliphant/Nolan, The Law of Tort, 2nd ed.
   2007, § 22.103.
149) Hunter v Canary Wharf Ltd [1997] 2 All ER 426, 442(per Lord Lloyd), 451(per
   Lord Hoffmann), 468(per Lord Hope); Rogers(註 2), Rn. 66(p. 77).
150) Oliphant/Nolan(註 148), § 22.103.
151) Oliphant/Nolan(註 148), § 22.103. 4년동안의 소음과 악취에 대하여 200 파운드
   의 배상이 인정되었고(Halsey v Esso Petroleum Co Ltd [1961] 2 All ER 145), 12
   년 동안의 악취에 대하여 1000 파운드의 배상이 인정되었다(Bone v Seale [1975]
   1 All ER 787).
152) Hunter v Canary Wharf Ltd [1997] 2 All ER 426, 451-2(per Lord Hoffmann);
   Oliphant/Nolan(註 148), § 22.104.
153) Clerk/Lindsell/Jones, Torts, 19th ed. 2006, § 15-15; Burrows(註 1), p. 336.
154) Wainwright v Home Office [2004] 2 A.C. 406, 425(per Lord Hoffmann).
155) 남편이 중상을 입었다는 허위소식을 전해 듣고 그 부인은 극심한 정신적 충격으

(harassment)'라는 불법행위로 인정될 수 있을지가 논의되었으나,156) '1997년 학대방지법(Protection from Harassment Act 1997)'의 제정으로 그러한 논의 가 불필요해졌다.157) 동법에 의하여 학대가 정의되지는 않았으나, 학대라 함 은 일련의 행위(말을 포함함)에 의하여 상대방에게 정신적 고통을 주는 것을 말한다.158) 학대로 인한 손해배상은 재산적 손해 뿐만 아니라 '정신적 고통 (anxiety)'도 포함한다.159)

6. 산정론

6.1. 산정주체

거의 대부분의 민사사건은 단독판사가 진행하며, 예외적으로 사기, 명예훼 손, 악의적 기소, 불법구금의 경우에만 예외적으로 배심재판이 이루어진다. 이는 배심평결에 이유가 제시되지 않고, 시간이 오래 걸린다는 사정에 기인 한 것이다.160) 법원은 배심원제도의 문제점을 의식하여 인신사고로 인한 손 해배상소송에서 '배상기준표(tariff)'를 마련하고 배상액에 대하여 합리적인 통제를 한다.161)

로 인한 병을 얻게 된 사안에서 농담으로 허위소식을 전한 피고에게 배상책임이 긍정되었다(Wilkinson v Downton [1897] 2 Q.B. 57).
156) Burnett v George [1992] 1 F.L.R. 156; Pidduck v Molloy [1992] 2 F.L.R. 202; Burris v Azadini [1995] 1 W.L.R. 1372; Khorasandjian v Bush [1993] Q.B. 727.
157) Hunter v Canary Wharf Ltd [1997] A.C. 655, 692, 707; Clerk/Lindsell/Jones, Torts, 19th ed. 2006, § 15-18.
158) 1997년 성희롱방지법 제7조 제4항; Clerk/Lindsell/Jones, Torts, 19th ed. 2006, § 15-20.
159) 1997년 성희롱방지법 제3조 제2항; Clerk/Lindsell/Jones, Torts, 19th ed. 2006, § 15-22.
160) Blackstone's Civil Pratice 2005, OUP, para. 58.1.

6.2. 산정원칙

6.2.1. 전보적 배상

1) Ward v. James 사건의 판례

Ward v. James 사건에서 셀러스 판사(Sellers J.)는 손해배상의 산정에 대한 기본원칙으로 공정성, 통일성, 예측가능성을 들었다.[162]

공정성의 원칙은 손해에 대한 주관적 고찰방식과 객관적 고찰방식을 모두 채택하는 것이다.[163] 즉 손해를 객관적으로만 파악하는 것이 아니라, 손해에 대한 주관적 인식여하에 따라 배상액을 조정하는 것이다. 또한 신체장애가 육체활동을 선호하는 사람에게 미치는 영향은 그렇지 않은 사람보다 클 것이므로 이를 고려하여 배상액이 증액될 수 있다.[164] 주관적 인식이 결여되어 있다고 하더라도 신체의 완전성에 대한 객관적 침해는 그 자체로 배상이 인정된다.[165] 더 나아가 귀족원은 자신의 상태를 인식하는 피해자가 그렇지 않은 자보다 많은 배상액을 받는다고 판시하였는데, 이는 주관적 고통이 중요한 역할을 한다는 것을 보여준다.[166]

통일성의 원칙은 배상액이 산정자에 따라 달라지지 않고 공평하게 산정되어야 한다는 정의의 요청에 따른 것이고, 이는 인신사고에 있어서의 배상액 산정기준과 유사사건에서의 배상액의 참고를 통하여 달성될 수 있다.[167]

---

161) Andrews, English civil procedure: fundamentals of the new civil justice system, 2003, § 34.10(p. 776).
162) [1965] 1 All E.R. 563, 574.
163) Ady(註 27), S. 132.
164) Kemp/Kemp/Norris, The Quantum of Damages, Non-Pecuniary Losses, § 3-011; Ady(註 27), 132.
165) Kemp/Kemp/Norris(前註), § 3-011; Ady(註 27), S. 132.
166) Rogers(註 2), Rn. 14(p. 59). 법개정위원회는 현재의 법상태에 변경이 이루어져서는 안된다고 권고하였다{Law Commission Report(註 19), § 2. 19(p. 9)}.

2) 절충적 방식

비재산적 손해의 산정방식은 피해자의 주관적 인식에 따라 손해배상액을 증감하는 방식과 손해 그 자체를 객관적으로 평가하는 방식을 결합하고 있다.168) 이는 특히 인신사고로 인한 비재산적 손해의 경우에 잘 드러난다. 전자는 정신적 육체적 고통에 대하여, 후자는 인생을 즐길 능력의 상실에 대하여 적용된다.

3) 인신사고와 비인신사고의 배상액 비교

배상액의 공정성과 합리성을 추구하는 길은 유사사건에서의 배상액과의 비교와 아울러 인신사고와 비인신사고간의 배상액의 균형이 요청된다.169) Thomson v Metropolitan Police Commissioner 사건에서 법원은 불법구금과 부당제소로 인한 전보적 배상액의 산정에 있어 인신사고의 배상액이 참조되어야 한다고 판시하였다. 또한 John v MGN Ltd 사건에서 법원은 명예훼손사건에서도 인신사고의 배상액기준이 중요하다고 판시하였다.170) 더 나아가 차별대우로 인한 손해배상에 있어서도 인신사고의 배상액기준이 참고된다.171) 생활방해로 인한 손해배상액의 산정에 있어서도 인신사고에 있어서의 인생을 즐길 능력의 상실에 대한 배상액이 참고된다.172)

---

167) Wright v. BRB, [1983] 2 AC, 773, 777(per Lord Diplock); Burrows(註 1), p. 340; Ady(註 27), S. 132.
168) Burrows(註 1), p. 272.
169) Thompson v Metropolitan Police Commissioner [1998] QB 498; Burrows(註 1), p. 340.
170) [1997] QB 586.
171) Vento v Chief Constable of West Yorkshire [2002] EWCA Civ 1871, [2003] IRLR 102.
172) Bone v Seale [1975] 1 WLR 797.

6.2.2. 가중적 손해배상 또는 징벌적 손해배상

가중적 손해배상 또는 징벌적 손해배상의 경우에는 판사가 아니라 배심원의 관점에서 손해배상액의 합리성이라는 기준이 적용된다.[173] 또한 언론기관에 의한 명예훼손의 경우에 배상액이 현저하게 높다는 비판에 직면하여 인신사고로 인한 배상액을 참고하여야 한다는 요청이 강하다. 가중적 배상은 대개 1,000 파운드 이상이어야 하나 전보적 배상액의 2배를 넘어서는 안된다고 한다.[174]

6.3. 배상액기준

6.3.1. 인신사고

사법조사위원회가 발간한 인신사고로 인한 일반손해의 산정기준이 실무상으로 가장 많이 활용된다.[175] 마지막으로 9판이 2008년에 발간되었다.[176] 그 주요내용을 소개하면 다음과 같다.

1) 사지마비 등

사지마비의 경우에는 206,750 파운드에서 257,750 파운드의 금액이 인정되며, 하반신불구의 경우에는 140,000 파운드에서 181,500 파운드의 금액이 인정된다. 배상액산정사유로 거동의 가부 및 개호의 정도, 육체적 고통과 절

---

173) Ady(註 27), S. 133.
174) Burrows(註 1), p. 341.
175) Barrie(註 43), § 22.09.
176) Judicial Study Board, Guidelines for the Assessment of General Damages in Personal Injury Cases, 9th ed. 2008.

망감의 정도, 나이와 기대여명이 있다.

2) 뇌손상

뇌손상에 대하여는 심각성의 정도에 따라 ① 180,000-257,750 파운드, ② 140,000-180,000 파운드, ③ 140,000-27,500 파운드, ④ 9,875-27,500 파운드의 배상액이 인정된다. 배상액산정사유로 인식력의 정도, 기대여명, 신체활동의 제한정도 등이 있다.

3) 정신적 상해

정신적 상해에 대하여는 심각성의 정도에 따라 ① 35,000-74,000 파운드, ② 12,250-35,000 파운드, ③ 3,750-12,250 파운드, ④ 1,000-3,750 파운드의 배상액이 인정된다. 배상액산정사유로 사회생활에의 적응력의 정도, 가족관계 및 교제관계에의 영향, 완치여부 및 재발가능성 등이 있다.

4) 감각능력의 상실

시각의 상실에 대하여는 그 정도에 따라 172,500 파운드에서 1,400 파운드의 배상액이 인정되고, 청각의 상실에 대하여는 그 정도에 따라 90,000 파운드에서 4,750 파운드의 배상액이 인정된다.

시각과 청각이 모두 완전히 상실된 경우에는 255,000 파운드 내외에서 배상액이 인정된다.

5) 추상

여성의 경우에는 그 정도에 따라 ① 31,000-62,000 파운드, ② 19,250-31,000 파운드, ③ 11,500-19,250 파운드, ④ 2,500-8,750 파운드, ⑤ 1,100-

2,200 파운드의 배상액이 인정된다.

남성의 경우에는 그 정도에 따라 ① 19,000-42,000 파운드, ② 11,500-19,000 파운드, ③ 5,850-11,500 파운드, ④ 2,500-5,850 파운드, ⑤ 1,100-2,200 파운드의 배상액이 인정된다.

6.3.2. 자유권의 침해

Thompson v Metropolitan Police Commissioner 사건의 항소심판결에서 Woolf 판사는 자유권의 침해로 인한 손해배상의 기준을 다음과 같이 제시하였다.177) 불법체포 및 불법구금에 대하여 1시간까지는 500 파운드, 그 다음부터 좀 더 낮은 비율로 배상금액이 추가되어야 하고, 하루정도 자유권이 침해된 경우에는 3,000 파운드가 인정되는 것이 적당하다고 한다. 부당제소로 인하여 자유권이 침해된 경우에는 2,000 파운드에서 시작하여 약 2년정도 지속된 경우에는 10,000 파운드가 인정되는 것이 상당하다고 한다.

6.3.3. 차별대우

Vento v Chief Constable of West Yorkshire 사건의 항소법원은 차별대우로 인한 손해배상의 기준을 다음과 같이 정립하였다.178) 가장 심각한 경우에는 15,000 파운드에서 25,000 파운드, 심각한 경우에는 5,000 파운드에서 15,000 파운드, 덜 심각한 경우에는 500 파운드에서 5,000 파운드에서 배상액이 결정된다.

---

177) [1998] QB 498, 515.
178) [2002] EWCA Civ 1871, [2003] IRLR 102.

6.4. 일시금 산정원칙

6.4.1. '1회성의 원칙(once and for all)'

영국은 손해산정에 관하여 1회성의 원칙을 채택하고 있다.[179] 즉 하나의 소권에서 발생하는 손해의 일체는 하나의 소송에서 '일시금(lump sum)'으로 배상되어야 하므로 일부 청구는 원칙적으로 허용되지 않는다. 물론 2개의 소권에 기하여 손해가 발생한 경우에는 별개로 청구할 수 있다. 가령 원고가 자신의 신체와 재산에 가해를 입어 고통을 받았다면, 양자에 대하여 별개의 청구가 가능하다.

6.4.2. 가중적 손해배상과 징벌적 손해배상

배심원은 가중적 손해배상의 경우에 '기본적 손해배상액(basic damages)'과 '가중적 손해배상액'을, 징벌적 손해배상의 경우에 '전보적 손해배상액'과 '징벌적 손해배상액'을 구분하여 평결하여야 한다.[180]

6.5. 고려요소

6.5.1. 명목적 손해배상

고의에 의한 인신침해의 경우에는 아무리 경미한 경우라도 최소한 명목적

---

179) Fitter v Veal (1701) 12 Mod Rep 542; Buckland v Palmer [1984] 1 WLR 1109; Burrows(註 1), p. 175; v. Bar, Gemeineuropäisches Deliktsrecht Bd. 2, Rn. 176(S. 198).

180) [1997] 3 WLR 403, 417C-D; Law Commission Report(註 49), §1.14(p. 16).

손해배상이 인정된다.[181)

6.5.2. 전보적 손해배상

1) 피침해법익

고의로 타인의 생명 또는 신체의 안전을 위협하는 행위에 대하여는 피해자가 상해를 입지 않았다고 하더라도 상당한 금액의 손해배상이 인정된다.[182) 성적 자기결정권이 침해된 경우에는 단순한 폭행이나 인신사고에 비하여 고액의 손해배상이 인정된다.[183)

2) 고통의 정도

정신적 육체적 고통의 정도는 인신사고로 인한 비재산적 손해의 중요한 항목이다. 고통의 정도는 가해행위로 인하여 발생한 것 뿐만 아니라 수술과정에서 발생하는 고통, 더 나아가 완치여부 및 재발가능성 그리고 기대여명의 감소로 인한 것도 포함한다.

3) 개인의 삶에 미치는 영향과 그 정도

인신침해의 결과가 개인의 삶에 미치는 영향과 그 정도는 중요한 비재산적 손해의 항목이자 배상액산정사유에 해당한다. 직업의 포기, 결혼가능성의 감소, 장애로 인한 취미활동의 포기 등 다양한 사정이 포함된다.

---

181) Clerk/Lindsell/Jones, Torts, 19th ed. 2006, § 15-139.
182) Clerk/Lindsell/Jones, Torts, 19th ed. 2006, § 15-139.
183) Clerk/Lindsell/Jones, Torts, 19th ed. 2006, § 15-139.

4) 연령대

후유증이 남는 상해의 경우에는 피해자에게 미치는 영향을 고려하여 젊은 사람에게 보다 많은 금액의 위자료가 인정된다.[184]

5) 재산관계

상해에 대한 전보배상액은 당사자의 자력에 의해 영향을 받지 않는다.[185] Fletcher v Autocar and Transporters 사건에서 항소법원은 피해자의 경제적 사정이 위자료액에 영향을 미쳐서는 안된다고 판시하였다.[186] 특히 법원은 부자는 빈자보다 적은 위자료가 요구된다는 논증과 반대로 빈자는 부자보다 더 많은 위자료가 요구된다는 논증을 모두 거부하였다.

6.5.3. 가중적 손해배상

가중적 손해배상은 고의의 경우에만 인정되므로 고의가 명확하게 인정되어야 한다.[187] 가중적 손해배상이 불법행위로 인하여 입은 정신적 고통에 대한 전보적 배상이라는 점에 비추어 전보적 손해배상과 유사하게 산정되어야 한다.[188] 가중적 손해배상액과 전보적 손해배상액을 별개로 산정하여야 하고, 양자는 일정한 비율을 유지하여야 한다.[189]

---

184) Burrows(註 1), p. 271.
185) Rogers(註 2), Rn. 27-30(p. 64-65).
186) [1968] 2 Q.B. 322, 340-341(per Lord Justice Diplock), 364(per Lord Justice Salmon).
187) Kralj v McGrath [1986] 1 All ER 54; Rogers(註 2), p. 65.
188) Law Commission Report(註 49), §1.12(p. 15).
189) Law Commission Report(註 49), §1.14(p. 16). 동소에 의하면 원칙적으로 가중적 손해배상액은 1,000 파운드를 넘어야 하고, 전보적 배상액의 2배를 넘어서는 안 된다고 한다.

6.5.4. 징벌적 손해배상

징벌적 손해배상액에 대하여는 예측불가능성 또는 통제불가능성이라는 비판이 제기되었는데, 이는 가해자의 행위의 비난가능성, 변제자력 등 고려요소가 다양하고 배심원에 의하여 징벌적 손해배상액이 산정된다는 점에 기인한다.[190] 명예훼손의 경우에는 표현의 자유를 고려하여 고액의 손해배상액은 신중하게 선고되어야 하고, 배심원평결액에 대한 항소심의 개입이 보다 쉽게 인정되어야 한다.[191]

6.5.5 명예훼손

명예훼손의 경우에는 공연성의 정도, 사항의 진위여부, 침해의 중대성이 고려되어야 한다.[192] 문서에 의한 명예훼손 사건에서 일반적으로 법원에게 정정이나 사죄광고를 명할 권한이 인정되는 것은 아니지만, 피고가 사죄하는 경우 이는 배상액에 영향을 미칠 것이다.[193]

6.6. 소송법상 문제

6.6.1. 손해항목의 세분화

민사배심제도가 감소추세에 있음에도 불구하고 실무가 상당히 오랜 기간 동안 손해항목을 구분하지 않지 않는 '일괄배상(global award)'을 유지하여

---

190) Law Commission Report(註 49), §1.140-141(p. 72)
191) Law Commission Report(註 49), §1.148(p. 75)
192) John v. MGN Ltd. [1996] 2 All E.R. 35, 60, 62; Ady(註 27), S. 132.
193) Rogers(註 2), p. 82.

온 것은 손해항목을 구분하여 손해를 산정하는 방식은 중복배상과 과잉배상을 초래할 수 있다는 고려에 입각한 것이다.[194) 그러나 종전의 방식은 일관성과 유사사건과의 형평의 요청에 의하여 손해항목의 세분화가 진행되어 대체로 인신사고로 인한 손해는 '적극적 손해(pre-trial pecuniary loss)', '소극적 손해(future loss of earings)', '비재산적 손해(non-pecuniary loss)'로 구분된다.[195) 특히 항소법원은 당사자는 배상액이 어떻게 산정되었는지에 대한 알 권리가 있다고 판시하였다.[196)

6.6.2. 배심원에 대한 통제

전통적으로 적정한 배상액의 산정을 위하여 배심원에 대한 통제는 거의 행하여지지 않았다.[197) 그러나 항소심 법원은 과도한 징벌적 손해배상액을 제어하기 위하여 종전의 입장을 상당히 탈피하고 배심원의 평결액에 보다 기꺼이 개입하였다.[198) 배심평결액을 파기하고 항소심이 새로 배상액을 결정하거나 배심원이 배상액을 산정하는 데에 법관이 지도하는 것이다.

1) 항소심에 의한 손해배상액의 산정

종래 항소심법원은 과도한 배상액을 파기할 수 있을 뿐 배상액을 스스로 산정할 수는 없었으나, 이러한 상황은 '1990년 법원 및 법률사무법(Courts and Legal Service Act 1990)' 제8조 제2항과 '대법원규칙 제59호(Rules of

---

194) Winfield/Jolowicz/Rogers(註 55), § 22-18(p. 955).
195) Winfield/Jolowicz/Rogers(註 55), § 22-18(p. 955); Clerk/Lindsell/Burrows, Torts, 19th ed. 2006, § 29-19.
196) George v. Pinnock [1973] 1 W.L.R. 118, 126(per Sachs L.J. Orr 판사와 Buckley 판사도 이에 동조함).
197) Law Commission Report(註 49), §1.170 (p. 82).
198) Law Commission Report(註 49), §1.170 (p. 82).

Supreme Court, Order 59)' 제11조 제4항에 의하여 변경되었다.199) 즉 항소법원은 과도한 평결액을 스스로 적당한 금액으로 변경할 수 있게 되었고, 이는 징벌적 손해배상만이 아니라 전보적 손해배상에 대하여도 적용된다.

2) 배심원에 대한 지도

종래 사실심 법관에 의한 배심원의 지도는 극히 제한되었으나, 최근에는 이러한 부분에 있어서도 상당한 변화가 있었다. 즉 배심원에 대한 지도는 전보적 손해배상액과 징벌적 손해배상액에 대한 기준표 그리고 항소심 법원 인용액을 제시하는 것으로 이루어진다.200) 다만 유사사건에서 배심원이 내린 평결을 참조하는 것은 허용되지 않는다.201)

3) 전보적 손해배상액과의 연동방식

Thompson v Commissioner of Police of the Metropolis 사건에서 항소법원은 경찰에 대한 민사소송에 있어 가중적 손해배상액은 최소한 1,000 파운드 이상이어야 하고, 전보적 손해배상액의 2배를 넘어서는 안되며, 징벌적 손해배상액은 5,000 파운드 이상이어야 하고, 50,000 파운드를 넘어서는 안된다고 판시하였다.202)

6.6.3. 표준화의 요청

영국에서 상당한 정도의 표준화가 진행되었다.203) 일부 학설은 '사법조사

---

199) Law Commission Report(註 49), §1.171 (pp. 82-83).
200) Law Commission Report(註 49), §1.174 (p. 84).
201) Law Commission Report(註 49), §1.181 (p. 86).
202) [1998] Q.B. 498, 516-517.
203) Rogers(註 2), p. 66.

위원회(Judicial Study Board)'가 2년마다 발간하는 인신사고 일반 배상액 산정 지침과 판례법에 의하여 상당히 정확하게 배상액을 예상할 수 있게 되었다고 평가한다.204)

---

204) Rogers(註 2), p. 66.

第3節 美國의 慰藉料

1. 손해배상법 개관

1.1. 재산적 손해와 비재산적 손해의 준별

재산적 손해와 비재산적 손해는 가해행위의 결과로 나타난 불이익이 재산 상의 것이냐 그렇지 않은 것이냐에 따라 구분된다.

1.2. 비재산적 손해의 내용

1.2.1. 서설

비재산적 손해라 함은 불법행위로 인하여 발생한 재산 이외의 손해를 말 하고, 여기에는 비재산적 법익 자체의 침해, 정신적·육체적 고통, 인생의 영 위가능성의 침해, 교제의 기회의 상실 등이 포함된다.

1.2.2. 비재산적 손해의 구체화

1) 인격적 법익 자체의 침해

폭행, 불법구금과 같은 인신침해의 불법행위에 있어서 신체의 안전의 침 해는 그 자체가 손해로 취급되어 손해의 입증이 없더라도 명목적 배상이 아 닌 실질적인 배상이 인정된다.[1] 또한 명예 자체의 침해, 프라이버시 침해 그 자체도 배상이 된다.[2] 더 나아가 선거권과 같은 중요한 권리의 행사가 부정

되는 경우에는 상당한 금액의 배상이 인정된다.[3]

2) 육체적·정신적 고통(pain and suffering)

법원은 '육체적 고통(pain)'과 '정신적 고통(suffering)'을 구분하지 않고 양자를 하나의 개념으로 보고 있으며, 이러한 범주에는 육체적 고통, 공포, 슬픔, 근심, 충격, 굴욕감, 흉상, 노동능력, 인생을 즐길 능력의 상실로 인한 정신적 고통도 포함된다.[4]

3) 인생을 즐길 능력의 상실(loss of enjoyment of life)

인생을 즐길 능력의 상실은 비재산적 손해로 배상되는데, 여기에는 사고로 인하여 석양을 보지 못하거나 취미생활이나 성생활을 하지 못하는 경우 등이 포함된다.[5] 신체기능의 상실 또는 감소는 인생을 즐길 능력의 상실과 구별되기도 한다. 가령 사고로 인한 성불구는 후자와는 구별되는 독자적인 손해항목이라고 한다.[6]

4) 교제의 기회의 상실(loss of consortium)

피해자가 죽거나 중상을 입은 경우에 근친자는 그와 교제를 할 기회가 실질적으로 상실되는데, 이는 피해자의 사고를 목격하면서 발생하는 충격과 공

---

1) Dobbs, the Law of Torts, Practitioner Treatise Series, 2005, § 42(p. 79); Restatement (Second) of Torts, 1979, § 905, Comment g.
2) Dobbs(前註), § 422(p. 1189); Restatement (Second) of Torts, 1977, § 652H, Comment a.
3) Dobbs, Law of Remedies, 2nd ed. 1992, vol. 1, § 3.1(p. 281).
4) 22 Am. Jur. 2d Damages § 201(2007).
5) Dobbs(註 1), § 377(p. 1052).
6) 22 Am. Jur. 2d Damages § 233(2007).

포와는 차이가 있다.7) 교제의 기회의 상실은 대체로 근친자의 사망으로 인한 정신적 고통과는 구별되는 것으로 처리된다.8) 교제의 기회(consortium)는 단순한 보살핌에 한정되지 아니하고 교제(sociability) 그리고 성적 교섭(sexual intercourse)도 포함되는 것으로 확대되었다. 교제의 기회의 상실은 인신사고에 한하여 인정되는 것이 아니라 명예훼손의 경우에도 인정될 수 있다.9)

2. 위자료의 의의와 기능

2.1. 위자료의 의의

20세기의 위자료에 관한 학계의 논의는 19세기에 비하여 비약적 발전을 보였다. 제1차 불법행위법 리스테이트먼트는 위자료를 전보배상으로 규정한다.10) 재산적 손해와는 달리 비재산적 손해에 대하여는 불법행위이전의 상태로 회복하는 것을 목적으로 하지 않고, 고통에 대하여 '재산적 보상(pecuniary return)'을 준다는 의미에서 전보라고 보았다.11) 벨리(Belli)는 인신사고로 인한 위자료액의 비교를 통하여 20세기 초반에 위자료가 증가되었으나, 생활비의 증가에는 미치지 못하는 정도이며, 변호사, 배심원 그리고 항소법원은 인간의 생명, 정신, 그리고 육체에 대하여 너무 낮은 가치를 부여하였다고 비판하였다.12) 제이피(Jaffe)는 비재산적 손해에 대하여는 협의의 전보원칙을 적용하기 어렵고, 비재산적 손해에 대한 배상금을 통하여 자존심을

---

7) Dobbs(註 1), § 310(p. 841).
8) Dobbs(註 1), § 297(p. 812).
9) Hudnall v. Sellner, 800 F.2d 377(4th Cir.1986); Garrison v. Sun Printing & Publishing Ass'n. 207 N.Y. 1, 100 N.E. 430(1912).
10) Restatement of the Law of Torts(1939) §§ 903, 905.
11) Restatement of the Law of Torts(1939) § 903 Comment a.
12) Belli, The Adequate Award, Cal. L. Rev. 39(1951), 1, 37.

회복하고, 분노를 삭힐 수 있으므로 위자료를 일종의 위로(consolation: solatium)고 보았다.[13] 위자료는 성공보수의 형태로 체결되는 변호사보수를 실질적으로 전보하기 위하여 사용되나, 위자료는 중대한 법익의 침해를 받은 자에 대하여 공적으로 공감과 동정을 표시하는 것이며, 적정한 행위기준을 충족하기 위한 유인을 제공하는 의미를 가진다.[14]

2.2. 위자료의 기능

2.2.1. 서설

불법행위법의 주된 목적은 손해를 전보하는 것과 불법행위를 예방하는 것 이라고 한다.[15] 제2차 불법행위법 리스테이트먼트는 불법행위법의 목적을 손해의 전보, 권리의 확정, 가해자에 대한 징벌, 불법행위의 예방, 보복 및 자 력구제의 방지로 보고 있다.[16] 이는 전보적 손해배상 외에 명목적 손해배상 그리고 징벌적 손해배상을 포괄하기 위하여 부득이한 것이다. 제재라는 목적 은 전보적 손해배상이 아니라 징벌적 손해배상에서만 긍인된다.[17] 이하에서 는 전보적 손해배상 중 위자료를 중심으로 살펴 보고자 한다.

---

13) Jaffe, Damages for Personal Injury: The Impact of Insurance, Law & Contemp. Probl. 18 (1953), 219, 224.
14) Dobbs(註 3), § 3.1.(p. 282).
15) Dobbs(註 1), § 8(p. 12); Prosser/Keeton, Torts, 5th ed. 1984, p. 25.
16) Restatement (Second) of Torts, 1979, § 901.
17) Prosser/Keeton(註 15), p. 26; Dobbs(註 1), § 381(p. 1063).

2.2.2. 전보기능

1) 전통적 설명

전통적인 견해에 의하면 손해배상법의 목적은 피해자를 불법행위가 없었던 상태로 되돌리는 것을 말하는데, 비재산적 손해의 경우에는 이러한 원칙이 잘 맞아 떨어지지 않는다고 한다.[18] 왜냐하면 정신적 고통은 그 성질상 회복되기 어려운 것이고, 금전을 통해서도 불법행위이전의 상태로 되돌릴 수 없기 때문이다.

2) 쾌락의 확보

일부 학설은 위자료는 기쁨을 얻고 그로 인하여 고통을 잊을 수 있는 여러 가지 가능성을 부여한다고 한다.[19] 위자료를 통하여 기쁨을 얻고 그로 인하여 고통이 감쇄된다는 것이다. 다만 이에 대하여는 고통과 기쁨이라는 서로 비교할 수 없는 감정들을 조정하는 것이며,[20] 기쁨을 느낄 수 없는 피해자에게 위자료를 부정하는 결과는 기쁨에 대한 인식과 무관하게 위자료가 인정되어 온 미국의 법상태와 배치된다고 하는 비판이 제기된다.[21]

---

18) Restatement (Second) of Torts, 1979, § 903 Comment a; Göthel, Funktionen des Schmerzensgeldes, RabelsZ 69(2005), S. 274.

19) Pearson, Liability to Bystanders for Negligently Inflicted Emotional Harm, A Comment on the Nature of Arbitrary Rules, U. Fla. L. Rev. 34(1982), 477, 502; Bell, The Bell Tolls, Towards Full Tort Recovery for Psychic Injury, U. Fla. L. Rev. 36(1984), 398.

20) Smith, The Critics and the Crisis, A Reassessment of Current Conceptions of Tort Law, Cornell. L. Rev. 72(1987), 771.

21) Göthel(註 18), S. 276.

3) 위로

일부 학설은 위자료가 피해자에게 위로를 줄 수 있다고 한다.[22] 이에 대하여는 위로는 고통을 감내하는 것과 비교할 수 없다는 비판이 제기된다. 즉 누구도 다리를 잃거나 지속적 고통을 입은 것에 대하여 어느 정도의 돈이 충분한 위로를 줄 수 있느냐고 말할 수 없고, 경우에 따라 피해자는 전혀 위로를 느낄 수 없을 수도 있다.

4) 분노의 경감

일부 학설은 미국에서 높은 가치를 표상하는 금전의 지급을 통하여 피해자는 자의식을 회복하고 분노를 줄일 수 있다고 하나, 분노를 느끼지 않거나 사고후 즉사하거나 의식불명이 되어 분노를 느낄 수 없는 경우에 위자료가 부정되어야 하느냐라는 의문이 제기된다.[23]

5) 소결

비재산적 손해는 실질적으로 성공보수체계에 입각하여 산정된 변호사보수를 지불하는 데에 사용된다. 왜냐하면 미국법은 변호사보수는 각자 부담하는 체계이므로 위자료가 인정되지 않으면 결국 자신의 비용으로 지출되어야 하기 때문이다.

2.2.3. 확인기능

재산적 손해의 경우에는 손해액을 확실하게 입증하지 아니하면 손해배상

---

22) Jaffe(註 13). 18(1953) 219; Peck, Compensation for Pain, Mich. L. Rev. 72(1974), 1355, 1370.
23) Jaffe(註 13), 18(1953) 224.

의 청구가 기각되나, 비재산적 손해의 경우에는 손해액을 확실하게 입증하지 못하더라도 상당한 금액의 손해배상이 인정된다.[24] 이 경우의 손해배상은 피침해법익의 중요성에 입각하여 피해자의 권리가 침해되었음을 확인하는 기능을 수행한다. 다만 침해의 정도가 경미하고 달리 손해의 입증이 없는 경우에는 명목적 손해배상이 명해진다.[25] 다른 한편으로 이 경우의 손해배상은 피해자에게 사회적으로 공감을 표시하는 기능도 가진다.[26]

2.2.4. 예방기능

비재산적 손해의 배상을 통하여 적정한 행위기준을 따를 것에 대한 유인을 제공한다.[27]

3. 위자료청구권자

3.1. 직접피해자

3.1.1. 자연인

불법행위의 직접 피해자가 자신이 입은 비재산적 손해에 대하여 배상받을 수 있음은 명확하다. 의식불명의 상태에 있는 자에게는 육체적·정신적 고통에 대한 배상이 인정되지 않으나, 유아의 경우에는 고통의 정도를 기술할 수

---

24) Dobbs(註 3), § 3.1(p. 281).
25) Dobbs(註 3), § 3.3(2)(p. 295). 명목적 손해배상은 원고에게 소송비용의 부담을 면제하는 실질적 기능을 수행한다(Dobbs(註 3), § 3.3(2)(p. 296)).
26) Dobbs(註 3), § 3.1(p. 282).
27) Dobbs(註 3), § 3.1(p. 282).

없다고 하더라도 육체적·정신적 고통에 대한 배상이 인정된다.[28] 그리고 피해자가 부분적으로 의식이 있거나 짧은 시간동안 의식이 있는 경우에는 고통에 대한 배상이 인정된다.[29] 의식불명자의 경우에 인생을 즐길 능력의 상실에 대한 배상을 청구할 수 있느냐가 문제되는데, 인생을 즐길 능력의 상실은 객관적 장애정도에 따라 판단되는 것이므로 피해자의 인식이 없더라도 배상이 인정된다.[30]

3.1.2. 법인

법인은 명예훼손이라는 불법행위에 기한 구제수단을 가진다.[31] 그러나 회사의 제품에 대한 비방은 엄격한 요건하에서만 불법행위를 구성한다.[32] 즉 고의 또는 과실로 허위사실을 공표하여 재산상 손해가 발생하였다는 점이 입증되어야 한다. 이에 반하여 회사는 프라이버시의 침해를 이유로 하여 손해배상을 청구할 수 없다.[33]

---

28) 22 Am. Jur. 2d Damages § 202(2007).

29) 22 Am. Jur. 2d Damages § 209(2007).

30) 22 Am. Jur. 2d Damages § 232(2007); Dobbs(註 1), § 377(p. 1052).

31) Dobbs(註 1), § 407(p. 1138).

32) Dobbs(註 1), § 407(p. 1138).

33) Warner-Lambert Co v Execuquest Corp., 691 N.E. 2d 545(Supreme Court of Massachusetts, 1998); Austin Eberhardt & Donaldson Corp. v Morgan Stanley Dean Witter Trust, US Dist LEXIS 1090(United States District Court for the Northern District of Illinois, 2001).

3.2. 간접피해자

3.2.1. 근친자

'불법사망법(wrongful death statute)'은 피해자의 근친자에게 독립적인 소권을 부여하는데, 동인에게는 부양료 상당의 재산상 손해의 배상만이 인정되고, 정신적 고통에 대한 배상은 인정되지 않는다.[34] 그러나 망인이 어린이거나 가동연한을 넘긴 노인인 경우 불법사망법에 따라 근친자는 전혀 배상받지 못하는 결과가 발생하므로 대부분의 주는 근친자에게 교제의 상실에 대한 배상을 허용한다.[35] 1990년대부터 주제정법은 교제의 기회의 상실과는 별도로 단순한 정신적 고통에 대한 배상도 긍정하기에 이르렀다.[36]

3.2.2. 쇼크손해

종래 위험영역설이 적용되어 오로지 타인에 대한 위험에 기한 정신적 고통에 대하여는 그 배상이 부정되었다.[37] 인신사고의 위험지역에 있어 자신의 생명 또는 신체의 안전이 위협받는 자에게만 정신적 고통에 대한 배상이 긍정되었다. 이러한 원칙이 새로운 방향으로 전개된 것은 캘리포니아주 대법원의 Dillon v Legg 판결에 의해서이다. 위 판결에 의하면 정신적 고통의 예견가능성이 배상책임의 결정적 판단기준이고, 예견가능성은 사고와의 근접성, 인식수단, 1차피해자와의 관계를 종합적으로 고려하여 판단된다.[38] 그

---

34) Dobbs(註 1), § 296(pp. 807f.).
35) Dobbs(註 1), § 297(p. 812). 다만 교제의 상실도 재산적 가치를 가지고 있다는 판례도 있다{Nelson v. Dolan, 230 Neb. 848, 434 N.W.2d 25(1989)}.
36) Dobbs(註 1), § 297(p. 812).
37) Dobbs(註 1), § 309(p. 839).
38) Dillon v Legg, 68 Cal.2d 728, 69 Cal.Rptr. 72, 441 P.2d 912(1968).

후 위 기준은 엄격한 요건으로 변경되었다. 즉 사고의 직접적 인식이라는 요건이 필수요건이 되었다.[39]

4. 위자료청구권의 일신전속성

4.1. 커먼로상 원칙

커먼로상 가해자나 피해자의 사망으로 불법행위에 기한 모든 권리가 소멸하나, 판결이 선고된 후에 당사자가 사망한 경우에 피해자의 권리는 여전히 존속한다.[40] 프라이버시침해의 경우에도 본인의 사망으로 권리가 소멸한다.[41]

4.2. 제정법에 의한 수정

불법행위법은 대개 주법에 의하여 다루어지므로, 커먼로상의 원칙이 주의 제정법에 의하여 수정되었다. 피해자가 상해를 입고 사망한 경우 그 피해자가 사망하기 전에 그 불법행위로 인하여 발생된 청구권이 승계되는가에 대해서는 소권존속법(survival statute)에서 다루고, 피해자가 사망한 후 생존근친자가 가지는 청구권은 불법사망법(wrongful death statute)에 의하여 처리된

---

39) Thing v La Chusa, 48 Cal.3d 644, 257 Cal.Rptr. 865, 771 P.2d 814(1989). 아들의 사고를 현장에서 목격하지 아니한 어머니의 정신적 고통에 대한 배상청구를 부정하였다.

40) Dobbs(註 1), § 295(p. 806).

41) Maritote v. Desilu Productions Inc., 345 F.2d 418, 420(US Court of Appeals, 7th Circuit, 1965); Young v. That was The Week That was, 423 F2d 265(US Court of Appeals, 6th Circuit, 1970).

다.[42] 소권존속법에 의하여 인정되는 손해배상청구권의 내용은 치료비, 육체적·정신적 고통(pain and suffering), 상해시부터 사망시까지의 일실수입, 생존 가해자에 대한 징벌적 손해배상액, 장례비 등이다.[43] 가해자가 사망한 경우에도 소권존속법이 적용되어 가해자의 상속인을 상대로 소를 제기할 수 있으나, 이 경우 대개 징벌적 손해배상은 인정되지 않는다.[44]

4.3. 퍼블리시티권

자연인의 사망으로 프라이버시권이나 명예권은 소멸하나, 일부 주는 고인의 인적 표지를 사용할 권리를 상속인에게 인정한다.[45] 즉 고인의 상속인에게 이미지나 공연형태 등에 대한 사용권을 인정한다. 일부 주는 퍼블리시티권을 생존자로 한정하기도 하나, 대부분의 주는 퍼블리시티권의 상속을 인정한다.[46]

---

42) Prosser/Keeton(註 15), p. 942; Dobbs(註 1), § 295(p. 804).
43) Dobbs(註 1), § 295(p. 805f.). 애리조나주와 워싱턴주는 고통에 대한 배상을 제외하고, 뉴욕주는 징벌적 손해배상을 제외한다.
44) Dobbs(註 1), § 295(p. 807); § 381(p. 1063).
45) Cal.Civ.Code § 990; Presley's Estate v. Russen, 513 F.Supp. 1339(D.N.J.1981); Martin Luther King, Jr. Center for Social Chang, Inc. v. American Heritage Products, Inc., 250 Ga. 135, 296 S.E.2d 697(1982); Dobbs(註 1), § 460(p. 1312).
46) Dobbs(註 1), § 460(p. 1312). 뉴욕주법은 생존자에게만 퍼블리시티권을 인정하고, 판례는 위 법만에 의하여 퍼블리시티권이 인정될 수 있다고 한다{Stephano v. News Group Pubs., Inc., 64 N.Y.2d 174, 474 N.E.2d 580, 485 N.YS.2d 220 (1984)}.

5. 위자료청구권의 발생원인

5.1. 총론적 고찰

판례상으로 특정한 이익을 보호하기 위하여 판례상 인정된 불법행위 (Torts)의 경우에는 판례에 따라 배상범위가 정해진다. 인신의 자유, 명예, 사생활의 비밀과 자유의 보호를 내용으로 하는 불법행위의 경우에는 정신적 고통 등 비재산적 손해가 배상되나, 재산적 이익의 보호를 내용으로 하는 불법행위의 경우에는 특별한 사정을 입증하여야 비재산적 손해가 배상된다. 제정법에 의하여 불법행위가 인정되는 경우에는 법문이 정하는 바에 따라 비재산적 손해의 배상을 구할 수 있다. 영국과는 달리 미국의 경우에는 인격적 이익의 보호를 위한 일반적 구제수단으로 프라이버시권이 인정된다.

5.2. 유형론적 고찰

5.2.1. 생명침해

1) 일반원칙

피해자가 사망한 경우에 피해자 본인에게 발생한 청구권은 소권존속법에 따라 승계되고, 불법사망법에 따라 근친자에게 독자적인 청구권이 인정된다.

2) 고통에 대한 배상

피해자가 즉사한 경우에는 고통에 대한 배상이 인정되지 않으나, 사고로 인한 상해와 사망 사이에 일정한 시간간격이 있는 경우에는 의식의 정도, 고통의 정도, 죽음에 대한 공포 등을 고려하여 고통에 대한 배상이 인정된다.[47] 실제로 많은 사건에서 상해와 사망사이에 시간간격이 짧음에도 고통에 대한 배상이 인정되었다.[48] 기대여명의 감소는 독자적 손해항목으로 인정되지 않지만, 이는 상해의 중대성, 기대여명의 감소의 인식으로 인한 정신적 고통의 증가의 관점에서 고려될 수 있다.[49]

3) 징벌적 손해배상

종래 제정법상 손해배상을 재산적 손해로 한정하여 징벌적 손해배상은 인정되지 않았는데, 이는 제정법상 명시적 규율이 없는 한 다른 배상이 허용될 수 없다는 점이 중요하게 고려되었다.[50] 그러나 최근의 경향은 개별 사건의 사정을 고려하여 공정한 배상액을 산정할 수 있다는 점을 고려하여 징벌적 손해배상을 허용한다.[51]

4) 근친자의 권리

a) 교제의 기회의 상실에 대한 배상

대부분의 주들은 교제의 기회의 상실에 대한 배상을 인정하면서 비재산적 손해의 배상에 대한 제한을 회피한다.[52] 여기서 교제의 기회라 함은 가족간의 교제 뿐만 아니라 성적 교섭 등이 포함되는 광의의 개념이다.[53] 교제의 기회의 상실에 대한 배상청구권은 배우자와 부모자식간에 인정된다.[54] 자식

---

47) 22 Am. Jur. 2d Damages § 210(2007).
48) 22 Am. Jur. 2d Damages § 210(2007).
49) 22 Am. Jur. 2d Damages § 235(2007).
50) Dobbs(註 1), § 297(p. 812).
51) Dobbs(註 1), § 297(p. 813).
52) Alaska Stat. §09.55.580(C); Mass. Ann. Law ch. 229, §2; Krouse v. Graham, 19 Cal.3d 59, 68, 137, Cal.Rptr. 863, 867, 562 P.2d 1022, 1026(1977); Green v. Bittner, 85 N.J. 1, 424 A.2d 210(1980); Dobbs(註 1), § 297(p. 812).
53) Dobbs(註 1), § 320(p. 842).

이 중상을 입은 경우에는 부모의 배상청구권이 인정되기도 하나, 미혼의 동거인간에는 이러한 이익에 대한 배상이 거부된다.[55] 교제의 기회의 상실에 대한 배상에 있어서는 감정적 고통에 대한 배상제한의 법리인 위험영역이론 또는 충격원칙이 적용되지 않는다.[56] 왜냐하면 배우자나 근친자만이 교제의 기회의 상실에 대한 배상을 청구할 수 있기 때문이다. 배심원은 교제의 기회의 상실에 대한 배상액을 산정하기 위하여 사고 전의 피해자와 청구자간의 실질적인 결혼생활을 고려할 수 있다.[57]

b) 고통에 대한 배상

1990년경에 많은 주들이 근친자의 고통에 대한 배상을 인정하기에 이르렀고, 일부 주 제정법은 명시적으로 교제의 기회의 상실에 대한 배상 외에 고통에 대한 배상을 규정하였다.[58]

5.2.2. 상해

1) 손해배상 일반

피해자는 상해로 인하여 발생한 일실수입 등 소극적 재산적 손해, 치료비 등 적극적 재산적 손해 그리고 고통에 대한 배상을 일시금으로 전보받는다.[59]

---

54) Dobbs(註 1), § 310(p. 842).
55) Dobbs(註 1), § 310(p. 842).
56) Dobbs(註 1), § 310(p. 843).
57) 22 Am. Jur. 2d Damages § 234(2007).
58) City of Tucson v. Wondergem, 105 Ariz. 429, 466 P.2d 383(1970); Sanchez v. Schindler, 651 S.W.2d 249, 251(Tex. 1983); Dobbs(註 1), § 297(p. 812); Ark. Code Ann. § 16-62-102; Del. Code Ann. tit. 10 § 3724; Ohio Rev. Code Ann. § 2125.02(b).
59) Dobbs(註 1), § 377(p. 1047).

2) 비재산적 손해의 배상

상해로 인한 비재산적 손해는 고통과 인생의 영위가능성의 침해로 대별된다. 고통에 대한 배상에는 육체적 고통, 불편함, 장애로 인한 상실감 등이 포함된다.[60] 향후 고통이 발생할 것이 확실하게 인정되는 경우에는 장래의 고통에 대한 배상도 인정된다.[61] 취미활동, 성생활 등 인생의 영위가능성의 침해도 상해로 인한 중요한 비재산적 손해이다.[62] 다만 중복배상은 금지되므로 추상으로 인한 성형수술비와 추상으로 인한 고통에 대한 배상을 함께 청구할 수 없다.[63]

5.2.3. 폭행 및 폭행의 미수(assault & battery)

1) 폭행(battery)

고의로 타인에게 유형력을 행사하는 것을 '폭행(battery)'이라 하며, 유형력의 행사가 직접적일 필요는 없다.[64] 폭행이 인정되면, 이로 인한 재산상 손해인 일실수입과 치료비와 함께 육체적·정신적 고통 등 비재산적 손해에 대하여도 배상을 받을 수 있다. 육체적·정신적 고통이 없이 자존심 등만 침해된 경우에도 실질적인 손해배상(substantial damages)을 받을 수 있고, 피고가 고의로 중대한 해악을 끼친 경우에는 징벌적 손해배상도 인정될 수 있다.[65]

---

60) Dobbs(註 1), § 377(p. 1051).
61) 22 Am. Jur. 2d Damages § 204(2007).
62) Dobbs(註 1), § 377(p. 1052).
63) 22 Am. Jur. 2d Damages § 230(2007).
64) Dobbs(註 1), § 28(p. 53).
65) Dobbs(註 1), § 42(pp. 79-80).

2) 폭행의 미수(assault)

원치않는 신체접촉을 할 태세를 보여 피해자로 하여금 근심 또는 공포를 갖게 하는 고의적 불법행위를 '폭행의 미수'라고 하며, 단순히 말만 한 경우에는 '폭행의 미수'가 인정되지 않는다.[66]

3) 성희롱

신체에 대한 유형력의 행사가 없더라도 성희롱에 대하여는 정신적 고통에 대한 배상이 가능하다.[67]

4) 스토킹(stalking)

타인을 집요하게 쫓아다니거나 전화를 거는 등으로 괴롭히는 것을 스토킹이라고 하는데, 이는 주의 제정법에 의하여 불법행위를 구성할 수 있다.[68]

5) 손해배상

폭행에 의하여 실질적인 손해가 없거나 오히려 피해자에게 이로운 경우에도 피해자는 명목적 손해배상을 청구할 수 있으나, 실질적인 손해배상을 산정하기 어려워 명목적 손해배상을 인정하는 것은 잘못이라고 한다.[69] 가해자는 가해행위로 인하여 발생하는 상당인과관계있는 모든 손해에 대한 배상책임이 있다.[70]

인신침해가 해의나 고의로 이루어진 경우에는 징벌적 손해배상이 인정될

---

66) Restatement (Second) of Torts §§ 21, 32(1979); Dobbs(註 1), § 33(p. 63).
67) 6 Am. Jur. 2d Assault and Battery § 149; Dobbs(註 1), § 35(p. 66).
68) Dobbs(註 1), § 35(p. 66).
69) 6 Am. Jur. 2d Assault and Battery § 146.
70) 6 Am. Jur. 2d Assault and Battery § 147.

수 있는데, 이에 대하여는 헌법상 기준을 충족하여야 한다.[71]

5.2.4. 자유권의 침해

1) 불법구금(false imprisonment)

가해자가 고의로 피해자를 감금하고 피해자가 이를 인식한 경우에 불법구금이라는 불법행위가 인정된다.[72] 상점주인이 상점에서 절도 혐의를 받고 있는 자를 억류하거나 병원이 환자의 의사에 반하여 퇴원을 거부하거나 택시기사가 승객이 하차할 수 없도록 차량을 계속하여 운행하는 것도 자유권의 침해를 구성한다.[73]

2) 불법체포(false arrest)

정당한 권한없이 타인을 체포한 경우에는 불법체포라는 불법행위가 인정된다.[74] 다만 경찰이나 개인은 중죄를 범한 자를 영장없이도 체포할 수 있고,[75] 상점주인은 상점에서 절도 혐의를 받고 있는 자를 조사를 위하여 제한된 시간동안 상점에 머무르게 할 수 있다.[76]

3) 손해배상

고의에 의한 자유권의 침해에 있어 피해자는 재산상 손해 뿐만 아니라 정

---

71) Dobbs(註 1), § 42(p. 80).
72) Restatement (Second) of Torts § 35 (1965); Dobbs(註 1), § 36(p. 67).
73) Dobbs(註 1), § 36(pp. 67-68).
74) Dobbs(註 1), § 36(p. 67).
75) Dobbs(註 1), § 83(p. 193).
76) Collyer v. S.H. Kress Co., 5 Cal.2d 175, 54 P.2d 20(1936)(20분 동안 혐의자를 억류한 것은 정당하다고 판시하였다); Restatement (Second) of Torts § 120A(1965).

신적 고통도 배상받을 수 있다.[77] 불법감금으로 인한 건강침해나 재산상 손
해 외에 감금으로 인한 정신적 고통에 대하여도 배상을 받을 수 있다.[78] 정
신적 고통에 대한 배상액도 명목적인 것이 아닌 실질적인 상당한 금액이어
야 한다.[79] 배상액의 산정에 있어서는 불법구금 당시의 상황과 그 기간이 중
요한 요소로 고려된다.[80]

5.2.5. 소송절차의 남용

1) 악의적 기소(malicious prosecution)

가해자가 상당한 근거없이 해의로 제기한 고소 등에 의하여 피해자가 기
소되었으나 결국 그 기소가 잘못된 경우로 종료된 경우 '악의적 기소'라는 불
법행위가 인정된다.[81] 가해자는 자유롭게 혐의사실을 공소권자에게 전달할
수 있고, 공소권자는 자신의 판단에 의하여 공소를 제기하는 것이므로, 가해
자가 불법기소에 대한 책임을 지기 위하여는 가해자가 허위로 또는 부정확
하게 정보를 전달하거나 부당하게 영향력을 행사하여 공소권자가 공소를 제
기하였다는 사실이 인정되어야 한다.[82] 리스테이트먼트와 대부분의 판례는
선의로 수사의 단서를 제공한 자에게 악의적 기소의 책임을 인정하지 않는
다.[83] 결국 실질적으로 가해자의 허위에 대한 확정적 또는 미필적 고의가 요
구된다.[84]

---

77) Restatement (Second) of Torts § 905 (1979), comment; Dobbs(註 1), § 39(p. 75).
78) Dobbs(註 1), § 39(p. 75).
79) Dobbs(註 1), § 42(p. 79).
80) West v. King's Dept. Store, Inc., 321 N.C. 698, 365 S.E.2d 621, 624(1988); Dobbs(註 1), § 43(p. 80).
81) Dobbs(註 1), § 430(p. 1215).
82) Dobbs(註 1), § 431(p. 1217).
83) Restatement (Second) of Torts § 653(1979), comment g; Lester v. Buchanen, 112 Nev. 1426, 1429, 929 P.2d 910, 913(1996).

2) 소송사기(Wrongful Civil Litigation)

허위로 민사소송을 제기하여 결국 패소한 경우에 그 상대방은 소송사기라는 불법행위에 기하여 손해배상을 청구할 수 있다.[85] 다만 이 경우 피해자는 특별손해를 입증하여야 하는데, 특별 손해라 함은 소송사기로 인한 지출된 비용, 정신적 고통, 명예훼손을 넘어서는 것을 말한다.[86]

3) 손해배상

a) 전보적 배상

악의적 기소 또는 소송사기 등 소송절차의 남용으로 인한 전보배상에는 전소에서 지출된 변호사보수, 기타 비용, 일실 수입, 정신적 고통, 명예훼손 등이 포함된다.[87] 다만 소송절차의 남용이라는 불법행위에 대하여 특별손해를 요구하는 주에 있어서는 그러한 요건이 충족되는 경우에 한하여 전보적 배상이 인정된다.[88]

b) 징벌적 배상

소송절차의 남용에는 통상적으로 해의가 인정되므로 주법이 정하는 요건에 따라 징벌적 손해배상이 선고되기도 한다.[89] 다만 주에 따라 현실적 악의가 확실하게 입증될 것을 요구하기도 한다.[90]

---

84) Dobbs(註 1), § 431(p. 1218).
85) Dobbs(註 1), § 436(p. 1229).
86) Dobbs(註 1), § 437(p. 1232).
87) Dobbs(註 1), § 440(p. 1242).
88) Texas Beef Cattle Co. v Green, 921 S.W.2d 203, 209(Tex.1996).
89) Dobbs(註 1), § 440(p. 1243).
90) Montgomery Ward v Wilson, 339 Md. 701, 664 A.2d 916(1995).

5.2.6. 명예훼손

1) 불법행위의 성립

명예훼손법은 허위사실의 공연한 유포로부터 명예와 명성을 보호한다.[91] 문서 또는 이에 준하는 영화와 같은 매체에 의한 명예훼손을 'libel'이라 하고, 구두에 의한 명예훼손을 'slander'라고 한다.[92] 명예훼손이 성립하기 위하여는 허위사실에 근거한 명예훼손적 진술을 제3자에게 공개하여야 한다.[93]

2) 전보적 손해배상

명예훼손으로 인한 손해배상에는 명예훼손 그 자체에 대한 배상과 함께 명예훼손으로 인한 재산상 손해, 감정적 고통, 건강침해에 대한 배상도 포함된다.[94] 다만 피고의 행위로 인하여 원고의 명예가 실질적으로 훼손되지 않은 경우에는 명목적 손해배상이 선고된다.[95] 커먼로(common law)에 의하면 문서에 의한 명예훼손의 경우에는 실질적 손해에 대한 입증이 없더라도 배심원이 상당한 배상액을 추정할 수 있었으나,[96] 이러한 원칙은 1964년 이후 표현의 자유에 대한 고려에 의하여 급격하게 수정되었다.[97] 즉 미국 연방대법원은 원고가 적어도 진술의 허위성에 대한 미필적 고의를 입증하여야 실질적 손해배상을 받을 수 있다고 판시하였다.[98] 이러한 판례는 원고가 공인

---

91) Dobbs(註 1), § 400(p. 1117).
92) Dobbs(註 1), § 402(p. 1120).
93) Restatement (Second) of Torts § 558(1979); Dobbs(註 1), § 402(p. 1120).
94) Dobbs(註 1), § 422(p. 1189).
95) Restatement (Second) of Torts § 620(1979), comment.
96) Dobbs(註 1), § 422(p. 1189).
97) Dobbs(註 1), § 402(p. 1121).
98) Gertz v. Robert Welch, Inc., (1974) 418 U.S. 323. 시카고의 유명한 인권변호사인 거츠(Gertz)가 경찰관에 의하여 살해당한 한 흑인 청년의 유족을 대리하여 손해배상 소송을 제기하자, 보수주의를 표방하는 Robert Welch. Inc.가 거츠를 공산주의자이

이거나 공적 관심사인 경우에 적용되고, 사인에 대한 명예훼손이 공적 관심사에 해당하지 않는 경우에는 '추정적 손해배상(presumed damages)'이 인정될 수 있다.[99]

3) 징벌적 손해배상

원고가 허위사실에 대한 확정적 또는 미필적 고의를 입증한 경우에 법원이 징벌적 손해배상을 명하는 것은 헌법상 문제되지 않는다.[100] 이는 피해자가 공인이거나 피해 대상이 공적 관심사인 경우에 적용되고, 피해자가 사인이고 그 대상도 공적 관심사가 아닌 경우에는 미필적 고의를 입증하지 않더라도 징벌적 손해배상을 받을 수 있다.[101] 다만 주에 따라서는 징벌적 손해배상을 위하여 실질적 악의를 요구하기도 한다.[102]

4) 이익환수적 손해배상

명예훼손적 보도로 인한 수익의 박탈에 관한 논의가 충분한 것은 아니지만, 이익환수적 손해배상을 부정하는 태도가 표현의 자유와 합치한다고 한다.[103]

며 미국정부를 폭력으로 점거하는 것을 옹호하는 단체의 간부라고 단정지어 보도하였고, 이에 거츠는 잡지사를 상대로 명예훼손을 원인으로 손해배상을 청구하였다. 이 판결을 소개한 국내문헌으로 金玟中, "公的 人物에 대한 名譽毁損責任", 新世紀의 民事法課題-仁齊 林正平敎授華甲紀念(2001), 412-413면이 있다.

99) Dobbs(註 1), § 422(p. 1189).
100) Dobbs(註 1), § 422(p. 1192).
101) Dun & Bradstreet, Inc. v. Greenmoss Builders, Inc., 472 U.S. 749, 105 S.Ct. 2939, 86 L.Ed.2d 593(1985).
102) Prozeralik v. Capital Cities Communications, Inc., 82 N.Y.2d 466, 626 N.E.2d 34, 605 N.Y.S.2d 218(1993).
103) Hart v. E.P. Dutton & Co., 197 Misc. 274, 93 N.Y.S.2d 871(1949); Cason v. Baskin, 155 Fla. 198, 20 So.2d 243(1944)(프라이버시 침해의 경우); Dobbs(註 1),

5.2.7. 프라이버시의 침해

1) 프라이버시권의 전개

프라이버시권은 아주 오랫동안 다른 불법행위에 의하여 부수적으로 보호를 받아왔다.[104] 즉 주거침입소권은 당해 부동산의 보호 뿐만 아니라 소유자의 프라이버시의 보호의 역할도 수행하였고, 보통법상의 저작권은 개인 저작물의 공개에 대한 보호의 역할을 수행하였다. 프라이버시권의 독자성과 체계성의 구축에 결정적인 기여를 한 것이 워렌(Warren)과 브랜다이스(Brandeis)의 논문이다.[105] 그들은 언론과 대중의 악취미로부터 개인의 프라이버시를 보호하기 위하여 프라이버시 소권의 창설을 역설하였고, 개인은 자신에게 고유하게 속하는 것에 대한 공개여부를 결정할 권한이 있다는 점을 명확하게 지적하였다.[106] 그로부터 몇 년후에 뉴욕주 항소법원은 프라이버시권을 인정하지 않았으나,[107] 뉴욕주 의회는 개인의 초상을 무단으로 광고에 사용하는 것에 한하여 프라이버시권의 보호를 규정하는 법률을 제정하였다.[108] 그로부터 3년이 지나서 보험회사의 광고에 무단으로 자신의 초상이 사용된 사건에서 조지아주 대법원은 만장일치로 프라이버시권을 인정하였고, 그 권리는 개인의 안전과 자유에 관한 절대권에 속한다고 판시하였다.[109] 프라이버시권의 인정여부에 대한 찬반논란이 계속되었으나, 제1차 불법행위법 리스테이트먼트를 계기로 하여 찬성이 우세하고, 반대판결이 폐기되었다.[110] 그

---

§ 422(p. 1193).
104) Dobbs(註 1), § 424(p. 1197).
105) Dobbs(註 1), § 424(p. 1197).
106) Warren/Brandeis, The Right to Privacy, 4 Harvard Law Review 199(1890-1891).
107) Robertson v. Rochester Folding Box Co., 171 N.Y. 538, 64 N.E. 442(1902).(밀가루공장의 광고에 처녀의 사진을 무단으로 사용한 사안임).
108) N.Y. Civ. Rts. L. §§ 50-51.
109) Pavesich v. New England Life Inc. Co., 122 Ga. 190, 50 S.E. 68, 73, 78(1905).
110) Prosser/Keeton(註 15), p. 851. 제1차 불법행위법 리스테이트먼트 제867조는 프라

이후 거의 모든 주에서 판례법 또는 제정법을 통하여 일정한 형태의 프라이
버시권이 인정되고 있다.111)

2) 프라이버시의 내용

프로써(Prosser)는 프라이버시를 '사적 영역의 침입', '사적 사항의 공개',
'인격상의 왜곡', '인적 표지의 도용'으로 분류하였고,112) 이러한 분류는 제2
차 불법행위법 리스테이트먼트에서도 채택되었다.113) 다만 그는 '인적 표지
의 도용'은 나머지 유형과 달리 정신적인 이익이 아니라 재산적인 이익을 그
보호대상으로 한다고 강조하였다.114)

a) 사적 영역의 침입

사적 영역의 침입이라는 유형은 공간적 침입 뿐만 아니라 사적 사항에 대
한 개입과 간섭, 감시 등을 포함하고, 고의에 의한 사적 영역의 침입이 합리
적 평균인의 관점에서 매우 충격적이어야 한다.115) 사적 영역의 침입은 주거
침입이라는 불법행위와는 다른 독자성을 가지고 있지만, 실제로 많은 경우에
보다 명확한 내용을 가지는 주거침입의 법리에 의하여 처리된다.116) 다만 기
자가 병원 침실로 가서 침대에 누워 있는 환자의 사진을 찍고 이를 기사화한
경우에 사적 영역의 침입이라는 불법행위가 성립하고, 주거침입은 성립하지

이버시에 대한 비합리적이고 심각한 개입에 대한 소권을 인정한다.

111) Prosser/Keeton(註 15), p. 851; Dobbs(註 1), § 424(p. 1197). 버지니아주, 미네소
타주, 로드 아일랜드주 그리고 위스콘신주는 판례법상의 프라이버시권을 인정하
지 않고, 네브라스카주는 인적 표지의 도용에 관한 소권을 인정하지 않는다(Am
Jur 2d, Privacy, § 4).
112) Prosser, Privacy, 48(1960) Cal. L. Rev. 383, 389.
113) Restatement (Second) of Torts § 652A (1979).
114) Prosser(註 112), 406f.
115) Restatement (Second) of Torts § 652B (1979).
116) Dobbs(註 1), § 426(p. 1201).

않는다.[117] 왜냐하면 환자는 병실에 대한 주거권을 가지지 못하여 주거침입
은 성립하지 않기 때문이다.

또한 공공장소에서 사인을 따라가면서 쳐다보거나 사진을 촬영하는 것만
으로는 프라이버시침해에 해당하지 않는다.[118]

대단히 충격적인 침입이라는 요건은 침입의 태양, 그 동기, 당시의 주변
사정 등을 종합적으로 고려하여 판단되며, 단순한 채무의 독촉만으로는 이
요건을 충족시키기 어렵고, 계속적 독촉이라는 사정이 추가되어야 한다.[119]
더 나아가 기사의 수집이라는 목적이 사적 영역의 침입을 정당화하는 것은
아니다.

b) 사적 사항의 공개

사적 사항이라 함은 공적 관심사가 아닌 것으로 공개시 합리적 평균인의
관점에서 매우 충격적인 것을 말한다.[120] 리스테이트먼트상으로 당해 사항
의 허위성이 요구되지 않으므로 피고가 진실을 공개하였다고 하더라도 책임
을 진다.[121] 당해 사항이 사적이어야 하므로 일반적으로 일려진 사항은 위
법리의 적용이 없다.[122] 다만 사적 사항의 공개라는 유형에 대하여는 비판이
거세다.[123] 즉 동 유형은 비밀을 위반하거나 정보를 불법으로 얻거나 고의로

---

117) Barber v. Time, Inc., 348 Mo. 1199, 159 S.W.2d 291(1942); Dobbs(註 1), §
426(p. 1201).
118) Forster v. Manchester, 189 A.2d 147(Supreme Court of Pennsylvania, 1963); Gill
v. Hearst Publishing Co., 253 P.2d 441(Supreme Court of California, 1953);
119) Restatement (Second) of Torts § 652B (1977), comment d.
120) Restatement (Second) of Torts § 652D (1977); Haynes v. Alfred A. Knopf, Inc.,
8 F.3d 1222(7th Cir. 1993); Dobbs(註 1), § 427(p. 1203).
121) Dobbs(註 1), § 427(p. 1203).
122) Dobbs(註 1), § 427(p. 1203).
123) Dobbs(註 1), § 427(p. 1203). 동소에 의하면 돕스는 사적 사항의 공개 보다는 사
적 영역의 침입이 프라이버시의 핵심에 보다 접근한 것이라고 평가한다.

정신적 고통을 야기하였다는 점을 강조하는 것이어서 사적 사항의 공개 여부에 대한 개인의 결정권이라는 독자성을 가지지 못한다.

c) 인격상의 왜곡

피고가 고의로 허위보도를 하여 원고의 인격상이 상당히 심각하게 왜곡된 경우에 '인격상의 왜곡'이라는 불법행위가 성립한다.[124] 이 유형은 명예훼손이나 고의에 의한 감정침해와 밀접한 관련을 맺는다.[125] 명예훼손을 통하여 전개된 제한을 회피할 수 있다는 우려에 기하여 '인격상의 왜곡'이라는 유형에 대하여 비판적 판례도 있다.[126]

명예훼손과의 밀접한 관련성 때문에 표현의 자유에 관한 헌법상 법리가 마찬가지로 적용된다.[127] 즉 공인인 경우에는 확실한 증거에 의하여 고의를 입증하여야 하나, 사인인 경우에는 과실을 입증하는 것으로 충분하다.

d) 인적 표지의 도용

초기에는 일반인의 인적 표지의 도용이 문제되었으나, 후기에는 유명인 또는 공인의 인적 표지의 도용이 문제되었고, 그 문제양상에 따라 초기에는 인격적 권리로 다루어졌으나 후기에는 경제적 권리로 다루어졌다.[128] 특히 최근에는 지적재산권, 부정경쟁방지, 상표권의 차원에서 인적 표지의 도용이 처리된다. 일부 법원은 일반인의 인적 표지의 도용의 경우에 구제수단을 인

---

124) Restatement (Second) of Torts § 652E (1977).
125) Dobbs(註 1), § 428(p. 1209). 미국 연방대법원은 명예훼손이 헌법상 권리를 침해하지 않는 것은 인격상의 왜곡의 경우에도 마찬가지라고 판시하였다(Paul v. Davis, 424 U.S. 693, 96 S.Ct. 1155, 47 L.Ed.2d 405(1976)).
126) Renwick v. News & Observer Pub. Co., 310 N.C. 312, 312 S.E.2d 405(1984); Cain v. Hearst Corporation, 878 S.W.2d 577, 579(Tex.1994); Lake v. Wal-Mart Stores, Inc. 582 N.W.2d 231(Minn. 1998); Dobbs(註 1), § 428.
127) Dobbs(註 1), § 428(p. 1210).
128) Dobbs(註 1), § 425(pp. 1198-1199).

정하지 않는다.[129)

공적 관심사에 대한 보도에서 타인의 초상이나 성명이 사용된 경우에는 설령 그것이 발행부수를 늘린다고 하더라도 프라이버시소권이 발생하지 않는다.[130) 또한 원고의 이름이 언급된 것만으로는 인적 표지의 도용에 의한 책임이 발생하는 것은 아니다.[131)

e) 헌법상 제한

표현의 자유를 규정한 수정 헌법 제1조에 의거 명예훼손과 유사한 프라이버시 침해사안(사적 사항의 공개나 인격상의 왜곡)에서는 허위의 입증이 요구되나, 인적 표지의 도용의 경우에는 허위성의 입증이 요구되지 않는다.[132)

3) 청구권자

프라이버시를 침해당한 본인만이 청구권을 행사할 수 있고, 그의 사망으로 청구권은 소멸하고 상속인이 승계할 수 없다.[133) 제3자의 프라이버시침해로 인한 정신적 고통에 대하여는 손해배상을 청구할 수 없다.[134)

129) Cox v. Hatch, 761 P.2d 556(Utah 1988).
130) Freihofer v Hearst Corp., 65 N.Y.2d 135, 480 N.E.2d 349, 490 N.Y.S.2d 735(1985); Dobbs(註 1), § 425(p. 1199).
131) Restatement (Second) of Torts § 652C(1977), comment c.
132) Dobbs(註 1), § 425(p. 1200).
133) Maritote v. Desilu Productions Inc., 345 F.2d 418, 420(US Court of Appeals, 7th Circuit, 1965); Young v. That was The Week That was, 423 F2d 265(US Court of Appeals, 6th Circuit, 1970).
134) Jack Metter v. Los Angeles Examiner, 95 P.2d 491(District Court of Appeal of California, 1939); Moore v. Charles B Pierce Film Enterpries Inc., 589 SW 2d 489(Court of Civil Appeals of texas, 1979).

4) 손해배상

원고는 프라이버시 침해 자체, 그로 인한 감정적 고통이나 굴욕감 그리고 특별 손해에 대한 손해배상을 구할 수 있다.[135] 다만 프라이버시의 침해가 출판에 의한 경우에는 표현의 자유의 법리에 의한 제한을 받게 된다. 연방대법원의 Gertz v. Robert Welch, Inc., 판결 이후로 프라이버시로 인한 손해배상은 명예훼손의 경우와 마찬가지로 '실질적인 손해'로 제한되고, '추정적 손해' 또는 '징벌적 손해'로 확대되지 않는다.[136]

5) 관련문제-퍼블리시티권의 침해

성명, 초상, 음성 등 인적 표지를 상업적으로 이용하는 것에 대하여 초기에는 프라이버시의 침해로 다루었으나, 점차 퍼블리시티권으로 다루기 시작하였다. 유명한 야구선수의 초상의 무단 이용이 문제된 사건에서 연방항소법원의 제롬 프랑크 판사는 자신의 초상을 상업적으로 이용할 권리를 퍼블리시티권으로 인정하였다.[137] 그후 연방대법원은 퍼블리시티권이 지적재산권과의 유사성을 강조하면서 재산권성을 긍인하였다.[138] 퍼블리시티권을 인정하는 이유는 '성가(good will)'의 절취를 통한 부당이득을 막고자 함이다.[139] 인적 표지는 유명인이든 일반인이든 관계없이 상업적 용도로 사용될 수 있다는 현실을 직시하여 그 침해에 대한 배상을 인정하는 것이다.[140] 일반인과

---

135) Restatement (Second) of Torts § 652H (1977).
136) Restatement (Second) of Torts § 652H (1977), comment.
137) Haelan Laboratories, Inc. v. Topps Chewing Gum, Inc. 202 F. 2d, 866, 868(2nd Cir. 1953).
138) Zacchini v. Scripps-Howard Broadcasting Co. (1977) 433 U.S. 562, 570ff.
139) Kalven, Privacy in Tort Law-Were Warren and Brandeis Wrong?, 31 Law & Contemp. Prob. 326, 331(1966); Zacchini v. Scripps-Howard Broadcasting Co. (1977) 433 U.S. 562, 576.
140) Dobbs(註 1), § 460(p. 1311).

유명인의 차이는 재산적 손해의 배상으로 얼마나 인정받느냐 그리고 무단
도용으로 인한 정신적 고통을 얼마나 배상받느냐에 있다.[141] 즉 일반인의 경
우에는 재산적 손해의 배상이 크지 않아 상대적으로 정신적 고통에 대한 배
상이 높게 책정될 것이고, 유명인의 경우에는 재산적 손해의 배상이 높게 책
정되어 정신적 고통에 대한 배상은 거의 인정되지 않을 것이다.

5.2.8. 재산 자체에 대한 침해

물건의 멸실 및 훼손 등과 같이 재산 자체에 대한 침해가 있는 경우에는
재산적 손해가 일반손해이고, 정신적 고통은 특별손해이다.[142] 물건이 손괴
된 경우에 가치감소액 또는 수리비, 일정기간 사용가능성이 침해된 경우에는
그 사용액 상당이 재산적 손해로 배상된다.[143] 다만 물건의 손괴에 대하여
정신적 고통이 배상되지 않으나, 고의적으로 애완동물을 가해한 경우에는 감
정적 고통에 대한 배상이 인정된다.[144]

5.2.9. 토지에 대한 침입(trespass to land)

1) 불법행위의 성립

고의로 타인의 토지에 침입하여 소유권을 방해하는 경우에 'trespass to
land'이라는 불법행위가 성립한다.[145] 다만 이 경우에는 고의가 요구되므로

---

141) Dobbs(註 1), § 460(p. 1311).
142) 22 Am. Jur. 2d Damages § 42(2007).
143) Dobbs(註 1), § 379(p. 1054).
144) Nichols v. Sukaro Kennels, 555 N.W.2d 689, 61 A.L.R.5th 883(Iowa 1996);
     Richardson v. Fairbanks North Star Borough, 705 P.2d 454, 456(Alaska 1985);
     Dobbs(註 1), § 379(p. 1056).
145) Dobbs(註 1), § 50(pp. 95f.).

과실로 타인의 토지에 침입한 경우에는 동 불법행위가 성립하지 않는다.[146]

2) 손해배상의 내용

토지에 대한 침입의 경우에는 유지명령이 예외적으로 발해질 수 있으나, 주된 구제수단은 손해배상이다.[147] 통상적으로 전보적 손해배상은 시가의 감소분 또는 원상회복비용과 같은 재산적 손해로 산정된다.[148]

토지침입 자체만에 의하여 명목적 손해배상이 인정되고, 더 나아가 주거침입이 반복되거나 악의적으로 행해지는 경우에는 정신적 고통에 대한 배상이 추가된다.[149] 또한 고의적 및 반복적 침입, 파괴 및 절취 등이 중첩적으로 이루어져 주거침입의 태양이 매우 악랄한 경우에는 징벌적 손해배상도 인정될 수 있다.[150]

5.2.10. 생활방해(nuisance)

1) 불법행위의 성립

간접적 방식으로 소유권의 행사를 수인한도를 넘게 침해하는 것은 '생활방해(nuisance)'라는 불법행위에 의하여 처리된다.[151] 생활방해는 공기오염,

---

146) Phillips v. Sun Oil Co., 307 N.Y. 328, 121 N.E.2d 249(1954); Dobbs(註 1), § 51(p. 100).
147) Dobbs(註 1), § 56(pp. 112-113).
148) Dobbs(註 1), § 56(p. 113).
149) Dobbs(註 1), § 56(p. 114).
150) Holliday v Campbell, 873 S.W.2d 839(Ky.App.1994); Hamilton Development Co. v. Broad Rock Club, Inc., 248 Va 40, 445 S.E.2d 140(Va. 1994); Epstein v. Cressey Development Corp. 89 D.L.R.4th 32(B.C.Ct.App. 1992); Dobbs(註 1), § 56(p. 114).
151) Dobbs(註 1), § 463(p. 1321).

수질오염, 분진, 소음, 악취 등에 의하여 이루어질 수 있다.[152]

2) 손해배상의 내용

생활방해에 대한 원칙적인 구제수단은 전보적 손해배상이고, 심각한 사안에 대하여는 징벌적 손해배상과 유지명령이 인정될 수 있다.[153] 전보적 손해배상은 시가의 감소분 또는 원상회복비용과 같은 재산적 손해로 산정되거나 육체적 불편과 같은 비재산적 손해로 산정된다.[154]

5.2.11. 단순한 정신적 고통에 대한 배상

1) 서설

신체에 대한 유형력을 행사하는 경우에는 인신침해의 불법행위(trespass to person)가 성립하며, 그로 인한 정신적 고통에 대한 배상이 관대하게 긍정되나, 재산적 이익을 주로 보호하고자 하는 불법행위의 경우에는 정신적 고통에 대한 배상이 대체로 부정된다.[155] 그리고 물리적 유형력의 개입없이 정신적 고통만이 침해된 경우에 이에 대한 손해배상책임은 엄격한 요건하에서만 인정된다.[156] 신체접촉이 없는 성희롱, 장래의 해악의 고지 등은 폭행 또는 이에 준하는 행위에 해당하지 않으나, 고의로 정신적 고통을 가한 불법행위에 해당한다.[157]

---

152) Dobbs(註 1), § 463(p. 1322).
153) Dobbs(註 1), § 468(p. 1338).
154) Dobbs(註 1), § 468(pp. 1340-1341).
155) Dobbs(註 1), § 302(p. 821).
156) Dobbs(註 1), § 8(pp. 3f.).
157) Restatement (Second) of Torts § 46 (1965); Dobbs(註 1), § 43(p. 80).

2) 고의불법행위에 의한 정신적 고통

제2차 불법행위법 리스테이트먼트 제46조는 고의에 의한 극도의 잔인한
행위로 중대한 정신적 고통을 가한 자에 대한 배상의무를 규정하고, 거의 모
든 법원은 이러한 원칙을 채택하고 있다.[158]

3) 과실불법행위에 의한 정신적 고통

종래 과실에 기한 가해행위로 인하여 타인에게 정신적 고통만이 발생한
경우에 법원은 그 배상을 거부하여 왔으나, 이러한 경향은 최근 들어 거의
사라졌다.[159] 즉 단순한 정신적 고통이라도 하더라도 예견가능한 것이라면
그 배상을 상당히 관대하게 인정한다. 다만 타인의 생명 또는 신체의 안전에
대한 걱정 또는 염려에 기한 정신적 고통에 대하여는 특별한 제한사유를 부
과한다.[160]

4) 손해배상의 내용

과실불법행위에 기한 정신적 고통은 예견가능한 경우에 한하여 배상된
다.[161] 특히 피해자가 중상을 입은 직후에 근친자가 그 사고현장에 가서 심
각한 정신적 고통을 받은 경우에 한하여 배상을 인정한다.[162]

---

158) Dobbs(註 1), § 303(p. 826).
159) Dobbs(註 1), § 308(p. 836).
160) Dobbs(註 1), § 308(p. 836).
161) Dobbs(註 1), § 308(p. 836).
162) Thing v La Chusa, 48 Cal.3d. 644, 257 Cal.Rptr. 865, 771 P.2d 814 (1989);
    Clohessy v. Bachelor, 237 Conn. 31, 675 A.2d 852(1996); Bowen v. Lumbermens
    Mut. Cas. Co., 183 Wis.2d 627, 517 N.W.2d 432(1994); Heldreth v. Marrs, 188
    W.Va 481, 425 S.e.2d 157(1992); Dobbs(註 1), § 302(p. 822).

6. 산정론

6.1. 일반원칙

6.1.1. 1회성의 원칙

손해배상은 과거, 현재 그리고 장래의 손해를 모두 포함하여 하나의 금액
으로 산정되어 명하여진다.[163]

6.1.2. 전보적 손해배상

전보적 손해배상액은 피해자가 실제로 입은 피해에 적합한 정도이어야 하
며, 이는 사실에 근거하여 공정하고 합리적인 기준에 의하여 산정되어야 한
다.[164] 육체적·정신적 고통에 대한 배상액은 매우 주관적이어서 배심원의
합리적 재량에 의하여 산정되어야 한다.[165] 주에 따라서는 사건의 특성상 분
명히 발생하였다고 보여지는 실질적 손해를 원고가 입증할 수 없는 경우에
'평균적 손해배상(temperate damages)'을 인정하는데, 이는 명목적 손해배상
을 넘어서는 금액으로 배심원이나 판사의 재량으로 선고된다.[166]

6.1.3. 징벌적 손해배상

BMW 구매자가 제작과정상의 흠을 숨기고 새 차량으로 판매한 것에 대하
여 BMW 생산자와 판매자 등을 상대로 전보적 손해배상과 징벌적 손해배상

---

163) Dobbs(註 3), § 1.1(p. 3); Fleming. The Law of Torts, 8th ed. 1992, p. 225.
164) 22 Am. Jur. 2d Damages § 125(2007).
165) 22 Am. Jur. 2d Damages § 221(2007).
166) 22 Am. Jur. 2d Damages § 26(2007).

을 구한 BMW v Gore 사건에서 연방대법원은 $ 2,000,000라는 징벌적 손해배상액은 가해자의 비난가능성의 정도, 피해자가 실제로 입은 불이익(전보적 손해배상액: $ 4,000)과 배상액의 비율이 500:1이라는 점에 비추어 극히 과도하다고 판시하였다.[167] 이러한 법리는 제조물책임에 한정되는 것이 아니라 명예훼손의 경우에도 적용된다.[168] 판례와 학설은 대체로 징벌적 손해배상액과 전보적 손해배상액사이의 합리적 비율이 유지될 것을 요구한다.[169]

징벌적 손해배상은 실질적으로 형벌의 부과라는 관점에서 산정된다.[170] 즉 귀책사유, 예방, 재산적 손해배상과의 완전한 독립성, 일사부재리의 원칙이 징벌적 손해배상액의 산정에서 고려된다.

6.2. 고려 요소

6.2.1. 전보적 손해배상

1) 육체적·정신적 고통

육체적·정신적 고통에 대한 손해배상액을 산정함에 있어 주로 고통의 강도와 그 지속기간이 고려되고, 성별, 나이, 생활조건 그리고 피해자의 민감성 등 제반사정이 참작된다.[171] 다만 감정적 고통의 정도와 지속기간은 피해자

---

167) 116 S.Ct. 1589(1996). 이 판결에는 4인의 다수의견(Stevens, Breyer, O'Connor, Souter), 반대의견(Scalia, Thomas), 반대의견(Ginsburg, Rehnquist)이 존재한다.

168) Sprague v. Walter, 656 A.2d 890, 929.

169) Palmer v Ted Stevens Honda, Inc., 193 Cal.App.3d 530, 238 Cal.Rptr. 363(1987); Nabours v Longview Sav. & Loan Ass'n, 700 S.W.2d 901 (Tex.1985); 22 Am. Jur. 2d Damages § 611(2007).

170) Ady, Ersatzansprüche wegen immaterieller Einbußen, 2004, S. 136.

171) Restatement (Second) of Torts § 905 (1979), comment i.

의 민감성에 따라 달라지는데, 현저하게 비합리적인 경우까지 고려되는 것은
아니다.[172]

2) 인생을 즐길 능력의 감소

인생을 즐길 능력의 감소와 기대여명의 감소도 중요한 고려요소라고
한다.[173]

3) 교제의 기회의 상실

피해자의 사망으로 인한 근친자의 위자료의 산정에 있어 피해자의 과실이
고려된다.[174] 왜냐하면 근친자의 청구는 피해자의 청구에서 파생된 것이기
때문이다.

6.2.2. 징벌적 손해배상

'징벌적 손해배상액'을 산정함에 있어서는 가해자의 행위의 비난가능
성, 가해자의 자력, 가해행위로 인한 수익, 소송비용, 민·형사상 제재의
총합, 가해자가 야기한 해악과 원고의 손해와의 비율이 고려된다.[175] 많
은 주에서는 '징벌적 손해배상액'을 산정함에 있어서는 '전보적 손해배상
액'을 고려하여 합리적으로 산정하여야 한다고 하나, 합리적 비율은 개별
사건에 따라 달라질 수 있는 것이므로 양자의 비율을 설정하는 것은 무리
라고 한다.[176]

---

172) Restatement (Second) of Torts § 905 (1979), comment i.
173) 22 Am. Jur. 2d Damages § 128(2007).
174) Dobbs(註 1), § 310(p. 843).
175) Restatement (Second) of Torts § 908(1979), comment. e; Dobbs(註 1), § 382(pp. 1067f.).

징벌적 손해배상이 선고되었다고 하여 형사 제재가 부정되는 것은 아니며, 형사 제재를 받았다는 점은 징벌적 손해배상액에서 고려될 뿐이다.[177) 징벌적 손해배상이 이중위험의 금지의 원칙에 반하는 것은 아니지만, 민·형사상 제재의 총합은 징벌적 손해배상 여부 및 그 배상액의 결정에 있어 중요한 고려요소라고 한다.[178)

6.3. 소송법적 문제

6.3.1. 산정 주체

배심원의 역할은 사실을 확정하는 것이며, 손해배상액의 결정도 배심이 증거에 기초하여 '사실문제'로서 평결한다.[179) 다만 청구에 대한 충분한 증거가 제시된 경우에 한하여 1심 판사는 사건을 배심원에게 인계하므로 1심 판사는 배심재판에 상당한 영향력을 행사할 수 있다.[180) 배상액의 산정은 배심원의 합리적 재량에 속하므로, 명백한 잘못이 없는 한 배상액은 지지된다.[181) 특히 위자료액의 산정은 보통 판사의 지시를 거의 받지 않고 배심원에 의하여 이루어진다.[182)

---

176) 22 Am. Jur. 2d. Damages, § 265(2007).
177) Restatement (Second) of Torts § 908(1979), comment.
178) Dobbs(註 1), § 382(p. 1068).
179) Dobbs(註 1), § 18(p. 33).
180) Dobbs(註 1), § 18(p. 34).
181) Kmart Corp. v. Kyles, 723 So. 2d 572(Ala. 1998); Gatewood v. Sampson, 812 So. 2d 212 (Miss. 2002); Francis v. Pountnet, 972 P.2d 143(Wyo. 1999); 22 Am. Jur. 2d Damages § 252(2007).
182) Schwartz, Damages under US Law: in, Magnus(ed.), Unification of Tort Law: Damages, p. 176.

6.3.2. 배심평결에 대한 통제

배상평결액이 과도하면 판사는 그 평결액을 감경할 수 있다.[183] 배상액의 상한이 법률상 정해진 경우에는 법관은 배심평결액을 법률이 정한 한도로 감경한다.[184] 법원은 징벌적 손해배상액이 과도한 경우에 재심리를 명하거나 배상액을 감경할 수 있다.[185]

6.3.3. 구체적 산정방안

명확한 기준이 없는 '육체적·정신적 고통'에 대한 배상액을 산정함에 있어서 배심원에게 명확한 산정 기준을 제시하려는 노력이 강구되었다. 그 하나의 방법이 '육체적·정신적 고통'을 시간을 단위로 하여 계산하는 방법(per-diem formula)인데, 이는 자의적인 계산방법이라고 비판을 받았으며, 일반적으로 고통에 대한 손해배상액을 증가시킨다고 알려졌다.[186] 다만 위와 같은 방법을 허가하는 것은 사실심 법원의 재량사항이다.[187] 배심원이 피해자의 입장에 처한 경우를 상정하여 고통에 대하여 어느 정도의 금액을 청구할 것인가를 반문하는 방법(golden rule argument)이 있는데, 이에 대하여 법원이 배심원을 피해자의 입장에 세워 놓는 것은 감정에 호소하는 것으로 정의의 눈을 가릴 수 있어 적절하지 않다는 비판이 있다.[188]

또 하나의 법정기술로 '육체적·정신적 고통'의 내용을 세분화하여 각각의

---

183) Schwartz(前註), p. 176.
184) Schwartz(註 182), p. 176.
185) Restatement (Second) of Torts § 908(1979), comment d.
186) Schwartz(註 182), p. 176; 22 Am. Jur. 2d Damages §§ 222, 223(2007).
187) 22 Am. Jur. 2d Damages § 225(2007).
188) F.W. Woolworth Co. v. Wilson, 74 F.2d 439, 442-443(5th Cir. 1934).

손해항목에 대하여 개별적으로 배상을 청구하는 방법이 있으나, 이에 대하여
는 손해가 이중으로 평가될 수 있다는 비판이 있다.[189]

---

189) Dobbs, Law of Remedies, Hornbook Series, 1973, pp. 548-550.

第3章

不法行爲法 統合을 위한 유럽의 論議

1. 유럽불법행위법원칙상의 위자료

1.1. 제정경위

1992년부터 학자들이 모여 소위 유럽불법행위법 위원회(Tilburg Group)를 구성하여 불법행위법의 근본문제, 최근의 발전양상, 앞으로의 방향 등을 연구하면서 유럽불법행위법 원칙이 제정되기에 이르렀다.[1] 유럽불법행위법원칙은 개별 국가의 법원칙들에 대한 일종의 타협점이고, 이를 통하여 개별 국가에 존재하는 차이를 좁히고 합리적인 해결책을 찾고자 하는 것이다.[2]

1.2. 위자료

1.2.1. 조문

유럽불법행위법원칙은 제10절 제301조에서 위자료에 관하여 다음과 같이 규정하고 있다.[3]

"① 이익의 보호범위에 비추어 어떤 이익의 침해는 비재산적 손해의 배상을 정당화할 수 있다. 이는 특히 피해자가 인신 상해를 당하였거나 인간의 존엄성, 자유 또는 기타 인격권을 침해당한 경우에 그러하다. 피

---

1) Principles of European Tort Law(이하 PETL 이하 함), Commentary: General Introduction, no. 1.
2) PETL, Commentary: General Introduction, no. 13.
3) 이는 유럽불법행위법원칙의 책자에 수록된 신유철 교수의 번역에 따랐다.

해자와 밀접한 관계에 있는 자가 피해자에게 사망 혹은 심각한 인신상해를 야기한 경우에도 비재산적 손해의 배상이 책임의 내용으로 될 수 있다.

② 일반적으로 이러한 손해를 산정함에 있어 침해의 중대성, 지속성 및 그 결과를 포함하여 해당 사안의 제반사정을 고려하여야 한다. 불법행위자의 과실의 정도는 피해자의 침해에 대한 그 기여가 명백할 경우에만 고려된다.

③ 인신 상해의 경우 비재산적 손해는 피해자의 고통 및 그의 육체적 또는 정신적 건강에 대한 침해에 상응하여 결정한다. (사망한 또는 심각한 인신상해를 당한 피해자와 긴밀한 관계에 있는 자의 손해를 포함하여) 손해를 산정함에 있어서는 객관적으로 비교가능한 손해에 대하여 유사한 금액이 인정되어야 한다"

1.2.2. 비재산적 손해의 정의

비재산적 손해는 피해자의 재산의 감소와 관련되지 않는 손해이며, 비록 제도의 규율과 범위에 있어 상당한 차이가 있다고 하더라도 유럽 각국의 불법행위법은 이러한 유형의 손해의 배상에 대하여 규정하고 있다.[4] 유럽불법행위법원칙은 인신상해사안에서의 위자료는 고통과 건강 또는 인생을 영위할 수 있는 능력에 대한 객관적 침해라는 두 가지 요소로 구성되어 있다고 본다(제10:301조 제3항 참조).[5] 비록 고통이 배상액을 증가시킨다고 하더라도 건강 또는 인생을 영위할 수 있는 능력에 대한 객관적 침해가 손해배상의 핵심을 이루는 것이어서 의식불명인 피해자에게 실질적인 배상이 인정되고, 이러한 입장은 현대의 유럽법체계에서의 지배적인 견해와 일치한다.[6]

---

4) PETL(註 1), Art. 10:301, no. 1.
5) PETL(註 1), Commentary, Art. 10:301, no. 10.

1.2.3. 위자료의 의의

피해자가 입은 고통에 대한 위안을 제공하며, 인간의 존엄성을 확인하고 부적절한 행동에 대한 제재를 가한다는 점에서 위자료는 중요한 기능을 수행한다.[7] 비재산적 손해를 산정함에 있어 어려움이 있다고 하더라도, 이는 엄연히 '실손해(real cost)'이다.[8]

1.2.4. 위자료의 기능

유럽불법행위법 제10:101조는 손해배상을 불법행위가 없었더라면 있었을 상태로 가능한 한 회복하고, 아울러 불법행위를 예방하는 것이라고 규정하여 손해배상의 목적을 전보와 예방으로 한정하였다. 징벌적 손해배상은 몇 몇 국가에서만 인정될 뿐 대부분의 국가에서는 인정되지 않는데, 유럽불법행위법 제10:101조에 의하여 징벌적 손해배상은 인정되지 않는다고 한다.[9] 그러나 대부분의 국가에서 비재산적 손해의 배상에 있어 '만족(satisfaction)'이라는 측면에서 가해자의 행위를 고려하는 명백한 경향이 간취되는데, 이는 징벌적 요소와 관련이 있다고 한다.[10]

1.2.5. 근친자의 위자료

피해자의 사망 또는 상해에 대한 근친자의 위자료청구권에 대한 유럽의 법상황은 매우 복잡하다고 한다.[11] 제정위원의 다수는 피해자의 사망이나

---

6) PETL(註 1), Commentary, Art. 10:301, no. 11.
7) PETL(註 1), Commentary, Art. 10:301, no. 4.
8) PETL(註 1), Commentary, Art. 10:301, no. 4.
9) PETL(註 1), Commentary, Art. 10:301, no. 9.
10) PETL(註 1), Commentary, Art. 10:301, no. 9.

상해에 대한 근친자의 슬픔에 대한 손해배상은 법질서에 확고하게 자리잡혀 있어 이를 부인하기는 어렵다는 점을 감안하여 근친자의 위자료를 긍정하였다고 한다.[12]

1.2.6. 발생원인

유럽불법행위법원칙은 위자료에 대하여 유연한 접근방식을 채택하였다. 물론 위자료가 주로 인정되는 분야로 인신 상해, 자유 그리고 인격권의 경우를 규정하였으나, 기타의 경우에 위자료가 부정되는 것은 아니라고 한다.[13] 다만 법원은 경미한 인신 상해의 경우에 위자료를 거부할 수 있다고 한다.[14]

1.2.7. 배상청구권자

유럽불법행위법원칙은 위자료청구권자를 명시적으로 규정하지 않았다.[15] 청구권자의 범주에는 배우자관계에 준하는 사실상의 동거자 뿐만 아니라 동성의 동거자도 포함되나, 배상청구권자와 피해자 사이에는 가족관계에 상응하는 것이 존재하여야 한다고 한다.[16]

1.2.8. 위자료액 산정시 고려사유

위자료액을 산정함에 있어 본질적으로 유사한 사건은 유사하게 처리하여

---

11) PETL(註 1), Commentary, Art. 10:301, no. 5.
12) PETL(註 1), Commentary, Art. 10:301, no. 5.
13) PETL(註 1), Commentary, Art. 10:301, no. 7.
14) PETL(註 1), Commentary, Art. 10:301, no. 7.
15) PETL(註 1), Commentary, Art. 10:301, no. 8.
16) PETL(註 1), Commentary, Art. 10:301, no. 8.

야 한다는 요청이 중요하고, 침해의 중대성, 지속성이 중요한 고려사유라고 한다.[17] 전보원칙에 충실한다면, 가해자의 행위가 오직 피해자의 고통에 기여하는 경우에만 그러한 사정이 위자료에서 고려된다고 한다.[18] 실무상 이러한 원칙은 고의행위나 의식적으로 무모하게 저지른 경우에 한정되고, 엄격책임이 적용되는 교통사고에서 귀책사유가 입증되더라도 배상액이 증액되지 않으며, 과실책임이 문제되는 사안에서 귀책사유의 정도를 상세하게 조사하는 것은 바람직하지 않다고 한다.[19]

2. 공통참조초안(DCFR)상의 위자료

2.1. 서설

유럽연합 집행위원회는 2004년 유럽계약법의 근본원칙과 모델법안을 담은 공통참조기준을 마련하고자 이를 위한 연구모임을 지원하기에 이르렀다. 위 연구 활동의 결산으로 2009년 원래 '계약법'의 통합 의도를 뛰어 넘는 사법 전 분야 (물권법 일정 부분 제외)에 걸친 규율모델안이 도출되었고, 그 중에서 제6장은 "타인의 손해를 야기한 비계약적 책임(Non-contractual Liability arising out of damage caused to another)"을 규율하고 있다.

2.2. 재산적 손해와 비재산적 손해

제2:101조 제4항은 재산적 손해는 일실수입, 지출된 비용 그리고 가치상

---

17) PETL(註 1), Commentary, Art. 10:301, no. 9.
18) PETL(註 1), Commentary, Art. 10:301, no. 9.
19) PETL(註 1), Commentary, Art. 10:301, no. 9.

실분을 포함하고, 비재산적 손해는 정신적 고통과 인생의 영위가능성의 침해를 포함한다고 규정한다. 특히 인신사고로 인한 후유증은 인생의 영위가능성에 대한 중대한 침해를 발생시킨다.[20] 또한 비재산적 손해에는 근친자의 사망 등으로 인한 위자료도 포함된다.[21]

2.3. 법익 자체에 대한 침해

3편 제6:204조는 제2:201조(인신사고의 경우)와 제2:203조(인격권침해, 자유의 침해 그리고 프라이버시의 침해)에 대한 손해배상을 명시적으로 규정한다. 제2:201조와 제2:203조가 규정하고 있는 법익의 침해는 그 자체로 배상되어야 한다. 이러한 개념은 이태리로부터 받아들여진 것이고, 점차 폭넓게 수용되고 있다.[22]

2.4. 중대성원칙

정신적 고통이 일상적으로 발생하는 정도를 넘어서지 아니하면 배상이 되지 않는다. 따라서 비재산적 손해에 대하여도 중대성의 원칙을 천명한 제6:102조가 적용된다.[23] 제6:102조는 사소한 손해는 고려되어서는 안된다고 규정하고 있다. 중대성과 관련하여서는 법익의 내용, 침해의 태양이 중요하게 고려된다.[24]

---

20) PEL/ von Bar, Liab. Dam., Chapter 2, Article 2:101, Comments, F. 32.
21) PEL/ von Bar, Liab. Dam., Chapter 2, Article 2:101, Comments, F. 33.
22) PEL/ von Bar, Liab. Dam., Chapter 6, Article 6:204, Comments, 2.
23) PEL/ von Bar, Liab. Dam., Chapter 2, Article 2:101, Comments, F. 30.
24) PEL/ von Bar, Liab. Dam., Chapter 6, Article 6:102, Comments, 2.

第4章

比較法的 考察의 結果

1. 비재산적 손해의 구체화

각국은 대체로 비재산적 손해를 크게 비재산적 법익 자체의 침해와 감정 손해로 분류하고 있다. 이는 비재산적 손해를 정신적 고통으로 일원화하는 우리와 좋은 대조를 이룬다. 물론 프랑스는 매우 다양한 유형의 비재산적 손해를 인정하고 있다. 비재산적 법익 자체의 침해를 비재산적 손해로 파악함에 있어 최근 들어 부각되고 있는 경향은 인생의 영위가능성의 침해에 대하여 중대한 의미가 부여되고 있다는 점이다. 인생의 영위가능성은 직업, 취미 활동, 결혼 등 다양한 내용을 포함하고 있는 것이며, 이는 인격의 자유로운 발현을 할 권리의 한 표현인 것이다. 손해항목을 세분화하는 것에 대하여는 이중배상의 위험이 존재하나, 이는 배상액 산정 사유의 적시를 통하여 충분히 해결될 수 있다.

2. 위자료의 의의

비교법적 고찰의 결과 위자료는 인격권의 보호와 밀접하게 관련되어 있으며, 동 제도는 모든 나라에서 확고하게 자리잡고 있다.[1] 위자료는 사람을 '육체적·정신적 완전성을 갖춘 존재'라는 점도 직시하고, 인간의 능력과 감정의 균형상태가 인간으로서의 삶의 질에 영향을 준다는 점에 대하여 충분한 의미를 부여하는 것이다. 손해를 금전으로 평가하기 곤란하다는 점이 달

---

1) Rogers, Comparative Report, in: Rogers(ed.), Damages for Non-Pecuniary Loss in a Comparative Perspective, 2001. Rn. 4(p. 247).

리 손해전보의 방법이 없는 경우에 손해배상을 배제할 합리적 근거가 되지는 못하는 것이다.[2] 인격권의 침해에 있어 손해배상은 대부분의 국가에서 중요한 역할을 수행하고 있으며, 이 경우에 위자료를 부정한다면, 위법행위에 대한 법률상 제재를 심각하게 감소시키는 결과를 초래할 것이다.[3]

3. 위자료의 기능

대부분의 나라에서 인신사고로 인한 위자료의 주된 목적은 손해의 전보라고 본다.[4] 대부분의 나라에서 가해자의 귀책사유의 정도에 따라 위자료액을 가감하는 것을 제재기능 또는 만족기능과 결부시킬 필요는 없고, 오히려 가해자의 귀책사유가 피해자의 정신적 고통을 가중시켜 손해배상액이 증가되는 것으로 볼 수 있다. 독일에서 아직까지 인정되는 만족기능이라는 것은 그 법적 근거가 명확하지 않고, 전보기능과 구별되는 독자성을 얻지 못하고 있다는 점을 유의할 필요가 있다. 학설은 대체로 위자료의 부수적 기능으로 예방기능을 인정하고 있다. 즉 손해배상책임의 부담으로 야기되는 예방효에 한정되고, 법경제학자들이 주장하는 바의 독자적 예방기능은 대체로 받아들여지지 않는다. 왜냐하면 불법행위는 원래 이미 발생한 불법행위의 처리를 목적으로 하는 것이지 장래의 행위를 주된 목적으로 삼는 것이 아니기 때문이다. 제재 및 예방을 정면으로 인정하는 징벌적 손해배상은 대륙법계의 국가에서는 받아들여지기 어려워 보이고, 유럽불법행위법원칙에서도 징벌적 손해배상이 채택되지 않았다.

---

2) Rogers(前註), Rn. 6(p. 248).
3) Rogers(註 1), Rn. 6(p. 248).
4) Rogers(註 1), Rn. 13(p. 251).

4. 위자료청구권자

4.1. 직접 피해자

타인의 불법행위로 인하여 비재산적 손해를 입은 자는 자연인이든 법인이든 그 배상을 청구할 수 있다. 다만 법인도 사회적 실체로서 쌓은 평판, 신용 등에 대하여 침해가 있으면 이에 대하여는 위자료가 인정될 수 있는 것이고, 이러한 태도는 각국의 입법례와 일치한다. 자연인에게 고유하게 인정되는 감정손해에 대하여는 법인에게 인정되기 어렵다.

4.2. 간접피해자

피해자의 사망이나 중상해로 인한 근친자의 위자료청구권에 대한 각국의 법상황은 다양하다. 근친자의 위자료에 대하여 프랑스가 가장 관대하고, 독일이 가장 엄격하다. 독일의 경우에는 근친자가 단순히 정신적 고통만을 느껴서는 위자료가 인정되지 않고, 정신질환이 발생하여야 비로소 위자료가 인정된다. 프랑스의 경우에는 위자료가 인정되는 근친자의 범위도 매우 넓다. 근친자의 위자료에 있어서 간취되는 중요한 경향은 법적 관계의 존부가 아니라 실제적인 인적 결합의 정도가 중요한 판단기준으로 작용한다는 것이다. 중상해는 시간이 경과되면서 슬픔이 완화되는 사망의 경우보다 근친자에게 지속적인 부담과 고통을 줄 수 있다는 점에서 대체로 중상해에 대한 근친자의 위자료가 인정되고, 그 액수도 사망의 경우보다 크다.[5]

---

5) Rogers(註 1), Rn. 37(p. 263).

5. 위자료청구권의 일신전속성

위자료청구권이 일신전속적이라고 하여 그 양도성 및 상속성이 곧바로 부정되는 것은 아니다. 오히려 피해자보호의 이념 등에 비추어 양도성과 상속성이 긍정될 수 있다. 각국의 입법례는 양도 및 상속성에 대하여 아무 제한 없이 긍정하는 입장과 제소 및 승인이라는 요건을 부가하는 입장으로 분류될 수 있다. 독일과 오스트리아는 종래 제소 및 승인이라는 요건을 부가하였으나, 피해자보호의 강화를 위하여 법률 및 판례의 변경을 통하여 그 요건을 폐지하였다.

6. 위자료의 발생원인

6.1. 일반원칙

대륙법계에서는 포괄적 법전을 통하여 위자료의 법적 근거가 규정되나, 영미법계에서는 전통적으로 인정되어온 소권에 의하여 위자료가 처리되는 차이를 보인다. 대륙법계는 법률상 근거가 있는 경우에 한하여 위자료를 인정하는 독일과 오스트리아와 일반조항에 근거하여 위자료에 관대한 프랑스와 스위스로 나뉜다. 영미법계는 소권법체계에 따라 위자료를 인정하나, 프라이버시 소권을 통하여 포괄적으로 인격적 이익을 보호하느냐에 따라 영국과 미국의 입장차이가 있다. 영국법원은 그 내용이 명확하지 않은 프라이버시 침해 소권을 인정하는 데에 매우 인색하였고, 인권법의 시행 이후에도 다른 소권, 특히 비밀보호소권(breach of confidence)을 통하여 법적 보호의 공백을 메꾸려는 경향이 간취된다.

6.2. 위험책임

일반 불법행위책임이 아닌 위험책임의 경우 법률의 다른 정함이 없는 한 일반적으로 위자료의 배상이 허용된다. 이는 피침해법익의 중대성의 차원에서 정당화된다. 신체상해에 있어 비재산적 손해를 일반적으로 배상가치가 있는 것으로 인정한다면, 위험책임의 경우에 이를 배제하거나 제한할 근거를 찾기가 어렵다.[6] 다만 위험책임에 관한 특별법상의 배상액제한규정에 의하여 간접적으로 위자료액이 제한되기도 한다.

6.3. 유형별 고찰

6.3.1. 인신사고

비교법적 고찰의 결과에 의하면 사망 자체에 대하여 위자료는 인정되지 않고 있는데, 이는 사망으로 인하여 법적 주체가 소멸한다는 사정에 기인한 것이다. 인신사고의 경우에는 침해법익의 중대성에 비추어 위험책임인 경우에도 각국은 대체로 위자료를 긍정한다.

6.3.2. 비인신사고 일반

비인신사고 사안에서 독일은 일반적 인격권의 침해에 의하여, 미국은 명예훼손과 프라이버시침해에 의하여 인격적 이익에 대한 금전배상이 인정된다. 프랑스는 민법 제9조의 사생활보호조항과 제1382조 이하의 일반불법행위조항에 의하여 위자료가 충실하게 인정된다. 스위스는 채무법 제49조를 통하여 인격적 이익의 침해로 인한 위자료를 긍정한다. 오스트리아는 독일과

---

6) Rogers(註 1), Rn. 12(p. 251).

같이 열거주의에 입각하여 인격적 이익의 침해에 대한 위자료가 엄격하였으나, 사생활보호조항의 신설 등 최근의 법개정으로 그러한 약점을 보완하려는 노력이 강구되고 있다. 영국은 종래 프라이버시권을 인정하지 않았으나, 명예훼손, 주거침입, 비밀보호 등을 통하여 금전배상을 허용하였다. 다만 영국은 인권법의 시행으로 공권력의 주체가 사생활의 비밀과 자유를 침해한 경우에는 불법행위를 구성하나, 사인간에도 그러한 불법행위가 인정되느냐에 대하여는 견해의 대립이 있다.

6.3.3. 재산권의 침해

재산권의 침해로 인한 위자료는 대체로 엄격한 요건하에서 인정되고, 이는 위자료에 대하여 매우 관대한 프랑스의 경우에도 마찬가지이다.

7. 산정론

7.1. 비재산적 손해의 산정방식

비재산적 손해의 산정방식은 크게 위자료가 피해자로 하여금 다른 재화를 구입하는 등으로 만족과 기쁨을 얻어 고통을 상쇄할 수 있다는 '기능적 접근 방식(functional approach)'과 비재산적 손해에 대한 '객관적 산정 방식(objective evaluation of the loss)'으로 나뉜다. 전자의 방식에 의하면 의식불명의 피해자에게 위자료를 부정할 수밖에 없어 유럽 각국의 대체적인 태도와 부합하지 않는다는 난점이 있다.[7] 모든 국가들은 객관적 산정방식에 의하더라도 법원이 개인의 구체적 사정을 고려하는 것을 허용한다.[8] 즉 주관적 고

---

7) Rogers(註 1), Rn. 16(p. 253).

찰방식과 객관적 고찰방식을 절충한 방식이 대세를 이룬다. 특히 프랑스 파
기원은 배상기준표는 배상액산정의 출발점에 불과하므로 이에 구속되어서는
안되고, 피해자의 구체적인 사정에 비추어 완전배상이 이루어져야 한다는 점
을 고려하여 배상액이 결정되어야 한다고 판시하였다.

7.2. 산정주체

대륙법계에서는 위자료를 판사가 산정하나, 영미법계에서는 위자료를 배
심원이 산정한다. 배심원에 의한 위자료액의 산정이 가지는 결점인 기본적
통일성의 결여를 보완하기 위하여 영국이 전통적으로 인정되어 오던 배심재
판을 줄이고, 항소심에 의한 심리를 강화한 사정을 유의할 필요가 있다. 이
러한 변화는 위자료액의 산정근거에 대한 당사자의 알권리가 확대되고 배상
액간의 기본적인 통일성에 대한 요구가 증대되었다는 점에서 기인한다.

7.3. 적정한 산정을 위한 방안

배상액간의 통일성을 확보하는 방안으로는 '기준표방식(disability schedule
and value table)'과 '선례방식(precedent)'이 있다.[9] 프랑스가 전자의 방식을 택
하고 있으며, 영국, 오스트리아, 독일이 후자의 방식을 택한다. 어느 방식을
택하든 간에 기본적 통일성을 확보하기 위하여는 상당한 판례가 축적되고, 판
결의 사실관계와 판결이유가 상세하게 적시되어야 하며, 항소심에 의한 통제
를 강화하며, 배상액에 관한 자료를 손쉽게 얻을 수 있도록 하여야 한다.[10]
위자료를 재산적 손해배상과 연동시키는 방안이 있는데, 교통사고와 같이

---

8) Rogers(註 1), Rn. 18(p. 254).
9) Rogers(註 1), Rn. 53(p. 274).
10) Rogers(註 1), Rn. 55(p. 276).

일상적으로 일어나고 의학적 판단과 결부되는 경우에는 상당한 효용성이 있을 수 있다. 그러나 법익의 중대성에 비추어 실질적인 손해배상(substantial damages)이 인정되어야 하는 경우에는 재산적 손해배상과의 연동은 자칫 실질적 손해배상을 가로막는 결과를 초래할 수 있다.

7.5. 산정요소

7.5.1. 일반

대체적으로 법익의 종류와 침해의 태양을 상관적으로 고려하여 위자료액을 산정한다. 특히 선정적 보도에서 동기와 올린 수익을 위자료의 산정에 있어 어느 정도로 반영할 것인지에 대하여는 나라마다 상당한 차이를 보이고 있다. 가령 영미법권에서는 선정적 보도로 인한 명예훼손에 대하여 징벌적 손해배상이 인정되기도 한다.

7.5.2. 고통의 인식가능성

대부분의 나라에서 의식불명자에 대하여 실질적인 손해배상(substantial damages)을 인정하고 있다.[11) 외국은 대체로 인신사고로 인한 비재산적 손해의 항목으로 크게 고통과 인생을 즐길 능력의 상실을 인정하고, 전자의 경우에는 인식가능성에 따라 배상여부를 결정하지만, 후자의 경우에는 인식가능성과 무관하게 배상을 긍정한다는 점에서 차이가 있다. 외국의 입법례는 대체로 의식불명자의 위자료액수는 고통을 느끼는 피해자의 위자료액수보다 적게 인정된다.

---

11) Rogers(註 1), Rn. 23(p. 257).

第5章

우리 民法上 解釋論

1. 서설

위자료라 함은 정신적 고통에 대한 배상에 한정되는 것이 아니라 비재산적 손해의 배상을 포괄한다. 위자료에 관한 구체적 고찰에 앞서 비재산적 손해는 무엇이며, 재산적 손해와 비재산적 손해의 구별기준은 무엇인가에 대한 분석이 선행되어야 할 것이다. 따라서 이하에서는 재산적 손해와 비재산적 손해의 구별에 관한 종래의 논의를 소개하고, 사견을 제시한 후 비재산적 손해의 구체화작업을 시도하고자 한다.

1.1. 재산적 손해와 비재산적 손해의 준별

1.1.1. 학설상황

민법 제751조는 타인의 생명, 신체 또는 명예를 해하거나 기타 정신상 고통을 가한 자는 재산이외의 손해에 대하여도 배상할 책임이 있다고 규정한다. 재산이외의 손해 즉 비재산적 손해와 재산적 손해를 어떻게 구별하여야 하느냐의 문제가 제기되는데, 이에 대하여는 학설의 대립이 있다. 제1설은 피침해법익의 성질에 따라 양자를 구별한다.[1] 즉 재산적 법익의 침해를 재산적 손해, 비재산적 법익(생명, 신체, 자유, 명예 등)의 침해를 비재산적 손해라고 한다. 제2설은 침해행위의 결과로서 발생하는 손해의 성질에 따라 양자를 구별한다.[2] 비재산적 법익의 침해의 경우에 재산적 손해 뿐만 아니라

---

1) 郭潤直, 債權總論, 第六版, 2003, 107면.
2) 金大貞, "債務不履行法體系의 재점검", 우리 민법학은 지금 어디에 서 있는가?-

비재산적 손해가 발생하며, 재산적 법익의 침해의 경우에도 정신적 고통이라
는 비재산적 손해가 발생한다고 한다.[3] 가령 인신사고의 경우에 일실수입과
치료비는 재산적 손해이고, 고통에 대한 배상은 비재산적 손해라고 한다.

1.1.2. 검토

재산적 법익에 대한 침해로 인하여 재산적 손해 뿐만 아니라 비재산적 손
해인 애호감정의 침해가 발생할 수 있고, 비재산적 법익의 침해로 인하여 법
익 자체의 침해, 인생의 영위가능성의 침해, 감정침해가 발생할 수 있다. 가
령 신체의 상해로 인하여 치료비, 일실수입과 같은 재산적 손해와 육체적·정
신적 고통, 인생의 영위가능성의 침해라는 비재산적 손해가 발생하며, 더 나
아가 명예훼손의 경우에도 명예자체의 침해, 인생의 영위가능성의 침해, 감
정침해라는 일련의 비재산적 손해 외에 대응광고비[4]라는 재산적 손해가 발
생할 수 있으므로 제2설이 타당하다. 다만 비재산적 손해의 내용은 통설과
판례와 같이 정신적 고통으로 일원화해서는 안되고, 구체적으로 세분화되어
야 한다.

한국 민사법학 50주년 회고와 전망, 민사법학 특별호(제36호)(2006. 12), 382면; 金
相容, 債權各論(下), 1998, 406면; 金容漢, 債權法總論, 1983, 194면; 金亨培,
債權總論, 제2판, 1998, 242면; 金曾漢·金學東, 債權總論, 제6판, 1998, 126-
127면; 民法注解[IX] 469-470면(池元林 집필).

3) 張在玉, "慰藉料에 관한 몇가지 考察", 韓國民法理論의 發展(II) [債權編], 李
英俊博士華甲紀念論文集(1999), 601면.

4) 大判 96. 4. 12, 93다40614, 40621(集 44-1, 民 323)은 비방광고로 인한 피해를 최
소한으로 줄이기 위하여 광고들이 실렸던 일간지마다 동일한 크기의 대응광고를 게
재할 필요가 있었다면, 그 비용도 비방광고들로 인하여 입은 손해라고 판시하였다.

1.2. 비재산적 손해의 구체화

1.2.1. 비재산적 법익 자체의 침해

비재산적 법익으로 생명, 신체, 자유, 건강, 성적 자기결정권, 명예, 성명, 초상, 사생활의 비밀 등이 있는데, 이에 대한 침해는 피해자의 인식여하에 무관하게 인정되는 것이며, 이에 대한 배상액은 객관적으로 산정되는 것이다. 객관적 법익 자체를 독자적인 비재산적 손해로 구성하는 것의 장점은 생명침해와 비재산적 기회상실에 대한 본인의 위자료를 적절하게 설명할 수 있다는 점이다. 즉사의 경우에 본인이 입는 순간적 고통에 대하여 외국의 학설과 판례는 대체로 미미한 것으로 보는 이상 본인의 위자료를 높게 인정할 근거가 박약하다.5) 생명이라는 법익이 가지는 비중에 비추어 생명 그 자체의 상실에 대하여 상당한 위자료가 인정되어야 하는 것이다. 말기 암환자에 대한 진단과오로 인한 의사의 손해배상책임에 대하여 하급심판례는 환자 본인에게 7,000,000원의 위자료를 인정하였다. 이 사안에서 환자 본인은 갑작스런 죽음을 당하였으므로 기회의 상실에 대한 정신적 고통을 상정하기 어렵다. 따라서 신변을 정리할 기회 그 자체의 상실에 대한 위자료를 긍정하는 것이 사태에 부합하는 이론구성이다.

특히 피해자의 사망 또는 중상해 등에 대한 근친자의 위자료와 관련하여 교육 또는 교제의 기회는 중요한 의미를 가지는 법익에 해당한다. 종래 근친자의 위자료는 정신적 고통에 한정하여 이해하려는 경향이 간취되었는데, 정신적·육체적 고통 이외에 부모와 자식, 배우자간의 인적 교류에 대한 정당한

---

5) 비교법적 고찰의 결과에 의하면 심각한 고통을 주는 사건이 피해자의 정신세계를 지속적으로 파괴한다는 점을 고려하여 배상액을 결정하는데, 즉사의 경우에 본인은 정신적 고통의 지속성을 결하여 위자료가 미미하다고 한다. 아동이 성추행으로 인하여 오랜 기간동안 대인기피증 등 정신질환을 겪게 되는 경우에 고액의 위자료가 인정되는 것은 즉사의 경우와 좋은 대조를 이룬다.

이익의 침해도 고려되어야 한다.

객관적 법익 자체의 침해의 중요한 유형에 해당하는 것이 인생의 영위가
능성의 침해이다. 인생의 영위가능성의 침해는 넓은 의미로 파악되어야 하
며, 직업, 결혼, 취미활동 등 다양한 내용에 대한 가능성의 침해를 말한다. 즉
직업의 포기를 가져오는 장애, 결혼가능성을 크게 감소시키는 추상, 장애로
인하여 운동을 즐길 수 없는 경우 등 다양하며, 이는 인격의 자유로운 발현
을 할 권리의 한 측면에 해당한다.

1.2.2. 감정손해

감정손해라 함은 법익침해에 대한 피해자의 대응으로서의 육체적·정신적
고통, 불쾌감, 공포, 불편함 등이 발생하여 피해자의 감정세계가 침해된 것을
말하는데, 외국의 학설은 대체로 감정손해가 충분히 확실하게 인정될 수 없
다는 점에도 불구하고 감정세계의 중요성을 고려하여 비재산적 손해의 하나
로 인정하고 있다. 물론 감정손해가 비재산적 손해에 포함된다고 하여 모든
감정손해가 금전으로 배상되는 것은 아니다. 단순한 불쾌감은 일상생활상 불
가피한 부분으로 감수되어야 할 것이지만,[6] 금전배상이 요청되는 감정손해
로 인정되기 위하여는 침해된 법익의 성격과 침해의 태양에 비추어 중대성
이 인정되어야 한다.

1.2.3. 소결

비재산적 손해의 내용을 정확하게 제시하는 작업을 통하여 위자료액의 적

---

6) Karner/Koziol, Der Ersatz ideellen Schadens im österreichischen Recht und Reform,
   15. ÖJT Band Ⅱ/1, 2003, S. 38f.; Stoll, Gutachten für 45. DJT, S. 143;
   Rummel/Reischauer, 3. Aufl. ABGB § 1325 Rn. 1.

정한 산정을 위한 초석을 쌓을 수 있다. 왜냐하면 위자료에 있어 가장 중요
한 지표는 피해자가 입은 불이익인데, 이는 객관적 법익 침해와 주관적 감정
침해로 대분될 수 있기 때문이다. 가령 피해자의 사망에 대하여 근친자는 피
해자의 사망으로 인한 슬픔만이 아니라 가족간의 교제기회의 상실이라는 비
재산적 손해도 발생하는 것이며, 사지마비의 경우에는 정신적 육체적 고통,
인생을 영위할 수 있는 가능성의 박탈(취미활동의 포기, 아이의 양육의 포기,
결혼가능성의 감소) 등의 일련의 비재산적 손해가 발생한다.[7] 또한 명예훼손
의 경우에도 외적 명예인 사회적 평가의 훼손만이 아니라 명예감정의 침해,
사회활동의 위축 등의 비재산적 손해가 발생하는 것이다.

2. 위자료의 법적 성질과 기능

2.1. 위자료의 법적 성질

1) 손해배상설

통설은 위자료를 손해배상으로 이해한다.[8] 근대법이 민·형사책임의 엄격
한 분화를 전제로 하고 있다는 데에 기초하는 것으로 비재산적 손해가 계량
적 평가가 불가능하더라도 손해의 전보가 불가능한 것은 아니며, 금전배상을
통하여 피해자의 고통이 감소될 수 있다고 한다.

---

7) Stoll(前註), S. 129.
8) 郭潤直, 債權各論, 新訂版, 1995, 822면; 金錫雨, 債權法各論, 1978, 555면; 金
   先錫, "慰藉料의 算定과 그 基準에 關한 諸問題", 裁判資料 21집(1984), 326면;
   金曾漢·安二濬, 新債權各論(下), 1965, 841면; 李太載, 債權各論新講, 1967,
   519면; 註釋 債權各則(IV)(1986), 162면(李根植 집필); 註釋 債權各則(8)(제3판,
   2000), 302면 이하(徐光民 집필). 金相容, 不法行爲法, 1997, 488면에 의하면 위
   자료의 본질적 성질은 손해배상이지만 징벌적 기능이 다소 가미될 수 있다고 한다.

2) 사적 형벌설

위자료는 피해자에게 발생한 손해를 전보하는 것이 아니라 가해자에게 일종의 벌을 주는 것이라고 한다.9) 이 학설은 정신적 고통을 느낄 수 없는 유아나 정신장애자에게도 위자료가 인정되고, 정신적 손해는 양적 측정이 불가능하여 손해배상으로 보기 어렵고, 위자료액은 가해행위의 성질과 정도에 따라 결정되고, 초상권이나 프라이버시와 같은 인격권의 침해에 대하여는 형법상 보호가 인정되지 않으므로 제재적 요소가 긍인되어야 하고, 위자료는 사적 제재이므로 이중처벌의 위험도 존재하지 않고, 손해배상액을 초과하는 이득을 노리는 행위에 대하여는 사적 제재로서 위자료가 인정되어야 한다고 한다.

3) 절충설

위자료를 손해의 전보나 제재의 어느 일방적인 것이 아니라 양자의 성질을 함께 가진다고 본다.10)

4) 검토

불법행위로 인하여 비재산적 손해가 발생한 경우에 엄밀한 의미에서의 손해의 전보가 어렵다고 하더라도 비재산적 손해에 대한 배상이 부정되는 것

---

9) 金基善, 韓國債權法總論, 1975, 86면; 金基善, 韓國債權法各論, 1982, 447-448 면; 李命甲, "制裁的 慰藉料의 立論(Ⅲ)", 司法行政 제28권 5호(87. 5), 33-34면; 張在玉(註 3), 622면 이하.

10) 金學洙, "慰藉料請求權에 관한 一考察", 郭潤直敎授 華甲紀念論文集, 1985, 774면; 윤철홍, "人格權侵害에 대한 私法的 救濟", 民事法學 제16호, 1998, 215 면; 註釋 債權各則(8)(제3판, 2000), 327면(金淑子 집필); 註釋 債權各則(7)(제3 판, 2000), 45면(朴哲雨 집필); 韓琫熙, "慰藉料請求權의 諸問題", 民事法과 環境法의 諸問題(松軒 安二濬博士華甲紀念論文集, 1986), 299면.

은 아니다. 비재산적 손해의 배상을 부정하고 재산적 손해의 배상만을 긍정하면, 비재산적 법익이 일반적으로 재산적 법익에 비하여 우월하다는 법적 평가에 비추어 심각한 불합리가 발생한다. 따라서 비재산적 법익의 중요성에 비추어 비재산적 법익의 침해에 대한 구제수단으로서의 금전배상이 인정되어야 한다. 비재산적 손해를 산정하기 어렵다고 하여 그 배상을 포기할 것이 아니라 오히려 비재산적 손해를 적정하게 산정하기 위한 방안이 진지하게 숙고되어야 한다.

사적 형벌설이 제기하는 주요한 비판은 가해자의 귀책사유에 따라 위자료액이 달라진다는 것인데, 이는 피해자의 정신적 고통이 가해자의 귀책사유에 따라 가감될 수 있다는 점을 고려하면 제재설에 의하지 않더라도 손해배상설에 의하여 충분히 합리적으로 설명될 수 있다. 다른 한편으로 가해자의 귀책사유가 손해배상액에 영향을 준다는 것은 위자료에 있어서는 재산적 손해의 배상보다 예방기능이 강조된다는 것을 의미한다. 법익의 우열에 따라 손해배상액이 달리 책정될 수 있다는 점에 비추어 법익의 침해에 보다 효율적으로 대응할 수 있다. 물론 이러한 주장이 예방기능을 강조하여 손해배상액을 무리하게 상향할 수 있다는 것은 아니다. 위자료의 제재기능이나 예방기능이 독자적인 기능을 행사하기 위하여는 제재나 예방을 위하여 '실손해(real costs)'를 넘어서는 정도로 손해배상액이 상향 조정되어야 하나, 현행 손해배상법은 그러한 체계를 인정하지 않고 실손해를 한도로 인정할 뿐이다. 손해배상법은 본질적으로 이미 발생한 손해의 전보를 목적으로 하는 것이고, 장래의 불법행위를 막는다는 사고는 불법행위법의 본령이 아니다.

2.2. 위자료의 의의

위자료는 사람을 '육체적·정신적 완전성을 갖춘 존재'라는 점도 직시하고, 인간의 능력과 감정의 균형상태가 인간으로서의 삶의 질에 영향을 준다는 점에 대하여 충분한 의미를 부여하는 것이다. 인격적 이익의 침해로 인한 손해배상청구권은 인격권의 침해에 대하여 실질적으로 거의 유일한 구제수단으로 기능하는 경우가 많다. 왜냐하면 통상적으로 인격권의 침해는 이미 침해가 완료되어 버린 경우에 대한 손해의 배상이 주로 문제되는 것이므로 사전적 구제수단은 큰 의미를 가지지 못하며, 인격적 이익은 그 성질상 침해에 대한 원상회복이 어려운 것이어서 원상회복이라는 구제수단의 실제적 효용도 상당히 떨어지기 때문이다. 인격적 이익의 침해로 인한 손해배상청구권은 재산적 손해배상청구권과 위자료청구권으로 나뉘는데, 재산적 손해는 그 입증이 매우 어려워 대개 충분한 배상을 받기 어렵기 때문에 그러한 사정을 위자료에서 어느 정도 고려할 것인지가 위자료의 보완적 기능의 차원에서 논의되는 것이다.

2.3. 위자료의 기능

2.3.1. 서설

위자료를 손해배상으로 보는 견해에 의하면 손해의 전보를 그 기능으로 보나, 위자료를 사적 형벌로 보는 견해에 의하여 가해자에게 일종의 벌을 주려는 것으로 보아 제재기능을 긍정한다. 민사책임과 형사책임의 분리라는 근대법의 요청에 따라 제재기능은 형사책임에서 다루는 것이므로 민사책임에서 제재기능을 전면적으로 인정하기는 어렵고, 손해배상책임을 통하여 가해자에 대한 부정적 인식을 심어준다는 차원에서 제재 및 예방기능을 위자료의 부수적 효과로 인정할 수 있다는 견해가 주장되었다.[11]

---

11) 徐光民, "慰藉料에 관한 몇 가지 문제점", 서강법학연구 제2권(2000. 3), 140면; 註釋 債權各則(8)(제3판, 2000), 303면(徐光民 집필).

2.3.2. 전보기능

불법행위의 효과로서의 손해배상이라 함은 불법행위로 인하여 피해자에게 발생한 손해를 전보하여 불법행위가 없었던 상태로 가능한 한 회복하고자 하는 것이며, 이러한 기능을 전보기능이라고 한다. 재산적 손해의 경우에는 차액설에 따라 불법행위를 전후로 하여 재산적 차이를 평가하여 그 차액을 배상하여 불법행위 이전의 상태로 되돌리고자 하는 것이므로 전보기능이 잘 설명된다. 그러나 비재산적 손해에 있어서는 전보기능이 잘 설명되지 않는다. 왜냐하면 비재산적 손해는 그 성질상 원상회복이 어렵고, 더 나아가 재산적 평가가 어려운 것이기 때문이다.

그렇다면 비재산적 손해의 경우에는 전보기능을 어떻게 이해하여야 할 것인지가 문제된다. 위자료에 있어 전보기능에 대한 각국의 이해가 통일되어 있지 않다는 점도 유의할 만하다. 비재산적 손해를 육체적·정신적 고통에 대한 배상으로 이해한다면, 위자료를 고통을 잊게 하고 기쁨을 줄 수 있는 재원을 마련하는 것이라고 파악할 수 있을지도 모른다. 그러나 앞서 살핀 바와 같이 감정손해 뿐만 아니라 객관적 법익 침해도 비재산적 손해에 해당한다는 점에서 그러한 이해는 타당하지 않다.

위자료는 법익 자체의 침해와 정신적 고통 등 비재산적 손해를 규범적으로 평가한 것이므로 비재산적 손해에 대한 규범적 대가물이라고 말할 수 있겠다. 왜냐하면 규범적 평가수단으로 금전 이외의 다른 대안이 없어 입법자가 금전배상주의를 채택한 것이기 때문이다. 따라서 위자료를 정신적 고통과 결부시켜 피해자에게 고통을 경감하고 기쁨을 창출하여야 한다는 사고에 집착할 필요가 없는 것이다. 외국의 일부 학설은 의식불명자의 경우 피해자 본인이 유용하게 배상금을 사용할 수 없고, 가족들이 사용할 수 있다는 점에서 위자료가 부정되어야 한다는 논리를 전개하나, 앞서 말한 바와 같이 위자료는 그러한 기초위에서 인정되는 것이 아니다.

2.3.3. 예방기능

예방기능이라 함은 사전에 손해발생을 초래하는 불법행위를 예방하는 기능을 말한다.[12] 그러나 이러한 예방기능은 손해배상액의 적정한 평가와 그로 인한 책임의 추궁을 통한 부수적인 것이라고 할 것이다. 또한 징벌적 손해배상제도를 채택하고 있는 영미법권과는 달리 우리나라는 실손해를 초과하는 금액을 손해배상의 명목으로 부과하여 가해자를 제재하고 이를 통하여 이와 유사한 행위의 재발을 방지하고자 하는 방식을 채택하지 않고 있다. 우리 손해배상법은 완전배상주의를 채택함과 아울러 이득금지원칙을 채택하고 있다. 즉 불법행위를 통하여 이득을 취할 수 없는 것이고, 예방기능을 통하여 손해액을 높게 산정하여 이를 받는 것도 역시 허용되지 않는다.

최근의 대법원판결에 의하면 항공사측의 중대하고 전적인 과실로 대형참사를 초래한 항공기사고에 대하여는 고액의 위자료를 부과함으로써 가해자를 제재하고 유사한 사고발생을 억제·예방할 필요도 있다고 한다.[13] 그러나 위 판결이 제재기능까지 인정한 것은 받아들이기 어렵다. 침해의 태양과 침해의 결과 등에 비추어 비재산적 손해가 중대하게 평가되어 손해배상액이 증가하는 한도에서만 위자료의 증가가 정당화된다고 할 것이다. 보험회사의 자력이 충분하다고 하여 손해배상법의 기본원리를 수정할 것은 아니다.

또한 손해배상법은 과거의 불법행위로 인하여 발생한 손해의 전보를 목적으로 하는 것이지, 장래의 불법행위를 예방하는 것을 목적으로 삼지 않는다.[14] 다만 침해법익의 우열에 따라 배상액이 가감되고, 가해자의 귀책사유의 정도와 동기에 따라 피해자의 정신적 고통이 가감되고 이에 따라 위자료가 증감될 수 있다는 점에서 위자료는 재산적 손해배상에 비하여 예방기능

---

12) 朴東瑱, "損害賠償法의 指導原理와 機能", 比較私法 11권 4호(2004. 12), 309면.
13) 大判 2009. 12. 24, 2008다3527(公 2010, 202).
14) 朴東瑱(註 12), 312-313면.

이 보다 강조된다고 할 것이다.

2.3.4. 제재기능

1) 제재기능 인정 여부

일부 학설은 손해배상이 실손해의 전보만이 아니라 손해야기자에게 책임을 전가시킨다는 측면에서 제재기능이 인정될 수 있다고 한다.[15] 특히 배상액의 산정에 있어 가해자의 행위에 대한 속죄 또는 제재, 피해자의 만족 등의 요소가 고려되는 것이므로 제재기능을 인정하는 것이 실제에 부합하다고 한다.[16] 그러나 우리 민법은 완전배상의 원리에 따라 불법행위이전의 상태로 손해를 전보하는 것을 인정할 뿐, 그 이상의 손해를 인정하여 가해자를 제재하는 입장을 취하지 아니한다. 가해자의 귀책사유나 동기에 의하여 피해자의 정신적 고통이 가중되고 그에 따라 위자료가 증가하는 것을 통하여 간접적·부수적으로 제재기능이 인정될 뿐이다.

2) 징벌적 손해배상의 인정여부

우리 나라에서 징벌적 손해배상제도를 도입하자는 견해는 민법을 개정하여 일반적으로 징벌적 손해배상을 명할 수 있도록 하자는 것[17]과 특별법에서 징벌적 손해배상을 정하도록 하자는 것[18]으로 나뉜다. 다만 징벌적 손해

---

15) 朴東瑱(註 12), 313면.
16) 朴東瑱(註 12), 314-315면; 李相京, "言論報道에 의한 名譽毀損訴訟의 慰藉料 算定에 관한 硏究", 言論仲裁(1992. 3), 52-55면; 張在玉(註 3), 630-633면 이하.
17) 윤정환, "징벌적 손해배상에 관한 연구", 民事法學 제17호(99. 4), 87면.
18) 김성천, "징벌적 손해배상제도와 소비자피해구제", 한국소비자보호원, 2003, 102면 이하; 장재옥, "사적 제재로서 위자료와 징벌적 손해배상", 사법제도개혁추진위원회편, 사법 선진화를 위한 개혁: 사법제도개혁추진위원회 자료집 제15집, 2006, 697면.

배상을 찬성하는 견해에 의하더라도 동 제도를 구체적으로 어떻게 설계할
것인가에 대하여는 의견의 일치를 보지 못하고 있다.

그러나 징벌적 손해배상제도는 실손해만을 전보하는 우리나라의 손해배상
법체계와 맞지 않고, 예측가능성이 현저하게 떨어진다는 점에서 법의 지배원
리에 반할 수 있는 것이다.[19]

2.3.5. 만족기능

위자료의 만족기능이라 함은 위자료의 지급에 의하여 피해자가 개인적으
로 받은 인격적 모욕이나 명예훼손, 그 밖의 불법·부당한 처사에 대하여 피
해자를 심리적·감정적으로 만족시키는 기능을 말하는데, 위자료의 지급으로
인한 심리적 만족은 부수적 기능에 불과하고 본래의 기능인 전보기능에 대
응하는 것은 아니다.[20] 만족기능설은 피해자의 만족가능성에 입각하여 논의
를 전개하나, 만족을 느낄 수 없는 피해자(의식불명자)에게 만족기능을 부인
하는 불합리한 결과를 초래한다. 스위스에서 '만족(Genugtuung)'이라는 제도
는 비재산적 손해의 배상인 위자료를 의미하고 독자적인 만족기능이 인정하
지 않으며,[21] 독일에서도 만족기능에 대한 비판이 거센 상황이므로[22] 외국

---

19) 김재형, "징벌적 손해배상제도의 도입문제", 언론과 법의 지배, 2007, 171면-175면.
20) 同旨: 徐光民(註 11), 139-140면.
21) BGE 123 Ⅲ 10 E. 4c/bb; Honsell, Schweizerisches Haftpflichtrecht, 4. Aufl. 2005,
    § 10 Rn. 3(S. 112).
22) Staudinger/Schäfer, 12. Aufl. § 847 Rn. 11; Münchkomm/Oetker, 5. Aufl. § 253
    Rn. 11; Lorenz, Immaterieller Schaden und billige Entschädigung in Geld, S. 111;
    Münchkomm/Stein, 3. Aufl. § 847 Rn. 4; Münchkomm/Mertens, 2. Aufl. § 847 Rn.
    2; Münchkomm/Schwerdtner, 3. Aufl. § 12 Rn. 292, 293; Schwerdtner, Der
    zivilrechtliche Persönlichekeitsschutz, JuS 1978, S. 297; Klimke, Anmerkung zum
    Urteil des LG München Ⅱ vom 28. 5. 1980, VersR 1981, S. 391; Lange/
    Schiemann, Schadensersatz, 3. Aufl. 2003, § 7 Ⅴ 2; Esser/Weyers, § 61 Ⅱ 1 b;
    Ady, Ersatzansprüche wegen immaterieller Einbußen, 2004, S. 111; Hirsch, Zur

의 이론을 무비판적으로 받아들일 것은 아니라고 본다.

2.3.6. 금전의 만족적 기능

금전의 만족적 기능은 금전이 모든 가치의 대표적 수단으로서 정신적 고통을 받은 자에게 그에 알맞은 정신적 만족을 줄 수 있느냐의 문제이다. 이에 대하여 현대사회의 관념에 비추어 금전은 보편적인 가치척도로서 재산분쟁에 대한 마지막 구제수단의 기능을 수행하는 점에 비추어 금전의 만족적 기능은 인정된다는 견해[23], 금전의 만족적 기능과 위자료의 만족적 기능을 전혀 차원을 달리하는 것이라는 견해[24], 그리고 위자료의 만족기능을 전보적 관점이 아니라 제재적 관점에서 이해하는 것이 타당하다는 견해[25]가 대립한다.

손해배상금이 가지는 일반적 기능을 금전의 만족적 기능이라고 보면서 이를 위자료의 만족기능과 결부시키는 것은 타당하지 않다. 비재산적 법익 자체에 대한 손해와 정신적 고통 등 감정손해를 규범적으로 평가하여 산출된 것이 위자료라고 보면 되고, 여기에 만족기능을 결부시키는 것은 문제를 해결하기 보다는 오히려 만족가능성과 관련된 어려운 문제를 발생시킬 뿐이다.

Abgrenzung von Strafrecht und Zivilrecht, FS Engisch, S. 310; Amelung, Der Schutz der Privatheit im Zivilrecht, 2002, S. 307; Canaris, Gewinnabschöpfung bei Verletzung des allgemeinen Persönlichkeitsrechts, FS Deutsch, S. 103.

23) 郭潤直, 債權各論, 新訂版, 1995, 822면; 註釋 債權各則(8)(3판, 2000), 326면 (金淑子 집필); 註釋 債權各則(Ⅳ)(1986), 163면(李根植 집필); 韓琫熙, "慰藉料 請求權의 諸問題", 民事法과 環境法의 諸問題(松軒 安二濬博士華甲紀念論文集, 1986), 300면.

24) 徐光民(註 11), 140면.

25) 張在玉(註 3), 632면.

2.3.7. 보완적 기능

위자료의 보완적 기능이라 함은 재산적 손해의 발생을 인정되나, 손해액에 대한 구체적 입증이 곤란하여 충분한 손해전보가 어려운 경우에 이러한 점을 참작하여 위자료를 증액함으로써 손해전보의 부족분을 어느 정도 보완하는 것을 말한다.26) 이에 대하여 대법원은 위자료의 보완적 기능은 재산상 손해의 발생이 인정되는 데도 손해액의 확정이 불가능하여 그 손해 전보를 받을 수 없게 됨으로써 피해회복이 충분히 이루어지지 않는 경우에 이를 참작하여 위자료액을 증액함으로써 손해전보의 불균형을 어느 정도 보완하고자 하는 것이므로 함부로 그 보완적 기능을 확장하여 그 재산상 손해액의 확정이 가능함에도 불구하고 편의한 방법으로 위자료의 명목 아래 사실상 손해의 전보를 꾀하는 것과 같은 일은 허용되어서는 안된다고 판시하여 그 예외적 성격을 명확히 하였다.27) 위자료는 엄격한 입증을 요구하는 것으로 인하여 발생하는 불합리를 일부 해소하는 긍정적인 측면을 갖는다고 할 것이다.

대법원이 위자료의 보완적 기능에 대해 엄격한 입장을 취하는 것은 타당하나, 사안의 성격에 비추어 손해의 입증이 어려운 경우에는 유연한 입장을 취할 필요가 있다. 즉 장래의 불확실한 재산적 손해는 그 성질상 입증이 어려운 것인만큼 위자료액의 산정에 있어 재산적 손해배상의 여부 및 다과를 고려함이 상당하나, 유사사건에서의 배상액과의 면밀한 비교를 통하여 위자료액수를 통제할 필요가 있다. 결국 위자료라는 것이 엄격한 입증책임원칙에 따를 경우의 불합리를 시정하기 위한 예외적 성격도 가지는 것이므로 대법원이 견지하고 있는 태도는 건전한 것으로 보이며, 재산적 손해배상청구권과 비재산적 손해청구권이 그 소송물을 달리하는 점에서도 그러하다.28)

---

26) 徐光民(註 11), 141면.
27) 大判 84. 11. 13, 84다카722(公 1985, 23).
28) 徐光民(註 11), 142면. 金先錫(註 9), 362면에 의하면 위자료의 보완적 기능은 재산적 손해전보의 불충분을 보완하기 위하여 위자료를 증액하는 경우에만 활용되어

3. 위자료청구권자

3.1. 자연인

타인의 불법행위로 인하여 재산 이외의 손해를 입은 자연인은 위자료를 청구할 수 있다. 자연인에게는 남녀노소를 불문하고 위자료청구권이 인정되나, 정신적 고통의 인식가능성이 현저하게 떨어지는 경우에 위자료를 어느 정도로 책정할 것이냐와 관련하여서는 어려운 문제가 제기된다. 즉 태아, 유아, 심신상실자의 위자료가 그러하다.

3.2. 법인, 비법인사단·재단 등

3.2.1. 법인

1) 판례

법인이 비방광고 등에 의하여 명예나 신용이 훼손된 경우에 위자료를 청구할 수 있는지가 문제된다. 판례는 비재산적 손해는 정신적 고통만을 의미하는 것은 아니고, 그 외의 수리적으로 산정할 수 없으나 사회통념상 금전평가가 가능한 무형의 손해도 포함된다고 보아 법인의 명예훼손의 경우에 무형의 손해에 대한 금전배상을 허용하였다.[29]

2) 학설

학설은 대체로 판례가 견지하고 있는 무형손해론에 찬성한다.[30] 다만 일

야 하고, 위자료를 감액하는 쪽으로 활용되어서는 안된다고 한다.
29) 大判 96. 4. 12, 93다40614,40621(公 1996, 1486).

부 학설은 무형손해라는 개념에 대하여는 부정적이고, 법인이 사회에 대하여 가지는 지위인 명예, 신용의 침해라는 비재산적 손해에 대한 배상을 긍정하면 족하다고 한다.[31] 또 다른 일부 학설은 법인에게 정신적 고통은 없고 법인 스스로 만족을 느낄 수 없지만, 불법에 대한 추급으로서 가해자측 사정을 보고 일종의 사적 제재의 의미에서 만족기능을 갖는 위자료를 인정하자고 주장한다.[32]

3) 검토

비재산적 손해를 반드시 정신적 고통과 결부시켜야 하는 것이 아니고, 사회적 존재로서의 법인의 실체에 맞추어 그 사회적 평가의 침해와 목적 수행의 곤란을 비재산적 손해로 평가하고, 이를 배상하는 것으로 해석하면 족하고, 법인의 위자료를 위하여 만족기능이나 제재기능을 도입할 필요는 없다. 또한 법인과 같이 영업활동을 하는 경우에는 장래의 불확실한 재산상 손해가 발생하는 점도 적정하게 고려하여야 하며, 법인에게 있어 목적은 자연인에게 있어서 인격에 상응하는 것이므로 목적 수행에 장애를 입은 정도는 중요한 비재산적 손해의 내용으로 고려되어야 한다.

그러나 판례가 채택하고 있는 '무형손해론'은 재산적 손해와 비재산적 손해를 엄격하게 준별하는 우리법의 태도와 일치하지 아니하고, 더 나아가 위

---

30) 金曾漢·金學東, 債權各論, 제7판, 2006, 902면; 註釋 債權各則(7)(제3판, 2000), 人格權의 侵害, 43면(朴哲雨 집필); 洪春義, "名譽毀損과 民事責任", 法學硏究 제19집(전북대 법학연구소, 1992), 157면. 金曾漢·金學東, 債權各論, 제7판, 2006, 902면은 위자료가 객관화되어 가는 추세를 고려할 때 법인의 사회적 평가에 대한 저하에 대한 위자료를 인정할 수 있다고 한다.
31) 洪天龍, "法人의 名譽毀損과 民法 第751條의 適用與否", 慶熙法學 제7집 (1968), 75면.
32) 장재옥, "연예인의 성명·초상의 경제적 가치 보호와 손해배상법의 역할", 법학논문집 제27집 제1호(2003. 8), 117면.

자료의 보완적 기능에 반할 우려가 있으므로 받아들이기 어렵다. 왜냐하면 무형의 손해에는 재산적 손해와 비재산적 손해가 모두 포함되는 것이기 때문이다.[33] 더 나아가 위자료가 인정되기 위하여 반드시 정신적 고통이 있어야 하는 것은 아니며, 법인에게도 비재산적 손해가 발생할 수 있으므로 법인이라고 하여 무형손해론을 도입할 필요는 없다.[34]

3.2.2. 비법인사단 등

학설과 판례는 대체로 종중과 같이 소송상 당사자능력이 있는 비법인사단 역시 명예훼손을 이유로 무형손해의 배상을 청구할 수 있다고 본다.[35]

3.2.3. 조합

학설은 대체로 조합원 사이의 계약관계라는 법률적 성질을 가진 조합도 조합원의 개별적 특성을 떠나 사회적 단체로서 독립하여 활동하는 이상 고유의 사회적 평가를 갖고 있는 것이기 때문에 그 사업상 신용 및 평판을 저하시키는 행위는 조합의 명예훼손이 된다고 한다.[36] 그러나 조합 자체에 대하여는 조합구성원과 독립된 사회적 실체가 인정되기 어렵다고 할 것이므로 별도로 조합에 대하여 위자료청구권을 인정할 것은 아니고, 조합구성원의 위

---

33) 同旨: 註釋 債權各則(8)(제3판, 2000), 274-275면(徐光民 집필),
34) 同旨: 洪天龍(註 31), 75면. 그는 법인은 자연인과 마찬가지로 그 성질, 행상, 신용 등에 있어 세인으로부터 받는 그에 상당한 평가를 기준으로 하여 명예, 품위, 신용이 떨어진 경우에 그 법인은 비재산적 손해를 입게 된다고 하면서 이러한 비재산적 손해도 배상되어야 한다고 주장한다.
35) 大判 97. 10. 24, 96다17851(公 1997, 3574); 郭潤直, 債權各論, 第六版, 2007, [242](450면).
36) 民法注解 [ⅩⅨ], 後論 Ⅰ[人格權侵害], 429면(李在洪 집필); 註釋, 債權各則(7)(제3판, 2000), 67면(朴哲雨 집필).

자료청구권을 인정하는 것으로 법적 보호는 충분하다.

3.3. 간접피해자

3.3.1. 서설

직접적인 법익침해를 당하지 않은 자 중에서 어느 범위의 사람에게 위자료가 인정되어야 하는지가 문제된다. 위자료청구권자의 범위를 제752조 소정의 자로 한정할 것이냐 아니면 제752조를 넘어서는 근친자로 할 것이냐 아니면 인적 제한이 아니라 중대한 정신적 고통이라는 요건을 설정할 것이냐의 문제가 발생한다. 배상청구권자의 범위를 적정하게 제한하지 않으면 가해자의 책임의 범위가 무한히 확대될 위험이 상존하게 된다.

3.3.2. 근친자의 위자료청구권

1) 판례

대법원은 민법 제752조를 예시적 열거 규정이라고 보아 제752조에 규정된 친족 이외의 친족도 정신적 고통을 입증하면 제750조, 제751조에 의하여 위자료를 청구할 수 있다는 태도를 견지하고 있다.[37] 또한 민법 제752조 소정의 친족관계는 호적상의 친족관계 뿐만 아니라 사실상의 친족관계도 포함한다고 한다.[38]

---

37) 大判 63. 10. 31, 62다558(集 11-2, 民 219); 大判 67. 9. 5, 67다1307(集 15-3, 民 35)(망인인 피해자의 누나에게 위자료를 인정함).
38) 大判 62. 4. 26, 62다72(集 10-2, 民 226); 大判 66. 6. 28, 66다493(集 14-2, 民 85).

2) 학설

a) 다수설

다수설은 제752조는 피침해법익과 청구권자를 예시하는 것으로 동조에 열거된 자의 정신적 손해를 추정하여 피해자의 입증책임을 경감하는 규정이라고 해석한다.[39] 친족관계는 반드시 법률상의 친족관계이어야 하는 것이 아니고, 사실상의 친족관계가 있는 경우도 포함된다.

b) 소수설

소수설은 제752조는 망인의 위자료청구권을 부정하고 사망으로 인하여 위자료를 청구할 수 있는 근친자의 범위를 한정하는 규정이라고 한다.[40] 다만 동조에 의하여 열거되지 않은 자는 유추의 방법에 의하여 위자료청구권이 긍정될 수 있다고 하면서 사실혼 관계에 있는 배우자를 위자료청구권자에 포함시킨다고 한다.[41]

---

39) 郭潤直, 債權各論, 第六版, 2007, [242](453면); 金起東, "生命侵害로 因한 遺族의 損害賠償請求", 論文集(嶺南大), 1권(基二, 67. 12), 117면; 金相容, 不法行爲法, 1997, 490-491면; 金容漢, "生命侵害의 경우의 慰藉料 請求權者", 法曹 17권 5호(68. 5), 73면; 金曾漢·安二濬, 新債權各論(下), 1965, 855면; 金顯泰, "生命侵害로 인한 損害賠償", 고시연구(69. 3), 54면; 鄭範錫, "生命侵害로 인한 慰藉料", 司法行政 10권 11호(69. 11), 39면.

40) 權龍雨, "不法行爲로 인한 慰藉料請求權者의 範圍-대법원 1978. 9. 26. 선고 78다1545 판결-", 判例月報 104호, 100면; 金容晋, 債權法各論, 1961, 326-327면; 朴禹東, "民法 제752조의 意義", 인신사고소송, 1981, 238면 이하; 李英燮, "生命侵害에 대한 損害賠償", 法政 183호, 1965, 33면; 張在玉(註 3), 609면. 註釋 債權各論(7)(제3판, 2000), 312-313면(宋德洙 집필)은 민법 제752조는 일정한 간접피해자인 근친자를 보호하기 위한 특별규정이라고 해석한다.

41) 民法注解 [XVIII] 351면(李東明 집필).

3) 검토

민법 제752조는 근친자의 위자료청구권이 발생할 수 있는 전형적인 경우로 피해자의 사망을 규정하고 있을 뿐이며, 근친자의 위자료청구권이 사망으로 한정된다는 의미는 아니다. 위와 같이 해석하지 않으면 뇌사상태나 중상해로 장기간 치료를 받고 있는 사정은 근친자에게 사망에 준하는 또는 그보다 심한 정신적 고통과 인격적 이익의 침해를 주는 것임에도 불구하고 위자료를 부정하는 불합리한 결과를 초래한다. 우리나라는 가족간의 긴밀한 유대와 의무를 강조하고, 그 기초위에서 긴밀한 감정공동체로서의 가족구성원 상호간의 인격적 이익의 침해에 대하여 위자료를 폭넓게 인정하고 있다. 따라서 근친자의 위자료청구권의 발생원인을 피해자의 사망으로 한정할 필요가 없고, 청구권자를 민법 제752조 소정의 자로 한정할 필요도 없다. 다만 민법 제752조에서 규정되지 아니한 자는 긴밀한 애정관계와 정신적 고통 등 비재산적 손해를 입증하도록 요구한다면, 가해자의 책임의 확장이라는 위험을 방지할 수 있다.

3.3.3. 중혼적 사실혼 배우자

중혼적 사실혼 관계의 경우에는 일부일처제에 반하므로 위자료청구권을 부정하는 견해가 있다.[42] 그러나 중혼적 사실혼 배우자의 경우에도 특별한 사정이 있는 경우에는 다음과 같은 이유로 위자료청구권이 인정되어야 한다. 첫째, 법률상 배우자와 상당히 오랜 기간 동안 별거하여 더 이상 인적 교류가 없고, 내연관계에 있는 자와 상당히 오랜 동안 사실상의 혼인생활을 영위하는 경우에는 중혼적 사실혼에 대하여 법률혼에 준하는 보호가 필요하다.[43]

---

42) 民法注解 [XVIII] 351면의 각주 20(李東明 집필).

43) 大判 2009. 12. 24, 2009다64161(公 2010, 237)에 의하면 비록 중혼적 사실혼관계일지라도 법률혼인 전 혼인이 사실상 이혼상태에 있다는 등의 특별한 사정이 있다

둘째, 피해자의 사망은 실제적으로 중혼적 사실혼 배우자에게 커다란 정신적 고통을 가져올 것이고, 이에 대한 위자료를 인정하더라도 중혼적 사실혼관계를 법적으로 승인하여 일부일처제에 반하는 것도 아니므로 커다란 불합리가 있는 것은 아니다.[44] 셋째, 중혼적 사실혼 배우자는 법률상 배우자가 아니어서 피해자의 사망으로 인한 손해배상청구권을 상속받을 수 없어 위자료는 사망으로 인한 유일한 재산상 이익에 해당한다. 넷째, 상당히 오랜 기간 동안 별거하여 더 이상 인적 교류가 없는 법률상 배우자에게는 위자료가 부정되거나 감경될 수 있으므로 중혼적 사실혼 배우자에게 위자료청구권이 인정된다고 하여 가해자의 손해배상책임이 가중되는 것도 아니다.

3.3.4. 근친자 이외의 자의 위자료청구 가부

피해자의 사망이나 중상해의 경우에 친구는 위자료를 받을 수 있는가는 학설상 정면으로 논하여 지지 않고 있다. 그러나 통상적인 친구관계만으로는 긴밀한 감정공동체의 실질을 갖추었다고 보기 어렵고, 지인의 애사에 대한 슬픈 감정은 일반적 생활위험이라고 보아 친구의 위자료청구는 원칙적으로 인정될 수 없다. 다만 긴밀한 인적 관계를 입증한 경우에는 친구의 위자료청구는 예외적으로 허용될 수 있으나, 위자료의 액수는 근친자의 위자료액수와

면 법률혼에 준하는 보호를 할 필요가 있을 수 있다고 한다.

44) 大判 2009. 7. 23, 2009다32454(公 2009하, 1437)에 의하면 부부의 일방이 상대방에 대하여 동거에 관한 심판을 청구하여 조정이 성립하였음에도 상대방이 구체적인 조치의 실현을 위하여 서로 협력할 법적 의무의 본질적 부분을 유책하게 위반한 경우, 부부의 일방이 그로 인하여 통상 발생하는 비재산적 손해의 배상을 청구할 수 있는지 여부에 대하여 대법원은 동거의무 또는 그를 위한 협력의무의 불이행으로 말미암아 상대방에게 발생한 손해에 대하여 그 배상을 행하는 것은 동거 자체를 강제하는 것과는 목적 및 내용을 달리하는 것이며, 1회적인 위자료의 지급을 명하는 것이 인격을 해친다거나 부부관계의 본질상 허용되지 않는다고 말할 수 없다고 한다.

의 형평을 고려하여 소액에 그칠 것이다.

3.3.5. 사망 이외의 경우의 근친자의 위자료

1) 상해의 경우

a) 판례

생명침해 이외의 경우에 근친자에게 위자료청구권이 인정될 수 있느냐에 대하여 대법원은 타인의 불법행위로 정신적 고통을 입은 경우에는 그 상해가 죽음에 비견할 수 있는 것이 아니라 하여도 피해자의 부모, 부부, 자식들은 그로 인한 정신적 손해의 배상을 청구할 수 있다 할 것이며 민법 제752조는 손해의 거증책임을 경하게 규정한 것에 불과하고 민법 제750조, 제751조의 적용에 어떠한 제한을 가한 것이라고 볼 것은 아니라고 판시하였다.[45] 판례는 신체상해의 경우에도 부모, 배우자, 자녀, 외조부 등 근친자에게 널리 위자료를 인정하였다.[46]

b) 학설

다수설은 실질적 타당성과 생명이 예시적이라는 점을 들어 상해의 경우에도 근친자의 위자료청구권을 인정한다.[47] 이에 반하여 소수설은 생명침해 이외의 경우에는 근친자의 고유의 위자료청구권이 인정되지 않고, 피해자 본

---

45) 大判 67. 6. 27, 66다1592(集 15-2, 民 108).
46) 大判 67. 6. 27, 66다1592(集 15-2, 民 108); 大判 67. 9. 19, 67다1445(集 15-3, 民 117); 大判 67. 12. 26, 67다2460(集 15-3, 民 438); 大判 70. 3. 24, 69다267 (集 18-1, 民 242) 등.
47) 金曾漢·金學東, 債權各論, 제7판, 2006, 905-906면. 註釋 債權各則(8)(제3판. 2000), 337-338면(金淑子 집필)은 민법 제752조를 유추적용하여 직계존·비속 및 배우자는 정신적 고통에 대한 입증 없이 위자료를 청구할 수 있으나, 그 이외의 자는 입증을 하여야 한다고 한다.

인만이 손해배상을 청구할 수 있다고 한다.[48] 또 다른 소수설은 위자료청구
권자의 범위가 너무 확대되는 것을 막기 위하여 부부 사이나 부모 또는 부모
를 대신하여 피해자를 양육한 형제자매로 한정하여야 한다고 주장한다.[49]

c) 검토

중한 상해가 아니라면 피해자 본인의 위자료만 인정되어어 하고, 중한 상
해라면 근친자의 위자료도 인정될 수 있을 것이다. 중상을 입어 근친자의 상
시적 개호나 보살핌이 요구되는 경우는 피해자의 사망보다 근친자에게 큰
정신적 경제적 부담을 지우는 것이기 때문이다. 이에 대하여 외국에서는 피
해자의 보살핌이라는 도덕적 의무가 근친자의 삶을 매이게 하고, 시간의 흐
름에 의하여 그러한 부담이 경감되지 않는다고 적절하게 지적되었다. 구체적
인 사건의 피해자의 상해의 정도에 따라 근친자의 범위와 액수를 조정하면
가해자에게 과도한 부담을 주지 않으면서 적정한 해결책을 찾을 수 있다.

2) 상해 이외의 경우

판례는 사망이나 상해 등 인신사고에 한정하지 않고 불법구금, 치료받을
기회의 상실, 신변을 정리할 기회의 상실, 중대한 수사미진 등의 경우에도
근친자의 위자료를 인정하고 있는데,[50] 이는 생사고락을 같이 하는 긴밀한

---

48) 權龍雨, "民法 제752조 所定의 慰藉料請求權", 法曹 23권 1호(74. 1), 42면; 金
  疇洙, "慰藉料請求權의 相續性", 損害賠償法의 諸問題; 誠軒 黃迪仁博士華甲
  記念, 182면; 朴禹東(註 40), 244면; 蘇在先, "慰藉料請求權의 相續性에 관한
  再檢討", 家族法研究 第12號(98. 12), 566면; 李勝雨, "生命侵害로 인한 慰藉料
  請求權의 相續性", 家族法學論叢; 朴秉濠敎授還甲紀念(Ⅰ)(91. 10), 571면.
49) 郭潤直, 債權各論, 第六版, 2007, [242](455면); 民法注解 [XVIII] 460면(李東明
  집필); 註釋 債權各則(Ⅳ)(1986), 204면(韓琫熙 집필).
50) 大判 99. 4. 23, 98다41377(公 1999, 998)(불법구금 사안); 大判 2006. 9. 28, 2004
  다61402(公 2006, 1819)(현저하게 불합리한 진료 사안); 서울地判 2000. 3. 8, 98
  가합5468(法律新聞 2872호, 14)(적절한 치료를 받아볼 기회의 상실); 서울民地判

감정공동체로서의 가족구성원이 피해자 본인에 대하여 가지는 고유한 인격적 이익을 중대한 법익으로 평가한 것이므로 타당하다. 다만 인신사고의 경우와 비인신사고의 경우에 있어 위자료액수의 형평성을 유지하는 것이 중요하고, 그 과정에서 침해법익의 내용, 침해의 태양 등이 고려되어야 한다.

3) 배우자 일방의 간통

타인의 처와 간통한 자는 그 배우자에 대하여 위자료배상책임을 지고,[51] 이러한 법리는 사실혼관계에도 적용된다.[52] 그러나 판례는 여성이 자녀 있는 남성과 동거생활을 함으로써 그 자녀들이 일상생활에 있어서 부친으로부터 애정을 품고 그 감호교육을 받을 수 없게 되었다 하여도 그 여성이 악의로써 부친의 자녀에 대한 감호 등을 적극적으로 저지하는 등 특단의 사정이 없는 한 위 여성의 행위는 자녀에 대하여 불법행위를 구성하는 것은 아니라고 한다.[53] 즉 부친이 그 자녀에 대하여 애정을 품고 감호교육을 행하는 것은 타의 여성과 동거하느냐의 여부에 불구하고 부친 스스로의 의사에 의하여 행하여지는 것이므로 타의 여성과 동거의 결과 자녀가 사실상 부친의 애정감호교육을 받을 수 없어 그로 인하여 불이익을 입었다고 하여도 그것과 여성의 행위와의 간에는 상당인과관계가 없다고 한다.

간통은 배우자의 성적 성실의무의 위반이라고 할 것인바, 원칙적으로 타방배우자에 대한 불법행위이고 자녀에게 곧바로 불법행위를 구성하는 것은 아니므로 자녀의 위자료청구권을 부정함이 상당하다. 다만 예외적으로 자녀의 고유한 인격적 이익(부모로부터 교육을 받을 기회)을 침해하는 특별한 사

---

93. 9. 22, 92가합49237(下集 1993-3, 105)(신변을 정리할 기회의 상실).
51) 大判 59. 11. 5, 4292民上771(集 7, 民 286); 大判 67. 10. 6, 67다1134(集 15-3, 民 195).
52) 大判 59. 2. 19, 4290民上749(集 7, 民 41); 郭潤直, 債權各論, 第六版, 2007, [242](454면).
53) 大判 81. 7. 28, 80다1295(集 29-2, 民 226).

정이 있는 경우에는 자녀의 위자료청구가 인정될 수 있다.

3.3.6. 근친자의 위자료산정에 있어 피해자의 과실이 고려되는지 여부

피해자의 사망 등으로 인한 근친자의 위자료액을 산정함에 있어서 피해자 본인의 과실을 고려할 것인지가 문제된다. 근친자의 위자료청구권은 근친자 본인의 고유한 권리이므로 피해자의 귀책사유를 고려할 수 없다는 것이 논리에 부합할 수 있으나, 실질적으로 근친자의 위자료청구권은 피해자에 대한 불법행위책임에 근거하여 발생하는 이상 이러한 사정을 근친자가 감수하여야 하므로 피해자의 귀책사유에 따라 청구권의 내용이 감경되는 것은 불가피하다.[54]

4. 위자료청구권의 일신전속성

4.1. 판례

위자료청구권은 피해자가 이를 포기하거나, 면제했다고 볼 수 있는 특별한 사정이 없는 한, 생전에 청구의 의사를 표시할 필요없이 원칙적으로 상속되는 것이라고 해석하는 것이 대법원의 확고한 판례이다.[55] 즉 피해자의 위자료 청구권을 재산상의 손해배상 청구권과 구별하여 취급할 근거가 없고, 위자료 청구권이 일신 전속권이라 할 수 없으므로 피해자의 사망으로 인하여 상속된다고 한다.[56]

---

54) 同旨: 註釋 債權各則(8)(제3판. 2000), 343면(金淑子 집필).
55) 大判 66. 10. 18, 66다1335(集 14-3, 民 160)외 다수.
56) 大判 69. 4. 15, 69다2689(集 17-2, 民 17).

4.2. 학설 상황

학설은 대체로 생명·신체 등 인격적 법익의 침해로 인한 위자료청구권은
불법행위의 성립과 동시에 금전채권으로 변하므로 일신전속적인 권리가 아니
며, 재산적 손해배상과 구별할 필요가 없고, 피해자측의 충분한 보호를 위하
여 상속이나 양도를 긍정한다.[57] 다만 일부 학설은 정신적 손해라고 하는 것
은 피해자의 주관적 측면에 의하여 파악되는 것이어서 위자료청구권은 피해
자의 일신전속적 권리이므로 상속이나 양도의 대상이 되지 않는다고 본다.[58]

4.3. 검토

침해되는 법익이 일신전속적이라고 하여 그 법익의 침해로 인한 손해배상
청구권이 일신전속적인 것은 아니다. 위자료의 일신전속적 성질을 강조하는
견해는 피해자와 상속인에게 불리하고, 가해자에게 유리한 결과를 가져 오게
되어 불합리하다. 즉 위자료의 일신전속적 성질을 강조하는 견해에 의하면
피해자가 청구의 의사를 표시하거나 가해자가 승인한 경우에 비로소 상속의

---

57) 金曾漢·金學東, 債權各論, 第7版, 2006, 936-937면; 郭潤直, 債權各論, 第六
版, 2007, 451면.
58) 金疇洙·金相瑢, 親族·相續法, 제9판, 2008, 533면; 金疇洙, "慰藉料請求權의
相續性", 損害賠償法의 諸問題: 誠幹黃迪仁博士華甲記念(90. 10.), 180-182면;
裵慶淑, "慰藉料請求權의 相續性에 관한 爭點과 實質論 -日本學說과 判例의
變化를 中心으로-", 民法學의 現代的 課題; 梅石 高昌鉉博士華甲紀念(87.
10), 850면; 鄭貴鎬, "生命侵害로 因한 損害賠償請求에 關하여 ―相續構成理
論과 扶養構成理論―", 民事判例硏究 Ⅲ(1981), 338-343면. 李英求, "눈물(淚)
의 法的 有效射程距離", 司法行政 24권 4호(83. 4), 21면은 민법 제806조 3항이
불법행위에 기한 위자료청구권에도 유추되어야 한다고 주장하나, 민법 제806조 제
3항은 긴밀한 인적 관계에 있는 자의 법적 해결은 그의 의사에 전적으로 맡긴다는
의미를 가지나 불법행위의 경우에는 그러한 인적 관계가 존재하지 않으므로 유추
적용되기 어렵다.

대상이 된다고 하나, 피해자가 청구의 의사를 표할 겨를도 없이 즉사한 경우에는 상속이 되지 않아 형평에 반하는 결과를 초래한다.

민법 제806조 제3항은 정신상 고통에 대한 배상청구권은 양도 또는 승계하지 못한다고 하면서 그 예외사유로 당사자간의 합의나 제소를 규정하고 있고, 국가배상법 제4조는 생명·신체의 침해로 인한 국가배상을 받을 권리는 양도하거나 압류하지 못한다고 규정하고 있다. 그러나 민법 제751조와 제752조는 그러한 제한 사유를 규정하고 있지 않다. 타인의 불법행위로 인한 위자료에 대하여 민법 제806조 제3항이나 국가배상법 제4조와 같은 법률상 근거가 없는 이상 위자료 청구권의 양도성 및 상속성을 제한하여 해석하는 것은 타당하지 않다.

비재산적 손해가 피해자 본인과 밀접하게 관련되어 있다고 할지라도, 피해자 보호의 이념을 위하여 이러한 논리적 결론은 수정될 수 있는 것이고, 피해자의 사망에 의하여 가해자가 이득을 보는 것을 막기 위하여 위자료에 대한 금전배상을 정면으로 인정한 것으로 보아야 한다. 독일, 오스트리아는 위자료청구권의 양도 및 상속을 위하여 '제소'나 '승인'이라는 요건을 부가하였다가 피해자 보호의 이념에 비추어 그러한 요건을 폐지하였으며,[59] 피해자의 인격적 법익의 침해로 인하여 위자료청구권이 발생하였다고 하여 피해자와 가해자간의 특별한 인적 관계가 설정되는 것은 아니며, 피해자만이 위자료의 청구여부를 결정할 수 있는 것도 아니다.

또한 위자료에 대하여도 금전배상의 원칙을 취한 이상, 위자료청구권이 피해자의 사망에 의하여 곧바로 소멸한다거나 피해자의 사망에도 불구하고

---

59) 독일에 대하여는 BT-Drucksache 11/4415, S. 4; Staudinger/Schiemann(2004), § 253 Rn. 48. 오스트리아에 대하여는 Rummel/Reischauer, 3. Aufl. 2002, ABGB § 1325, Rn. 51; Kurzkommentar zum ABGB/Danzl, 2. Aufl. 2007, § 1325, Rn. 35; Kurzkommentar zum ABGB/Danzl, § 1325, Rn. 35; Danzl/Gutiérez-Lobos/Müller, Das Schmerzengeld in medizinischer und juristischer Sicht, 9. Aufl. 2008, S. 225; Kath Schmerzengeld, 2005, S. 184. 참조.

존속하기 위하여 별도의 요건을 설정할 필요가 없는 것이다. 비재산적 손해
가 금전으로 평가하기 어렵다는 난점에도 불구하고 금전배상원칙을 채택한
것은 손해배상청구권이 당사자의 사망 등에 의하여 영향을 받지 않도록 하
기 위한 고려도 작용하였다는 점을 잊어서는 안된다.

5. 위자료청구권의 발생원인

5.1. 총론적 고찰

5.1.1. 민법 제750조와 제751조의 관계

1) 문제의 소재

민법 제751조에 열거된 신체, 자유, 명예가 침해된 경우에 한하여 위자료
가 인정되는지가 문제된다. 특히 생명침해, 사생활의 비밀의 침해 또는 재산
권의 침해의 경우에 위자료가 인정될 수 있는지가 문제된다.

2) 판례와 학설

대법원은 민법 제751조를 주의적·예시적 규정으로 해석하면서 신체, 자유
또는 명예의 침해가 아닌 경우에도 위자료의 배상을 긍정한다.[60] 생명침해
자체에 대하여도 피해자 본인의 위자료를 인정한다. 학설은 대체로 민법 제
751조에 열거된 사항에 한정하지 않고 널리 비재산적 손해가 있는 경우에
그 배상을 허용하고 있다.[61] 이에 대하여 소수설은 민법 제750조는 인격권

---

60) 大判 99. 4. 23, 98다41377(公 1999, 998) 외 다수.
61) 郭潤直, 債權各論, 第六版, 2007, [242](452면); 金曾漢/金學東, 債權各論(제7
판, 2006), 900면; 金相容, 不法行爲法, 1997, 489면; 註釋 債權各則(Ⅳ)(1986),

과 재산권침해에 대한 재산적 손해의 배상규정이고, 제751조 제1항은 순전
히 인격권침해에 대한 정신적 손해배상의 한정규정이라고 한다.[62]

3) 검토

다음과 같은 이유로 민법 제751조의 해석론으로 예시설이 타당하다.

첫째, 민법 제751조 제1항은 신체, 자유 또는 명예와 같은 법익을 예시하
다가 '기타 정신상 고통'을 규정하여 비재산적 손해를 크게 법익 자체의 침
해와 정신적 고통으로 이분하는 체제를 취한 것이라고 볼 수 있다. 물론 이
러한 체제를 취하였다고 하여 위에서 열거한 법익으로 보호법익이 한정되어
야 하는 것은 아니다. 또한 정신적 고통이 있어야만 위자료가 인정되는 것도
아니다. 이는 민법 제752조의 문언으로부터 이해될 수 있다. 즉 민법 제752
조는 생명침해로 인하여 근친자에게 발생한 비재산적 손해를 규정할 뿐이고
정신적 고통을 언급하지 않고 있다. 이러한 점을 종합하면 민법 제751조는
비재산적 손해의 이원구조(법익침해와 정신적 고통)를 채택하면서 전형적인
법익으로 신체, 자유, 명예를 예시한 것이고, 민법 제752조를 근친자의 위자
료의 전형적인 발생원인으로 사망을 규정한 것으로 보아야 한다.

결국 민법 제751조는 비재산적 손해가 발생하는 전형적인 경우를 규정한
것이라는 점에서 의의가 있다고 할 것이고, 비재산적 손해가 발생할 수 있는
다양한 사정에 대한 연결점으로 '정신적 고통'을 적시한 것에 비추어 제751
조를 열거규정으로 볼 것은 아니다.

둘째, 비교법적 고찰에서 보는 바와 같이 예시설이 타당하다. 독일 민법과

154면(李根植 집필). 註釋 債權各論(7)(제3판, 2000), 272면(徐光民 집필)은 민법
제751조는 단순한 주의규정이 아니라 민법 제750조를 구체화하는 보충규정이라고
한다.

62) 曺圭昌, "所有權侵害와 慰藉料請求權", 論理와 直觀(曺圭昌 敎授論文集),
1998, 482-483면.

같이 유추해석을 막는 조항(독일 민법 제253조: '법률에 규정된 경우에 한하여')이 우리 민법에는 존재하지 않으므로 반드시 열거설을 채택하여야 하는 것은 아니다. 또한 오스트리아와 같이 위자료를 규정하는 다수의 민법 조문(제1325조, 제1328조, 제1328조의a, 제1329조, 제1331조)이 존재하는 것도 아니고, 단 두 개의 조문인 제751조와 제752조만이 위자료와 관련되어 있을 뿐이다. 오히려 우리 민법은 스위스민법과 유사한 구조를 가지고 있다고 보아야 할 것이다.63)

셋째, 열거설을 채택하는 경우에는 비재산적 손해가 발생하는 다양한 사안유형에 대응할 수 없는 중대한 흠이 발생한다. 우선, 신체, 자유 그리고 명예와 같은 법익에 대하여는 위자료가 인정되는데, 가장 중요한 법익인 생명의 침해에 대하여는 아무런 위자료가 인정되지 않아 형평에 반하며, 근친자의 위자료로는 충분하지 않고 사태에 적합하지 않다. 그리고 명예훼손 이외의 인격적 법익 침해에 대하여 열거설은 위자료를 부정하는 결과를 초래한다. 사생활의 비밀과 자유의 침해, 기회의 상실 등이 그러하다. 마지막으로 사지마비 등으로 일상생활이 불가능하거나 직업의 포기 등 인생의 영위가능성의 침해도 보호받을 가치 있는 비재산적 손해의 한 내용을 구성하는데, 열거설에 의하면 그러한 이익이 보호받지 못한다.

5.1.2. 발생원인의 구체화

a) 서설

헌법상의 기본권은 제1차적으로 개인의 자유로운 영역을 공권력의 침해로부터 보호하기 위한 방어적 권리이지만 다른 한편으로 헌법의 기본적인 결단인 객관적인 가치질서를 구체화한 것으로서, 사법을 포함한 모든 법 영역에 그 영향을 미치게 된다. 따라서 사인간의 사적인 법률관계도 헌법상의 기

---

63) 스위스채무법 제47조와 제49조는 우리민법 제752조와 제751조에 각 대응한다.

본권 규정에 적합하게 규율되어야 하고, 기본권 규정은 그 성질상 사법관계에 직접 적용될 수 있는 예외적인 것을 제외하고는 사법상의 일반원칙을 규정한 민법 제2조, 제103조, 제750조, 제751조 등의 내용을 형성하고 그 해석 기준이 되어 간접적으로 사법관계에 효력을 미치게 된다.64) 헌법에서 규정하고 있는 다양한 형태의 기본권은 위자료의 중요한 발생원인이라고 할 것이므로, 그러한 기본권조항도 사법의 차원에서 주의깊게 음미되어야 할 것이다.

b) 구체적 검토

이하에서는 최근에 문제된 판결례에 기초하여 몇 가지만을 살펴보기로 한다.

aa) 종교의 자유의 침해

종교의 자유라는 기본권의 침해와 관련한 불법행위의 성립 여부도 위와 같은 일반규정을 통하여 사법상으로 보호되는 종교에 관한 인격적 법익침해 등의 형태로 구체화되어 논하여져야 한다. 종립학교가 고등학교 평준화정책에 따라 학생 자신의 신앙과 무관하게 입학하게 된 학생들을 상대로 종교적 중립성이 유지된 보편적인 교양으로서의 종교교육의 범위를 넘어서서 학교의 설립이념이 된 특정의 종교교리를 전파하는 종파교육 형태의 종교교육을 실시하는 경우에는 그 종교교육의 구체적인 내용과 정도, 종교교육이 일시적인 것인지 아니면 계속적인 것인지 여부, 학생들에게 그러한 종교교육에 관하여 사전에 충분한 설명을 하고 동의를 구하였는지 여부, 종교교육에 대한 학생들의 태도나 학생들이 불이익이 있을 것을 염려하지 아니하고 자유롭게 대체과목을 선택하거나 종교교육에 참여를 거부할 수 있었는지 여부 등의 구체적인 사정을 종합적으로 고려하여 사회공동체의 건전한 상식과 법감정

---

64) 大全判 2010. 4. 22, 2008다38288(公 2010상, 897).

에 비추어 볼 때 용인될 수 있는 한계를 초과한 종교교육이라고 보이는 경우
에는 위법성을 인정할 수 있다.[65]

  bb) 여행의 자유의 침해

  원고에게 책임 없는 사유(원고가 미국으로부터 신변보장에 대한 확답을
받아오지 않는다는 사유)를 근거로 원고에 대한 여권발급을 거부한 것(해외
여행의 자유를 원천적으로 박탈한 행위)은 고의 내지 과실에 기한 위법한 직
무집행으로 인하여 위자료의 배상책임이 있다.[66]

---

65) 大全判 2010. 4. 22, 2008다38288(公 2010상, 897). 대법관 안대희, 대법관 양창
   수, 대법관 신영철의 반대의견에 의하면 종립학교의 종교교육이 그 허용되는 한계
   를 벗어나서 위법하다고 평가되어 불법행위가 성립된다고 볼 수 있으려면, 그 종교
   교육이 보편적이고 건전한 사회인의 양성이라는 교육목적에 전혀 어울리지 아니하
   는 것이 아닌 한, 학생이 자신의 종교적 신념이나 확신에 기초하여 종립학교의 종
   교교육을 거부한다는 의사를 명시적으로 표시하거나 또는 이와 동일하게 평가될
   수 있는 행동을 하였음에도 그러한 학생에게 전학의 기회를 부여하는 등 보완책을
   제시하지 아니한 채 종교의 자유를 가지는 학생의 인격적 가치를 무시하여 일방적
   으로 종교교육을 강제한 것임이 인정되어야 한다. 그리고 위와 같은 종교교육 거부
   의 의사가 학생 자신의 종교적 신념이나 확신에 기초한 것인지를 판단함에 있어서
   는 고등학생이라는 그 연령대가 아직 감정의 기복이 심하고 인격적으로 미성숙의
   성장단계임을 감안한다면 학생 본인의 의사표현만 가지고 판단할 것이 아니라 부
   모의 태도 등을 충분히 고려하여 본인의 진지한 성찰을 거친 것임이 명확히 확증
   될 수 있어야 하고, 나아가 부모도 이에 동의한 경우라야 한다고 한다.
66) 서울中央地判 2008. 7. 23, 2006가합6404(미공간. 로앤비 검색가능)(확정). 법원은
   피고 소속 공무원의 장기간의 부작위, 그로 인하여 원고가 4년여에 걸친 두 차례의
   소송을 통하여 가까스로 권리의 구제를 받게 된 점, 피고 측의 자의적인 이 사건
   거부처분 등으로 인해 원고는 해외에서 활동할 수 있는 권리를 장기간 박탈당한
   점, 이로 인해 정치적 이유로 망명한 원고가 사회적·정치적 활동에 있어 상당한 제
   약을 받게 되었던 점, 원고는 피고로부터 장기간의 신변보호를 받는 자로서 피고로
   부터 어느 정도의 도움을 받고 있는 신분인 점, 피고가 국가인권위원회에서의 조정
   등을 통하여 이 사건의 조기 해결을 위해 노력하였던 점 등을 참작하여 위자료를
   50,000,000원으로 인정하였다.

cc) 집필의 자유의 침해

대구지방법원은 집필에 관한 권리는 신체의 자유, 표현의 자유의 한 내용으로서 특별히 법률에 의하여 제한되지 않는 한 일반적으로 인정되는 기본권이므로, 교도소장은 수용자가 집필할 문서의 내용이 교도소 등의 안전과 질서를 해할 우려가 있는 경우, 기타 교화상 부적당한 경우(행형법 제33조의 3 제1항 제1, 2호)에 해당할 때를 제외하고는 수용자의 집필신청을 허가하여야 하고, 교도소 등의 안전과 질서를 해하거나 기타 교화상 부적당한 영향을 미칠 우려가 없음에도 집필을 불허한 처분은 위법하다고 보아 위자료지급책임을 인정하였다.67)

dd) 차별대우

헌법 제11조 제1항은 성별, 종교 또는 사회적 신분에 의한 차별을 금지하고 있다. 따라서 합리적 사유가 없는 차별대우는 민법상 불법행위를 구성한다. 특히 장애를 이유로 한 차별과 관련하여서는 장애인차별금지 및 권리구제 등에 관한 법률이 현재 시행중이다. 특히 장애를 이유로 한 보험거부는 차별대우의 중요한 사안유형에 속한다.68)

---

67) 大邱地判 2008. 4. 16, 2007나8783(확정)(各公 2008상, 844)(위자료 인정금액: 200,000원).

68) 大田地法 천안地判 2006. 7. 20, 2005가합5440(확정)(各公 2006, 1900)은 보험회사가 장애아동들에게 단지 장애가 있다는 이유만으로 일률적으로 그들에 대한 여행자보험의 인수를 거부한 것은 불합리한 차별행위로서 헌법 제11조 제1항 및 장애인복지법 제8조 제1항의 규정에 위반한 불법행위에 해당하므로, 보험회사는 장애아동들과 그들의 부모들에게 각 1,000,000원의 위자료를 지급할 책임이 있다고 판시하였다. 또한 서울中央地判 2004. 2. 12, 2003가단150990(확정)(各公 2004, 450)은 생명보험회사가 뇌성마비 장애인인 보험청약인의 구체적·개별적 장애 상태와 정도, 장애등급(중복장애로 인한 등급조정)에 대한 충분한 이해 없이 단지 그가 장애인복지법령에 의한 장애 1등급에 해당하고, 생명보험협회가 정한 장애인보험 공통계약심사기준상의 거절사유에 해당한다는 사정만으로 종신보험계약의 청약에 대하여 그 승낙을 거절한 것은 절차적 과정에 있어서 합리성·적정성을 담보한 것

ee) 통신비밀의 침해

통신비밀의 보호라 함은 개인이 행한 통신에 대하여 본인의 의사에 반하
여 그 내용이나 시간, 장소, 상대방 등이 제3자에게 알려지지 아니할 자유를
의미하고, 여기의 통신비밀에는 통신의 내용만이 아니라 통신의 장소, 시간,
회수, 방법, 당사자의 신원 등 통신에 관련되는 요소까지 포함된다.[69] 통신비
밀보호청구권 속에는 전기통신사업자에 대하여 통신비밀을 타인에게 누설하
였는지 여부의 확인을 구할 권리도 당연히 포함된다.[70] 또한 적법하게 탐지
된 통신비밀이라고 하더라도 목적외의 용도로 사용되거나 공개되는 것은 당
사자의 자기결정권을 침해하는 불법행위이다.

5.1.3. 위험책임

귀책사유를 요구하는 일반 불법행위책임과는 달리 위험책임에서도 위자료
가 인정되는지가 문제된다. 제재적 요소 또는 만족적 요소를 강조하는 입장
에서는 위험책임에 있어서 귀책사유가 없다는 점을 들어 위자료를 부정하기
쉬우나, 위험책임에 있어서 귀책사유가 요구되지 않는 점은 위자료를 부정할
사유는 되지 않고, 오히려 위자료의 액수를 감경할 사정에 불과할 뿐이다.[71]
결국 위험책임에 있어서 위자료를 인정하는 것은 침해법익의 성격에 기인하
는 것이지 침해의 태양에 기인하는 것이 아니다.

으로 볼 수 없으므로 생명보험회사의 승낙거절이 장애인복지법 제8조에 위배된 위
법한 행위로 2,000,000원의 위자료의 배상책임이 있다고 판시하였다.

69) 韓渭洙, "通信秘密의 公開와 報道에 관련한 民·刑事的 諸問題", 저스티스 88
號(2005. 12), 31면.
70) 서울高法 2010. 9. 1, 2009나103204(各公 2010하, 1527)(상고).
71) 同旨: 金相容, 不法行爲法, 1997, 371, 490면; 윤석찬, "責任原因에 따른 非財
産的 損害에 대한 賠償과 慰藉料", 民事法學 27호(2005. 3), 553-554면; 李銀
榮, 債權各論, 개정판, 1994, 752면.

5.1.3. 정신적 고통의 법적 의미

정신적 고통은 피해자의 주관적 사정을 대표하는 것으로 위자료라고 하는 것이 추상적 인간의 문제가 아니라 피해를 당한 구체적 개인의 시시콜콜한 내면세계에 의미를 부여하는 창구가 된다. 이러한 의미에서 정신적 고통은 타인의 불법행위로 인하여 피해자가 겪게 되는 고통의 총체를 대변하는 것이므로 순수한 정신적 고통만을 의미하는 것은 아니고 육체적 고통과 불편을 포함하는 광의로 해석되어야 한다.[72] 즉 정신적 괴로움과 충격, 불쾌감, 절망감 등이 포함된다. 침해의 태양(고의, 중과실, 경과실)에 따라 위자료가 증감될 수 있다는 것은 정신적 고통이라는 표지에 의하여 적확하게 설명될 수 있고, 더 나아가 의식있는 자와 의식불명자간의 위자료액의 차이도 정합적으로 설명될 수 있다는 점에서 정신적 고통이라는 표지는 중요한 의미를 가지는 것이다. 법익침해와 같이 객관적인 법익침해만을 강조하다 보면 재산적 법익의 침해와 같이 천편일률적인 금액으로 위자료액이 산정될 수밖에 없게 된다.

5.1.4. 정신적 고통의 인식가능성

1) 문제의 소재

정신적 고통을 현실적으로 느낄 수 있어야 위자료가 인정되는지도 문제된다. 특히 의식불명자나 뇌사자의 경우에는 지각능력이 상실되어 정신적 고통을 느낄 수 없으므로 위자료가 부정되는가가 문제된다.

---

72) 同旨: 註釋 債權各論(7)(제3판, 2000), 277면(徐光民 집필).

2) 의식불명자

위자료라는 것이 피해를 당한 구체적 개인에 대한 문제라는 점을 감안한다면, 피해자 본인의 구체적 사정에 입각한 위자료의 산정이 요청된다고 할 것이다. 따라서 고통을 현실적으로 느끼는 자와 그렇지 않은 자를 구별하여 위자료액을 산정하여야 한다. 다만 구체적으로 발생한 고통이 어느 정도이냐의 문제는 개인별로 편차가 매우 크고 정확한 입증이 어려워 부득이 개별 사안의 구체적 사정을 합리적 평균인의 관점에서 평가할 수밖에 없다. 의식불명자나 뇌사자의 경우에 육체적·정신적 고통 자체에 대한 위자료는 인정되기 어려우나, 인격의 자유로운 발현을 위한 일체의 가능성이 원천적으로 봉쇄된 것에 대하여는 고통에 대한 인식가능성과 무관하게 상당한 위자료가 인정되어야 할 것이다. 또한 의식불명자에게 위자료가 고통의 회복이나 안온한 상태의 창출에 아무런 기여를 하지 못한다고 하여 위자료가 부정되어야 하는 것은 아니다. 위자료는 정신적 고통의 회복이나 기쁨의 창출이 가능한 경우에만 인정되는 것이 아니며 오히려 정신적 고통 등 비재산적 손해에 대한 규범적 대가물에 불과하고, 이러한 위자료가 비재산적 손해의 회복에 사용되어야 하는 것도 아니다.

일부 학설[73]에서 주장하는 바와 같이 고통에 대한 인식가능성이 없다고 하여 이를 제재기능으로 이론구성할 필요는 없고, 인생의 영위가능성의 침해라는 비재산적 손해에 대한 전보로 이해하면 된다.

3) 유아 또는 태아

통설과 판례는 정신적 고통을 느낄 수 없는 유아나 심신상실자에 대하여

---

73) 장재옥(註 32), 117면은 정신적 능력이 결여된 식물인간에게 지급되는 위자료는 정신적 고통에 대한 전보가 아니라 위자료의 제재적 성질을 인정하는 관점에서 이해될 수 있다고 주장한다.

장래 고통을 느낄 수 있을 것을 합리적으로 기대할 수 있는 경우에는 위자료 청구권이 인정된다고 해석한다.[74] 비재산적 손해는 일체적 고찰의 원리가 적용되어 합리적으로 예견가능한 사정을 모두 참작하여 하나의 금액으로 산정되어야 한다. 이러한 원리에 입각한다면 유아의 경우에는 부모의 사망에 대하여 정신적 고통을 느낄 것을 합리적으로 기대할 수 있다고 할 것이므로 판례의 태도는 일응 타당하다. 다만 판례와 학설은 정신적 고통으로 모든 것을 해결하려는 무리를 범하고 있다. 가령 부모의 일방이 사고로 사망한 경우에 유아는 부모로부터 양육받을 기회가 박탈된 것이므로, 이러한 이익에 대한 고려는 명시적으로 행하여지지 않고 있다. 물론 근친자를 잃은 슬픔이라고 하는 것은 시간이 지나감에 따라 약화되는 점에 비추어 유아의 경우에 정신적 고통 자체는 좀 미약할 수 있으나, 다른 이익(부모로부터 애정을 받으며 양육받을 기회 등)의 침해가 보다 크므로 전체적으로 비슷한 금액이 인정되어야 할 것이다.

대법원은 아버지가 교통사고로 상해를 입을 당시 태아가 출생하지 않았다고 하더라도 그 뒤에 출생한 이상 아버지의 부상으로 인한 정신적 고통에 대한 위자료를 청구할 수 있다고 판시하였다.[75] 태아의 경우에도 유아와 비슷한 논리가 적용될 수 있다고 할 것이다.

4) 심신상실자 또는 심신미약자

심신상실자의 경우에 부모의 사망에 따른 정신적 고통은 거의 인정되기 어렵다고 할 것이므로 정신적 고통에 대하여만 위자료를 인정한다면 일반인

---

74) 大判 65. 11. 9, 65다1721(要集 제752조, 7); 金曾漢·金學東, 債權各論(제7판, 2006), 902면; 民法注解 [XVIII] 350면(李東明 집필).

75) 大判 93. 4. 27, 93다4663(公 1993, 1568). 도로를 무단횡단하는 피해자가 교통사고를 당하여 42.5%의 노동능력상실을 입은 사건에서 피해자 본인에게 3,000,000원, 사고 당시 태아에게 500,000원의 위자료가 인정되었다(서울高判 1992. 12. 17, 92나44260. 로앤비에서 검색가능)

보다 위자료가 적게 긍정되어야 할 것이다. 그러나 심신상실자에게 있어 일
반인보다 보호나 보살핌의 필요성이 더욱 크므로 교육과 교제의 기회의 상
실이라는 비재산적 손해는 일반인의 경우보다 더욱 중하게 취급되어야 하므
로 실질적으로 일반인과 비슷한 금액의 위자료가 인정되어야 할 것이다. 심
신미약자의 경우에는 정신적 고통의 위자료가 약간 감액되고, 기회의 상실로
인한 위자료가 약간 증액되어 결국 심신상실자 및 일반인과 동일한 금액의
위자료가 인정되어야 할 것이다.

5.2. 유형론적 고찰

5.2.1. 생명침해

1) 침해의 유형

생명침해라는 유형의 불법행위에 있어서는 사망의 결과가 요구되므로 미
수에 그치는 경우에는 신체의 침해라는 유형에서 다루어진다. 생명침해는 과
실에 의한 경우에서부터 고의에 의한 경우에 이르기까지 다양하다. 교도소
등의 구금시설에 수용된 피구금자는 스스로 의사에 의하여 시설로부터 나갈
수 없고 행동의 자유도 박탈되어 있으므로, 그 시설의 관리자는 피구금자의
생명, 신체의 안전을 확보할 의무가 있고, 그러한 의무의 위반으로 피구금자
가 자살한 경우에는 사망에 대한 책임이 인정된다.[76)

2) 손해배상의 범위

생명침해로 인한 손해배상은 소극적 재산적 손해(일실수입), 적극적 재산
적 손해(장례비, 치료비 등) 그리고 위자료를 그 내용으로 한다. 위자료는 망

---

76) 大判 2010. 1. 28, 2008다75768(公 2010상, 393).

인의 위자료와 근친자의 위자료로 분류된다.

5.2.2. 신체의 침해

1) 의미

위법한 신체의 침해는 불법행위를 구성하고, 그로 인한 손해배상책임이 발생한다. 여기서 신체의 침해라 함은 상해나 건강침해 뿐만 아니라 신체의 안전을 위협하는 폭행 등을 포함한다.[77] 가령 인근골프장에서 수시로 날아오는 골프공으로 인하여 언제 어떻게 맞을지 모르는 불안감 즉 신체의 안전에 대한 위협도 광의의 신체의 침해에 해당한다.[78] 대법원이 폭언과 욕설의 경우에도 정신적 고통을 인정하고 있다고 하면서 이러한 유형을 신체의 침해로 설명하는 견해가 있으나,[79] 그보다는 자존심을 상하게 하는 모욕으로 보는 것이 타당하다. 즉 신체의 침해라고 하기 위하여 신체에 대한 유형력의 행사 또는 이에 준하는 행위가 구비되거나 유형력의 행사가 없더라도 신체의 완전성을 해치는 결과가 초래되어야 하므로 단순한 폭언이나 욕설은 신체침해유형으로 보기 어렵다.

공해물질로 인하여 초래된 환경오염의 정도에 비추어 볼 때 피해자가 구체적인 발병에 이르지는 아니하였다 하여도 적어도 장차 발병 가능한 만성적인 신체건강상의 장해를 입었다면, 이는 상해에 해당하므로 위자료가 인정되어야 한다.[80]

---

77) 民法注解[ⅩⅧ] 356면(李東明 집필); 註釋 債權各論(7)(제3판, 2000), 313-314면(宋德洙 집필).

78) 同旨: 全州地判 2007. 9. 20, 2006가합3416, 2007가합5143(미공간. 로앤비 검색 가능).

79) 民法注解[ⅩⅧ] 357면(李東明 집필); 註釋 債權各則(Ⅳ)(1986), 155면(李根植 집필).

80) 大判 91. 7. 26, 90다카26607(公 1991, 2244).

2) 쇼크손해

쇼크손해라 함은 사고를 목격하거나 사고소식을 전해들은 자가 정신적 충격을 입어 치료가 요구될 정도의 상당한 정신건강의 침해가 있는 경우를 말한다.[81] 민법 제750조의 요건을 충족하는 경우에 피해자는 가해자를 상대로 쇼크손해로 인한 손해배상을 청구할 수 있다. 특히 근친자, 현장에서 목격한 자 그리고 구조활동에 참여한 자에 대하여는 가해자의 귀책사유가 인정될 수 있다. 다만 근친자의 경우에는 민법 제752조에 의하여 위자료청구권과 민법 제751조의 위자료청구권을 동시에 가진다고 할 것이므로, 양자는 일정한 정도 중첩되므로 위자료의 산정에 있어 이를 참작하여야 할 것이다. 그리고 근친자가 아닌 제3자에게로 손해배상의무가 확대된다면, 가해자에게 너무 가혹한 결과가 초래되므로 일정한 제한이 필요하다.[82] 따라서 피해자와 전혀 관계없는 제3자가 쇼크손해를 입은 경우에는 사고현장에서 직접 목격한 경우에 한하여 위자료를 인정하여야 한다.[83]

3) 손해배상

신체의 침해라는 불법행위가 성립하면, 손해배상으로 손해3분설에 따라 소극적 재산적 손해(일실수입), 적극적 재산적 손해 그리고 위자료가 인정된다. 특히 신체의 침해로 인한 위자료의 산정에 있어서는 후유증의 여부, 불구 등으로 운동능력에 지장을 주는지 여부, 흉터 등으로 외모에 현저한 지장을 주는지 여부, 노동능력상실율의 정도, 피해자의 연령대·성별 등이 고려되어야 한다.

---

81) 林建勉, "제3자의 쇼크피해에 대한 損害賠償의 범위", 法理論과 實務 제2집 (1998), 54면.
82) 林建勉(前註), 44면.
83) 이에 관한 자세한 논의로는 李昌鉉. "英國法上 精神的 傷害의 賠償에 대한 硏究", 比較私法 제17권 1호(2010. 3), 249면 이하 참조.

5.2.3. 신체의 자유의 침해

1) 내용

신체의 자유의 침해라 함은 체포·구금 등의 방법으로 사람의 신체나 행동의 자유를 제한하는 것을 말한다. 또한 고문 등에 의하여 허위자백을 받아 상당한 기간동안 자유형을 살게 하는 것도 신체의 자유의 침해에 해당한다. 신체의 자유의 침해에는 국가기관에 의한 것 뿐만 아니라 사인에 의한 경우도 포함된다. 가령 정신병원에 입원시키거나 절도 등의 혐의가 있다고 하여 임의로 타인의 신체와 그 소지품을 수색하는 것이 이에 해당한다. 또한 유치장에 수용된 피의자에 대한 알몸신체검사가 신체검사의 허용범위를 일탈한 경우에는 신체의 자유의 침해가 된다.[84] 특히 위법한 행정처분 또는 私人에 의한 시설에의 수용으로 인하여 부당하게 인신의 자유를 제한당하는 경우에는 인신보호법이 적용된다.

2) 손해배상의 범위

신체의 자유가 위법하게 침해된 경우에는 소극적 재산적 손해, 적극적 재산적 손해 그리고 위자료가 발생한다. 첫째, 소극적 재산적 손해는 신체의 자유가 제한된 기간동안의 일실수입과 신체의 자유로 인한 정신질환 등에 의하여 노동능력상실이 인정된 경우에 그에 따를 일실수입 등이 있다. 둘째, 적극적 재산적 손해로는 신체의 자유로 인한 정신질환이 발생하여 지출한 치료비 등이 있다. 셋째, 신체의 자유의 침해 그 자체와 그로 인한 정신적 고통 등 비재산적 손해에 대한 위자료가 있다. 오랜 기간동안의 위법한 구금행위로 인하여 정신질환이 발생한 경우에는 상해로 인한 손해배상의 법리가 아울러 적용된다.

---

84) 大判 2001. 10. 26, 2001다51466(集 49-2, 198).

3) 구체적 판결례

a) 大判 2009. 6. 25, 2008다24050

조직폭력사범이 규율을 위반하는 경우 타교도소로 이송하도록 되어 있는 당시의 조직폭력사범 수용 지침에 따라 다른 교도소로 계구를 착용한 상태에서 이동하던 중 피해자가 조직폭력사범에서 해제된 사실이 밝혀져 원교도소로 환소된 경우에 피해자가 교도소 담당 직원의 과실로 10시간 동안 신체의 자유가 제한되었고, 그로 인하여 정신적 고통을 받았다고 하면서 위자료가 인정되었다.[85]

b) 大判 2009. 1. 15, 2006다19832

대법원은 정신의료기관의 장은 응급입원이 의뢰된 자에 대하여 72시간 내에 계속입원에 필요한 정신보건법 소정의 요건을 갖추지 못한 때에는 입원 중인 자를 즉시 퇴원시켜야 하고, 이를 위반하여 72시간이 경과하였음에도 본인의 의사에 반하여 퇴원을 시키지 않는 경우에는 위법한 감금행위로서 불법행위가 성립하며, 이러한 위법한 감금행위가 지속되는 가운데 이루어진 절차는 위법하므로 뒤늦게 계속입원의 요건을 갖출 수도 없다고 판시하면서 위법한 감금의 범위를 제한한 원심법원의 판결을 파기환송하였다.[86] 위 판결은 신체의 자유가 가지는 중요성을 높게 평가한 것으로 타당하다.

---

85) 大判 2009. 6. 25, 2008다24050(위자료인정금액: 500,000원).
86) 大判 2009. 1. 15, 2006다19832(公 2009, 145). 원심판결인 釜山地判 2006. 2. 10, 2005나142(各公 2006, 988)은 불법입원기간을 응급입원 의뢰일부터 72시간이 경과한 후 적법요건을 갖추기까지의 17일간과 최초 입원일부터 6개월이 경과한 후 적법요건을 갖추기까지의 115일간의 합계인 132일로 한정하면서 위자료로 5,000,000원을 인정하였다.

c) 大判 1999. 4. 23, 98다41377

긴급구속절차를 밟음이 없이 영장집행을 위한 편의를 위해 약 28시간 가량을 보호실에 유치한 경우에 피해자 본인과 피해자의 부모에게 위자료가 인정되었다.[87] 이 판결은 신체의 자유의 침해에도 근친자의 위자료를 인정한 점에서 중요한 의의를 가진다.

d) 서울中央地判 2006. 11. 3, 2005가합88966

수사공무원들이 대공수사 업무를 수행하면서 적법한 절차에 의하지 않고 피해자를 연행하여 구속영장 없이 구금한 후 피해자가 위장귀순하여 고정간첩으로 활동해 왔다는 점에 관한 아무런 구체적 근거가 없음에도 피해자에게 각종 고문을 가하여 허위자백을 하도록 하고, 고문에 의한 임의성 없는 상태가 지속되도록 하여 검사의 피의자신문시에도 같은 내용의 허위자백을 하도록 하며, 이를 뒷받침하는 허위의 자료를 만들고, 위 고문을 주도한 수사공무원이 재판과정에서 고문을 한 바 없다는 등의 허위 증언을 함으로써 피해자가 간첩임을 전제로 무기징역형을 선고받아 장기간 복역하게 한 사안에서, 서울중앙지방법원은 국가와 수사공무원은 연대하여 피해자 및 가족들에게 위자료를 지급할 책임이 있다고 판시하였다.[88] 위 사건에서 침해법익의 중대성, 침해의 태양, 고문의 후유증으로 인한 피해자 본인과 가족의 사회생활이 철저하게 파괴된 점 등이 고려되어 고액의 위자료가 인정되었다. 위자료산정의 1차기준으로 피침해법익만을 따진다면 사망의 위자료보다 높은 금액의 위자료가 인정될 수 없을 것이나, 귀책사유 및 침해결과가 피해자

---

87) 大判 99. 4. 23. 98다41377(公 1999, 998)(위자료로 피해자 본인에게 1,000,000원, 피해자의 부모에게 각 500,000원이 인정됨).
88) 서울中央地判 2006. 11. 3, 2005가합88966(확정)(各公 2006, 2587). 고문의 후유증으로 본인과 가족의 사회생활이 철저하게 파괴된 점을 감안하여 피해자에게 700,000,000원, 피해자의 처에게 400,000,000원, 피해자의 자녀들에게 각 100,000,000원의 위자료가 인정되었다.

에게 지속적으로 미치는 영향을 고려하면 고문으로 인한 위자료로 상당한
고액이 인정된 것은 수긍될 수 있다.

e) 서울民事地判 1991. 5. 23, 90가합58657

호송교도관의 잘못으로 탈주한 흉악범들이 권총 등을 탈취하여 가정집에
침입하여 일가족을 약 29시간동안 감금하여 극심한 죽음의 공포에 몰아 넣
고, 그로 인하여 지병이 악화되고 후유증으로 고생하고 더 나아가 생활의 터
전인 주택이 경매로 타에 처분되는 사정이 생긴 경우에 가장, 배우자 그리고
자식 2명에게 위자료가 국가배상책임으로 인정되었다.[89] 이 사건에서 후유
증의 발생, 피해자의 재산적 손해가 특별손해로서 예견가능성을 충족하지 못
하여 배상되지 못한 점이 고려되어 고액의 위자료가 인정되었다.

5.2.4. 성적 자기결정권의 침해

1) 성적 자기결정권의 내용과 침해

성적 자기결정권은 각자 스스로 선택한 인생관 등을 바탕으로 사회공동체
안에서 각자가 독자적으로 성적 관(觀)을 확립하고, 이에 따라 사생활의 영
역에서 자기 스스로 내린 성적 결정에 따라 자기책임 하에 상대방을 선택하
고 성관계를 가질 권리를 의미하는 것이다.[90] 성적 자기결정권의 침해는 강
간, 사술이나 지위의 남용 등에 의하여 성적 교섭을 갖는 것 뿐만 아니라 성
희롱을 포함한다.[91]

---

89) 서울民事地判 91. 5. 23, 90가합58657(下集 1991-2, 80)(가장인 피해자에게
　　20,000,000원, 배우자에게 7,000,000원, 자식 2명에게 각 3,000,000원의 위자료가
　　인정됨).
90) 憲裁決 2002. 10. 31, 99헌바40·2002헌바50(憲判集 14-2, 490).
91) 同旨: 民法注解[ⅩⅧ] 361면(李東明 집필).

2) 손해배상의 범위

성적 자기결정권의 침해로 인한 손해로는 적극적 재산적 손해(치료비 등), 소극적 재산적 손해(입원기간동안의 일실수입, 정신질환 등에 의한 노동능력 상실로 인한 일실수입) 그리고 위자료가 있다. 성적 자기결정권의 침해로 인하여 발생하는 비재산적 손해에는 성적 자기결정권 자체의 침해 이외에 정신 건강의 침해, 사회활동의 위축(대인기피 등), 정신적 고통 등이 포함된다. 특히 아동에 대한 성적 자기결정권의 침해는 대인기피 등으로 인하여 아동의 인격발현의 기회를 원천적으로 봉쇄할 수 있으므로 이러한 경우에는 그 손해의 중대성에 비추어 고액의 위자료가 인정되어야 한다. 또한 형법 또는 특별법상의 인정되는 성폭력범죄의 유형을 주의깊게 관찰하여 피해자의 정신적 고통을 적정하게 평가하는 것이 필요하다.

3) 유형별 검토

a) 강간

성적 자기결정권의 중대한 침해사안인 강간의 경우에는 성적 자기결정권의 침해 뿐만 아니라 상해가 발생하고, 이러한 사정은 위자료의 산정에 있어 고려된다.[92] 지속적인 성폭력으로 인한 정신질환은 성적 자기결정권의 침해와 상당인과관계에 있으므로 그로 인한 치료비 및 일실수입의 손해도 배상받는다.[93]

---

92) 서울地判 2004. 1. 13, 2003가합29789(법원 내부 전산망 자료에 근거함)에 의하면 강간으로 인한 상해와 함께 임신을 하게 되었으나 임신중절수술을 하고 결국 남편과 이혼까지 한 경우에 변제공탁금(20,000,000원) 외에 위자료로 20,000,000원이 인정되었다.

93) 서울中央地判 2007. 1. 10, 2006가합20288(법원 내부 전산망 자료에 근거함)에 의하면 피해자를 강간한 후 2년간 상습적으로 신체적, 정서적, 성적인 학대를 하였고, 그로 인하여 피해자는 외상후 스트레스 장애, 불안, 대인기피 등 심각한 정서적 질

b) 성추행

성추행은 어린 나이의 피해자에게 심각한 정신적 심리적 장애를 가져오고, 어린 나이의 피해자에게 학습의 기회가 봉쇄되고 일생에 걸쳐 지속적으로 영향을 미친다는 점에서 위자료가 높게 인정된다.

c) 윤락강요 등

유흥주점의 여자 종업원에게 평소 위협적이고 폭력적인 언행을 일삼아 공포스러운 분위기를 조성하고, 윤락행위를 강요하는 것은 성적 자기결정권을 중대하게 침해하는 것이다.[94] 위와 같은 경우에는 감금되어 생활하게 되므로 신체의 자유의 침해도 인정된다.

d) 성희롱

대법원은 남녀관계에 있어서 일방이 상대방에 대한 성적 관심을 표명하는 것이 사회공동체의 건전한 상식과 관행에 비추어 볼 때 용인될 수 없는 경우에는 상대방의 성적 표현행위로 인하여 인격권의 침해하는 것이라고 판시하였다.[95] 성희롱을 일반적인 인격적 이익의 침해로 보는 견해가 있으나,[96] 성희롱의 경우에는 성적 자기결정권의 침해로 보는 것이 합당하고, 성적 자기

환을 입은 사건에서 피해자 본인에게 40,000,000원, 부모에게 각 5,000,000원의 위자료가 인정되었다.

94) 서울地判 2006. 1. 25, 2004가합90269(법원 내부 전산망 자료에 근거함)(위자료 인정금액: 20,000,000원).

95) 大判 98. 2. 10, 95다39533(公 1998상, 652). 환송후 원심판결인 서울高判 1999. 6. 25, 98나12180에 의하면 성적 굴욕감이나 혐오감을 느낄 정도의 성희롱으로 인하여 원고가 입은 정신적 고통에 대하여 위자료로 5,000,000원이 인정되었다.

96) 民法注解[ⅩⅧ] 412면(李東明 집필). 金載亨, "人格權에 관한 判例의 動向", 民事法學 27호(2005. 3), 390면 이하는 성희롱은 성차별을 넘어서 인간의 존엄과 직결된 문제이므로 그 적용범위가 넓어 민법 제750조에 의하여 적정하게 해결될 수 있다고 한다.

결정권의 침해를 성적 교섭에 국한할 필요는 없다. 인격권이 포괄적인 내용을 담고 있어 개별 사안 유형에 맞추어 세분화하는 작업이 요청되고, 성희롱의 경우에도 인격권의 구체적 내용인 성적 자기결정권의 범주로 파악하는 것이 타당하다.

4.2.5. 명예훼손

1) 명예의 의의

명예는 인격의 내재적 가치를 말하는 내부적 명예와 인격적 가치에 대한 사회적 평가를 말하는 외부적 명예 및 사람이 자기 자신에 대하여 가지는 명예감정으로 구성된다.[97] 통설과 판례는 불법행위에 의하여 보호되는 명예는 외부적 명예로 한정된다고 보나,[98] 소수설은 명예감정도 일종의 인격적 이익이기 때문에 일정한도를 넘는 위법한 침해에 대하여는 불법행위가 성립한다고 주장한다.[99]

---

97) 民法注解[ⅩⅧ] 364면(李東明 집필); 註釋 債權各則(7)(3판, 2000), 人格權의 侵害, 63면(朴哲雨 집필).
98) 大判 92. 9. 27, 92다756(公 1992, 3252); 註釋 債權各則(7)(3판, 2000), 人格權의 侵害, 63면(朴哲雨 집필); 韓渭洙, "名譽의 毁損과 民事上의 諸問題", 司法論集 제24집(93. 12), 399면; 權五乘, "名譽의 意義와 名譽毁損의 모습", 言論仲裁 제3권 제3호(1983년 가을호), 7면; 金時徹, "인격권 침해의 유형과 사생활의 비밀의 보호영역", 대법원판례해설 63號(2006 하반기), 195면. 註釋 債權各則(7)(3판, 2000), 人格權의 侵害, 64면(朴哲雨 집필)은 명예감정의 침해는 프라이버시침해로 구제되어야 한다고 주장하나, 사적 사항의 공개 등을 내용으로 하는 프라이버시권와 명예훼손의 규율범위가 같다고 할 수 없으므로 위와 같은 주장은 타당하지 않다. 프라이버시권과 명예훼손의 구별에 대하여는 우선 梁彰洙, "私生活 秘密의 保護-私法的 側面을 중심으로", 民法硏究 제8권, 68-70면 참조.
99) 洪春義(註 30), 144면. 하급심판결들에서는 명예감정도 명예훼손의 보호법익으로 보고 있다{서울民事地判 83. 9. 30, 83가합2449(言論仲裁 1985년 겨울호, 184면); 서울民事地判 84. 11. 30, 83가단7668(言論仲裁 1985년 봄호, 170면}.

명예훼손의 주된 보호법익은 개인에 대한 사회적 평가의 저해이나, 부수적 보호법익으로 피해자가 자신에 대하여 가지는 명예감정과 사회활동의 위축도 포함된다. 명예훼손으로 인한 비재산적 손해에는 명예 자체의 침해, 명예감정의 침해, 인생의 영위가능성의 침해의 하나인 사회활동의 위축이 포함된다.

2) 명예의 보호

헌법 제21조는 언론출판의 자유의 한계로 타인의 명예를 들고 있고, 형법 제307조 제1항은 사실의 적시의 경우에도 명예훼손의 성립을 원칙적으로 인정하고 있고, 예외적으로 형법 제310조에 따라 위법성이 조각될 뿐이다. 위 규정들에 의하면 우리의 법체계에 있어 명예의 보호는 심중한 의미를 가지는 것이며, 표현의 자유에 보다 심중한 의미를 부여하는 미국의 경우와는 다르다는 점을 유의하여야 한다.

3) 명예훼손의 성립요건

a) 사실의 적시 요부

명예훼손이 성립하기 위하여는 사람의 사회적 평가를 저하시키는 사실의 적시가 있어야 한다.[100] 사실의 적시란 반드시 사실을 직접적으로 표현한 경우에 한정되지 않고, 간접적·우회적 표현에 의하더라도 사회적 가치 내지 평가의 침해가능성이 있는 경우에는 이러한 요건을 충족된다.[101] 일부 학설은 구체적 사실의 적시가 아닌 모욕적 언사(가령 도둑놈, 화냥년 등)나 추상적 사실의 언사에 의한 경우에도 넓은 의미의 명예훼손에 속한다고 주장한다.[102] 그러나 구체적 사실의 적시가 없는 경우에는 피해자의 사회적 평가의

---

100) 民法注解[ⅩⅧ] 365면(李東明 집필).
101) 大判 2000. 7. 28, 99다6203(公 2000하, 1925).

저하가 아니라 피해자의 감정의 침해가 있다고 할 것이므로 모욕이라는 불
법행위가 성립할 뿐이다. 다만 단순한 의견의 개진만으로는 상대방의 사회
적 평가가 저해된다고 할 수 없으므로 의견 또는 논평이 사실의 적시를 전
제로 하지 않은 이상 명예훼손은 성립하지 않는다.103) 물론 지나치게 과장
된 의견표명이 모멸적인 표현에 의한 인신공격에 해당하여 의견표명으로서
의 한계를 일탈한 불법행위가 될 수 있고, 이는 명예훼손이 아니라 모욕에
해당한다.104)

b) 공연성 요부

명예훼손으로 인한 불법행위책임의 성립요건으로서 공연성이 문제되는데,
대법원은 형사상 명예훼손죄의 구성요건인 '불특정인 또는 다수인'이 들을
수 있는 상태를 필요로 하지는 아니한다고 하여 부정설을 택하고 있다.105)
이에 대하여 일부 학설은 명예훼손의 보호법익을 피해자의 명예감정이 아닌
피해자에 대한 사회적 평가로 보는 한 적어도 피해자 이외의 제3자에게 그
러한 진술을 할 것을 요한다고 한다.106)

사람에 대한 사회적 평가의 저하를 본질적 징표로 삼는 명예훼손에 있어
서 공연성이 부득이하게 요구된다고 보아야 한다.107) 가해자와 피해자 상호

---

102) 金時徹(註 98), 195면.
103) 大判 2000. 7. 28, 99다6203(公 2000하, 1925).
104) 대법원은 TV뉴스 프로그램에서 특정변호사가 소송수행을 잘못하여 의뢰인에게
    불리한 판결이 선고되도록 하였다는 기본적 사실에 기초하여 소위 '순백의 법조
    인'과 대비하여 '사람답게 살지 못한 사람'이라거나 '한심하다 못해 분통이 터진
    다'는 등의 표현을 사용하여 의견을 표명한 것에 대하여 모멸적인 표현에 의한 인
    신공격에 해당하여 의견표명으로서의 한계를 일탈한 불법행위가 될 수 있다고 판
    시하였다(大判 2003. 3. 25, 2001다84480)(公 2003, 1040).
105) 大判 64. 9. 22, 64다261(공보불게재. 로앤비에서 검색가능).
106) 郭潤直, 債權各論, 新訂版, 1995, 713면; 金時徹(註 98), 195면; 民法注解[Ⅹ
    Ⅷ] 368면(李東明 집필); 韓渭洙(註 99), 413면.
107) 同旨: 洪春義(註 30), 146-147면.

간의 자존심에 상처를 줄 수 있는 언쟁은 사회적 평가가 아닌 표현행위에 의한 비인격적 대우를 그 내용으로 하는 모욕이라는 불법행위로 구성하는 것이 타당하다.

c) 적시된 사실관계가 허위인지 여부

실무상으로 적시된 사실관계가 허위인지 여부에 따라 위법성이나 피해의 정도가 달라지므로 결국 위자료의 액수도 달라진다.[108] 하나의 유인물 또는 보도 등에 여러 가지 명예훼손적 사항이 담겨 있는 경우에 어떻게 처리할지가 문제된다. 진실한 사실의 적시로 인한 명예훼손과 허위 사실의 적시로 인한 명예훼손은 별개의 불법행위를 구성한다고 해석하는 견해[109]와 하나의 불법행위로 처리하자는 견해[110]가 대립한다. 사고의 명확화의 측면에서 유인물 또는 보도를 기준으로 불법행위의 성립 및 내용을 따지는 것이 타당하다.[111] 민사상의 불법행위에 있어 사실의 진위는 불법행위의 성립요건이 아니라 손해배상액의 내용을 정하는 사정에 불과하므로 복잡하게 세분화할 필요는 없고, 위자료를 가중시키는 사정에 대한 입증책임을 피해자에게 지우는 것으로 충분하다.

---

108) 同旨: 大判 90. 2. 27, 89다카12775(集 38-1, 民 103); 金時徹(註 98), 198-199면.
109) 金時徹(註 98), 199면.
110) 韓渭洙(註 99), 411면은 진실한 사실의 적시에 의한 명예훼손과 허위사실의 적시에 의한 명예훼손을 별개의 불법행위로 구별하지 않고, 그러한 전제에서 허위성에 대한 입증이 필요없다고 주장한다.
111) 同旨: 大判 2009. 4. 9, 2005다65494(公 2009상, 608). 동소에 의하면 언론매체가 보도한 수개의 기사가 타인의 명예를 훼손하였는지 여부를 판단함에 있어서 그 기사들이 연재기사로 기획되어 게재되었다는 등의 특별한 사정이 없는 한 각 기사별로 불법행위의 성립 여부를 판단하여야 한다고 한다.

4) 구체적 검토

a) 소송절차에서의 명예훼손

대법원은 민사소송절차의 변론과정에서 당사자가 상대방의 프라이버시나 명예에 관한 사항을 주장하고 이에 관한 증거자료를 제출함으로써 상대방의 프라이버시가 침해되거나 명예가 훼손되었다 하더라도, 그 주장과 입증이 정당한 변론활동의 범위를 일탈한 것이 아니라면 위법성이 없다고 판시하였다.[112] 그러나 소송절차의 주장과 입증은 명예훼손의 한 요건인 공연성을 결한다고 보아야 한다. 왜냐하면 일반인인 당사자 외에 판사나 법원직원, 기타 방청객은 소송당사자를 처음 보는 사람이기 때문이다. 가령 소송관계인이 서로 안다고 하더라도 당사자의 명예는 추가적인 공개행위에 의하여 훼손되는 것이지, 당사자의 주장입증에 의하여 개인의 명예가 훼손되는 것은 아니다. 오히려 입증과 무관하게 고의적으로 타인의 인격을 무시하는 변론활동은 모욕에 해당할 여지가 있다.

b) 수사기관의 피의사실 공표

대법원은 수사기관의 피의사실의 공표에 대하여는 진실을 정확히 전달하여야 할 요청이 강하게 요구되고, 수사기관의 발표에 대하여 상당한 신빙성이 부여되는 현실을 고려하여 명예훼손책임을 넓게 인정한다.[113] 즉 수사기관의 발표는 원칙적으로 일반 국민들의 정당한 관심의 대상이 되는 사항에

---

112) 大判 2008. 2. 15, 2006다26243(公 2008상, 387).
113) 大判 2001. 11. 30, 2000다68474(公 2002상, 167). 이 사건에서는 피해자의 진술 외에는 직접 증거가 없고 피의자가 피의사실을 강력히 부인하고 있어 보강수사가 필요한 상황이며, 피의사실의 내용이 국민들에게 급박히 알릴 현실적 필요성이 있다고 보기 어려움에도 불구하고, 검사가 마치 피의자의 범행이 확정된 듯한 표현을 사용하여 검찰청 내부절차를 밟지도 않고 각 언론사의 기자들을 상대로 언론에 의한 보도를 전제로 피의사실을 공표한 경우, 피의사실 공표행위의 위법성이 조각되지 않는다고 하였다.

관하여 객관적이고도 충분한 증거나 자료를 바탕으로 한 사실 발표에 한정
되어야 하고, 이를 발표함에 있어서도 정당한 목적하에 수사결과를 발표할
수 있는 권한을 가진 자에 의하여 공식의 절차에 따라 행하여져야 하며, 무
죄추정의 원칙에 반하여 유죄를 속단하게 할 우려가 있는 표현이나 추측 또
는 예단을 불러일으킬 우려가 있는 표현을 피하는 등 그 내용이나 표현 방법
에 대하여도 유념하여야 한다.

c) 언론기관의 보도

대법원은 언론출판의 자유와 명예보호사이의 한계를 설정함에 있어서 피
해자의 사회적 지위(공인인지 여부), 사안의 성격(공공의 관심사인지 여부),
피해자가 명예훼손을 자초한 것인지 여부를 고려하여야 한다고 판시하였
다.114) 물론 대법원은 피해자가 공적 인물이라고 하여 언론매체의 명예훼손
이 현실적 악의에 의한 것임을 입증할 필요는 없다고 하여 미국의 '현실적
악의 원칙'115)을 채택하지 않았다.116) 우리나라는 미국과 달리 표현의 자유
에 못지 않게 개인의 명예에 대하여 심중한 의미를 부여하고 있으며, 우리의
법률문화와 언론관계의 실제에 비추어 공인에 대한 무책임한 보도를 양산할
우려가 있다는 점에 비추어 현실적 악의 원칙을 채택하는 것은 타당하지 않
다.117) 따라서 언론기관은 수사기관의 보도자료를 검토하여 단정적 표현을
삼가고, 피의자의 진술 등을 확보하는 등의 조치를 취해야 한다.

---

114) 大判 2002. 1. 22, 2000다37524(公 2002상, 522).
115) New York Times Co. v Sullivan, 376 U. S. 254(1964) 판결에서 채택한 원칙으로
     공무원은 명예훼손의 현실적 악의 또는 허위여부에 대한 무모한 경시를 입증하지
     못하는 한 명예훼손으로 인한 손해배상책임을 추궁할 수 없다는 것을 의미한다.
116) 大判 98. 5. 8, 97다34563(公 1998, 1575).
117) 同旨: 韓渭洙, "公人에 대한 名譽毁損의 比較法的 一考察-'現實的 惡意 原
     則(actual malice rule)'을 中心으로-", 저스티스 통권 69호(2002. 10), 157면.

d) 실명보도

대법원은 언론기관이 피의자의 실명을 공개하여 범죄사실을 보도할 경우에는 그 보도내용이 진실인지 여부를 확인할 주의의무는 더 높아진다고 판시하였다.[118] 또한 대법원은 대중매체의 범죄사실 보도는 공공성이 있는 것으로 취급될 수 있는 것이나, 범죄 자체를 보도하기 위하여 반드시 범인이나 범죄혐의자의 신원을 명시할 필요가 있는 것은 아니고, 범인이나 범죄혐의자에 관한 보도가 반드시 범죄 자체에 관한 보도와 같은 공공성을 가진다고 볼 수 없으며, 공적인 인물이 아닌 평범한 시민의 경우에는 더욱 그러하다고 판시하였다.[119] 보도의 생생함을 살려 독자의 흥미를 유발하려는 목적으로 피의자의 사회복귀의 이익에 비추어 일정한 한계가 그어져야 한다는 관점에서 본다면, 대법원의 태도는 건전하다. 학설은 대체로 공적 인물에 대한 범죄보도에 있어서는 공적 인물의 활동에 대한 감시와 독자의 알권리를 이유로 실명보도 허용된다고 한다.[120] 범죄의 경각심을 고취하는 것을 넘어서 대중의 호기심을 충족시키며 범죄자에 대한 낙인을 찍어 사회복귀를 저해하는 실명보도는 허용될 수 없다.

5) 손해배상

명예훼손으로 인한 손해배상은 주로 위자료이다.[121] 표현행위의 내용(진실성여부, 공익성여부, 경위 등), 피해자의 사회적 지위, 가해자의 사회적

---

118) 大判 2009. 4. 9, 2005다65494(公 2009하, 1615).
119) 大判 98. 7. 14, 96다17257(公 1998하, 2108). 위 판결의 대법원관례해설인 韓騎澤, "言論의 犯罪事件 報道에 있어서 匿名報道의 原則", 대법원관례해설 제31호(1999), 118면에 의하면 범죄의 보도는 대중의 흥미를 촉진시키고, 대중을 교육시키고, 범죄자와의 차별을 통한 우월감 및 안도감을 주는 방식으로 공익에 기여한다고 한다.
120) 韓騎澤(前註), 122면.
121) 물론 명예훼손으로 인하여 대응광고비라는 재산적 손해가 인정될 수 있다.

지위(발행부수, 공신력, 일간지 또는 주간지 여부 등), 불법행위이후의 사정
(기사철회 여부, 정정보도 여부 등) 등을 종합적으로 고려하여 위자료가 산
정된다.[122]

5.2.6. 모욕

1) 의의

표현행위를 통하여 타인의 인격을 무시하는 경우에 모욕이라는 불법행위
가 성립한다. 특히 표현행위의 형식 및 내용 등이 모욕적이고 경멸적인 인신
공격에 해당하거나 혹은 타인의 신상에 관하여 다소간의 과장을 넘어서서
사실을 왜곡하는 공표행위를 함으로써 그 인격권을 침해한다면, 이는 명예훼
손과는 별개 유형의 불법행위를 구성할 수 있다.[123] 또한 공적 인물(public
figure)의 공적인 관심사에 관한 문제의 제기가 널리 허용되어야 한다고 하더
라도 구체적 정황의 뒷받침도 없이 악의적으로 모함하는 일이 허용되지 않
으며, 구체적 정황에 근거한 것이라 하더라도 그 표현방법에 있어서는 상대
방의 인격을 존중하는 바탕 위에서 어휘를 선택하여야 하고, 아무리 비판을
받아야 할 사항이 있다고 하더라도 모멸적인 표현으로 모욕을 가하는 일은
허용될 수 없다.[124]

2) 성립요건

형법상 모욕죄는 공연성을 요구하나, 민법상 모욕이라는 불법행위는 공연
성이 요구되지 않는다. 가해자가 피해자만 있는 상황에서 욕설을 하더라도
불법행위가 성립하고, 공연성이라는 요소는 위자료의 산정에 참작될 사유에

---

122) 이봉수, "명예훼손 소송에서의 위자료 산정", 言論仲裁 25권 4호(2005. 12), 76면.
123) 大判 2009. 4. 9, 2005다65494(公 2009상, 608).
124) 大判 2002. 1. 22, 2000다37524(公 2002, 522).

불과하다. 그리고 타인의 명예를 훼손하는 사실을 피해자에게 말하는 것만으로는 공연성 요건을 충족하지 못하여 명예훼손이 성립하지 않으나, 인신공격성 표현에 의해 자존심 등 감정이 위법하게 침해된 경우에는 모욕이라는 불법행위가 인정되어야 한다. 다만 형사피의자가 수사과정에서 알리바이를 조작하고 허위진술을 한 것이 헌법상 보장되는 방어권의 행사 내지 연장이라고 보여지는 범위 내에서는 고소인의 감정을 상하게 하였다 하더라도 위법성이 인정될 수 없고, 그러한 경우에는 모욕이라는 불법행위는 성립하지 않는다.[125]

3) 손해배상

모욕으로 인한 손해배상으로 위자료가 인정된다. 위자료의 산정시 가해행위의 태양(표현행위의 내용과 정도)과 경위, 당사자의 관계, 가해자의 형사처벌여부, 합의금 또는 공탁금 수령여부 등이 고려되어야 한다.

5.2.7. 초상권의 침해

1) 초상권의 내용

초상권을 규정하는 법률규정은 없으나, 판례와 학설은 대체로 헌법 제10조와 제17조에서 도출되는 일반적 인격권의 하나로 초상권을 인정한다.[126]

---

125) 서울地判 89. 6. 13, 86가합5264(下集 1989-2, 128).

126) 大判 2006. 10. 13, 2004다16280(公 2006, 1897); 民法注解[ⅩⅧ] 397면(李東明 집필); 嚴東燮, "言論報道와 肖像權 侵害", 民事判例研究 Ⅹ (1999), 752면; 韓渭洙, "사진의 無斷撮影・使用과 民事責任 -肖像權의 侵害-", 民事裁判의 諸問題 제8권(1994), 212-213면. 許熺成, "雜誌에 寫眞揭載로 因한 肖像權 侵害", 著作權 8호(89. 12), 80면은 저작권법 제32조 제4항을 우리법제상 초상권의 법적 근거로 삼고 있으나, 동 규정은 촉탁에 의한 미술저작물과 사진저작물에 한정되므로 일반적인 초상권의 법적 근거로 삼기는 어렵다.

초상권은 자신의 얼굴 기타 사회통념상 특정인임을 식별할 수 있는 표지가
무단으로 사용되지 아니할 것에 대한 법적인 보장이다.127) 여기서 초상이라
함은 좁은 의미의 얼굴이나 용모에 한정되지 않고, 그림이나 회화를 통해 본
인임을 알 수 있는 것으로 구체화된 것도 포함된다.128)

2) 초상권의 침해

초상의 공개가 초상 본인의 사생활 또는 내밀한 영역에 영향을 미치는 경
우에만 초상권의 침해를 인정할 수 있는지가 문제되는데, 초상권은 초상권의
침해와 그로 인한 재산적 및 비재산적 손해를 보호하는 것이지, 사생활 또는
초상 본인의 내밀 영역을 직접적으로 보호하는 것이 아닌 만큼 그러한 사정
은 손해배상액의 산정에 있어 고려될 뿐이다.129) 유명인이 어느 정도 자신의
초상이 공표되는 것에 대하여 감수하여야 하나, 보도의 내용과 무관하게 자
신의 초상이 사용되거나 명예훼손적 기사나 보도에 자신의 초상이 사용되는
경우에는 초상권의 침해가 인정된다.130) 초상의 이용에 대한 본인의 승낙의
범위는 엄격하게 해석되고, 본인의 예상과는 다른 방법으로 초상이 공개되거
나 승낙의 범위를 넘어서는 경우에도 초상권의 침해가 인정된다.131)

3) 손해배상의 범위

초상권의 침해로 인하여 재산적 손해 뿐만 아니라 비재산적 손해도 발생
한다. 다만 하급심 법원은 초상영리권이 침해되어 재산적 손해가 주로 문제

---

127) 大判 2006. 10. 13, 2004다16280(公 2006, 1897); 民法注解[ⅩⅧ] 397면(李東
　　　明 집필).
128) 嚴東燮(註 126), 756면; 韓渭洙(註 126), 219면.
129) 同旨: 嚴東燮(註 126), 757면.
130) 民法注解[ⅩⅧ] 399-400면(李東明 집필),
131) 民法注解[ⅩⅧ] 401-402면(李東明 집필),

된 경우라도 반드시 정신적 고통이 없다고 할 수 없으나, 초상권침해의 목적과 경위 등에 비추어 초상 본인의 평가, 명성, 인상 등을 훼손 또는 저하시키는 등의 특단의 사정이 있는 경우에만 정신적 고통으로 인한 손해가 인정된다고 한다.132)

그러나 초상권의 침해로 인한 재산적 손해와 비재산적 손해가 발생하고, 재산적 손해를 어느 정도 배상받을 수 있느냐의 문제가 후자의 비재산적 손해의 배상에 중대한 영향을 미친다. 가령 연예인과 같이 모델료 등으로 상당한 재산적 손해의 배상이 인정된다면 위자료는 적게 인정될 것이나, 일반인의 초상권이 침해된 경우에는 재산적 손해의 배상이 미미한 이상 침해의 태양에 따라 상당한 위자료가 인정되어야 한다. 하급심이 채택하는 견해는 초상권이 인격권의 성질을 가진다는 점을 간과하여 재산권의 침해에 관한 법리를 그대로 적용한 오류를 범하였다. 또한 초상권의 침해로 인한 비재산적 손해는 초상권의 침해가 본인의 평가 등을 저하하는 정도에 따라 다르게 산정될 것이다.

5.2.8. 성명권의 침해

1) 성명권의 내용

성명은 사람의 동일성을 표시하는 것으로서 그 사람의 인격과 밀접 불가분한 것이므로 타인의 성명을 모용하는 경우에 대하여는 법적인 보호가 주어진다.133) 일부 학설은 연예인 등의 성명에 대하여 초상과 같이 그 경제적

---

132) 서울高判 98. 3. 27, 97나29686(下集 1998-1, 97)(확정); 서울中央地判 91. 7. 25, 90가합76280(下集1991-2, 92)(확정); 서울中央地判 2006. 4. 19, 2005가합80450 (各公 2006, 1211).

133) 朴成浩, "實演者의 '藝名'에 대한 법적 보호(上)", 法曹 통권 613호(2007. 10), 292면.

가치에 착안하여 소위 '퍼블리시티권(right of publicity)'을 별도로 인정한다. 우리나라에 성명권의 보호에 관한 일반적 규정이 없으나,134) 학설은 대체로 인격권의 일종으로 성명권을 인정한다.135)

2) 성명권의 침해

성명권의 침해에 해당하는 것으로는 성명권의 모용, 성명의 상업적 이용, 실명 보도가 있다.136) 다만 실명보도의 경우에는 성명권의 이익 또는 사생활의 비밀과 자유 등과 국민의 알권리 등의 비교형량이 요구된다. 즉 개인은 자신의 성명의 표시 여부에 관하여 스스로 결정할 권리를 가지나, 성명의 표시행위가 공공의 이해에 관한 사실과 밀접불가분한 관계에 있고 그 목적 달성에 필요한 한도에 있으며 그 표현내용·방법이 부당한 것이 아닌 경우에는 그 성명의 표시는 위법하다고 볼 수 없다.137) 따라서 범죄사실에 관한 보도 과정에서 대상자의 실명 공개에 대한 공공의 이익이 대상자의 명예나 사생활의 비밀에 관한 이익보다 우월하다고 인정되어 실명에 의한 보도가 허용되는 경우에는, 비록 대상자의 의사에 반하여 그의 실명이 공개되었다고 하더라도 위법성이 부정된다.

3) 성명에 대한 상업적 이용-퍼블리시티권의 문제

특히 유명인의 성명권의 재산적 부분을 '퍼블리시티권'으로 보는 입장에 의하면 퍼블리시티권의 침해 외에 성명권의 침해로 인한 위자료의 배상이

---

134) 상표법과 부정경쟁방지법 등에서 타인의 성명의 사용금지와 배제에 관한 규정을 두고 있을 뿐이다.
135) 民法注解 [ⅩⅨ], 後論 Ⅰ[人格權侵害], 433-434면(李在洪 집필).
136) 民法注解 [ⅩⅨ], 後論 Ⅰ[人格權侵害], 434면(李在洪 집필); 朴成浩(註 133), 297면.
137) 大判 2009. 9. 10, 2007다71(公 2009하, 1615).

독자적으로 인정될 수 있는지가 문제될 수 있다. 이와 관련하여 서울중앙지방법원은 프로스포츠 선수들은 경기중계, 인터뷰, 광고 등을 통한 대중과의 접촉이 불가피한 직업적 특성상 특별한 사정이 없는 한, 성명권의 침해로 인하여 정신적 고통을 받았다고 보기는 어렵고, 유명 운동선수들의 성명 등을 상업적으로 이용할 수 있는 권리의 침해에 대한 재산적 손해배상으로 특별한 사정이 없는 한 정신적 고통도 회복된다고 판시하였다.[138]

그러나 성명권을 재산적 부분과 비재산적 부분으로 이원화할 필요가 없고, 그와 같이 구성하지 않더라도 성명권의 침해로 인하여 발생하는 손해를 구체적으로 분석하면 해결책이 도출된다. 타인의 성명을 무단으로 상업적 광고에 이용한 경우 광고계약을 체결했더라면 얻었을 금액인 사용료(licence fee) 상당의 재산적 손해와 무단 사용으로 인한 정신적 고통에 대한 비재산적 손해가 발생하는 것이다.[139] 이 경우 하나의 불법행위로 인하여 발생하는 손해인만큼 재산적 손해와 비재산적 손해는 밀접한 관련을 맺는다. 자신의 성명사용에 대한 당사자의 동의를 구하기 어려운 사안에서는 그 만큼 더 많은 사용료를 지불하여야 하기 때문에 침해의 태양과 재산적 손해가 연동되고, 이에 따라 비재산적 손해의 배상인 위자료도 재산적 손해인 사용료와 연동되는 것이다.

5.2.9. 사생활의 비밀과 자유의 침해

1) 사생활의 비밀과 자유의 내용

우리 헌법은 제10조에서 인간의 존엄과 가치, 행복추구권을 보장함과 아울러 제17조에서 사생활의 비밀과 자유를 침해받지 않을 권리를 보장하였다. 사생활의 비밀과 자유는 종래 크게 사생활에 대한 간섭과 사적 사항의 공개

---

138) 서울中央地判 2006. 4. 19, 2005가합80450(各公 2006. 1211).
139) 상해로 인하여 치료비, 일실수입, 위자료가 인정되는 것을 생각하여 보라.

에 대한 거부로 인식되었으나, 점차 자기에 관한 정보를 통제할 수 있는 적극적 권리가 부각되었다.[140] 다만 사생활의 비밀과 자유에 자기정보결정권을 포함시킬 필요는 없다.[141] 왜냐하면 인격권의 내용이 구체화되는 과정에서 초상권, 성명권이 분리되었으므로 자기정보에 관한 권리만을 프라이버시에 남겨둘 필요는 없고, 사생활의 비밀과 자유의 본령인 인격의 자유로운 발현을 위하여 필요한 자기만의 영역의 확보라는 관점이 자기정보에 대한 결정권에는 직접적으로 연결될 수 없기 때문이다.

2) 사생활의 보호범위

사생활의 보호범위를 주거 등으로 제한하는 것에 대하여 개인의 사적 생활이 은밀한 장소에서만 행하여지지 않으며, 산책이나 공연관람 등과 같이 일반에 공개된 장소에서 행하여지는 경우도 빈번하므로 사생활의 비밀과 자유를 장소적으로 제한한다면 개인은 세상으로부터의 결별을 강요받게 될 것이라는 비판이 있다.[142] 그러나 자기만의 시간과 공간을 확보하고자 하는 사생활의 보호가 공개된 장소까지 확대된다면 사생활보호의 본래의 의미는 퇴색된다고 할 것이고, 공개된 장소에서의 개인의 자유로운 활동은 인격권 일반에 의하여 보호되면 족하다.[143] 더 나아가 공공장소에서의 사생활보호라

---

140) 梁彰洙, "情報化社會와 프라이버시의 保護", 民法硏究 제1권, 511면.
141) 헌법적 측면에서 동일한 취지의 주장으로는 정태호, "개인정보자결권의 헌법적 근거 및 구조에 대한 고찰", 헌법논총 14집(2003. 12), 424면 이하.
142) 梁彰洙(註 98), 77면의 각주 54. 金水晶, "私生活의 自由와 言論의 自由의 衡量 : 公共場所에서 撮影된 公的 人物의 寫眞報道에 관한 유럽의 論議를 中心으로", 民事法學 31號(2006. 3), 304면은 사생활의 존중은 어느 정도는 다른 사람들과의 관계를 형성하고 발전할 권리를 포함해야 한다는 유럽인권법원의 판결(Niemietz v. Germany, no. 13710/88, 16 December 1992 § 29)을 원용하면서 공공장소에서의 사생활보호는 정도의 문제이지 유무의 문제는 아니라고 한다.
143) 同旨: 大判 74. 6. 11, 73다1691(公 1974, 7931). 동 법원은 사람이 그의 독점적 지배하에 있는 주택내부에서 사생활을 함에 있어서 외부로부터 차단되어 공개되

는 것은 대부분 초상권에 의하여 보호되는 것이므로 사생활보호의 독자적인 의미를 갖는 영역이라고 보기 어렵다.

3) 사생활의 비밀과 자유의 침해

사생활의 비밀과 자유의 침해는 사적 영역의 침입과 그로 인하여 얻은 정보의 공개를 주된 내용으로 한다. 물론 정보는 사적 영역의 침입과 관련하여 얻은 것이라는 점에서 일반적인 개인정보에 대한 공개 및 사용과 차이가 난다. 개인의 사적 사항은 공공의 이해와 관련되어 공중의 정당한 관심의 대상이 되지 않는 한 당사자의 동의가 없이 공개되면 위법하다. 이와 관련하여 강간할 목적으로 밤에 부녀자만 있는 내실에 침입하여 생활을 방해하고 정신적 안전성에 동요를 주는 것을 사생활의 침해라고 보는 견해가 있으나,[144] 단순한 사생활의 비밀과 자유의 침해를 넘어서서 생명 및 신체에 대한 위험을 초래하였다는 점도 부각되어야 한다.

4) 구체적 판결례

대법원은 유방확대시술자의 인적 사항이 드러나게 편집하여 주변 사람들에게 자신의 시술사실이 알려진 경우에 피해자에게 위자료로 10,000,000원을 인정하였다.[145] 유방확대시술의 부작용 등은 공중의 정당한 관심사에 해당할 수 있으나, 시술자의 인적 사항은 그러한 사항에 해당하지 않는다고 보

지 아니하고 자유롭게 기거 처신할 수 있음은 인간의 자유권에 속하는 침해되지 아니할 하나의 법익이라고 할 것이라고 판시하였다. 또한 憲裁決 2003. 10. 30, 2002헌마518(판례집 15권 2집, 하 185)은 헌법 제17조가 보호하고자 하는 기본권은 '사생활영역'의 자유로운 형성과 비밀유지라고 할 것이며, 공적인 영역의 활동은 다른 기본권에 의한 보호는 별론으로 하고 사생활의 비밀과 자유가 보호하는 것은 아니라고 판시하였다.
144) 註釋 債權各則(8)(제3판. 2000) 282면(徐光民 집필).
145) 大判 98. 9. 4, 96다11327(公 1998, 2377)(위자료 인정금액: 10,000,000원).

고, 사생활의 비밀과 자유의 침해를 인정한 것이다.

5.2.10. 자기정보결정권의 침해

1) 자기정보결정권의 내용

개인정보자기결정권은 자신에 관한 정보가 언제 누구에게 어느 범위까지 알려지고 또 이용되도록 할 것인지를 그 정보주체가 스스로 결정할 수 있는 권리이다.[146] 개인정보자기결정권의 보호대상이 되는 개인정보는 개인의 신체, 신념, 사회적 지위, 신분 등과 같이 개인의 인격주체성을 특징짓는 사항으로서 그 개인의 동일성을 식별할 수 있게 하는 일체의 정보라고 할 수 있고, 반드시 개인의 내밀한 영역이나 사사(私事)의 영역에 속하는 정보에 국한되지 않고 공적 생활에서 형성되었거나 이미 공개된 개인정보까지 포함한다.

2) 침해유형

자기정보결정권의 침해의 유형으로는 개인정보의 도용, 유출 뿐만 아니라 개인정보의 목적외 사용, 허위의 개인정보의 제공 등이 있다. 개인정보를 수

---

146) 憲裁決 2005. 2. 26, 99헌마513, 2004헌마190(병합)(판례집 제17권 1집, 668). 동 결정은 개인정보자기결정권의 헌법상 근거로는 헌법 제17조의 사생활의 비밀과 자유, 헌법 제10조 제1문의 인간의 존엄과 가치 및 행복추구권에 근거를 둔 일반적 인격권 또는 위 조문들과 동시에 우리 헌법의 자유민주적 기본질서 규정 또는 국민주권원리와 민주주의원리 등을 고려할 수 있으나, 개인정보자기결정권으로 보호하려는 내용을 위 각 기본권들 및 헌법원리들 중 일부에 완전히 포섭시키는 것은 불가능하다고 할 것이므로, 그 헌법적 근거를 굳이 어느 한 두개에 국한시키는 것은 바람직하지 않은 것으로 보이고, 오히려 개인정보자기결정권은 이들을 이념적 기초로 하는 독자적 기본권으로서 헌법에 명시되지 아니한 기본권이라고 보아야 할 것이라고 판시하여 사생활의 비밀과 자유와 구별되는 자기정보통제권의 독자성을 인정하고 있음은 흥미롭다.

집, 보관, 이용하기 위하여는 정보 주체의 동의를 얻어야 하고, 수집목적과 다른 목적으로 사용하거나 제3자에게 이전하기 위하여는 정보주체의 동의를 별도로 받아야 한다. 개인정보보호의무자가 관련 법률이 정하는 바의 보호조치를 취하지 아니한 잘못으로 인하여 개인정보가 유출된 경우에는 그로 인한 손해배상책임을 진다. 개인정보의 누출이라 함은 개인정보가 정보통신서비스제공자 및 이용자의 관리통제권의 범위를 벗어나 당해 정보를 모르는 제3자가 그 내용을 알 수 있는 상태에 이르는 것을 의미하고, 도용의 경우처럼 현실적인 고도의 위험이 발생할 것이 요구되지 않는다.[147]

3) 특별법상 규율

개인정보의 보호에 관한 일련의 특별법들은 개인정보의 침해로 인한 손해배상에 있어 사업자에게 고의 또는 과실이 없었음을 입증할 것을 요구하고 있다.[148] 가령 정보통신망 이용촉진 및 정보보호 등에 관한 법률 제32조에 따르면 이용자는 정보통신서비스제공자 등이 개인정보보호에 관한 동법의 규정을 위반한 행위로 손해를 입은 경우에는 그 정보통신서비스제공자등에 대하여 손해배상을 청구할 수 있고, 이 경우 당해 정보통신서비스제공자 등은 고의 또는 과실이 없음을 입증하지 아니하면 책임을 면할 수 없다. 복권 및 복권기금법 제10조는 복권사업자 및 복권사업자의 대리인·사용인 그 밖의 종업원은 당첨자 본인의 동의를 얻지 아니하고는 당첨자를 식별할 수 있는 개인정보를 공개하여서는 아니된다고 규정하고 있는바, 개인정보의 보호를 넘어서서 당첨자의 신변에 대한 안전도 아울러 보호하는 것이며, 동법 위반의 불법행위에 대하여는 일반적인 개인정보의 침해보다 고액의 위자료가

---

147) 서울中央地判 2007. 1. 26, 2006나12182(법원내부 전산망 자료에 근거함).
148) 정보통신망 이용촉진 및 정보보호 등에 관한 법률 제32조, 신용정보의 이용 및 보호에 관한 법률 제28조, 전자서명법 제26조, 전자거래법 제36조의16 제1항, 위치정보의 보호 및 이용 등에 관한 법률 제27조 참조.

인정되어야 한다.

4) 구체적 판결례

a) 서울高判 2007. 8. 16, 2006나108918

성폭력범죄의 수사 또는 재판을 담당하거나 이에 관여하는 공무원은 피해자의 주소·성명·연령·직업·용모 기타 피해자를 특정하여 파악할 수 있게 하는 인적사항과 사진 등을 공개하거나 타인에게 누설하여서는 안되나,[149] 이러한 사항을 위반하여 성폭력피해자의 신원이 경찰관의 잘못으로 누설된 경우에 피해자 본인에게 위자료가 인정되었다.[150] 특히 위와 같은 경우에는 개인정보에 대한 자기결정권의 침해를 넘어서서 피의자로부터의 보복의 위협 등도 있어 생명 또는 신체의 안전에 대한 침해라는 불법행위도 성립하는 것이다.

b) 서울高判 2007. 3. 30, 2006나31964

공개수배에 있어 피수배자의 주민등록번호를 공개하는 것이 개인정보의 중요한 부분을 공개하는 것이어서 그로 인한 다른 피해가 발생할 수도 있다 하더라도, 일반인들이 피수배자의 주민등록번호를 통하여 피수배자의 신원을 식별한 후 수사기관에 신고할 수 있는 가능성이 많으므로, 공개수배에 있어 주민등록번호를 적시하는 것은 수사목적의 달성을 위해 유용한 조치이고, 그로 인해 발생하는 인격권 등에 관한 제한이 수사목적을 달성하기 위해 반드시 필요한 범위를 벗어나 과도하다거나 또는 그것이 수사기관에게 부여된 재량권의 범위를 벗어났다거나 재량권을 남용한 것이어서 위법한 것이라고까지 할 수는 없으나, 공개수배가 된 후 피수배자들이 체포되거나 자수하였

---

149) 성폭력범죄의처벌및피해자보호등에관한법률 제21조 참조.
150) 위 사건에서 피해자들은 피의자들과 대면조사를 받고, 신원이 노출되었으며 모욕적 발언까지 들어서 30,000,000원과 10,000,000원의 위자료가 인정되었다.

으나 경찰이 경찰청 홈페이지에 게시된 수배전단을 정당한 사유 없이 공개
수배사유가 소멸하고 6개월 이상이 경과한 후에야 제거하고 그로 인하여 피
수배자들의 개인정보가 도용된 것에 대하여는 위자료가 인정되었다.[151]

c) 서울中央地判 2007. 2. 8. 2006가합33062, 53332

정보통신서비스제공자가 서비스이용자들에게 이메일을 발송하는 과정에
서 실수로 이용자들의 성명, 주민등록번호, 이메일 주소 등 개인정보를 수록
한 텍스트 파일을 첨부한 사안에서, 개인정보 보호에 관한 주의의무 위반을
이유로 피해자들에게 위자료가 인정되었다.[152]

d) 서울中央地判 2007. 1. 26, 2006나12182

리니지 Ⅱ 게임 회사의 관리잘못으로 사용자의 아이디와 비밀번호가 노출
된 사건에서도 위자료가 인정되었다.[153]

---

151) 서울高判 2007. 3. 30, 2006나31964(各公 2007, 979)(확정). 원고들에게 각
300,000원의 위자료가 인용되었다.
152) 서울中央地判 2007. 2. 8. 2006가합33062, 53332(各公 2007, 816). 동 법원은 위
자료로 성명, 주민등록번호, 이메일 주소가 누출된 이용자에게 100,000원, 성명과
이메일 주소가 누출된 이용자에게 70,000원을 인용하였다.
153) 1심법원은 사고후 적절한 조치를 취하지 않고, 소송에서도 과실을 인정하지 않고
책임지는 자세를 보이지 않았고 이 사건 사고로 인하여 원고들이 현실적인 경제
적 손해를 입지 않은 점 등을 고려해 500,000원의 위자료를 인정하였고, 항소심법
원은 사고기간이 5일이며, 신속한 사후조치로 제3자에 의한 악용 및 도용의 가능
성이 현저하게 감소되었으며 실제로 도용되었다는 점이 밝혀지지 않았으며, 사고
기간동안 서버에 접속한 사람이 약 40-50만 명으로 추산되며, 월 게임이용료가
29,700원이며, 개인정보보호조치의 한계가 있다는 점 등을 고려하여 100,000원의
위자료를 인정하였다(許盛旭, "不法行爲法理에 의한 인터넷상의 정보 프라이버
시 保護問題에 관한 一考", 民事判例研究 ⅩⅩⅩ(2008), 760-761면; 서울中央
地判 2007. 1. 26, 2006나12182 참조).

5) 손해배상의 범위

개인정보결정권의 침해로 인한 손해배상의무의 내용에 대하여는 면밀한 검토를 요한다. 개인정보를 무단으로 열람만 하는 경우에는 재산적 손해는 발생하지 않고, 무단열람으로 인한 정보에 관한 자기결정권의 침해와 그로 인한 정신적 고통이라는 비재산적 손해만 발생한다. 이는 리니지 Ⅱ 게임 아이디·비밀번호 노출사건과 같이 개인정보의 누출이라는 추상적 위험만 있는 경우에도 마찬가지이다. 그러나 무단으로 수집한 정보를 이용하여 광고 등을 한 경우에는 비재산적 손해와는 별개로 정보이용료 상당의 재산상 손해가 발생한다. 사용료 상당의 재산적 손해는 당사자의 추정적 동의와 무관하게 인정되는 것이며, 동의가 어렵다는 사정은 재산적 손해배상액과 위자료액을 증가시킬 뿐이다. 또한 개인정보의 누출의 위험이 구체적이고 현실적일수록 위자료액은 증가한다. 리니지 Ⅱ 게임 아이디·비밀번호 노출사건의 1심법원 은 피고가 과실을 부인하는 등 책임지는 자세를 보이지 않았다는 점을 들어 위자료의 한 사유로 적시하고 있으나, 피고가 다투는 사항은 항쟁함이 상당한 것으로 보여지므로 위자료의 증액사유로 해석되어서는 안될 것이다. 개인 정보의 침해로 인한 위자료의 액수가 적다는 비판이 있으나,[154] 생명 또는 신체의 침해로 인한 위자료와의 형평, 과실불법행위로 인하여 다수의 피해자 가 발생하는 점 등을 고려하면 소액의 위자료는 부득이한 것으로 보인다.[155]

6) 위자료산정시 고려 사유

개인정보의 침해로 인한 위자료의 산정에 있어서는 피해자측의 요소와 가해자측의 요소를 상관적으로 고려하여야 한다. 피해자측의 고려요소로는 침

---

154) 정상조, "廣告技術의 발전과 個人情報의 보호", 건국60년 기념 한국법률가대회 발표문, 18면 이하.
155) 同旨: 최정열, 정상조 교수의 발표문에 대한 지정토론요지문, 24면.

해의 정도(무단수집, 무단유출), 침해대상(민감정보인지 여부, 개인식별이 가능한지 여부), 후속손해의 발생여부(제3자의 악용여부, 재산적 손해의 발생여부) 등이 있으며, 가해자측의 고려요소로는 침해의 태양(고의, 중과실, 경과실), 동기(영리목적 여부), 행위이후의 사정(피해회복 및 방지를 위한 대책 강구 여부) 등이 있다.156)

5.2.11. 일반적 행동자유권의 침해

1) 의의

헌법 제10조 전문은 모든 국민은 인간으로서의 존엄과 가치를 가지며, 행복을 추구할 권리를 가진다고 규정하고 있다. 여기의 행복추구권 속에 함축된 일반적인 행동자유권에는 적극적으로 자유롭게 행동을 하는 것은 물론 소극적으로 행동을 하지 않을 자유 즉 부작위의 자유도 포함된다.157)

2) 침해유형

일반적 행동자유권의 침해를 구성하는 주요한 유형으로는 민간사찰행위와 스토킹이 있다. 민간사찰은 개인의 집회·결사에 관한 활동이나 사생활에 관한 정보를 미행, 망원 활용, 탐문채집 등의 방법으로 비밀리에 수집·관리하는 것이며,158) 스토킹(stalking)은 특정한 사람을 그 의사에 반하여 반복적으로 미행하거나 편지, 전화, 모사전송기, 컴퓨터통신 등을 통해 반복하여 일방적으로 말이나 글 또는 사진이나 그림을 전달함으로써 심각한 공포심이나 불안감을 유발하는 행위를 말한다.159)

---

156) 丁相朝·權英俊, "개인정보의 보호와 민사적 구제수단", 法曹 2009년 3월호(통권 제630호), 53-56면.

157) 憲決 1991. 6. 3, 89헌마204(판례집 제3권, 268).

158) 大判 1998. 7. 24, 96다42789(公 1998, 2200).

3) 손해배상

일반적 행동자유권의 침해로 인한 손해배상은 주로 위자료가 된다. 다만 지속적이고 악랄한 침해유형의 경우에는 대인기피증 등 정신질환이 발생할 수 있으므로 그로 인한 치료비 및 일실수입의 배상이 긍정된다.

4) 구체적 판결례

a) 민간사찰행위

aa) 서울高判 96. 8. 20, 95나44148

국군보안사의 민간사찰행위로 인하여 자기정보통제권의 침해와 정보의 유출·공개로 인한 사생활의 비밀의 자유가 침해된 사안에서 피해자들에게 각 2,000,000원의 위자료가 인정되었다.[160] 앞서 살핀 바와 같이 민간사찰행위는 일반적 행동자유권 침해의 한 유형으로 파악하는 것이 타당하고, 자기정보통제권 또는 사생활의 비밀과 자유의 침해로 볼 것은 아니다.

bb) 서울中央地判 2009. 5. 29, 2008가합40668

서울중앙지방법원은 국가안보와 직접 관련되지 않는 국내정보의 수집활동은 비록 해당 정보가 사회적 영향이 큰 사안에 관한 것이어서 질서유지의 목적을 포함하고 있다고 하더라도 국가정보원법이 정한 정당한 업무범위에 속하지 아니하므로 이러한 정보수집 활동은 그 자체로서 대상자의 자기정보통제권을 침해하는 불법행위를 구성하고, 위와 같이 취득한 정보를 유출한 행위도 별도의 명예훼손으로서 불법행위를 구성한다고 판시하였다.[161]

---

159) 1999년 스토킹처벌에관한특례법안 제2조; 李聖昊, "사이버스토킹의 개념과 법적 규제", 저스티스 통권 제83호 (2005. 2), 8면 이하. 단 위 법안은 1999. 5. 24. 제105대 국회에 의원발의 형식으로 제출되었으나 결국 통과되지 못하고 폐기되었다.
160) 서울高判 96. 8. 20, 95나44148(下集 1996-2, 277)(상고기각).
161) 서울中央地判 2009. 5. 29, 2008가합40668(확정)(各公 2009하, 1025)(자기정보통

b) 스토킹

aa) 서울地判 2002. 11. 1, 2002가합10832

회사컴퓨터를 이용하여 얻은 정보를 이용하여 원고와 그의 처에게 불륜을 의심하게 하는 문자메시지를 수십 차례에 걸쳐 보내서 원고가 직장을 그만두고 이혼까지 하게 된 경우에 법원은 피고 회사의 사용자책임을 긍정하였다. 다만 원고의 이혼 및 조기퇴직으로 인한 손해는 특별손해로서 예견가능성이 없어 배상을 부정하되, 이러한 사정을 위자료의 증액사유로 삼아 위자료 20,000,000원이 인정되었다.

bb) 淸州地判 1998. 7. 15, 97가합3573

원고의 자녀에 대한 과외교습을 담당하던 피고가 원고의 집에 설치된 전화 자동응답기에 "원고가 불륜행위를 하였다"는 취지의 메시지를 남긴 것 때문에 원고의 부부관계가 파탄되어 협의이혼한 경우, 피고의 불법행위로 인한 손해배상책임으로 원고의 혼인기간, 생활정도, 불법행위의 경위 및 태양 등이 고려되어 위자료 10,000,000원이 인정되었다.

c) 기타 유형

aa) 大判 2006. 10. 13, 2004다16280

대법원은 보험회사 직원이 보험회사를 상대로 손해배상청구소송을 제기한 교통사고 피해자들의 장해 정도에 관한 증거자료를 수집할 목적으로 피해자들의 일상생활을 촬영한 행위가 초상권 및 사생활의 비밀과 자유를 침해하는 불법행위에 해당한다고 판시하였다.[162] 그러나 피해자의 일상생활을 촬

제권침해에 대하여 10,000,000원, 명예훼손에 대하여 10,000,000원이 위자료로 인정됨). 서울고등법원의 일부승소판결에 대하여 대법원의 심리불속행기각결정으로 확정되었다.

162) 환송후 원심판결은 피해자인 부부에게 각 2,000,000원, 피해자인 아들에게

영한 행위는 사생활의 비밀과 자유의 침해가 아니라 일반적 행동의 자유의
침해로 보는 것이 타당하다. 학설과 판례가 대체로 인정하고 있는 인격권
의 한 내용으로 일상생활을 자유로이 영위할 권리를 인정하면 족하고, 미
국에서 일반적 인격권으로서의 기능을 수행하는 사생활의 비밀과 자유의
침해의 한 유형으로 이론구성할 필요는 없다. 왜냐하면 미국에서는 대륙법
계의 인격권에 해당하는 기능을 '프라이버시'가 수행하는 것에 불과하기
때문이다.

5.2.12. 의사결정의 자유의 침해

1) 침해의 유형

사기·강박에 의하여 타인의 의사결정의 자유를 침해하는 것은 불법행위를
구성한다. 경제적 압박수단을 고지하여 대행계약을 취소하게 한 경우도 이에
해당한다.[163] 이러한 의사결정의 자유의 침해는 자연인 뿐만 아니라 법인의
경우에도 인정될 수 있다. 사업자가 자신의 상품을 선전하는 광고에서 일체
의 과장을 금지하는 것은 현실적으로 기대할 수 없는 것이므로 일반 상거래
의 관행과 신의칙에 비추어 사회적으로 용인될 수 있는 사소한 과장은 의사
표시 취소의 사유가 되는 기망이나 불법행위를 구성하는 과장광고에 해당되
지 아니한다. 일반 상거래의 관행과 신의칙에 비추어 사회적으로 용인될 수
있는 한도를 넘은 과장이나 허위를 담은 광고는 과장 또는 허위의 정도와 중
요성에 따라 취소가 허용되는 경우와 단순한 불법행위로 손해배상만 인정되
는 경우로 세분된다.

1,000,000원의 위자료를 인정하였다(서울중앙지판 2006. 12. 15, 2006나23410).
163) 大判 2001. 7. 13, 98다51091(公 2001하, 1835).

2) 손해배상

의사결정의 자유의 침해로 인하여 재산적 손해와 비재산적 손해가 발생할 수 있다. 특히 분양광고의 경우에는 재산적 손해의 산정이 곤란한 경우가 많아 위자료의 보완적 기능이 고려된다. 즉 불법행위로 인한 손해배상청구소송에 있어, 재산적 손해의 발생사실은 인정되나 그 구체적인 손해액수를 입증하는 것이 사안의 성질상 곤란한 경우, 법원은 증거조사의 결과와 변론 전체의 취지에 의하여 밝혀진 당사자들 사이의 관계, 불법행위와 그로 인한 재산적 손해가 발생하게 된 경위, 손해의 성격, 손해가 발생한 이후의 제반정황 등의 관련된 모든 간접사실들을 종합하여 상당인과관계 있는 손해액을 판단할 수 있다.[164]

3) 구체적 판결례

a) 백화점 사기판매사건

대형백화점이 당해 상품들이 종전에는 높은 가격으로 판매되던 것인데 할인특매기간에 한하여 특별히 대폭 할인된 가격으로 판매하는 것처럼 광고를 하는 등의 변칙적인 방법으로 판매영업을 한 사건에서 서울고등법원은 대형백화점의 세일과 같이 고도의 사회적 신뢰에 기하여 이루어지는 거래에 있어서 그 거래내용이 사회적 신뢰에 어긋나는 것일 때에는 거래의 상대방은 재산적 이익을 침해당하는 손해 이외에 그와 같은 고도의 신뢰를 침해당한 데에 따른 별도의 정신적 고통을 받게 되는데 이러한 고도의 사회적 신뢰를 공유함으로써 사회구성원인 개인들이 누리는 안정감과 만족감, 그리고 약간

---

164) 大判 2009. 8. 20, 2008다19355(公 2009하, 1512). 대법원은 분양자가 정확한 사실확인 없이 인천국제공항 국제업무센터에 모노레일이 완공될 예정이라는 취지로 오피스텔 분양광고를 하여 수분양자들이 이를 분양 받았는데 그 후 오피스텔의 시가가 하락하자 손해배상을 구한 사안에서, 모노레일 미설치가 오피스텔의 교환가치의 하락에 미친 영향을 개별적으로 고려하여 합리적이고 객관적인 손해액을 산정하여야 한다고 판시하였다.

은 자랑스러워하는 마음 등은 법이 마땅히 보호하여야 할 인격적 법익에 해당한다 할 것이므로 이러한 인격적 법익을 침해한 불법행위자는 이로 인한 정신적 고통에 대한 손해도 따로 배상하여야 한다고 판시하였다.[165] 이 사건에서 사기세일로 인한 비재산적 손해는 의사결정의 자유의 침해와 그로 인한 정신적 고통(불쾌감 등)이므로, 비재산적 손해를 정신적 고통으로 일원화하여 이해할 필요는 없다.

b) 허위과장광고

상품의 선전·광고에 있어 다소의 과장이나 허위가 수반되는 것은 그것이 일반 상거래의 관행과 신의칙에 비추어 시인될 수 있는 한 기망성이 결여된다고 하겠으나, 거래에 있어서 중요한 사항에 관하여 구체적 사실을 신의성실의 의무에 비추어 비난받을 정도의 방법으로 허위로 고지한 경우에는 기망행위에 해당한다.[166] 또한 국가자격시험 교재판매 회사가 허위·과장 광고 및 시험 실시 등에 관한 허위의 안내를 함으로써 이를 믿은 자로 하여금 회원으로 가입하게 하여 교재를 구입하고 도로(徒勞)에 가까운 시험공부를 하게 한 경우에 위자료로 2,000,000원이 인정되었다.[167]

5.2.13. 소송절차의 남용

1) 침해유형

a) 부당제소 또는 응소

부당제소 또는 부당응소로서 불법행위가 성립하려면 (1) 실체상 권리보호

---

165) 서울高判 92. 10. 30, 92나23102(下集 1992-3, 96)(상고기각). 사기세일의 피해자들에게 10,000원에서 100,000원의 금액이 위자료로 인정되었다.
166) 大判 2009. 4. 23, 2009다1313(公 2009상, 755).
167) 서울地判 99. 9. 2, 99나457, 99나30861(확정)(下集 1999-2, 151).

의 청구권 또는 응소권이 없고, (2) 권리보호청구권 또는 응소권이 없음에 관하여 고의가 있거나 과실로 인하여 그 권리 없음을 알지 못하였으며, (3) 당해 제소 또는 응소에 의하여 상대방 또는 제3자의 법익을 침해하고, (4) 그 법익침해에 관하여 고의 또는 과실이 있어야 한다.168) 대법원은 부당제소 등으로 인하여 입게 되는 정신적 고통은 통상 당해 소송에서 승소하는 것에 의하여 회복되고, 이를 통하여 회복될 수 없는 정신적 고통은 특별사정으로 인한 손해라고 할 것이어서 이러한 사정에 대한 예견가능성이 인정되어야 한다고 한다.169)

그러나 근거없이 소를 제기하여 소송사기에 준하는 정도의 경우라면, 민사사건의 경우에도 피해자가 재판준비 등으로 인하여 상당한 정도 시간을 허비하게 되고, 그로 인하여 일상생활의 평온이 깨지는 것이므로 재산상 손해배상과는 별도로 위자료가 인정되어야 한다.170) 이러한 부분은 재산적 손해로 당연히 회복될 수 있는 부분도 아니고, 고의로 소를 제기한 자는 그로 인하여 피해자가 일련의 비재산적 손해를 입는다는 것을 능히 예견할 수 있고 이를 감수한 것이라고 보아야 하므로 손해배상책임의 부당한 확장도 아니다. 다른 한편으로 피해자가 가해자의 소송사기로부터 자신의 권리를 보호하고자 변호사를 선임하는 경우에 변호사선임비용은 소송비용확정절차를 통하여 재산상 손해로 전보받는 점에 비추어도 변호사를 선임하지 아니한 피해자의 비재산적 손해는 전보되어야 하는 것이다. 그렇게 해석하지 않으면 변호사 선임자력이 없는 피해자를 부당하게 차별하는 것이다.171)

---

168) 大判 96. 5. 10, 95다45897(集 44-1, 民 499).

169) 大判 94. 9. 9, 93다50116(公 1994, 2603).

170) 이에 관한 자세한 논의로는 李昌鉉, "不當提訴로 인한 損害賠償責任", 法曹 통권 643호(2010. 4), 259면 이하 참조.

171) Law Commission Consultation Paper No 140, Damages for Personal Injury: Non-Pecuniary Loss(1995), § 4.5에 의하면 위자료를 폐지하면 재산적 손해배상을 받을 수 없는 자(아이, 주부, 연금생활자)를 부당하게 차별하는 것이라고 한다.

b) 위증

형사사건에서 위증을 한 경우 그 사건의 피고인이 유죄판결을 받지 않았다고 하더라도 위증자의 허위진술로 유죄의 판결을 받을지도 모를 위험에 노출되었다 할 것이므로 피고인은 위증으로 인하여 정신적 고통을 받았을 것임은 경험칙상 인정할 수 있고, 그 위자료로 3,000,000원이 인정되었다.[172] 그러나 대법원은 재산권에 관한 민사소송의 경우에 대하여는 재산권침해로 인한 위자료의 법리에 쫓아 제한적 입장을 견지한다. 즉 증인의 증언내용 그 자체가 소송당사자 등의 명예 또는 신용을 훼손하거나 기타 인격적 이익을 침해하는 것이 아닌 한, 증인의 위증으로 인하여 패소판결을 받을지도 모를 위험에 노출되었다고 하더라도 그러한 위험은 원칙적으로 재산적 손해와 직결되는 것이므로 재산적 손해의 발생 여부나 그 회복 여부에 상관없는 정신적인 손해가 발생하였다고 볼 만한 특별한 사정이 있고, 나아가 가해자가 그러한 사정을 알았거나 알 수 있었을 경우에 한하여 그 정신적 손해에 대한 위자료를 인정될 수 있다고 한다.[173]

고의로 위증을 한 자는 그로 인하여 상대방이 정신적 고통을 받게 된다는 점을 충분히 예견할 수 있다고 할 것이므로 이에 대한 위자료가 인정되어야 하고, 형사처벌의 가능성은 위자료의 허부가 아니라 정도의 문제이다. 위자료의 산정에 있어서는 증인이 피해자인지 아니면 목격자에 해당하는지, 범죄의 죄질, 그로 인한 구속 및 실형의 가능성 등의 사정이 고려된다.

c) 무고

타인으로 하여금 형사처분이나 징계처분을 받게 할 목적으로 공무소 또는

---

172) 大判 94. 2. 8, 93다32439(公 1994, 1003). 실제로 이 사건에서는 피고가 원고를 주거침입 및 업무방해죄로 고소하고, 검사가 폭력행위등처벌에관한법률위반으로 기소하였으나, 원고에 대한 무죄판결이 확정되었다.

173) 大判 2004. 4. 28, 2004다4386(公 2004, 901).

공무원에 대하여 허위의 신고를 한 경우에 무고라는 불법행위가 성립한다.[174] 위자료의 산정에 있어서는 신고의 내용과 경위, 형사처분이나 징계처분을 받았는지 여부 등의 사정이 고려된다.

5.2.14. 의료과오

1) 성립요건

의료과오의 경우에도 민법 제750조에 따라 피해자는 가해자의 귀책사유, 인과관계 그리고 손해를 입증하여야 한다. 다만 입증책임완화의 법리에 따라 피해자는 일반인의 상식에 바탕을 둔 과실행위와 의료행위 외에 달리 악결과를 가져올 만한 사정이 없다는 점을 입증하면, 의료상의 과실과 악결과 사이의 인과관계가 추정된다.

2) 손해배상의 범위

의료과오로 인한 손해배상의 범위는 침해법익에 따라 달라진다. 의료과오로 생명 또는 신체가 침해된 경우에는 손해3분설에 따라 소극적 재산적 손해, 적극적 재산적 손해 그리고 위자료가 인정될 것이다. 그러나 의료과오로 설명의무, 치료기회, 생명유지의 이익만이 침해된 경우에는 위자료만이 인정되고, 여기서의 위자료는 본인의 위자료 뿐만 아니라 근친자의 위자료도 포

---

174) 서울地判 2002. 10. 31, 2002가합20891(법원내부 전산망 자료에 근거함). 동 판결에 의하면 피해자와 상호 동의하에 간통하였음에도 불구하고 강간하였다고 고소하여 가해자가 결국 무고죄로 형사처벌되었으나, 간통사실이 드러나 피해자는 퇴직하고 다른 곳으로 이사가게 된 사안에서 위자료로 피해자 본인에게 20,000,000원, 피해자의 배우자에게 15,000,000원, 피해자의 자녀에게 각 3,000,000원이 인정되었다. 이 사건에서 원고에게 고액의 위자료가 인정된 것은 피해자 본인은 간통사실이 드러나 명예퇴직이 인정되지 않고, 급히 이사를 가는 바람에 아파트의 급매로 인한 재산상 불이익을 입었다는 사정을 고려한 것이다.

함된다.

3) 유형별 검토

a) 과잉진료 및 시술

인간의 생명과 건강을 담당하는 의사는 그 업무의 성질에 비추어 치료에 앞서 실시하는 검사가 특히 신체의 손상을 가져올 우려가 있는 경우에는 불필요한 검사를 실시하지 아니할 주의의무가 있으므로, 정기검사 시기에 맞추어 자궁암검사를 의뢰하기 위하여 처음 찾아온 의뢰인에게 세포진검사와 질확대경검사를 실시하였을 뿐 아니라 조직검사로 인하여 발생할지도 모르는 후유증에 대하여 아무런 설명도 없이 조직검사까지 실시한 의사의 행위가 과잉진료 내지 설명의무 위반의 불법행위에 해당할 여지가 있다.175)

b) 설명의무의 위반

환자의 자기결정권의 침해는 의사의 설명의무의 위반과 관련하여 주로 문제된다. 대법원은 의사가 환자의 신체에 대한 침습에 대한 승낙을 얻기 위한 전제로서 환자에 대하여 질환의 증상, 치료방법 및 내용, 그 필요성, 예후 및 예상되는 생명, 신체에 대한 위험성과 부작용 등 환자의 의사결정을 위하여 중요한 사항에 관한 설명의무를 위반하여 환자의 승낙권을 침해한 경우에 환자와 그의 가족들에게 위 정신적 고통에 대한 위자료 배상 책임이 있다고 판시하였다.176) 다만 가족들에 대한 위자료 배상책임의 근거가 명확하지 않은 점이 있다. 왜냐하면 가족들의 승낙권을 인정하기는 어렵기 때문이다. 이는 의료과오에 있어 의사의 귀책사유에 대한 입증곤란과 침해법익의 중대성을 실질적으로 고려한 궁여지책으로 보인다.

---

175) 大判 98. 3. 27, 97다56761(公 1998, 1200).
176) 大判 94. 4. 15, 92다25885(公 1994, 1434).

c) 현저하게 불합리한 진료 및 수술

대법원은 의료진의 업무상 주의의무 위반의 정도가 일반인의 처지에서 보아 수인한도를 넘어설 만큼 현저하게 불성실한 진료를 행한 것이라고 평가될 정도에 이른 경우라면 그 자체로서 불법행위를 구성하여 그로 말미암아 환자나 그 가족이 입은 정신적 고통에 대한 위자료의 배상을 명할 수 있다고 판시하였다.177) 이에 대하여 유력설은 일반인의 입장에서의 수인한도론은 의료과오사건에서 적절치 않다고 지적한다.178) 의사의 진료가 불성실하여 주의의무를 위반한 것이라면 현저하지 아니한 경우에도 일반인의 입장에서 수인할 수 있을지 의문이라고 한다. 이와 관련하여 일본 최고재판소는 환자가 사망한 사건에서 의료과오와 그 사망 사이의 인과관계가 증명되지 아니하는 경우에도 그 과실이 없었다면 환자가 그 사망의 시점에서 여전히 생존하고 있었을 상당한 정도의 가능성이 있었음이 증명되는 때에는 '생명의 유지에 관한 이익'을 침해하는 불법행위를 구성한다고 판시하였다.179) 이 판결은 중한 결과에 대한 귀책사유는 인정되지 않으나, 침해의 태양에 비추어 환자와 그 가족의 인격적 이익이 침해된 경우에는 비재산적 손해의 배상이 인정될 수 있다는 것으로 해석될 수 있다.

5.2.15. 기회의 상실

1) 기회의 상실

기회의 상실 그 자체를 독자적인 손해로 보아 손해배상을 인정하는 이론이 기회상실이론인데, 이는 중한 결과와 인과관계가 인정되지 않는 경우에 독자적인 의미를 가진다. 여기서 기회는 반드시 인격적 이익이어야 하는 것

---

177) 大判 2006. 9. 28, 2004다61402(公 2006, 1819).

178) 梁彰洙, "2006년도 民事判例 管見", 民法研究 제9권, 408면.

179) 日最判 2000. 9. 22(民集 54-7, 2574).

은 아니고, 재산적 이익도 포함된다.

2) 손해배상의 범위

기회의 상실의 불법행위에 대하여는 손해3분설에 따라 소극적 재산적 손해, 적극적 재산적 손해 그리고 비재산적 손해가 배상된다. 여기서 비재산적 손해는 기회의 성격, 기회상실로 인한 재산적 손해의 전보 정도 등에 따라 변동된다. 특히 재판받을 기회의 상실의 경우에는 본안재판을 받았을 경우의 승소가능성에 따라 위자료가 실질적으로 정해진다.

3) 유형론

a) 수익기회의 상실

수익기회라고 함은 단순히 재산을 보전할 기회, 일자리를 얻을 기회에 한정되지 아니하고 국회의원에 당선될 기회, 대학교나 대학원에 입학할 기회를 포함하는 넓은 개념으로 이해되어야 한다. 따라서 수익기회라고 하여 반드시 재산적 법익이라고 단정할 수 없고, 다분히 인격적 이익을 담고 있다고 할 것이다.

aa) 大判 2004. 11. 12, 2003다52227

대법원은 선거운동의 자유의 한계를 넘어선 낙선운동은 공정한 경쟁을 통하여 선거권자들에 의하여 평가받게 될 것이라는 공직선거후보자의 합리적 기대를 침해한 것이므로 이로 인하여 후보자가 입은 정신적 고통에 대하여 위자료를 지급할 의무가 있다고 판시하였다.[180]

---

180) 大判 2004. 11. 12, 2003다52227(公 2004, 2021)(10,000,000원의 위자료가 인정됨).

bb) 大判 2003. 4. 11, 2001다53059

대법원은 조형물작가로 선정하고 통지하였음에도 불구하고 상당한 이유 없이 계약의 체결을 거부하는 것은 계약자유원칙의 한계를 넘는 위법한 행위로서 불법행위를 구성하며, 원고와 피고의 사회적 지위, 이 사건 조형물 건립사업의 추진 경위, 원고가 제출한 시안을 위 사업에 관한 시안으로 최종 선정하게 된 과정, 당초 위 사업에 배정되었던 예산의 액수, 피고가 위 사업을 취소하게 된 경위 등을 참작하여 원심법원이 인정한 위자료로 30,000,000원이 적정하다고 판시하였다.

cc) 서울中央地判 2008. 12. 17, 2008가합48297

법원은 지지율오보로 인한 위자료의 배상에 있어서 지지율오보가 국회의 원선거에 미친 영향을 구체적으로 고려하여 위자료로 10,000,000원을 인정하였다.[181] 피고의 불법행위로 공직선거후보자의 공무담임권, 당선에 대한 합리적 기대, 낙선운동으로 인한 사회활동의 제약 등이 비재산적 손해로 발생하였다고 할 것이므로 이에 대한 배상이 인정되어야 한다.

dd) 大邱地判 2007. 3. 27, 2006가단159348

대구지방법원은 동구선관위가 원고의 학력을 정확히 확인하지 아니한 잘못으로 그릇된 내용의 경력방송원고를 작성하고 이를 방송하게 하였다면 불법행위를 구성하고, 원고의 최종학력이 잘못 방송되는 바람에 유권자들의 원고에 대한 인식이 왜곡되고 평가절하됨으로써 원고의 명예감과 자존심에 상처를 입히는 결과에 이르렀으므로 위자료의 배상책임을 인정하였다.[182]

---

181) 서울中央地判 2008. 12. 17, 2008가합48297(항소)(미공간. 로앤비에서 검색가능).
182) 大邱地判 2007. 3. 27, 2006가단159348(미공간. 로앤비 검색가능). 다만 법원은 선거는 후보자의 학력뿐만 아니라 후보자의 소속 정당, 공약, 인품, 그 동안의 행적, 사회적 평가, 여론의 흐름 등 다양한 변수들을 반영하는 것이어서 어느 하나

b) 치료기회 등의 상실

정확한 진단에 기하여 진료에 대한 선택을 할 수 있는 기회는 환자의 자기결정권의 한 내용으로 보호받아야 한다. 여기서의 인격적 이익은 치료를 받아 완치할 수 있는 기회 뿐만 아니라 치료를 거부하고 인생을 마감하고 신변을 정리할 기회도 포함하는 것이며, 오진으로 인한 불확정한 상태로 인한 불안도 그 보호내용으로 한다.

aa) 서울高判 2001. 10. 11, 2000나57469

구치소 입소 당시 건강상태가 악화된 상태에 있는 수용자에 대하여 구치소측이 무리하게 벌금에 관한 유치집행을 하고 형집행정지절차 등 적절한 조치를 취하지 아니함으로써 수용자가 가족의 간호를 받다가 사망할 수 있는 기회마저 상실한 채 사망에 이르게 한 경우에 국가는 위자료의 배상책임을 진다.[183]

bb) 서울地判 2000. 3. 8, 98가합5468

서울지방법원은 의사의 간암환자에 대한 진단상의 과실로 간암을 조기 발견하지 못한 의사의 손해배상책임이 문제된 사건에서 적절한 치료를 받고, 이를 통하여 다소나마 생존연장의 기회를 상실하게 되었다는 이유로 본인 및 가족에게 위자료를 인정하였다.[184]

의 요소가 당락에 결정적인 영향을 미쳤다고 단정하기 어려우므로 동구선관위가 원고에 대한 최종학력을 잘못 기재하여 방송하게 하였다는 사정만으로는 동구선관위의 잘못으로 원고가 낙선하였다고 인정하기에 부족하므로, 재산적 손해에 대한 배상청구를 기각하였고, 위자료를 1,000,000원으로 인정하였다.

183) 서울高判 2001. 10. 11, 2000나57469(확정)(下集 2001-2, 339)(망인에게 5,000,000원, 처에게 3,000,000원, 자식들에게 1,500,000원의 위자료가 각 인정되었다).

184) 서울地判 2000. 3. 8, 98가합5468(法律新聞 2872호, 14. 로앤비 검색가능)(위자료로 망인에게 27,000,000원, 처에게 7,000,000원, 자식 3명에게 각 2,000,000원

cc) 서울民地判 93. 9. 22, 92가합49237

서울민사지방법원은 완치불능인 폐암환자도 발병사실을 알 경우 진행상태에 따른 적절한 치료를 받고 생존기간을 연장하거나 본인 혹은 가족들이 신변을 정리할 수 있는 기회를 가질 수도 있으므로 의사가 폐암환자를 건강하다고 진단함으로써 그 같은 기회를 상실하게 하였다면 그에 대한 손해를 배상할 책임이 있다고 판시하였다.185) 이 판결은 자신의 인생을 정리하는 것에 대한 인격적 이익을 긍정한 것으로 타당하다.

dd) 서울民地判 90. 2. 1, 88가합44525

서울민사지방법원은 의사의 오진으로 인하여 수개월 동안 환자의 정확한 병명을 확인하지 못한 채 아무 효력 없는 치료만 계속 받으면서 불안한 상태에 있게 된 경우에 환자 본인에게 금 3,000,000원, 부모에게 각 금 1,500,000원을 위자료로 인정하였다.186)

c) 재판받을 기회의 상실

재판받을 기회라 함은 개인이 권리를 구제받을 수 있는 중대한 법익이며, 이러한 이익에는 제소 및 상소권 뿐만 아니라 소송대리인의 조력을 받을 이익도 포함한다. 대법원은 본안 재판을 받을 것에 대한 합리적 기대의 침해에 대하여 위자료를 인정하였다.187) 상고심 기타 법원으로부터 판단을 받아본다는 법으로 보장된 기회의 상실 그 자체를 하나의 손해로 평가할 수 있고, 이와 같은 손해는 비재산적인 것으로서 배상되어야 한다.188) 본안판결에서

이 인정되었다).

185) 서울民地判 93. 9. 22, 92가합49237(下集 1993-3, 105)(확정)(위자료로 망인에게 7,000,000원, 남편과 자식 2명에게 각 1,000,000원이 인정되었다).
186) 서울民地判 90. 2. 1, 88가합44525(항소)(下集 1990-1, 119).
187) 大判 2003. 7. 11, 99다24218(公 2003, 1695)(위자료인정금액: 2,000,000원).
188) 梁彰洙, "辯護士의 過誤와 責任", 民法研究 제6권, 460면.

의 승소가능성과 무관하게 독자적으로 위자료가 긍정되고, 승소가능성이 높은 경우에는 고액의 위자료가 인정된다.

aa) 大判 2004. 12. 9, 2003다50184

대법원은 피징벌자가 금치처분 자체를 다툴 목적으로 변호사와의 접견을 희망하는 경우 교도소장이 금치기간 중에 있는 피징벌자와 변호사와의 접견을 불허한 조치는 피징벌자의 접견권과 재판청구권을 침해하여 위법하다고 판시하였다.[189] 재판을 받을 권리의 한 내용인 접견교통권의 침해와 그로 인한 정신적 고통 등 일련의 비재산적 손해에 대하여는 배상이 인정되어야 한다.

bb) 大判 2003. 7. 11, 99다24218

헌법소원심판을 청구한 자로서는 헌법재판소 재판관이 일자 계산을 정확하게 하여 본안판단을 할 것으로 기대하는 것이 당연하고, 따라서 헌법재판소 재판관의 위법한 직무집행의 결과 잘못된 각하결정을 함으로써 청구인으로 하여금 본안판단을 받을 기회를 상실하게 한 이상, 설령 본안판단을 하였더라도 어차피 청구가 기각되었을 것이라는 사정이 있다고 하더라도 잘못된 판단으로 인하여 헌법소원심판 청구인의 위와 같은 합리적인 기대를 침해한 것이고 이러한 기대는 인격적 이익으로서 보호할 가치가 있다고 할 것이므로 그 침해로 인한 정신상 고통에 대하여는 위자료를 지급할 의무가 있다. 청구의 인용가능성의 정도는 위자료의 산정에 있어 중요한 고려요소가 된다.

cc) 大判 97. 5. 28, 97다1822

대법원은 소송사건의 담당변호사는 상급심의 판단을 받을 기회를 상실하는 일이 없도록 세심한 주의를 하여야 할 업무상 주의의무가 있음에도 불구

---

189) 大判 2004. 12. 9, 2003다50184(公 2005, 78).

하고 송무에 익숙치 아니한 직원이 의뢰인에게 상고제기기간을 잘못 고지하는 바람에 의뢰인이 상고제기기간을 도과하여 상고의 기회를 잃게 되었다 할 것이므로, 피고는 이에 대한 위자료로 15,000,000원을 배상할 책임이 있다고 판시하였다.190) 이 판결은 상고심 기타 법원으로부터 판단을 받아본다는 법으로 보장된 기회의 상실 그 자체를 하나의 손해로 평가할 수 있고, 이와 같은 손해는 비재산적인 것으로서 배상되어야 한다는 관점에 비추어 타당하다.191)

dd) 서울民事地判 91. 9. 19, 91가단24555

접견교통권을 제한받은 변호사가 국가를 상대로 제기한 국가배상사건에서 위자료로 2,000,000원이 인정되었다.

d) 진상규명의 기회의 상실

혈연으로 맺어져 운명적으로 고락과 영욕을 함께 하는 가족공동체에 있어서는 가족 중 누가 뜻밖의 죽음을 당한 경우에 나머지 가족들이 그 진상을 밝혀 내고, 그 결과 억울한 일이 있었을 때에는 법절차에 호소하여 그 원한을 풀어 주고자 하는 것을 내용으로 하는 진상규명의 기회의 상실에 대하여는 위자료가 인정되어야 한다.192) 특히 사법적 판단에 의하여 자살여부의 결과가 바뀌지 않는다고 하더라도 초동수사가 수사의 기본원칙조차 지켜지지

---

190) 大判 97. 5. 28, 97다1822(公 1997, 1981). 원심 법원은 상고심에 의한 파기가능성이 거의 없다고 보면서도 수임경위, 상고기간을 잘못 고지한 주체가 사무원이라는 점, 파기가능성 등의 제반사정을 고려하여 그 위자료 액수는 금 15,000,000원으로 정하였다(서울고등법원 1996. 12. 6. 선고 96나35721 판결. 로앤비에서 검색가능).

191) 梁彰洙(註 188), 460면.

192) 大判 2006. 12. 7, 2004다14932 판결(公 2007,101); 大判 2005. 9. 9, 2003다29517(미공간. 대법원 종합법률정보란에서 검색가능); 大判 95. 11. 7, 93다41587(公 1995, 3890); 서울高判 93. 7. 2, 89나50586(下集 1993-2, 183).

않은 채 행하여진 것으로서 경험칙과 논리칙에 비추어 합리성을 긍정할 수 없는 명백한 하자가 있는 경우에는 불법행위책임이 긍정될 수 있다.193)

aa) 서울高判 2005. 6. 14, 2004나68917

민간인 근무요원으로 특수임무를 수행하던 중 사망한 자에 대하여 국가는 특별히 법률에 규정이 없더라도 특수임무수행자가 행방불명되어 사망처리까지 하였으면서도 40년 가까이 유족에게 위 사망사실을 전혀 알리지 않았을 뿐만 아니라 특수임무수행을 하였는지에 대한 확인 요청에 대하여도 자료가 없다는 이유로 확인하여 주지 않은 경우, 국가는 유족이 입은 정신적 손해를 배상할 책임이 있다.194)

bb) 서울中央地判 2009. 4. 15, 2007가합72620

운명적으로 고락과 영욕을 함께 하는 가족공동체에 있어서 생사여부의 확인에 대한 인격적 이익의 중대성이 인정된다. 북파공작원으로 사망하였음에도 불구하고 사망 후 장기간 유족들에게 사망의 경위를 설명하지 않고 국가유공자의 유족으로서 받을 수 있는 보상을 받지 못하게 한 것은 위법하여 그에 따른 손해를 배상할 의무가 있다.195)

---

193) 大判 2006. 12. 7, 2004다14932 판결(公 2007,101)
194) 서울高判 2005. 6. 14, 2004나68917(확정)(各公 2005, 1435). 다만 특수임무수행자의 유족이 "위로보상금을 지급받을 때에는 특수임무요원에 대하여 화해계약을 하는 것이며 그 사건에 관하여 어떠한 방법으로라도 다시 청구하지 않겠다"는 내용이 기재된 '위로보상금 지급동의 및 청구서'를 제출하여 보상금을 수령한 경우, 특수임무수행자의 사망사실을 제때에 통지받지 못한 것을 원인으로 하는 손해배상청구권도 포기한 것이라고 보았다. 그러나 유족들의 불이익에 비추어 본다면 현저하게 불공정한 화해계약이라고 볼 여지가 있다.
195) 서울中央地判 2009. 4. 15, 2007가합72620(확정)(미공간. 로앤비 검색가능). 항소심에서도 원고 일부 승소판결이 내려지고, 대법원에서는 심리불속행으로 기각되었다. 1심판결에서는 유족보상금과 별개로 망인의 모에게 60,000,000원, 여동생들

5.2.16. 생활이익의 침해

1) 의의

쾌적하고 건강한 생활과 생활의 평온을 그 내용으로 하는 생활이익은 인격적 요소 뿐만 아니라 장소의 면에서는 재산권적 요소도 포함하는 복합적 이익이다. 생활이익의 원칙적인 근거는 소유권에서 찾아야 할 것이다.[196] 일상의 평온한 생활이 방해되는 경우에 정신적 손해가 발생할 수 있고, 이러한 점을 감안하여 민법은 생활방해에 관한 장을 두어 일정한 보호를 마련하고 있다.

2) 생활방해의 태양

a) 일조이익의 침해

주거의 일조는 쾌적하고 건강한 생활에 필요한 생활이익으로서 법적 보호의 대상이 되는 것인데, 그 일조방해의 정도가 사회통념상 일반적으로 인용하는 수인한도를 넘어서는 경우에는 불법행위가 성립한다.[197] 다만 제한된 공간에서 많은 사람이 거주할 수밖에 없는 우리나라의 상황아래서는 일조에 대한 이익을 특정 소유자가 배타적으로 향유할 수 없다는 점을 고려하여야 한다. 즉 주변 소유자가 법규에 어긋나지 않는 한 자유롭게 건축할 수 있는 자유를 제한하게 된다. 일조이익을 향유하는 자는 소유자 뿐만 아니라 임차인도 포함된다.[198]

에게 각 10,000,000원의 위자료가 인정되었다.

196) 서울中央地判 2008. 12. 17, 2007가합96794, 2008가합89571(확정)(各公 2009상, 249).

197) 大判 2001. 6. 26, 2000다44928, 44935(公 2007하, 1135).

198) 大判 2008. 12. 24, 2008다41499(公 2009상, 97). 동 판결에 의하면 일조권 침해에 있어 객관적인 생활이익으로서 일조이익을 향유하는 '토지의 소유자 등'은 토

b) 조망이익의 침해

대법원은 당해 건물의 소유자나 점유자가 그 건물로부터 향유하는 조망이익이 사회통념상 독자의 이익으로 승인되어야 할 정도로 중요성을 갖는다고 인정되는 경우에 비로소 법적인 보호의 대상이 되고, 이러한 이익의 침해가 위법하기 위하여는 그 침해정도가 사회통념상 일반적으로 인용되는 수인한 도가 넘어야 한다고 판시하였다.[199] 조망이익은 특별한 법적 근거가 없는 한 이를 보호할 필요가 없다는 주장도 있으나,[200] 학설은 대체로 조망이익도 일정한 요건하에서 보호된다고 한다.[201] 실제로 어떠한 요건하에서 불법행위를 인정하느냐가 관건인데, 조망이익은 개인이 독점적으로 향유할 수 없는 것이라고 할 것이므로 매우 엄격한 요건하에서 그 침해의 위법성이 인정되어야 한다.

c) 소음, 진동 등에 의한 침해

소음은 기계나 기구, 물체의 사용 등에 의하여 발생하는 음파가 사람의 청각을 자극하는 강한 소리이며, 진동은 기계·기구·시설, 그 밖의 물체의 사용으로 인하여 발생하는 강한 흔들림인데,[202] 이러한 소음과 진동은 일정한 정

지소유자, 건물소유자, 지상권자, 전세권자 또는 임차인 등의 거주자를 말하는 것으로서, 당해 토지·건물을 일시적으로 이용하는 것에 불과한 사람은 이러한 일조이익을 향유하는 주체가 될 수 없다고 한다.

199) 大判 2007. 6. 28, 2004다54282(公 2007하, 1135).

200) 전경운, "眺望權의 成立與否", 比較私法 제12권 2호(2005. 6), 16면 이하.

201) 배성호, "眺望利益의 法的 保護", 人權과 正義 제356호(2006. 4), 131면; 安京姬, "眺望權에 대한 小考", 財産法硏究 제23권 2호(2006), 165면 이하; 尹眞秀, "2007년도 主要 民法 관련 판례 회고", 서울대학교 法學 제49권 1호, 383-384면; 李東遠, "眺望權 侵害에 관한 判例의 動向", 法曹 589호(2005. 10.), 237면 이하. 다만 윤진수 교수는 조망이익의 경우에도 사회의 전체적인 조망이익 내지 다른 이익이 감소되는 경우에 비로소 불법행위가 문제될 수 있다고 한다.

202) 소음·진동규제법 제2조 제1, 2호.

도를 넘으면 개인의 평온하고 쾌적한 일상생활을 해칠 수 있다. 특히 소음과 진동은 장기간 노출되는 경우에 만성적인 불안감, 집중력 저하, 잦은 신경질 등 신체기능의 이상과 회화방해, 전화통화방해, 대중매체 시청방해, 독서방해나 사고중단, 수면방해 등 일상생활을 정상적으로 영위하는 데에 많은 지장을 주며, 더 나아가 심한 경우 난청이나 이명 등 신체적인 이상을 가져올수 있다. 교통소음의 경우에는 손해배상 뿐만 아니라 방음대책(방음벽 또는 무인단속카메라의 설치)의 강구를 청구할 수도 있다.

d) 기타 생활이익의 침해

주택부근에 영안실에 설치되어 유족이나 조객들의 곡성, 시체의 운구를 자주 접하게 되는 것은 죽음에 대한 공포와 생에 대한 불안감 기타 신경의 긴장을 일으키는 것으로 안온한 생활이익의 침해에 해당한다.203)

3) 위법성판단기준

학설과 판례는 대체로 생활방해에 대한 위법성판단기준으로 수인한도론을 채택하고 있다.204) 건물의 신축으로 인하여 그 이웃 토지상의 거주자가 직사광선이 차단되는 불이익을 받은 경우에 그 신축 행위가 정당한 권리행사로

---

203) 大判 74. 12. 24, 68다1489(公 1975, 8267). 이 사건에서 원고의 시체실사용금지와 신체운반금지청구가 인용되었다.

204) 大判 97. 7. 22, 96다56153(公 1997, 2636); 文準爕, "眺望侵害에 대한 司法的 救濟", 民事判例研究 ⅩⅩⅨ(2007), 124면; 李應世, "日照權 侵害와 環境訴訟", 裁判資料 제95집, 환경법의 제문제(하)(2002. 7), 293면. 대법원은 생활이익의 침해가 사회통념상 일반적으로 수인할 정도를 넘어서는지의 여부는 피해의 성질 및 정도, 피해이익의 공공성, 가해행위의 태양, 가해행위의 공공성, 가해자의 방지조치 또는 손해회피의 가능성, 인·허가관계 등 공법상 기준에의 적합 여부, 지역성, 토지이용의 선후관계 등 모든 사정을 종합적으로 고려하여 판단하여야 한다고 판시하였다.

서의 범위를 벗어나 사법상 위법한 가해행위로 평가되기 위해서는 그 일조
방해의 정도가 사회통념상 일반적으로 인용하는 수인한도를 넘어야 하고, 일
조방해행위가 사회통념상 수인한도를 넘었는지 여부는 피해의 정도, 피해이
익의 성질 및 그에 대한 사회적 평가, 가해 건물의 용도, 지역성, 토지이용의
선후관계, 가해 방지 및 피해 회피의 가능성, 공법적 규제의 위반 여부, 교섭
경과 등 모든 사정을 종합적으로 고려하여 판단하여야 한다.205) 대법원은 일
조침해, 사생활침해, 조망침해, 시야차단으로 인한 압박감, 소음, 분진, 진동
등과 같은 생활이익에 대한 침해의 경우에 원칙적으로 개별적인 생활이익별
로 침해의 정도를 고려하여 수인한도 초과여부를 판단한 후 수인한도를 초
과하는 생활이익들에 기초하여 손해배상액을 산정하여야 하며, 수인한도를
초과하지 아니하는 생활이익에 대한 침해를 다른 생활이익 침해로 인한 수
인한도 초과여부판단이나 손해배상액 산정에 있어서 직접적인 근거로 삼을
수 없다고 판시하였다.206)

그러나 위법한 건축행위로 인하여 여러 가지 생활이익이 침해된 경우에는
하나의 불법행위로 보아야 한다. 왜냐하면 하나의 불법행위(건축행위)로 인
하여 여러 가지의 법익이 침해된 것이기 때문이다. 더 나아가 생활이익을 세
분하여 개별적으로 수인한도의 초과여부를 판단하게 되면 피해자의 보호에
미흡하게 된다. 즉 수인한도를 넘지 않는 개별 생활이익의 총합은 전체적으
로 보면 수인한도를 초과할 수 있으므로 개별 생활이익에 대한 전체적 고찰
방식이 타당하다.

4) 손해배상의 범위

생활이익의 침해로 인하여 재산적 손해와 비재산적 손해가 발생할 수 있
다. 양자의 관계에 대하여 하급심판결은 타인의 불법행위로 인하여 피해자가

---

205) 大判 2004. 10. 28, 2002다63565(公 2004, 1935).
206) 大判 2007. 6. 28, 2004다54282(公 2007하, 1135).

재산적 손해 외에 정신적 고통을 겪었다고 하더라도 특별한 사정이 없는 한 재산적 손해의 배상에 의하여 정신적 고통도 회복된다고 한다.[207] 즉 일조방해로 인한 손해배상액은 일조시간 감소로 인한 가치하락분으로 산정되고, 추가적인 위자료의 청구는 인정되지 않는다고 한다. 왜냐하면 일조방해로 인한 일련의 손해를 가장 잘 대변하는 방법이 일조시간 감소에 대한 손해산정방식이기 때문이라고 한다. 그러나 이러한 법리는 재산적 손해가 충분히 전보되는 경우에 한하여 타당할 뿐이므로, 개별 사안에서는 위와 같은 손해의 산정방식으로 재산적 손해가 충분히 전보되었는지, 재산적 손해의 배상으로 전보되기 어려운 중대한 인격적 이익의 침해가 있는지를 주의깊게 살펴야 한다.

5.2.17. 영업비밀의 침해

1) 영업비밀의 침해

영업비밀이라 함은 일반적으로 알려져 있지 아니하고 독립된 경제적 가치를 가지며, 상당한 노력에 의하여 비밀로 유지·관리된 생산방법, 판매방법 기타 영업활동에 유용한 기술상 또는 경영상의 정보를 말한다.[208] 영업비밀의 침해는 부정한 수단으로 영업비밀을 취득하고, 이를 사용하거나 공개하는 것을 말한다(부정경쟁방지법 제2조 제3호 참조). 경쟁자가 상당한 노력과 투자에 의하여 구축한 성과물을 상도덕이나 공정한 경쟁질서에 반하여 자신의 영업을 위하여 무단으로 이용함으로써 경쟁자의 노력과 투자에 편승하여 부당하게 이익을 얻고 경쟁자의 법률상 보호할 가치가 있는 이익을 침해하는 행위가 부정한 경쟁행위로서 민법상 불법행위에 해당한다.[209]

---

207) 서울中央地判 2008. 12. 17, 2007가합96794, 2008가합89571(확정)(各公 2009상, 249).
208) 부정경쟁방지 및 영업비밀보호에 관한 법률 제2조 제2호 참조.
209) 大決 2010. 8. 25, 2008마1541(公 2010하, 1855).

2) 손해배상의 범위

영업비밀의 침해로 인한 위자료청구에 관하여 대법원은 영업비밀 침해행위로 인하여 영업매출액이 감소한 결과 입게 된 정신적 고통을 위자할 의무가 있다고 하기 위하여는 재산적 손해의 배상에 의하여 회복할 수 없는 정신적 손해가 발생하였다는 특별한 사정이 있고 영업비밀 침해자가 그러한 사정을 알았거나 알 수 있었어야 한다고 판시하였다.[210]

영업비밀은 재산권적 성질을 보유하고 있으나, 특허권과 같이 재산적 손해의 배상에 대한 특별한 보호를 받지 못한다. 따라서 영업비밀의 침해의 경우에는 재산적 손해의 배상만으로는 피해자의 보호가 충분하지 않으므로 보충적으로 위자료를 통하여 불합리를 시정할 필요가 있다. 재산적 손해의 배상에 의하여 정신적 손해가 회복된다는 판례의 태도는 영업비밀의 침해의 경우에는 그대로 적용되기 어렵다. 특히 영업비밀을 경쟁사에 파는 등으로 현저하게 비도덕적 방법으로 영업비밀을 침해하는 경우에는 위자료액이 증가되어야 한다. 위자료의 산정에 있어서는 재산적 손해의 전보 여부 뿐만 아니라 금지청구의 인용여부, 신용회복조치의 강구여부 등도 고려된다.

5.2.18. 재산권의 침해

1) 재산권의 침해로 인한 위자료의 배상요건

타인의 불법행위로 인하여 재산권이 침해된 경우에 있어 원칙적으로 손해배상은 재산적 손해의 전보로 완결된다. 다만 예외적으로 피해자는 어떠한 요건하에서 비재산적 손해(애호이익의 침해 등)에 대한 배상을 받을 수 있는

---

210) 大判 96. 11. 26, 96다31574(公 1997, 58). 이 판결에 대하여는 대법원 판례해설인 曺喜大, "營業秘密의 侵害와 그 損害賠償", 대법원판례해설 27호, 320면 이하가 있다.

지가 문제된다.

a) 판례와 학설

대법원은 일반적으로 타인의 불법행위로 인하여 재산권이 침해된 경우에는 그 재산적 손해의 배상에 의하여 정신적 고통도 회복된다고 보아야 하지만, 재산상의 손해 이외에 명예나 신용의 훼손 등으로 재산적 손해의 배상만으로는 회복할 수 없는 비재산적 손해가 있는 경우에는 그로 인한 정신적 고통에 대하여 위자료를 지급하여야 한다고 판시하였다.[211] 다만 재산권의 침해와 동시에 인격적 이익의 침해가 있는 경우에는 특별사정에 대한 예견가능성을 요구하지 않고 경험칙상 정신적 손해가 발생한다고 한다.[212]

다수설은 민법 제750조의 손해에는 정신적 손해도 포함되고, 제751조는 제750조에 정신적 손해도 속한다는 것을 주의적으로 규정한 것이라고 해석한다.[213] 즉 신체, 자유, 명예가 아닌 법익이 침해되어 비재산적 손해가 발생한 경우에는 민법 제750조를 통하여 배상받을 수 있다고 한다.

이에 반하여 소수설은 인격권과 재산권의 침해에 따른 재산적 손해는 민법 제750조에 의하여 배상받고, 인격권의 침해에 따른 정신적 손해는 민법 제751조에 의하여 배상받는다고 한다.[214] 따라서 재산권의 침해로 인한 비재산적 손해의 배상은 허용되지 않는다고 한다.

b) 검토

소수설에 따르면 재산권의 침해로 인한 비재산적 손해의 배상이 완전히

---

211) 大判 89. 8. 8, 88다카27249(公 1989, 1354).
212) 大判 95. 5. 12, 94다25551(公 1995, 2104); 大判 93. 12. 24, 93다45213(公 1994, 507).
213) 郭潤直, 債權各論, 新訂版, 1995, 823면; 金曾漢·安二濬, 新債權各論(下), 1965, 842면; 張在玉(註 3), 608면.
214) 曺圭昌(註 62), 482-483면.

봉쇄되어 타당하지 않다. 특히 피해자에게 특별한 가치가 있으나 시장가격이 없거나 매우 낮은 물건을 고의로 멸실시키는 경우에 재산적 손해의 배상만으로는 피해자의 보호가 충분하지 않기 때문이다. 민법 제751조와 제752조에 의하여 비재산적 법익의 보호가 완결된다고 하는 것은 일반적으로 재산적 법익에 비하여 우월한 지위를 점하는 비재산적 법익에 대한 보호를 상당부분 포기하는 것이어서 타당하지 않다.215) 또한 침해의 태양에 따라 재산적 법익의 침해의 경우에도 상당한 정신적 고통이 인정될 수 있다.216) 가령 이웃이 타인의 가보를 고의로 훼손한 경우가 그러하다. 비교법적 고찰에서 살핀 바와 같이 우리의 입법자는 제751조와 제752조를 통하여 비재산적 손해의 배상을 완결지으려는 것이 아니었고 비재산적 손해가 발생하는 전형적인 경우를 규정한 것에 불과하다. 이러한 해석은 일반조항주의에 입각한 민법 제750조에 의하여 뒷받침된다. 따라서 위자료의 배상에 있어서는 채무자의 예견가능성만에 의존할 것이 아니라 재산적 손해가 충분하게 전보된 것인지, 비재산적 법익의 침해도 존재하는지, 침해의 태양 등을 고려하여 위자료의 배상여부 및 금액을 결정하여야 한다.

2) 구체적 판결례

a) 大判 1995. 5. 12, 94다25551

삼림훼손허가 등 적법한 절차를 거치지 아니한 채 타인의 조부모 묘가 있는 임야를 중장비를 사용하여 광범위하게 훼손함으로써 그 원상복구가 불가능하게 된 경우에 위자료가 인정되었다.217) 이는 재산권침해의 태양 및 정도

---

215) 스위스는 채무법 제49조 소정의 귀책사유요건에 대하여 인격이 재산적 이익보다 덜 보호되어야 한다는 것은 타당하지 않다는 이유에서 귀책사유의 요건을 폐지한 점은 참고할 만하다(BBl. 1982 Ⅱ 681).

216) 同旨: 黃貞根, "不法行爲로 인한 財産權의 침해에 대한 慰藉料請求", 民事判例硏究 ⅩⅥ(1994), 255-256면.

217) 大判 95. 5. 12, 94다25551(公 1995, 2104).

가 중하다는 측면도 있지만, 재산권의 침해와 아울러 조부모에 대한 숭상이라는 인격적 이익의 침해도 중대하게 이루어진 점을 고려한 판결이다.

b) 大判 1993. 12. 24, 93다45213

건물신축공사로 인하여 공사기간 동안 임차인이 거주하는 피해자소유의 주택이 2차에 걸쳐 파손되다가 급기야 신축건물의 5층 옥탑이 무너져 내려 그 벽돌이 피해자의 주택을 덮쳐 지붕과 거실, 천정까지 파손되는 사고를 입는 등 계속적인 손해를 입는 경우에도 위자료의 배상책임이 긍정되었다.[218] 이는 재산권의 침해와 아울러 거주자의 생명 및 신체의 안전의 침해를 고려한 판결이다.

c) 大判 1982. 9. 14, 81다447

건물에 화재가 발생함으로 말미암아 가재도구를 일시에 소실하게 되는 등 충격과 놀라움으로 인하여 정신적 고통을 받았다고 경험칙상 인정된다.

d) 서울東部地判 2008. 6. 19, 2007가합17879

법원은 도립공원 관리소장이 행정대집행법에 따른 계고처분 등 별도의 절차 없이 그 공원 안에 무허가로 설치된 천막의 철거에 관한 대집행을 실시한 행위는 불법행위를 구성하고, 손해배상액의 산정에 있어서는 재산적 손해가 전보되지 아니한 점을 고려하여 위자료를 증액하였다. 특히 원고에게 재산상 손해의 발생이 인정되는데도 손해액의 확정이 불가능하여 피고들에게 그 배상을 명할 수 없는 점, 폐기처분된 물건들은 원고의 종교의식에 사용되는 것들로서 설사 그 재산적 가치가 객관적으로는 그리 크지 않다고 하더라도 원고에게 특별한 주관적, 정신적 가치를 가지는 점, 이 사건 천막은 비록 도립

---

218) 大判 93. 12. 24, 93다45213(公 1994, 507).

공원 내이긴 하지만 원고의 아들 소유 토지 상에 위치하고 있던 점, 법의 집행으로 인하여 침익적인 효과가 발생할 경우에는 내용적 정당성 뿐만 아니라 절차적 정당성의 확보가 대단히 중요한 점, 법을 집행하는 공무원이 적법절차에 대한 인식이 부족했던 점은 비난가능성이 상당한 점, 반면 이 사건 천막은 무허가 구조물로 적법한 절차에 의하였다면 그 철거가 위법하지는 않았을 것인 점 등 이 사건 변론에 나타난 여러 사정을 고려하여 위자료는 25,000,000원으로 인정되었다.

  e) 釜山地判 2008. 6. 11, 2008가소19430

결혼식행사대행업체의 잘못으로 중요한 사진이 분실된 사건에서 기념할만한 사진을 선별한 것이며, 사본이 존재하지 않아 다시 이를 복원하거나 재현하기 불가능한 점 등이 고려되어 위자료가 인정되었다.[219] 이는 사진의 재산적 가치는 미미하여 재산적 손해의 배상으로 정신적 고통이 회복되기 어려운 사안이어서 상당한 위자료의 배상이 요청된다.

6. 산정론

6.1. 일반원칙

6.1.1. 일체적 고찰의 원리

비재산적 손해는 재산적 손해와는 달리 현재의 재산적 손해와 장래의 재산적 손해를 구별하지 아니하고 하나의 금액으로 평가된다는 점에서 고유한

---

219) 釜山地判 2008. 6. 11, 2008가소19430(미공간. 로앤비 검색가능). 부부인 원고에게 위자료로 1,500,000원이 인정되었다.

특질을 가진다. 비재산적 손해에는 비재산적 법익 자체의 침해, 인생의 영위 가능성의 침해, 감정침해가 포함되며, 특히 감정손해의 경우에는 가해자의 귀책사유에 따라 증감할 수 있으므로 특별한 의미를 가진다. 위자료의 일체적 고찰의 원리에 의하여 법원은 현재 및 장래의 제반 사정을 참작하여 위자료를 산정하여야 하고, 이러한 위자료에 대한 판결을 통하여 이미 발생한 손해와 객관적으로 예견가능한 모든 손해의 배상이 완결되는 것이다.[220)]

6.1.2. 법관의 재량과 한계

법관이 구체적인 사건의 제반 사정을 고려하여 피해자가 입은 비재산적 손해를 재량으로 산정하며, 위자료액의 산정은 사실심법관의 전권사항에 해당한다. 위자료의 산정에 있어서는 침해법익의 성질, 침해의 태양 등이 명확하게 적시되어야 하며, 그러한 전제에서 유사사건에서 인정된 위자료액수와의 비교가 실질적으로 행해질 수 있다. 다만 대법원은 대학에서 임학을 전공한 원고가 상해로 인하여 그 전공분야에 종사할 수 없게 되고 신장의 한편을 절단하여 생명을 잃을 위험성을 가지게 된 경우에 위자료를 2,000,000원만 인정한 것은 경험칙에 배치된다고 판시하여 위자료산정에 있어 경험칙이라는 한계를 설정하였다.[221)]

6.1.3. 위자료 산정 기준

위자료액의 산정기준으로 우선 법령상 기준, 법원의 실무, 보험회사의 실무 등을 살펴보고자 한다.

---

220) 李根植, "慰藉料의 算定基準", 延世行政論叢, 제3집(76. 7), 162면; BGH VersR 1976, 440; 1980, 975; 1988, 929; 1995, 471; v. Gerlach, Die prozessuale Behandlung von Schmerzensgeldansprüchen, VersR 2000, 525, 530.
221) 大判 80. 2. 26, 79다2264(公 1980, 12661); 民法注解[ⅩⅧ], 422면(李東明 집필).

1) 국가배상법상 위자료 지급기준

a) 국가배상법상 규율

국가배상법 제3조 제5항은 사망하거나 신체의 해를 입은 피해자의 직계존속·직계비속 및 배우자, 신체의 해나 그 밖의 해를 입은 피해자에게는 대통령령으로 정하는 기준 내에서 피해자의 사회적 지위, 과실의 정도, 생계 상태, 손해배상액 등을 고려하여 그 정신적 고통에 대한 위자료를 배상하여야 한다고 규정한다. 또한 국가배상법 제3조 제3항은 물건의 멸실·훼손에 대하여 교환가액, 수리비, 휴업배상만을 규정하고 있어 위자료에 대하여 명시적인 규율을 하지 않고 있다.

b) 국가배상법상 배상기준의 법적 성질

국가배상법 제3조의 취지가 배상의 범위를 객관적으로 확정함으로써 당사자간의 분쟁의 소지를 없애려는 데에 있으므로 제한규정으로 보아야 한다는 견해와 국가배상법상의 배상기준을 한정액으로 보게 되면 민법에 의한 경우보다 불리하게 되어 헌법 제29조 제1항가 정하는 바의 정당한 배상이라는 요건을 충족하지 못하여 위헌의 흠이 있으므로 단순한 기준규정으로 보아야 한다는 견해가 대립한다.222) 그러나 대법원은 국가배상법 제3조 제1, 3항 규정의 손해배상기준은 배상심의회의 배상금 지급기준을 정함에 있어서의 하나의 기준을 정한 것에 지나지 아니하고 이로써 배상액의 상환을 제한한 것으로는 볼 수 없고, 국가배상법 제4조 제5항에 생명, 신체에 대한 침해로 인한 위자료의 지급을 규정하였을 뿐이고 재산권 침해에 대한 위자료의 지급에 관하여 명시한 규정을 두지 아니하였음은 소론과 같으나 같은 법조 제4항의 규정이 재산권 침해로 인한 위자료의 지급의무를 배제하는 것이라고 볼 수는 없다고 판시하였다.223)

---

222) 註釋 債權各則(7)(제3판. 2000), 210면(徐基錫 집필).

c) 구체적 기준

사망에 대한 위자료는 본인에게 20,000,000원, 배우자(동거중 사실혼 배우자 포함) 또는 미혼의 부모에게 10,000,000원(피해자 본인의 1/2), 부모·자녀에게 5,000,000원(피해자 본인의 1/4), 기타 직계존속 및 직계비속, 형제자매, 동거중인 시부모·장인·장모에게 각 2,500,000원(피해자 본인의 1/8)이 인정되며, 피해자 본인이 세대주인 경우에는 50퍼센트를 가산하고, 10세이하 또는 60세 이상인 경우에는 20퍼센트를 감액한다.224) 이러한 금액이 적당하지 아니하다고 인정되는 특별한 사정이 있는 경우에는 위자료를 가감할 수 있다.225) 상해의 경우에는 피해자 본인의 노동능력상실율에 20,00,0000원을 곱하여 산출된 금액을 기준으로 삼아 사망과 마찬가지의 비율로 근친자의 위자료가 산정된다.226) 다만 신체장애가 없는 경우에는 요양일수에 20,000원을 곱하여 산출된 금액으로 위자료를 책정한다.227) 명예를 침해당하거나 기타 정신상의 고통을 받은 자에 대하여는 사망 또는 상해로 인한 위자료를 받지 않는 경우에 한하여 10,000,000원을 초과하지 아니하는 범위내에서 상당하다고 하는 금액이 위자료로 인정된다.228)

2) 법원의 실무

a) 종전의 실무

하급심 법원의 실무는 교통사고에 대하여 채택하고 있는 위자료 산정기준을 참고하여 사안유형과 사건의 구체적 제반 사정에 비추어 가감하는 방식

---

223) 大判 70. 1. 29, 69다1203(集 18-1, 民 47); 大判 90. 12. 21, 90다6033, 6040, 6057(公 1991, 582).
224) 국가배상법 시행령 별표 4.
225) 국가배상법 시행령 별표 4 주 2.
226) 국가배상법 시행령 별표 5.
227) 국가배상법 시행령 별표 6.
228) 국가배상법 시행령 별표 6의2.

을 채택하고 있다. 즉 현재의 실무례는 대체로 원고들 전체(家團)에 대한 금액을 기준으로 하여, 예컨대 전체 50,000,000원(사망 또는 노동능력 100% 상실시)에서 과실비율 상당 금액을 공제한 금액에다 여러 증감요소를 고려하여 적절히 증감한 뒤 이를 신분관계에 따라 배분하거나(예컨대 본인:배우자:부모·자녀:조부모·형제=8:4:2:1), 그렇지 않으면 청구인별로 기준금액을 정하여 예컨대 피해자 본인에 대하여 20,000,000원(사망 또는 노동능력 100% 상실시)을 기준으로 하여 위에서 본 과실상계 등 제반 증감요소를 고려한 뒤 신분관계에 따라 다른 원고들의 위자료를 일정한 비율로 정하는 방법이 있으며, 총액 기준과 개인별 기준을 병행할 수 있다.229) 노동능력의 일부 상실시에는 사망시의 기준금액에다 노동능력상실률을 곱한 금액에다 위와 같은 원칙을 곱한다.230)

b) 최근의 실무

서울중앙지법은 2008년 6월 26일 위자료 산정기준을 재검토를 위한 간담회를 열고 경제규모, 물가수준, 구성원의 상식적인 법감정 등 여러 가지 사정을 종합해 봤을 때 현행 산정기준이 다소 낮다는 데에 의견을 모았다고 하면서 현행 60,000,000원인 위자료 산정기준 금액을 80,000,000원으로 증액하기로 결정했다고 밝혔다.231) 법원은 위자료 산정 시 사건 발행 경위, 가해자·피해자 사이의 관계, 피해자 정신적 고통이 매우 큰 특수한 사정 등을 참작해 기준금액의 20%에 한해 증감할 수 있다고 한다. 서울중앙지방법원은 이 같은 내용을 2008년 7월 1일 이후 발생한 교통·산재 사고에 대한 재판에 관해 적용할 예정이며, 2008년 6월 30일 이전 발생한 사고에

---

229) 손해배상소송, 사법연수원, 2005, 310-311면.
230) 구체적인 산출공식은 다음과 같다. 사망시 기준금액×노동능력상실율×{1-(과실비율×0.6)}.
231) 위자료 산정 기준금액은 1991년 이전 20,000,000원에서 1991년 30,000,000원, 1996년 40,000,000원, 1999년 50,000,000원, 2007년 60,000,000원으로 증액됐다.

대해서는 종전의 기준 60,000,000원을 적용해 실무상 혼선을 주지 않도록
할 방침이라고 한다.

   3) 보험회사의 위자료산정기준[232]

   a) 사망의 경우

   aa) 사망으로 인한 본인과 유족의 위자료총액은 다음과 같다.

| 사망자 연령이 20세 이상 60세미만 | 45,000,000원 |
| 사망자 연령이 20세 미만 60세이상 | 40,000,000원 |

   bb) 청구권자별 위자료액 : 피해자의 부모(각 3,000,000원), 배우자
       (5,000,000원), 자녀(각 2,000,000원), 형제자매·시부모·장인장모(각
       1,000,000원)

   cc) 사망자 본인의 위자료액은 aa)의 위자료총액에서 bb)의 청구권자별
       실지급 위자료의 합산액을 차감한 금액으로 하며, 위 aa)의 위자료총
       액을 초과할 경우에는 실지급청구권자별로 각각 균등차감한다.

   b) 상해의 경우

   aa) 부상의 경우

   책임보험상해급수에 따라 피해자 본인에게만 위자료가 인정된다.

---

232) 이는 자동차보험표준약관에 따른 것이며, 위 약관은 금융감독원 홈페이지에서 볼
    수 있다(http://www.fss.or.kr/kr/bbs/view.jsp?bbsid=1207399008552&idx=1214541403700
    &num=6: 2008. 8. 25. 최종 방문).

(단위 : 만원)

급별	인정액	급별	인정액	급별	인정액	급별	인정액
1	200	5	75	9	25	13	15
2	176	6	50	10	20	14	15
3	152	7	40	11	20		
4	128	8	30	12	15		

bb) 후유장애의 경우

노동능력상실률에 따라 피해자 본인에게만 위자료가 인정된다.

(1) 노동능력상실률이 50% 이상인 경우

장해자 연령이 20세 이상 60세미만	45,000,000원×장해율×70%
장해자 연령이 20세 미만 60세이상	40,000,000원×장해율×70%

(2) 노동능력상실률이 50% 미만인 경우

(단위 : %, 만원)

노동능력상실률	인정액
50미만 ~ 45이상	400
45미만 ~ 35이상	240
35미만 ~ 27이상	200
27미만 ~ 20이상	160
20미만 ~ 14이상	120
14미만 ~ 9이상	100
9미만 ~ 5이상	80
5미만 ~ 0초과	50

cc) 부상에 의한 위자료와 후유장해에 의한 위자료가 중복될 때에는 양자
    중 많은 금액을 지급함

4) 검토

법원의 실무는 대체로 맥브라이드 불구평가표를 원칙으로 하면서 여기에 나오지 않는 항목에 대하여 국가배상법상의 별표 기준을 예외로 적용하여 노동능력상실율을 결정하고 있다.233) 교통사건과 산재사건과 같이 자주 일어나는 사건의 경우에는 개인적 편차를 인정한다고 하더라도 표준화의 요청이 강력하다는 점에서 전문가인 의사의 감정에 따른 노동능력상실율을 기초로 한 위자료배상기준을 적용하는 것은 건전한 것으로 보인다. 다만 노동능력상실율이 인정되지 않으나, 피해자에게 매우 심각한 불이익을 미치는 것에 대하여는 주의를 기울일 필요가 있다. 왜냐하면 노동능력상실률에 영향을 미치지 않는 신체장해가 발생한 경우에 위와 같은 공식을 기계적으로 대입하게 되면, 피해자는 일실수입 뿐만 아니라 위자료도 전혀 인정되지 못하기 때문이다. 따라서 이러한 경우에 있어 위자료는 피해자에게 유일하고 실질적인 구제수단으로서의 기능을 수행하는 것이다. 이러한 문제를 명확하게 보여주는 것이 유방절제사건이다. 여성에게 있어서 유방은 여성성을 징표하는 중요한 신체 일부임에도 불구하고 유방의 상실은 그 자체로 맥브라이드 불구평가표나 국가배상법상 별표 기준에 나타나 있지 않아 노동능력상실율이 인정되지 않는다. 이러한 기준을 기계적으로 적용하면 피해자는 일실 수입 뿐만 아니라 위자료도 배상받지 못하는 기이한 결과가 초래된다. 최근에 하급심법원은 조직검사결과에 대한 표지를 잘못 붙인 담당 의사의 과실로 피해여성의 유방이 절제된 사안에서 위자료로 35,000,000원을 인정하였다.234) 이 판결에서의 위자료액은 재산적 손해배상액이 전혀 인정되지 못하였다는 사

233) 손해배상소송, 사법연수원, 2005, 169면.
234) 서울고등법원 2009. 7. 23. 선고 2008나46021 판결(피해자의 한쪽 유방의 절제에 대하여 노동능력상실률이 인정되지 않아 일실수입의 청구는 기각되었으나, 재산적 청구가 인정되지 않는 점을 감안하여 위자료가 산정되었다). 단 1심법원은 위자료로 25,000,000원을 인정하였다(서울중앙지방법원 2008. 4. 8. 선고 2007가합59603 판결).

정도 고려하여 산정된 것이라는 점을 유의하여야 한다.

최근 법원이 교통사건과 산재사건에 적용되는 위자료 산정 기준액을 상향 조정한 것은 타당하다.

6.2. 고려요소

6.2.1. 피해자측 사정

1) 피해자의 고통

비재산적 손해의 가장 전형적인 내용이 피해자의 육체적·정신적 고통인 만큼 대부분의 나라에서는 고통의 정도를 위자료 산정의 중요한 요소로 본다. 특히 고통의 정도와 그 존속기간, 완치여부, 재발의 위험 등이 고려되어야 한다.[235] 피해자가 즉사한 경우보다는 피해자가 장기의 와병 끝에 사망한 경우에 보다 많은 금액의 위자료가 인정되어야 한다.[236] 피해자가 중병으로 고생하는 경우에 가족들은 이로 인하여 지속적인 영향을 받게 되어 일상생활의 중대한 변경을 초래할 수 있는 반면에, 피해자의 사망으로 인한 가족의 고통은 시간이 흐름에 따라 약화될 수 있기 때문에 양자의 차이는 정당화된다.

과거와 현재의 고통 뿐만 아니라 장래의 고통이 예상되는 경우에는 합리적인 범위에서 장래의 고통까지 참작하여야 한다.[237] 가령 현재 고통을 느낄 수 없는 태아나 유아의 경우에 장래 느끼게 될 고통을 고려하여 위자료가 산정된다.

---

235) 民法注解[XⅧ] 423면(李東明 집필); 註釋 債權各則(8)(제3판. 2000) 313면(徐光民 집필).
236) 李根植(註 220), 161면은 양자를 달리 보아야 한다고 지적할 뿐이다.
237) 民法注解[XⅧ] 423-424면(李東明 집필); 李根植(註 220), 162면.

2) 직업 또는 취미활동의 제한

사고로 인하여 피해자가 자신이 원했던 직장을 잃게 되는 경우에는 그러한 사정은 피해자의 정신적 고통을 가중하는 사유로서 위자료의 증액이 인정된다. 또한 어린 나이에 장애를 입어 장래에 얻게 될 직업이 현저하게 제한되는 경우에도 피해자의 정신적 고통을 가중시키는 것이다. 최근의 하급심 판결에 의하면 교통사고로 상해를 입고 사망한 아동(사망 당시 만 5세)에 대한 손해배상액을 산정하면서, 아동의 경우 사고로 인한 기본권 침해의 정도가 성인보다 더 크다는 점, 사고로 인한 아동의 신체적 장애, 생명의 침해가 학습권의 중대한 침해를 가져오는데, 그 회복이 어려울 수도 있고 회복이 가능하더라도 더 많은 비용과 노력이 요구되는 점, 아동의 경우에는 일률적으로 최소한의 수입(일용노임)을 얻을 것을 전제로 일실수입을 산정하고, 성인이 되는 20세 이전까지는 일실수입을 인정하지 않아 성인에 비하여 매우 불리한 점 등의 사정을 감안하여, 그 위자료를 통상의 기준보다 다액으로 정하였다.238)

피해자가 종전에 좋아하던 운동 등을 사고로 발생한 장애로 인하여 할 수 없게 된다면, 이는 피해자의 취미활동을 통한 인격의 발현에 중대한 장애를 가져오므로 이 또한 정신적 고통을 가중하는 사유로 볼 수 있다. 다만 취미활동의 제한이라는 사정에 의한 위자료의 증액에 있어서는 좀 엄격한 입장을 견지할 필요가 있다. 대학에서 임학을 전공한 원고가 상해로 인하여 그 전공분야에 종사할 수 없게 되고 신장의 한편을 절단하여 생명을 잃을 위험성을 가지게 된 경우에 위자료를 2,000,000원만 인정한 것은 경험칙에 배치된다고 판시한 대법원의 판결239)은 이러한 취지에서 이해할 수 있다.

---

238) 서울中央地判 2009. 7. 7, 2006가단423422, 2009가단80741(各公 2009하, 1374)
   (위자료 인정금액: 1억원).
239) 大判 80. 2. 26, 79다2264(公 1980, 12661).

3) 피해자의 재산상태

대법원은 당사자 쌍방의 재산상태를 위자료산정의 기초로 삼을 수 있다고
하나,240) 구체적으로 어떻게 산정되어야 하느냐에 대하여는 명확한 입장을
보이지 않고 있다. 피해자의 재산상태는 피해자가 일실한 정신적 이익을 산
정하는 척도로 중요하다는 견해도 있으나,241) 피해자의 재산상태에 따라 피
해자의 정신적 고통이 달라진다고 하면 빈부에 따른 차별을 인정하는 것이
어서 규범적 관점에서 허용될 수 없는 바이므로 피해자의 재산상태에 따라
위자료의 액이 달라진다는 것은 타당하지 않다.242)

4) 피해자의 직업, 사회적 지위, 연령, 국적

a) 학설과 판례

판례와 학설은 대체로 피해자의 직업, 사회적 지위, 연령에 따라 같은 피
해라도 피해자가 느끼는 고통의 정도가 다르다고 할 것이므로 이러한 사유
는 위자료의 산정에 있어 참작되어야 한다고 한다.243) 이에 대하여 일부 학
설은 명예나 신용의 경우에는 사회적 지위 여하에 따라 영향을 받는 경우에
사회적 지위와 직업 및 학력이 위자료산정시 참작사유가 되나, 인신사고의
경우에는 피해자의 사회적 지위여하에 따라 정신적 고통의 차이를 인정하
는 것은 인간평등의 이념에 비추어 타당하지 않다고 지적한다.244) 대법원은
외국인 피해자의 경우에 고국에서의 소득수준이나 그 나라의 경제수준을

---

240) 大判 56. 3. 3, 4288民上529.
241) 民法注解[ⅩⅧ] 424면(李東明 집필).
242) 註釋 債權各則(8)(제3판. 2000) 316면(徐光民 집필)에 의하면 피해자의 생활상
     태가 좋지 않은 경우에는 절망감과 불안감이 더 커질 수 있다는 사정은 위자료의
     산정에 있어 참작될 수 있다고 한다.
243) 民法注解[ⅩⅧ] 425면(李東明 집필).
244) 金相容, 不法行爲法, 1997, 492면; 註釋 債權各則(8)(제3판. 2000) 314-315면
     (徐光民 집필).

위자료산정에서 참작할 수 있으나 그 참작의 정도는 반드시 그러한 소득수준 또는 경제수준의 차이에 비례하여야 하는 것은 아니고, 당해 불법행위의 유형을 감안하여 합리성이 인정되는 범위 내에서 고려하면 족하다고 판시하였다.245)

b) 검토

사안유형과 무관하게 제반 정상이라는 미명아래 고려요소를 포괄적으로 제시하는 판례와 다수설의 태도는 위자료의 산정에서 실질적으로 고려된 요소가 무엇인지를 가리게 되고, 위자료의 공평한 산정을 더욱 어렵게 하는 것으로 시정되어야 한다. 유력설이 지적하는 바와 같이 사안유형에 따라 피해자의 불이익에 영향을 미치는 요소에 대한 고찰이 요구된다.

특히 심각한 후유장애는 피해자의 삶에 지속적인 영향을 미치므로 피해자의 노소에 따라 그 불이익은 상당한 차이가 있으므로 피해자의 연령대는 위자료의 산정에 있어 중요한 사정으로 고려되어야 한다.246)

피해자의 경제사정은 그 자체로 위자료의 산정에 있어 영향을 미치는 사유가 아니므로 고려될 사정에 속하지 않는다고 할 것이며, 이는 외국인에게도 마찬가지로 적용될 것이다.247) 결국 판례가 제반 정상론에 입각하여 모든 사정요소를 고려하고, 경제사정이나 고국에서의 경제수준을 고려 요소로 넣

---

245) 大判 2001. 10. 26, 99다68829(公 2001하, 2534). 尹泰植, "外國人의 人身 損害賠償額 算定에 있어서의 過失利益과 慰藉料", 法曹 52권 9호(2003. 9), 118면에 의하면 위자료액을 산정하기 위한 손해의 금전적 평가를 함에 있어서 통상의 참작 사유(피해 외국인의 연령, 성별, 생활상황, 상해의 부위 및 정도, 후유장해의 상황 등)와 외국인 특유 사정(피해 외국인의 국적, 피해자의 취업상황, 국민총생산, 소득통계, 물가수준 등 본국의 경제사정)을 모두 종합적으로 판단하여야 하겠지만 위자료액수에 있어서 내국인과 현저하게 격차를 두는 것은 곤란하다고 한다.

246) 李根植(註 220), 168면.

247) 다만 치료비 등이 없어 치료곤란으로 인한 정신적 고통이 가중된 경우에는 예외적으로 그러한 사정이 위자료의 산정에 참작될 뿐이다.

다 보니 어느 정도까지 고려하여야 하느냐라는 난문에 봉착하게 되는 것이다. 다만 외국인의 경우에는 언어소통의 문제 등으로 인하여 자신의 권리를 제대로 행사할 수 없다는 사정 등이 위자료의 증액사유로 참작될 수 있을 뿐이다.

5) 피해자의 과실

위자료의 산정에 있어 과실상계가 인정되느냐에 대하여 상계설과 참작설이 대립하고 있으며,248) 대법원은 참작설에 따라 피해자의 과실을 고려할 수 있다고 한다.249) 책임무능력자가 피해자인 경우에 부모의 과실도 고려될 수 있는가에 대하여 학설과 판례는 손해분담이라는 공평의 원칙에 따라 피해자와 부모의 과실을 함께 고려한다.250) 이러한 태도는 부모 스스로 감독의무를 충실히 하였다면 사고를 예방할 수 있었다는 점에서 자식의 피해에 대한 고통을 감수하여야 한다는 측면에서 위자료의 감액이 정당화될 수 있다. 또한 호의동승은 재산상 손해배상의 감액사유는 아니지만, 위자료의 감액사유로는 긍정될 수 있다.251)

6) 재산상 손해배상액 등의 고려여부

a) 서설

불법행위로 인하여 재산상 손해배상을 받은 경우에 이를 위자료의 산정에서 고려할 수 있을지가 문제된다. 이에 대하여 판례는 피해자가 가해자로부터 당해 사고로 입은 재산상 손해에 대하여 배상을 받을 수 있는지 여부 및

---

248) 民法注解[ⅩⅧ] 426면(李東明 집필); 註釋 債權各則(8)(제3판. 2000) 318면(徐光民 집필).
249) 大判 67. 9. 26, 67다1611(集 15(3), 民 148).
250) 大判 69. 9. 23, 69다1164(集 17(3), 民 112); 民法注解[ⅩⅧ] 426면(李東明 집필).
251) 民法注解[ⅩⅧ] 426-427면(李東明 집필).

그 배상액의 다과 등은 위자료의 산정에 있어 참작될 수 있다고 한다.252) 특히 법원은 일실수입을 인정받지 못하는 고령의 피해자나 어린이에 대하여는 적절한 범위에서 위자료 액수를 증액할 수 있다고 한다.253)

b) 형사합의금과의 관계

불법행위의 가해자에 대한 수사과정이나 형사재판과정에서 피해자가 형사합의금을 수령한 경우에 이를 위자료의 산정에서 어떻게 참작할 것인가가 문제된다. 우선 형사합의금이 재산상 손해에서 공제할 것인지, 위자료산정의 단순 참작사유인지, 아니면 위자료의 산정에서 전혀 고려되지 않는 순수위로 금인지는 우선 형사합의금의 성격을 피해자의 손해배상채권액 중 재산상 손해와 위자료의 비율적 관계, 형사합의금의 액수 등을 고려하여 결정한 뒤 이에 따라 위자료의 참작여부를 판단하면 된다.254) 법원의 실무는 형사합의금을 위자료 참작사유로 삼는 경우 합의금액의 1/2 정도를 공제한다.255)

c) 재산적 손해배상과의 관계

법원은 불법행위로 인하여 재산적 손해와 비재산적 손해가 발생하였으나, 재산적 손해에 대하여 입증곤란 등의 이유로 손해액의 확정이 불가능한 사정을 위자료의 증액사유로 참작한다.256)

위자료라고 하는 것은 '재산적으로 평가될 수 없는 손해' 일반에 대한 배상방법으로서 재산적 손해배상이 가지는 결점을 보충하는 기능도 수행한다고 할 것이다. 이러한 보완적 기능의 확대는 재산적 손해의 입증책임을 회피

---

252) 大判 84. 11. 13, 84다카722(公 1985, 23).
253) 손해배상재판실무편람(재판실무편람 제21호, 2003), 92면.
254) 民法注解[ⅩⅧ] 428면(李東明 집필).
255) 손해배상재판실무편람(재판실무편람 제21호, 2003), 92면.
256) 大判 84. 11. 13, 84다카722(公 1985, 23); 大判 2007. 6. 1, 2005다5812, 5829, 5836(公 2007, 972).

하는 결과를 초래할 수 있으므로 신중하여야 한다. 장래의 재산적 손해 중에는 그 성질상 입증이 어려운 경우가 있는바, 이에 대하여 입증을 요구하는 것 자체가 모순일 수 있고, 피해자의 보호에 미흡한 감이 있으므로, 이러한 사정은 위자료액의 산정에 있어 고려되어야 한다.

7) 피해자가 다수라는 사정

리니지게임 사용자의 아이디와 비밀번호가 누출된 사건에서 하급심은 상당한 다수의 피해자가 발생한 경우에 원칙대로 배상액을 인정할 경우에 회사의 운영에 막대한 지장을 초래할 수 있다는 점을 위자료액의 산정에 있어 고려하였다.[257] 다만 여기서 다수의 피해자라는 사정과 함께 그러한 일이 있게 된 경위 및 귀책사유의 정도도 아울러 고려되어야 한다.

6.2.2. 가해자측의 사정

1) 동기

가해자가 불법행위를 하게 된 동기는 피해자의 고통에 영향을 미치는 중요한 사정이 된다. 다만 그 동기를 위자료의 산정에 있어 어느 정도까지 고려할 것인지에 대하여는 면밀한 검토를 요한다. 대중매체가 판매부수를 늘리기 위하여 허위사실에 근거한 보도를 한 경우에 가해자의 판매수익의 증가를 상당히 고려하는 것은 '실손해(real cost)'를 넘어서서 가해자에게 사적 제재를 가하는 결과를 초래한다. 가해자에 대한 제재와 예방에 대한 고려에 의하여 침해법익의 내용과 가해행위의 태양에 비추어 결정되는 비재산적 손해에 대한 법적 평가인 실손해를 넘어서는 것은 타당하지 않다. 징벌적 손해배

---

257) 서울中央地判 2007. 1. 26, 2006나12182과 서울中央地判 2006. 4. 28, 2005가
    단240057(各公 2006, 1246) 참조.

상을 인정하는 영미법계에서는 동기가 징벌적 손해배상에 있어 중요한 고려
사정에 속하나, 대륙법계에서는 증가된 판매수익 전부를 피해자에게 손해배
상으로 인정하는 경우는 없고, 그러한 동기 등을 손해배상액에서 참작할 뿐
이다. 판매부수의 증가로 인한 수익에 상응하는 손해배상을 부과하여야 대중
매체는 그러한 허위보도를 하는 것에 대한 주저를 느낄 수 있으나, 이는 실
손해의 전보를 목적으로 한 현행 손해배상법의 체계에 반하는 것이다. 결국
예방과 제재의 목적으로 실손해를 넘어서는 금액을 손해배상금으로 인정하
는 것은 완전배상의 원칙과 이득금지의 원칙에 정면으로 반한다. 가해자의
수익을 얻고자 하는 동기는 위자료의 산정에 있어 일부 참작하면 되고, 예방
목적을 위하여는 가해자에 대한 민·형사판결을 공시하는 방법을 택하면 될
것이다.

2) 귀책사유의 정도

a) 일반적 고찰

판례는 일반적으로 위자료의 산정에 있어 가해자의 과실의 정도를 참작하
여야 한다고 판시할 뿐이고, 그 근거를 제시하지 않는다.[258] 다만 일부 학설
은 가해자의 귀책사유의 정도에 따라 피해자는 손해를 숙명으로 받아들이거
나 가해자에 대한 원한을 가질 수 있다고 하면서 참작의 근거를 제시한다.[259]
가해자의 고의 또는 중과실의 경우에는 피해자의 정신적 고통이 커진다고
볼 것이며, 단순 교통사고의 경우에는 허용된 위험으로서 피해자의 정신적
고통이 감소된다고 할 것이므로 이러한 사정에 따라 위자료액수가 변동하는
것은 타당하다. 살인사건의 피해자 본인의 위자료를 하급심에 따라서는
20,000,000원에서부터 70,000,000원까지 인정하고 있는바, 단순교통사고나

---

258) 大判 67. 4. 18, 67다106(集 15-1, 民 317)외 다수.
259) 民法注解[XⅧ] 429면(李東明 집필); 李根植(註 220), 168-169면.

국가배상책임사건에서 인정되는 기준금액인 20,000,000원을 살인사건에 곧
바로 적용하는 것은 타당하지 않으며, 이를 상향 조정하는 것이 바람직하다.
고의에 의한 불법행위에 있어서 가해자는 자신의 행위로 인하여 피해자와
근친자의 정신적 고통이 가중된다는 것을 예견할 수 있었다고 할 것이므로
귀책사유의 정도에 따른 손해배상액의 증가에 대하여 반감을 가질 필요는
없고, 피해자 본인과 근친자의 위자료의 총액을 50,000,000원으로 고정할 필
요는 없다.

b) 중과실에 의한 배상액의 증가여부

중과실에 의한 불법행위에 대하여 정신적 고통이 가중되는 것이냐에 대하
여 의문을 제기할 수 있으나, 귀책사유의 정도에 따른 정신적 고통의 가중은
규범적으로 긍인되는 바이고, 고의에 의한 불법행위에 한정하여 정신적 고통
을 가중할 필요는 없다. 그와 같이 해석하면 위자료가 기본적으로 개별 사건
의 제반 사정을 고려하여 형평에 부합하는 결정을 이끌어내는 것과 배치될
수 있다.

c) 항공기사고에의 특례

최근의 대법원판결에 의하면 항공기 사고의 위자료를 산정함에 있어 일반
적인 위자료 참작 요소 외에 피해자의 극심한 공포와 고통, 결과의 처참성,
사고수습 및 손해배상의 지연, 가해자측의 과실 정도와 사고 후의 태도, 항
공보험을 통한 위험의 분담, 사고발생에 대한 제재와 예방의 필요 등 항공기
사고의 특수한 사정도 함께 참작하여 그 직권에 속하는 재량으로 위자료 액
수를 정하여야 한다고 한다.[260] 그러나 위자료는 민사상 손해배상책임의 한
내용에 불과하므로 손해의 전보원칙에 충실하여야 하는 만큼 위자료의 산정

---

260) 大判 2009. 12. 24, 2008다3527(公 2010, 202).

시 고려요소로 제재의 필요까지 설시한 것은 타당하지 않다.

3) 가해자가 형벌을 받았는지 여부

대법원은 남편이 자기의 처와 간통한 자를 상대로 낸 위자료청구소송에 있어 불법행위의 정도, 당사자의 사회적 지위, 재산 정도 뿐만 아니라 남편이 다른 여자와 내연관계를 맺었거나, 처와 간통한 자가 간통죄로 복역한 사실이 있는지 여부도 위자료의 산정에 있어 참작된다고 판시하였다.[261] 그러나 일부 학설은 가해자가 형사처벌을 받았느냐는 위자료의 감액요인으로 참작될 수 없다고 한다.[262]

물론 형사처벌과 민사상 손해배상과는 전혀 별개의 것으로 취급하여 가해자의 형사처벌 여부를 전혀 고려하지 않는 것은 논리에 부합할 수 있으나, 실제에 맞지 않는 흠이 있고, 오히려 가해자가 형사처벌을 받은 경우에는 그만큼 피해자의 정신적 고통이 감소되었다고 볼 것이므로 위자료의 감액사유로 보아야 한다.

4) 사고 이후의 가해자의 태도

비재산적 손해는 현재의 것 뿐만 아니라 장래의 것도 하나의 금액으로 산정되어야 하므로, 변론종결시 나타난 사정에 기초하여 합리적으로 예견될 수 있는 모든 비재산적 손해가 포함된다. 따라서 피해자의 정신적 고통은 사고 자체로 인한 정신적 고통 뿐만 아니라 사고 후에 가해자의 태도에 따른 피해자의 정신적 고통도 포함된다.[263] 다만 피해자의 정신적 고통도 규범적으로 평가되어야 하는 것이므로 가해자의 재판을 받을 권리는 존중되어야 한다.

---

261) 大判 59. 11. 5, 4292民上771(集 7, 286).
262) 註釋 債權各則(8)(제3판. 2000) 320-321면(徐光民 집필).
263) 同旨: 金先錫(註 8), 329면; 註釋 債權各則(8)(제3판. 2000) 319면(徐光民 집필).

즉 가해자가 재판절차를 통하여 책임의 소재나 내용을 정당하게 다투는 사정이 설령 피해자의 정신적 고통을 사실상 증가시킨다고 하더라도 규범적 평가의 관점에서 위자료의 증액사유로 인정되어서는 안된다.

5) 가해자의 재산상태

손해의 공평한 분담이라는 견지에서 가해자의 재산상태도 위자료산정의 사유로 삼는 것이 상당하다는 견해가 있으나,264) 피해자의 정신적 고통의 정도는 결국 규범적으로 판단되어야 하는데, 가해자의 재산상태에 따라 위자료의 액수를 달리한다는 것은 가해자의 빈부에 따라 피해자를 차별하는 것이어서 타당하지 않다.265)

6) 가해자의 사회적 지위

가해자의 사회적 지위가 높은 경우에는 위자료를 증액하여야 한다는 견해266)와 가해자의 사회적 지위는 위자료의 산정에서 참작할 수 없다는 견해267)가 대립한다. 원칙적으로 가해자의 사회적 지위는 위자료의 산정에 참작될 수 없으나, 불법행위가 피해자의 사회적 지위와 관련이 있는 경우에는 예외적으로 위자료의 산정에 참작될 수 있다. 가령 명예훼손에 있어서 피해자 개인에 대한 사회적 평가와 그로 인한 개인의 사회생활의 위축은 그의 사회적 지위와 밀접한 관련이 있기 때문이다.

---

264) 民法注解[XⅧ] 429면(李東明 집필).
265) 同旨: 李根植(註 220), 165면.
266) 金先錫(註 8), 329면.
267) 註釋 債權各則(Ⅳ)(1986), 170면(李根植 집필); 註釋 債權各則(8)(제3판. 2000) 320면(徐光民 집필).

7) 기타 사정

명예훼손의 피해자는 유지청구 및 그와 함께 청구되는 간접강제금, 민법 제763조 소정의 명예회복에 적당한 처분, 언론구제법상의 각종 구제수단을 가지는바, 이러한 구제수단이 인용된 사정은 위자료액의 산정에 있어서 고려되어야 한다.

6.3. 공평한 산정

6.3.1. 서설

위자료에 관한 논의는 본질론에서 산정론으로 이전하는 양상이다. 실제로 피해자의 주된 관심사는 당해 사건에서 위자료로 얼마를 받을 수 있느냐의 문제로 귀결되는데, 위자료의 예상액은 유사사건에서의 위자료액수와의 비교를 통하여 대략적으로 얻어진다. 결국 피침해법익의 종류와 침해행위의 태양을 상관적으로 고려하여 위자료가 산정되고, 위자료의 1차적 산정기준은 피침해법익의 종류이다.

6.3.2. 법익에 의한 차등

교통사고로 인한 손해배상사건이나 국가배상사건에 있어 사망자 본인의 위자료를 대개 20,000,000원으로 책정한다. 그렇다면 살인사건의 피해자 본인은 어느 정도의 위자료를 받아야 하는가의 문제가 발생한다. 살인사건의 경우에도 피해자 본인의 위자료를 20,000,000원으로 산정한 판결[268]이 있는가 하면, 피해자 본인의 위자료를 70,000,000원으로 산정한 판결[269]도 있다.

---

268) 서울西部地判 2006. 7. 26, 2005가합6716(법원내부 전산망에서 얻은 자료임).

현대생활에 있어 불가피한 교통사고로 인한 사망과 살인에 의한 사망에 있어서 침해행위의 태양의 차이에 따른 정신적 고통의 차이가 크다고 할 것이므로 20,000,000원보다는 상향하여 인정되어야 할 것이다.

대중매체로 인한 명예훼손 또는 프라이버시 침해에 있어서 위자료는 상당히 고액이라는 비판이 있고, 이에 대하여는 판매부수를 올리기 위한 목적으로 보도를 한 것에 대한 제재 및 예방의 관점이 강조되어 고액의 위자료가 인정된다는 설명이 있다.

그러나 가해행위의 동기를 강조하여 위와 같이 금액을 다소 높게 책정하기 보다는 유사사건에서의 법익의 종류와 침해의 태양을 고려하여 균형을 이룰 필요가 있고, 대중매체의 선정적 보도에 대한 예방의 관점은 언론구제법상의 일련의 구제수단과 민법상 명예회복에 적당한 처분을 활용하는 방법을 통하여 보완될 수 있다.

6.3.3. 남녀에 의한 차등

법원은 흉상으로 인한 남녀의 위자료의 차이를 인정하고 있는바, 이것이 평등의 관점에서 정당화될 수 있는지가 문제된다. 흉상으로 인한 남녀의 정신적 고통의 차이는 단순한 성별의 차이가 아니라 성별에서 유래되는 생물학적 또는 기능적 차이에서 비롯되는 것이며, 이러한 차이는 비교법적으로도 인정되는 바이다.[270]

---

269) 부산高判 2007. 10. 18, 2007나7720(법원내부 전산망에서 얻은 자료임). 위 판결은 피해자가 일가의 지주이고, 가해자가 자살하여 형사처벌이 불가능하다는 점을 위자료산정시 참작사유로 설시하고 있다.

270) MA v. Russell, 430 P.2d 518, 520(1967); Danzl/Gutiérez-Lobos/Müller, Das Schmerzengeld in medizinischer und juristischer Sicht, 9. Aufl. 2008, S. 91f.; OLG Köln VersR 1990, 434; KG VersR 1992, 974f.; OLG Frankfurt DAR 1994, 119; OLG Nürnberg DAR 1994, 157.

6.3.4. 아동에 대한 특례

최근의 하급심판결은 교통사고로 상해를 입고 사망한 아동(사망 당시 만 5세)에 대한 손해배상액을 산정하면서, 아동의 경우 사고로 인한 기본권 침해의 정도가 성인보다 더 크다는 점, 사고로 인한 아동의 신체적 장애, 생명의 침해가 학습권의 중대한 침해를 가져오는데, 그 회복이 어려울 수도 있고 회복이 가능하더라도 더 많은 비용과 노력이 요구되는 점, 아동의 경우에는 일률적으로 최소한의 수입(일용노임)을 얻을 것을 전제로 일실수입을 산정하고, 성인이 되는 20세 이전까지는 일실수입을 인정하지 않아 성인에 비하여 매우 불리한 점 등의 사정을 감안하여, 그 위자료를 통상의 기준보다 다액(1억 원)으로 인정하였다.[271] 아동에 있어 인생의 영위가능성의 침해가 매우 크고 일실수입에 있어서도 상당한 불이익이 있다는 점을 고려하여 위자료를 상향조정한 것은 타당하다.

6.3.5. 사회적 지위에 의한 차등

명예훼손으로 인한 위자료에 있어서 유명인과 일반인에 있어서 그 위자료액이 상당한 차이를 보이는데, 이는 명예훼손의 태양, 전파가능성, 지속성의 차이를 반영한 것으로 정당하다. 가령 유명인의 경우에는 통상적으로 대중매체에 의하여 명예훼손이 이루어지므로, 이에 대하여 상당수의 일반인은 이러한 사실을 접하고, 이는 다시 전파되어 명예훼손의 태양이 상당히 중한 것인데 반하여, 일반인의 경우에는 일정한 범위의 사람들에게 전파되는 것이어서 명예훼손의 정도가 그리 심하지 않은 것이다. 즉 유명인은 일반인의 역할모델로서 상당한 기간동안 인구에 회자된다는 점을 고려한다면, 양자의 차이는

---

271) 서울中央地判 2009. 7. 7, 2006가단423422,2009가단80741(各公 2009하, 1374)
   (확정).

정당화될 수 있다.

6.3.6. 정액화의 요청

교통사고와 같이 자주 일어나는 사안유형에서는 법적 안정성의 요청이 강하여 실무에서는 감정결과에 의하여 산출되는 노동능력상실율에 기초하여 위자료가 산정되는 공식을 통하여 위자료의 정액화를 시도하였다. 특히 교통사고의 경우에는 대량으로 발생하고 더 나아가 위험책임의 차원에서 강제보험에 의하여 처리된다고 할 것이므로 정액화의 요청을 더욱 강하다. 법관 개인차에 의한 주관성, 자의성의 배제, 재판의 예측성, 동종 다량사건의 효율적 처리 등을 위하여 위자료를 정액화하여야 할 필요성은 인정되지만, 획일적인 기준보다는 일응의 기준으로 삼아 피해자의 개별적 사정을 참작하여 기준이 되는 위자료액의 상한과 하한을 탄력적으로 조정함으로써 구체적 타당성이 있는 결과를 가져올 수 있도록 재량의 여지를 남기는 것이 바람직하다.272)

6.4. 소송법상 문제

6.4.1. 소송물이론

1) 발생시기 및 원인에 따른 분류

채권자가 동일한 채무자에 대하여 수개의 손해배상채권을 가지고 있다고 하더라도 그 손해배상채권들이 발생시기와 발생원인 등을 달리하는 별개의 채권인 이상 이는 별개의 소송물에 해당하고, 그 손해배상채권들은 각각 소멸시효의 기산일이나 채무자가 주장할 수 있는 항변들이 다를 수도 있으므

---

272) 손해배상소송, 사법연수원, 2005, 313면.

로, 채권자로서는 손해배상채권별로 청구금액을 특정하여야 하며, 법원도 이에 따라 손해배상채권별로 인용금액을 특정하여야 하고, 이러한 법리는 채권자가 수개의 손해배상채권들 중 일부만을 청구하고 있는 경우에도 마찬가지이다.273)

대법원은 하나의 방송보도로 인한 명예훼손, 초상권침해, 음성권의 침해가 문제되는 사안에서 각기 별개의 소송물이라고 판단하였으나,274) 3가지의 법익침해가 밀접한 연관을 맺는 하나의 불법행위가 성립한다고 보아 하나의 손해배상청구권을 인정하는 것이 타당하다. 첫째, 세 개의 법익침해가 독자적인 불법행위를 구성할 수 있을지 의문이다. 둘째, 발생시기를 같이 하며 3가지의 법익침해가 밀접한 관련을 맺고 있는 하나의 방송보도로 인한 불법행위에 있어 이를 각기 법익별로 세분화하여 별개의 소송물로 보고 각기 위자료를 산정하는 것은 위자료의 일체적 고찰에 비추어 불필요한 번잡을 초래할 뿐이기 때문이다.

2) 손해에 따른 분류

판례는 손해배상소송의 소송물에 관하여 3분설을 채택하고 있다.275) 즉 재산적 손해와 비재산적 손해를 구분하고, 전자를 다시 적극적 손해와 소극적 손해로 구분한다. 이에 대하여 생명·신체의 경우에는 생명이나 신체의 침해 자체를 1개의 비재산적 손해로 보아 1개의 소송물로 파악할 것이며, 치료비, 일실이익, 위자료 등은 사상이라는 비재산적 손해를 금전적으로 평가하기 위한 자료에 불과하다는 견해가 유력하다.276) 이러한 견해는 상대방의 방

---

273) 大判 2007. 9. 20, 2007다25865(公 2007, 1632).

274) 大判 2009. 10. 29, 2009다49766(미간행. 종합법률정보에서 검색가능).

275) 大判 76. 10. 12, 76다1313(集 24-3, 民 116) 외 다수.

276) 民法注解(Ⅸ), 481면(池元林 집필); 朴禹東, "生命·身體의 侵害로 인한 損害賠償額의 算定(續)," 司法論集 제5집(1974), 181면; 吳錫洛, "公害賠償訴訟에 있어서의 包括請求의 意義", 民事法과 環境法의諸問題; 松軒 安二濬博士 華

어권행사의 곤란을 참작사유 중 중요한 요소에 해당하는 사실에 대한 주장 입증책임으로 해결하고자 한다.277)

비재산적 손해는 생명·신체와 같은 비재산적 법익 자체의 손해 외에도 정신적 고통, 인생의 영위가능성의 침해도 포함하는 것이므로 인신손해를 하나의 비재산적 손해로 파악하는 것은 타당하지 않다. 오히려 재산적 손해와 비재산적 손해에 대한 실체법적 차이를 소송법에서 반영하여 별개의 소송물로 보는 것이 타당하고, 그와 같이 해석하는 것이 청구에 대한 당사자의 자치를 보다 넓게 보장하는 것이고, 당사자에게 청구의 당부에 대한 보다 명확한 이해를 가져다 줄 수 있다. 비재산적 손해라고 하는 것은 재산적 손해가 아닌 것을 모두 포괄하는 의미도 가지는 것이어서 재산적 손해가 입증되지 않는 사정, 장래의 재산적 손해와 같이 그 성질상 입증이 어려운 사정 등이 위자료액의 산정에 있어 고려될 수 있는 것이다.

甲紀念(1986), 729면 이하; 李時潤, "損害賠償請求訴訟의 訴訟物", 判例月報 제101호(79. 2), 114면 이하; 李時潤, 新民事訴訟法, 제4판, 2008, 222면. 金載亨, "프로스포츠 選手契約의 不履行으로 인한 손해배상책임-대법원 2004. 6. 24. 선고 2002다6951, 6968 판결(公 2004, 1201)을 중심으로-," 人權과 正義 제345호(2005. 5), 99면 이하는 우리 민법이 독일민법과는 달리 재산적 손해와 비재산적 손해를 엄밀하게 구별하지 않고 있으며, 실제적으로 재산적 손해와 비재산적 손해를 구별하기가 매우 곤란하다는 점을 감안하여 손해3분설이 재고되어야 하며, 손해는 재산적 손해와 비재산적 손해를 구별할 필요없이 변론의 취지나 증거조사를 고려하여 산정할 수 있다고 한다. 다만 호문혁, 민사소송법, 제4판, 2005, 298면은 손해를 재산적 손해와 비재산적 손해로 나누어 소송물을 정해야 한다고 하면서 이분설을 주장한다.

277) 吳錫洛(前註), 732면.

6.4.2. 입증책임

1) 학설 및 판례

일반 불법행위의 성립요건은 ① 가해자의 고의 또는 과실에 의한 행위, ② 가해자의 책임능력, ③ 가해행위의 위법성, ④ 가해행위에 의한 손해발생(손해발생 + 인과관계)이다. 불법행위로 인한 법률효과로서 손해배상청구가 인용되기 위하여 원고는 귀책사유, 위법성, 손해, 인과관계를 입증할 책임을 부담한다.[278] 재산적 손해에 대한 입증책임은 어느 정도 명확할 수 있으나, 비재산적 손해에 대한 입증책임이 어떠하냐에 대하여는 학설상 논의가 거의 진행되지 않았다. 재산적 손해와 비재산적 손해를 구별하지 않고 막연히 손해의 입증책임이 있다고 할 뿐이다.[279] 판례도 위자료액은 증거에 의하여 입증할 수 없는 성질의 것이므로 그 산정에 관하여 아무런 증거도 필요하지 않다고 판시하였다.[280] 위자료 산정의 기초되는 사실은 간접사실에 불과하므로 변론주의가 적용되지 아니하고, 사실심 법원이 재량에 의하여 이를 확정할 수 있다는 것이다.[281] 다만 일부 학설은 인격권의 침해의 경우에는 고통이나 손해에 대하여 입증은 요구되지 않고, 재산권의 침해의 경우에는 특별한 정신적 고통이 증명되어야 한다고 주장한다.[282]

---

278) 郭潤直, 債權各論, 第六版, 2007, 392-409면; 吳錫洛, 立證責任論, 新版, 1996, 461면; 註釋 債權各則(6)(제3판. 2000), 120면(朴英植 집필). 다만 피고의 책임능력은 원고가 입증할 필요가 없고, 책임능력의 부존재를 피고가 입증할 책임을 진다(郭潤直, 債權各論, 第六版, 2007, 394면).

279) 郭潤直, 債權各論, 第六版, 2007, 408면.

280) 大判 59. 8. 27. 4292民上29(미간행. 대법원 종합법률정보란에서 검색가능).

281) 손해배상재판실무편람(재판실무편람 제21호, 2003), 92면.

282) 曺圭昌(註 62), 488면.

2) 검토

비재산적 손해의 산정상의 어려움에도 불구하고 피해자는 산정에 고려되는 사항에 대한 주장·입증책임을 부담한다. 가령 인격권의 침해에 있어서 침해되는 법익과 침해의 태양 등은 불법행위의 성립요건이면서 동시에 비재산적 손해의 내용이다. 생명, 신체 등을 포함한 넓은 의미의 인격적 법익의 침해에 있어서 비재산적 손해는 크게 법익 자체의 침해, 인생의 영위가능성의 침해, 정신적 고통으로 분류될 수 있는데, 후2자는 법익의 내용과 침해의 태양에 비추어 경험칙상 상당한 내용으로 추정된다고 할 것이다. 물론 개인의 특별한 사정(취미활동이나 직업의 포기, 고통의 민감성 등)에 의하여 통상적인 수준을 넘어서는 비재산적 손해를 입었다는 점은 피해자가 입증하여야 한다. 이러한 입증책임의 분배를 통하여 우월적 법익과 개인의 특수한 사정과의 교량을 적정하게 행할 수 있다.

원고가 비재산적 손해에 대한 특별한 사정을 입증하지 못한 경우에는 통상적인 액수의 금액이 인정될 수밖에 없다.[283] 가령 상해로 인한 장애로 취미활동인 스포츠를 할 수 없게 된 경우에 피해자가 어느 정도로 스포츠를 좋아했는지를 구체적으로 입증할 책임을 지는 것이다. 반대로 가해자는 피해자의 비재산적 손해가 통상적인 수준에 미치지 못하는 점에 대한 입증책임을 진다. 가령 배우자가 피해자의 사망전에 이미 이혼소송을 제기한 경우에는 위자료청구권이 감경될 수 있는 것이다.[284] 망인에게 정부가 있거나 혼인관계가 파탄된 경우에도 혼인관계의 원만을 추정하여 배우자에게 위자료청구권이 인정되되, 가해자는 추정을 번복하여 배우자의 위자료청구권을 부정할 수 있다.[285]

---

283) 李昌鉉, "慰藉料請求의 訴訟法的 問題에 관한 小考", 법조 통권639호(2009. 12), 169면
284) 同旨: Berner Kommentar/Brehm, Art. 47 Rn. 32.
285) 이는 스위스 연방대법원의 판례의 태도이기도 하다(BGE 99 Ⅱ 207, 214).

또한 재산적 법익의 침해로 인한 비재산적 손해에 있어서는 피해자는 침해의 태양이나 가해자의 예견가능성을 입증하여야 한다.

6.4.4. 산정사유의 적시

1) 학설 및 판례

학설과 판례는 불법행위로 인하여 상대방에게 정신적 고통을 입게 한 경우에 위자하기 위한 금액 즉 위자료액수의 인정은 재산상의 손실과 달라서 반드시 증거에 의하여 인정하여야 하는 것은 아니고 법원은 여러 가지 사정을 참작하여 직권에 의하여 그 액수를 결정할 것이고 이에 관한 별도의 증거를 필요로 하는 것이 아니며, 위자료산정근거를 명시하지 않았다고 하여 위법이 아니라고 한다.286)

2) 검토

위자료의 액수는 당사자들의 주요한 다툼의 대상이 되는 만큼 그 산정시 고려요소를 명시할 필요가 있다.287) 위자료의 산정 사유로 통상적으로 제시되는 '사건의 경위 및 결과, 당사자의 신분과 지위, 기타 변론에 나타난 제반 사정'라는 문구는 당해 사건에서 위자료가 어떻게 산정되었는가를 알 수 없게 만드는 결과를 초래할 뿐이다. 이러한 '제반정상론'은 아무런 방향을 제시하지 못하는 공허한 공식에 불과하다. 따라서 위자료액의 공평한 산정을 달성하기 위하여는 위자료액의 산정에서 중요하게 고려된 사정을 구체적으로 적시할 필요가 있다. 특히 침해된 법익의 내용, 피해자에게 지속적으로

---

286) 大判 59. 8. 27, 4292民上29(미간행. 대법원 종합법률정보란에서 검색가능); 民法注解[ⅩⅧ] 422면(李東明 집필).

287) 同旨: 閔丙勳, "損害賠償額 算定이 困難한 경우에 있어서 法院의 損害賠償額 決定方法", 民事判例研究 ⅩⅩⅧ(2006), 200면.

미치는 영향의 존부 및 정도, 인생의 영위가능성의 침해, 귀책사유와 동기에 의한 정신적 고통의 증감을 구체적으로 적시하여야 한다. 비교법적 고찰로부터 알 수 있는 바와 같이 위자료액의 기본적인 통일성의 확보는 법원의 중요한 과제이며, 더 나아가 위자료액이 어떻게 산정되느냐에 대한 당사자의 알 권리가 보다 강조된다는 점을 고려하면 앞으로 학설과 판례는 이에 대한 주의를 좀 더 기울여야 할 것이다.

6.4.5. 상소의 문제

대법원은 불법행위로 입은 정신적 고통에 대한 위자료 액수에 관하여는 사실심 법원이 여러 사정을 참작하여 그 직권에 속하는 재량에 의하여 이를 확정할 수 있고, 현저히 상당성을 결한 경우에 한하여 상고가 허용된다는 태도를 견지하고 있다.[288] 그러나 구체적인 사건에서 침해되는 법익과 그 침해의 정도, 침해의 태양(귀책사유의 정도, 영리목적 등) 기타 위자료의 산정에 있어 중요하게 고려된 사정을 명시하여야 항소심법원으로서도 1심법원의 판단의 적정성을 보다 수월하게 그리고 실질적으로 심리할 수 있을 것이다. 더 나아가 위자료액에 불만이 있는 당사자로서도 판결이유를 검토하고, 항소심에서의 주장과 입증에 보다 주력할 수 있어 항소심재판이 실질적으로 전개될 수 있다.

또한 위자료액의 산정은 하급심법원의 전권사항이라는 점에는 동의할 수 있으나, 이는 앞서 말한 바와 같이 판결이유의 적시와 항소심의 실질적 심리를 전제로 한 것이다. 따라서 이러한 기초위에서 위자료액에 대한 상고는 현저하게 상당성을 결한 예외적인 경우로 한정되어야 한다.

---

288) 大判 2009. 4. 9, 2005다65494(公 2009상, 608); 大判 2002. 11. 26, 2002다 43165(公 2003, 211).

6.4.6. 포괄적 위자료

1) 판례 및 학설

재산적 손해의 입증이 어려운 점을 감안하여 재산적 손해를 포기하고 이를 전부 위자료에 포함시켜 청구하는 것을 포괄적 위자료라고 한다. 이에 대하여 대법원은 포괄적 위자료청구는 재산적 손해배상청구가 인용되지 않을 것을 조건으로 한 조건부 포기이므로 포기의 효력이 없고, 포괄적 위자료청구를 예비적 청구로 본다.[289] 일부 학설은 인신사고로 인한 손해배상청구의 소송물을 1개로 보면서 이에 대한 포괄적 위자료청구가 허용되어야 한다고 주장한다.[290]

2) 검토

손해1개설의 입장에서 포괄적 위자료청구를 허용하는 소수설은 위자료의

---

289) 大判 84. 11. 13, 84다카722(公 1985, 23). 의과대학 2학년생이 사고로 사망한 사건에서 그 상속인인 원고들은 망인이 의과대학을 졸업한 후 개업의사 또는 고용의사로 종사할 수 있었을 것이라는 전제에서 의사수입을 기초로 일실이익 369,808,000원과 위자료 30,000,000원을 손해배상금으로 청구하면서, 일실이익의 청구가 기각될 것을 대비하여 위 청구금액 전부를 위자료로 청구하였다. 이에 대하여 원심법원은 망인이 의사고시에 합격하여 의사로서 수입을 올릴 것이라는 점에 대한 입증부족을 이유로 일실이익의 청구를 기각하면서 이러한 사정을 참작하여 위자료를 150,000,000원으로 인정하였으나, 대법원은 간호학원강사, 의사조수 또는 도시일용노임에 근거한 일실이익의 산정이 가능함을 들어 재산적 손해의 산정이 불가함을 전제로 한 위자료청구의 판단이 정당하지 않다고 하면서 원심법원의 판결을 파기 환송하였다. 위자료의 보완적 기능이 인정된다고 하여 재산적 손해가 전부 위자료로 배상되는 것은 아니다. 그와 같이 해석하면 재산적 손해가 엄격한 입증에 의하여 배상되도록 하여 보호하고자 하는 피고의 이익이 현저하게 훼손되는 것이다. 위자료의 보완적 기능은 재산적 손해가 상당히 전보되지 아니한 경우에 예외적으로 발동되는 것임을 유념하여야 한다.

290) 吳錫洛(註 276), 729면 이하.

명목아래 재산적 손해의 전보를 꾀하는 결과를 초래하여 결국 재산적 손해의 입증에 관한 종래의 법리를 회피하는 것이어서 채택하기 어렵다. 또한 소송내적 조건에 걸리게 하는 소송행위는 일반적으로 허용되는 바이므로 판례가 포괄적 위자료청구에 대하여 전개하는 조건부포기이론은 수긍하기 어렵다.291) 그러나 포괄적 위자료청구가 허용된다고 하더라도 위자료의 보완적 기능의 한계가 엄격하게 준수되어야 한다. 포괄적 위자료의 청구에 있어 법원은 재산적 손해의 배상이 전혀 인정되지 않거나 재산상 청구를 포기한 사정을 고려하여 위자료를 일정한 한도에서 증액할 수 있을 뿐이다. 또한 재산적 손해의 입증이 가능함에도 편의적 방법으로 포괄적 위자료를 청구한 것인지 아니면 재산적 손해의 입증이 아예 가능하지 않거나 특별손해여서 예견가능성이 부정되어 재산적 손해가 부정되는 경우인지를 면밀하게 살펴 당사자에게 입증실패 또는 포기에 대한 불이익을 부과하여야 할 것이다.

---

291) 소송내적 조건에 대하여는 李時潤, 新民事訴訟法, 第5版, 2009, 350면 참조.

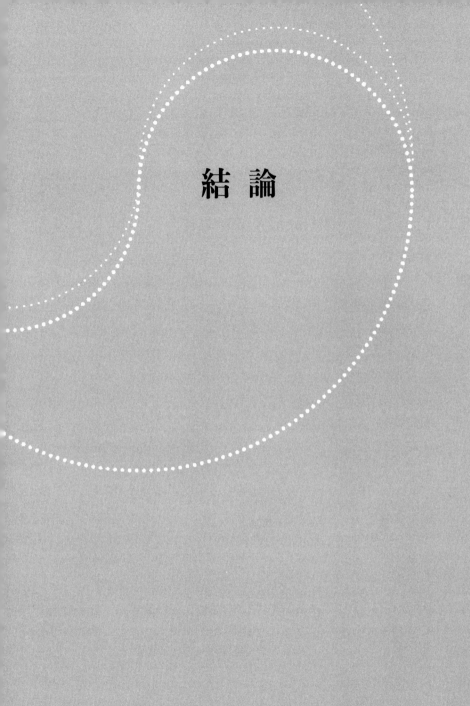

結 論

1. 비재산적 손해의 구체화

비재산적 손해의 내용을 구체화하는 작업은 위자료액의 산정의 명확화를 가져오는 초석이 될 수 있다. 즉 비재산적 손해의 내용을 구체적으로 적시하여 판결문에 적시하고, 유사사건에서의 판결 이유 및 인정 금액의 비교를 통하여 위자료액수에 대한 예측가능성을 고양시킬 수 있다.

비재산적 손해는 크게 비재산적 법익이라는 객관적 요소와 법익 주체의 정신적 고통이라는 주관적 요소로 나뉜다. 비재산적 법익으로는 생명, 신체, 자유, 명예, 사생활의 비밀과 자유, 성명, 초상, 인생의 영위가능성의 침해 등이 포함된다.

2. 위자료의 의의

위자료의 문제를 다룸에 있어 감정이 없는 기계와 같은 재산이 아니라 감정의 복합체인 인간에게 고유한 문제라는 점을 명심할 필요가 있다. 특히 인간의 '감정'을 보호함에 있어 일반생활상 감수하여야 할 위험을 고려한다고 하더라도, 구체적 개인의 시시콜콜한 내면세계를 겸허히 인정할 필요가 있다. 위자료는 사람을 '육체적·정신적 완전성을 갖춘 존재'라는 점도 직시하고, 인간의 능력과 감정의 균형상태가 인간으로서의 삶의 질에 영향을 준다는 점에 대하여 충분한 의미를 부여하는 것이다. 위자료는 반드시 무슨 정신적 고통을 전제로 하는 것이 아니며, '재산적으로 평가될 수 없는 손해' 일반에 대한 배상방법으로서의 지위를 가지는 것이다. 특히 인격적 법익의 침해에 있어서는 사전적 구제가 어렵고 재산적 손해의 전보도 쉽지 않아 사후적 구제수단으로서 위자료는 유일한 구제수단으로서의 실질을 가진다.

3. 위자료의 기능

불법행위로 인한 손해배상의 주된 기능은 불법행위로 인한 손해를 전보하여 피해자를 가능한 한 불법행위가 없었던 상태로 되돌리고자 하는 것이다. 그러나 비재산적 손해라고 하는 것은 그 성질상 회복될 수 없는 것이고, 더 나아가 금전으로 회복되기도 어려운 것이나, 위자료로서 금전보다 나은 대안은 찾기 어려운 것이다. 위자료는 불법행위로 인하여 피해자의 비재산적 손해가 발생한 것을 인정하고, 비재산적 손해를 규범적으로 평가한 것이다.

위자료는 손해의 전보를 주목적으로 하며, 보충적으로 예방기능을 수행한다. 위자료가 재산적 손해배상에 비하여 예방기능 보다 강조된다는 점은 가해자의 귀책사유의 정도에 따라 위자료액이 증가한다는 점에서 알 수 있다. 이러한 점은 외국의 입법례가 인격권침해에 대하여 예방기능 또는 만족기능을 강조하면서 고액의 위자료가 인정된다는 점에서 극명하게 드러난다. 그러나 위자료에 있어서의 예방기능의 한계는 실손해라고 할 것이어서 이를 준수하는 것이 필요하며, 실손해를 넘는 것은 만족, 예방 또는 제재 등의 목적으로 정당화될 수 없다. 귀책사유의 정도에 따른 위자료의 증감을 면밀하게 관찰하기 위하여는 침해법익의 내용, 침해결과가 피해자에게 지속적으로 영향을 미치는 정도에 주의를 기울일 필요가 있다. 따라서 선정적 언론보도로부터 인격권을 보호하기 위하여 위자료액을 무턱대고 올리기 보다는 언론구제법상 일련의 구제수단과 민법 제764조 소정의 명예회복에 적당한 처분의 적정한 운용을 통하여 예방의 관점을 관철할 필요가 있다.

4. 위자료청구권의 일신전속성

위자료에 대하여 우리 민법은 금전배상주의를 원칙으로 삼고, 예외적으로 원상회복주의를 규정하고 있다. 금전배상주의를 통하여 위자료청구권은 그 발생원인에 있어 피해자와 밀접한 관련을 가지고 있으나, 그로 인한 법률효과는 인적인 관련과 일정한 거리를 둔 것이다. 따라서 위자료청구권을 일신전속적 권리라고 하여 상속을 부정하거나 상속을 위하여 가해자의 승인 또는 피해자의 제소라는 요건을 부가하는 것은 타당하지 않다. 중상해일수록 가해자의 승인 또는 피해자의 제소라는 요건을 구비하기가 어렵고, 그러한 요건은 책임이 중한 가해자의 책임을 보다 쉽게 면제하는 불합리를 초래한다. 또한 우리의 입법자는 약혼해제로 인한 위자료청구권에 관한 민법 제806조 제3항의 규정을 불법행위에 관한 규정에 준용되지 않으면서 위자료청구권의 일신전속성에 대하여 부정적 의사를 표명하였다고 보는 것이 합당하다.

5. 위자료의 발생원인

우리 민법은 민법 제750조라는 일반조항주의를 택하여 다양한 법익을 포함함과 동시에 민법 제751조와 제752조를 통하여 위자료가 인정될 수 있는 전형적인 경우를 규정하고자 하였다. 민법 제751조와 제752조를 열거설이 아닌 예시설로 파악하여 신체, 자유 그리고 명예 외의 다른 인격적 법익의 침해의 경우에도 위자료를 인정하는 것이 타당하다. 우리나라의 경우에는 근친자의 위자료청구권을 사망이나 상해 뿐만 아니라 자유권침해, 기회의 상실 등 다양한 경우에 폭넓게 인정하고 있는바, 이는 가족간의 긴밀한 유대관계를 중시하는 우리의 법문화의 특수성을 반영한 것이다.

6. 위자료청구권자

위자료청구권자로서 우선 자연인이 고려되고, 자연인 중에서 태아, 유아, 의식불명자 등의 위자료가 구체적으로 문제된다. 태아나 유아의 경우에는 위자료산정의 일체적 고찰의 원리에 비추어 근친자의 사망 등에 대한 고통을 향후 받게 될 것임이 합리적으로 예견된다고 할 것이므로 위자료가 인정될 수 있다. 유아나 태아의 경우에 비재산적 손해를 정신적 고통으로 한정하여서는 안되고, 부모의 사랑과 교육을 받을 기회 또는 이익이 박탈된 것에 대한 배상이 인정되어야 한다. 의식불명자의 경우에는 정신적 고통을 현실적으로 인지할 가능성이 매우 희박하지만, 인격의 자유로운 발현을 위한 다양한 가능성이 원천적으로 봉쇄되었다는 사정은 피해자의 인식가능성과 무관하게 비재산적 손해로서 배상되어야 한다. 다만 의식불명자는 의식이 있는 피해자에 비하여 고통 자체를 인식할 가능할 가능성이 없다는 점에서 위자료는 일부 감경될 수 있다. 심신상실자나 심신미약자의 경우에는 인식가능성의 정도에 따라 정신적 고통이 다소 감소될 수 있으나 인생의 영위가능성의 침해는 일반인보다 중하게 인정되어야 한다.

민법 제752조는 생명침해에 대하여 직계존·비속이나 배우자에 대한 위자료청구권을 규정하고 있으나, 이는 근친자의 비재산적 손해가 발생할 수 있는 전형적인 경우를 규정한 것이라고 보아야 한다. 다만 위에서 열거된 자가 아닌 형제자매에게 위자료청구권이 인정되기 위하여는 긴밀한 '감정공동체'라는 실질을 갖추어야 한다. 별거중인 배우자에게는 위자료청구권이 인정되지 않을 수 있고, 중혼적 사실혼 배우자라고 하더라도 긴밀한 '감정공동체'의 실질을 갖추고 있다면 위자료만큼은 인정되어야 한다.

법인이 사회적 실체로서 활동하고 있는 이상 그에 대한 사회적 평가 등의 저하에 대하여 손해배상을 받을 수 있는 것이다. 다만 법인에 대한 불법행위에 있어서도 재산적 손해와 비재산적 손해는 구별하여 판단되어야 하고, 재산적 손해와 비재산적 손해를 무형손해로 총괄하여 손해배상을 인정하는 것은 자연인을 불합리하게 차별하는 것이다. 왜냐하면 자연인의 경우에도 재산적 손해의 입증이 어려우면 손해배상을 받을 수 없는데, 법인은 무형손해를 통하여 재산적 손해도 배상받을 수 있기 때문이다. 법인의 위자료를 인정함에 있어 피침해법익을 구체적으로 파악하여야 할 필요가 있다. 여기에서도 손해삼분설에 입각하여 재산적 손해와 비재산적 손해를 구분하여 논리를 전개할 필요가 있다.

7. 위자료의 산정기준

위자료의 일체적 고찰의 원리에 의하여 법원은 현재 및 장래의 제반 사정을 참작하여 위자료를 산정하여야 하고, 위자료에 대한 하나의 판결을 통하여 이미 발생한 손해와 객관적으로 예견가능한 모든 비재산적 손해의 배상이 완결되는 것이다.

피해자의 구체적 사정을 합리적 평균인의 관점에서 규범적으로 고찰하여 배상액을 산정하여야 한다. 구체적 사정에 의한 배상액의 조정을 인정하지 않고 전적으로 기계적 객관적 방식에 의존하는 것은 타당하지 않다. 따라서 구체적으로 정신적 고통을 느끼는 자와 그렇지 않은 자를 구별하는 입장을 원칙으로 견지하여야 하는 것이다. 왜냐하면 위자료는 '추상적 인간'의 문제가 아니라 '구체적 개인'의 문제인 것이기 때문이다. 구체적 고찰원리에 의거하여 의식불명자(뇌사자 등)의 손해배상액이 중상해를 입어 고통을 강하게 호소하는 자에 비하여 위자료액이 적은 것은 정당화될 수 있다. 물론 양자를 동일하게 취급하는 것도 타당하지 않다.

위자료액 산정의 주된 고려요소로는 침해법익의 중대성, 가해자의 귀책사유의 정도 그리고 침해결과가 피해자에게 지속적으로 미치는 영향의 정도가

될 것이다. 최근 들어 중요하게 부각되고 있는 '인생의 영위가능성의 침해'에 대하여 주의를 기울일 필요가 있다.

8. 위자료의 산정방식

위자료액에 있어서의 기본적인 통일성 및 예측가능성을 확보하기 위하여는 판결문에 침해법익의 내용과 침해의 태양 그리고 위자료의 산정시 중요하게 고려된 사정을 명확하게 제시하고, 더 나아가 위자료액에 대한 상소심, 특히 항소심의 심사를 강화하는 작업이 선행되어야 한다. 당사자들에게 위자료액이 어떻게 산정되었는가에 대한 알권리를 인정하는 것이 세계적인 추세인 점도 주목할 필요가 있다. 더 나아가 위자료판결자료집 등의 공간을 통하여 당사자와 법원으로 하여금 유사사건과의 비교를 보다 쉽게 하는 것은 결국 위자료에 있어서의 예측가능성과 기본적인 통일성의 확보에 기여할 것으로 보인다. 인격권침해로 인한 위자료는 인신사고로 인한 위자료를 참고하여 균형을 이루도록 하는 것도 매우 중요하다. 특히 후자의 경우에는 의사의 감정결과에 따라 측정되는 노동능력상실율이라는 객관적 지표에 의해 위자료가 산정되는 만큼 그 액수를 참고할 필요가 있다.

참고문헌

1. 국내문헌

가. 단행본

郭潤直, 債權各論, 新訂版, 博英社, 1995.
    , 債權各論, 第六版, 博英社, 2007.
    , 債權總論, 第六版, 博英社, 2003.
金基善, 韓國債權法總論, 法文社, 1975.
    , 韓國債權法各論, 法文社, 1982.
金相容, 不法行爲法, 法文社, 1997.
    , 債權各論(下), 法文社, 1998.
金錫雨, 債權法各論, 博英社, 1978.
金容漢, 債權法總論, 博英社, 1983.
金疇洙·金相瑢, 親族·相續法, 제9판, 2008.
金曾漢·金學東, 債權各論, 제7판, 博英社, 2006.
    , 債權總論, 제6판, 博英社, 1998.
金曾漢·安二濬, 新債權各論(下), 博英社, 1965.
金亨培, 債權總論, 제2판, 博英社, 1998.
民法注解, 博英社.
손해배상소송, 사법연수원, 2005.
吳錫洛, 立證責任論, 新版, 博英社, 1996.
李時潤, 新民事訴訟法, 제4판, 博英社, 2008.
李銀榮, 債權各論, 개정판, 博英社, 1994.
李太載, 債權各論新講, 進明文化社, 1967.
註釋 民法, 韓國司法行政學會.
호문혁, 민사소송법, 제4판, 法文社, 2005.

나. 일반 논문

權五乘, "名譽의 意義와 名譽毀損의 모습", 言論仲裁 제3권 제3호(1983년 가을호), 6면 이하.

權龍雨, "民法 제752조 所定의 慰藉料請求權", 法曹 23권 1호(74. 1), 25면 이하.

, "不法行爲로 인한 慰藉料請求權者의 範圍-대법원 1978. 9. 26. 선고 78다1545 판결-", 判例月報 제104호(1979. 5), 97면 이하.

金起東, "生命侵害로 因한 遺族의 損害賠償請求", 論文集(嶺南大), 1집(基二. 67. 12), 109면 이하.

金大貞, "債務不履行法體系의 재점검", 우리 민법학은 지금 어디에 서 있는가?-한국 민사법학 50주년 회고와 전망, 민사법학 특별호(제36호), 351면 이하.

金玟中, "公的 人物에 대한 名譽毀損責任", 新世紀의 民事法課題-仁齊 林正平敎授華甲紀念(2001), 405면 이하.

金先錫, "慰藉料의 算定과 그 基準에 關한 諸問題", 裁判資料 21집(1984), 313면 이하.

김성천, "징벌적 손해배상제도와 소비자피해구제", 한국소비자보호원, 2003, 102면 이하.

金水晶, "私生活의 自由와 言論의 自由의 衡量 : 公共場所에서 撮影된 公的 人物의 寫眞報道에 관한 유럽의 論議를 中心으로", 民事法學 31號(2006.03), 269면 이하.

金時徹, "인격권 침해의 유형과 사생활의 비밀의 보호영역", 대법원판례해설 63號 (2006 하반기), 186면 이하.

金容漢, "生命侵害의 경우의 慰藉料 請求權者", 法曹 17권 5호(68. 5), 67면 이하.

金載亨, "人格權에 관한 判例의 動向", 民事法學 제27호(2005. 3), 349면 이하.

, "프로스포츠 選手契約의 不履行으로 인한 손해배상책임-대법원 2004. 6. 24. 선고 2002다6951, 6968 판결(公 2004, 1201)을 중심으로-," 人權과 正義 제345호(2005. 5), 85면 이하.

, "징벌적 손해배상제도의 도입문제", 언론과 법의 지배, 2007, 163면 이하.

金疇洙, "慰藉料請求權의 相續性", 損害賠償法의 諸問題: 誠幹黃迪仁博士 華甲記念(90. 10.) 175면 이하.

金學洙, "慰藉料請求權에 관한 一考察," 郭潤直敎授華甲紀念論文集(85. 12), 771면 이하.

金顯泰, "生命侵害로 인한 損害賠償", 고시연구, 1969년 3월호, 54면 이하.

文準燮, "眺望侵害에 대한 司法的 救濟", 民事判例硏究 ⅩⅩⅨ(2007), 124면 이하.

閔丙勳, "損害賠償額 算定이 困難한 경우에 있어서 法院의 損害賠償額 決定 方法", 民事判例硏究 ⅩⅩⅧ(2006. 2), 178면 이하.

朴東瑱, "損害賠償法의 指導原理와 機能", 比較私法 11권 4호(2004. 12), 291면 이하.

朴成浩, "實演者의 '藝名'에 대한 법적 보호(上)", 法曹 통권 613호(2007. 10), 287면 이하.

朴禹東, "生命·身體의 侵害로 인한 損害賠償額의 算定(續)," 司法論集 제5집 (74. 12), 177면 이하.

  , "民法 제752조의 意義", 인신사고소송, 1981, 232면 이하.

裵慶淑, "慰藉料請求權의 相續性에 관한 爭點과 實質論 -日本學說과 判例의 變化를 中心으로-", 民法學의 現代的課題; 梅石 高昌鉉博士華甲紀念(87. 10), 840면 이하.

배성호, "眺望利益의 法的 保護", 人權과 正義 제356호(2006. 4), 130면 이하.

徐光民, "慰藉料에 관한 몇 가지 문제점", 서강법학연구 제2권(2000. 3), 113면 이하.

蘇在先, "慰藉料請求權의 相續性에 관한 再檢討", 家族法硏究 제12호(98. 12), 525면 이하.

安京姬, "眺望權에 대한 小考", 財産法硏究 제23권 2호(2006), 165면 이하.

梁彰洙, "情報化社會와 프라이버시의 保護", 民法硏究 제1권, 501면 이하.

  , "辯護士의 過誤와 責任", 民法硏究 제6권, 447면 이하.

  , "私生活 秘密의 保護-私法的 側面을 중심으로", 民法硏究 제8권, 57면 이하.

  , "2006년도 民事判例 管見", 民法硏究 제9권, 341면 이하.

嚴東燮, "言論報道와 肖像權 侵害", 民事判例硏究 Ⅹ (1999), 751면 이하.

吳錫洛, "公害賠償訴訟에 있어서의 包括請求의 意義", 民事法과 環境法의 諸問題; 松軒 安二濬博士 華甲紀念(1986), 726면 이하.

윤석찬, "責任原因에 따른 非財産的 損害에 대한 賠償과 慰藉料", 民事法學 제27호(2005. 3), 521면 이하.

윤정환, "징벌적 손해배상에 관한 연구", 民事法學 제17호(1999. 4), 58면 이하.

尹眞秀, "英國의 1998년 人權法(Human Rights Act 1998)이 私法關係에 미치는 영향", 서울대학교 法學, 제43권 제1호(2002. 3), 125면 이하.

　　　, "2007년도 주요 民法 관련 판례 회고", 서울대학교 法學 제49권 1호 (2008. 3), 315면 이하.

윤철홍, "人格權侵害에 대한 私法的 救濟", 民事法學 제16호(1998), 209면 이하.

尹泰植, "外國人의 人身 損害賠償額 算定에 있어서의 過失利益과 慰藉料", 法曹 52권 9호 (2003년), 87면 이하.

李根植, "慰藉料의 算定基準", 延世行政論叢, 제3집(76. 7), 159면 이하.

李東遠, "眺望權 侵害에 관한 判例의 動向", 法曹 제589호(2005. 10.), 237면 이하.

李命甲, "制裁的 慰藉料의 立論(Ⅲ)", 司法行政 제28권 5호(87. 5.), 28면 이하.

이봉수, "명예훼손 소송에서의 위자료 산정", 言論仲裁 25권 4호(2005. 12), 64면 이하.

李相京, "言論報道에 의한 名譽毁損訴訟의 慰藉料 算定에 관한 研究", 言論 仲裁(1992. 3), 43면 이하.

李聖昊, "사이버스토킹의 개념과 법적 규제", 저스티스 통권 제83호 (2005. 2), 5면 이하

李勝雨, "生命侵害로 인한 慰藉料請求權의 相續性", 家族法學論叢; 朴秉濠 敎授還甲紀念(Ⅰ)(91. 10), 559면 이하.

李時潤, "損害賠償請求訴訟의 訴訟物", 判例月報 제101호(79. 2), 114면 이하.

李英求, "눈물(淚)의 法的 有效射程距離", 司法行政 제24권 4호(83. 4), 14면 이하.

李英燮, "生命侵害에 대한 損害賠償", 法政 제183호(65. 9), 33면 이하.

李應世, "日照權 侵害와 環境訴訟", 裁判資料 제95집, 환경법의 제문제 (하)(2002. 7), 261면 이하.

李昌鉉, "英國法上 精神的 傷害의 賠償에 관한 研究", 比較私法 제17권 1호 (2010. 3), 249면 이하.

　　　, "慰藉料請求의 訴訟法的 問題에 관한 小考", 법조 통권 639호(2009. 12), 134면 이하

　　　, "不當提訴로 인한 損害賠償責任", 법조 통권 643호(2010. 4), 259면 이하.

林建勉, "제3자의 쇼크피해에 대한 損害賠償의 범위", 法理論과 實務 제2집

(1998), 37면 이하.

張在玉, "연예인의 성명·초상의 경제적 가치 보호와 손해배상법의 역할", 法學論文集 제27집 제1호(중앙대 법학연구소, 2003. 8), 95면 이하.

_____, "慰藉料에 관한 몇가지 考察", 李英俊博士華甲紀念論文集(1999), 韓國民法理論의 發展(Ⅱ), 599면 이하.

전경운, "眺望權의 成立與否", 比較私法 제12권 2호(2005. 6), 1면 이하.

鄭貴鎬, "生命侵害로 因한 損害賠償請求에 關하여-相續構成理論과 扶養構成理論-", 民事判例研究 Ⅲ(1981), 304면 이하.

鄭範錫, "生命侵害로 인한 慰藉料", 司法行政 제10권 11호(69. 11), 38면 이하.

정상조, "廣告技術의 발전과 個人情報의 보호", 건국60년 기념 한국법률가대회 발표문.

丁相朝·權英俊, "개인정보의 보호와 민사적 구제수단", 法曹 2009년 3월호(통권 제630호), 5면 이하.

鄭泰綸, "이른바 慰藉料의 補完的 機能과 관련하여 살펴본 프랑스에서의 慰藉料制度", 判例實務研究[Ⅶ], 2004, 245면 이하.

정태호, "개인정보자결권의 헌법적 근거 및 구조에 대한 고찰", 헌법논총 14집(2003. 12), 401면 이하.

曺圭昌, "所有權侵害와 慰藉料請求權", 論理와 直觀(曺圭昌 敎授論文集), 1998, 475면 이하.

曺喜大, "營業秘密의 侵害와 그 損害賠償", 대법원판례해설 27호, 320면 이하.

韓騎澤, "言論의 犯罪事件 報道에 있어서 匿名報道의 原則", 大法院判例解說 제31호(1999), 110면 이하.

韓琫熙, "慰藉料請求權의 諸問題", 民事法과 環境法의 諸問題(松軒 安二濬 博士華甲紀念論文集, 1986), 288면 이하.

韓渭洙, "名譽의 毀損과 民事上의 諸問題", 司法論集 제24집(93. 12), 393면 이하.

_____, "사진의 無斷撮影·使用과 民事責任 -肖像權의 侵害-", 民事裁判의 諸問題 제8권(94. 10), 209면 이하.

_____, "公人에 대한 名譽毁損의 比較法的 一考察-'現實的 惡意 原則(actual malice rule)'을 中心으로-", 저스티스 통권 69호(2002. 10), 131면 이하.

_____, "通信秘密의 公開와 報道에 관련한 民·刑事的 諸問題", 저스티스 제88호(2005. 12), 28면 이하.

黃貞根, "不法行爲로 인한 財産權의 침해에 대한 慰藉料請求", 民事判例研究

ⅩⅥ(1994), 239면 이하.

許盛旭, "不法行爲法理에 의한 인터넷상의 정보 프라이버시 保護問題에 관한
一考", 民事判例研究 ⅩⅩⅩ(2008), 753면 이하.

許熺成, "雜誌에 寫眞揭載로 因한 肖像權 侵害", 著作權 제8호(89. 12), 77면
이하.

洪天龍, "法人의 名譽毁損과 民法 제751조의 適用與否", 慶熙法學 제7집(경희
대 법학연구소, 1968), 68면 이하.

洪春義, "名譽毁損과 民事責任", 法學研究 제19집(전북대 법학연구소, 1992),
139면 이하.

2. 외국문헌

가. 독일

Bamberger/Roth, Bürgerliches Gesetzbuch, Kommentar[Bamberger/Roth/Bearbeiter로
인용]

Baumgärtel/Bearbeiter, Handbuch der Beweislast, Band 3, 3. Aufl. 2007.

Bötticher, Eduard, Zur Ausrichtung der Sanktion nach dem Schutzzweck der
verletzten Privatrechtsnorm, AcP 158(1959/60), 385-409.

Caemmerer, Ernst v., Der privatrechtliche Persönlichkeitsrechtsschutz nach dem
deutschem Recht, FS v. Hippel, 1967, 27-40.

Canaris, Claus-Wilhelm, Gewinnabschöpfung bei Verletzung des allgemeinen
Persönlichkeitsrechts, FS Deutsch, 1999, 85-109.

Das Bürgerliche Gesetzbuch mit besonderer Berücksichtigung der Rechtsprechung
des Reichsgerichts und Bundesgerichtshofs, Kommentar, 12. Aufl.[RGRK/
Bearbeiter로 인용]

Däubler, Wolfgang, Sachen und Menschen im Schadensrecht, NJW 1999, 1611-
1612.

Dauner-Lieb/Heidel/Ring, Anwaltkommentar[Anwaltkomm/Bearbeiter로 인용]

Degenkolb, Heinrich, Inhalt des Schadensersatzes, AcP 76(1890), 1-88.

Deutsch, Erwin, Schmerzensgeld und Genugtuung, JuS 1969, 197-205.

, Allgemeines Haftungsrecht, 2. Aufl. 1996.

Donaldson, David T., Zum Problem der sicheren Bemessung des Schmerzensgeldes, AcP 166(1966), 462-480.

Ebert, Ina, Pönale Elemente im deutschen Privatrecht, 2004(Jus Privatum 86).

Esser/Weyers, Schuldrecht, Besonderer Teil, Teilband 2, 8. Aufl. 2000.

Foerste, Ulrich, Schmerzensgeldbemessung bei brutalen Verbrechen, NJW 1999, 2951-2952.

Frommeyer, Persönlichkeitsschutz nach dem Tode und Schadensersatz - BGHZ 143, 214ff.(„Marlene Dietrich") und BGH, NJW 2000, 2201f.(„Der blaue Engel"), JuS 2002, 13-18.

Fuchs, Maximilian, Deliktsrecht, 6. Aufl. 2006.

Funkel, Thorsten, Schutz der Persönlichkeit durch Ersatz immaterieller Schäden in Geld, 2001.

Geigel, Reinhart, Haftpflichtprozess, 25. Aufl. 2008.[Geigel/Berarbeiter로 인용]

Gerlach, Jügen v., Gewinnherausgabe bei Persönlichkeitsverletzungen nach schweizerischem Vorbild? - Das Anspruchssystem der Schweiz und Deutschlands im Vergleich, VersR 2002, 917-927.

, Die prozessuale Behandlung von Schmerzensgeldansprüchen, VersR 2000, 525-532

Gierke, Otto v., Deutsches Privatrecht, Band 3, Schuldrecht, 3. Aufl, 1917.

Giesen, Dieter, Anmerkung zum Urteil des BGH vom 13. 10. 1992(=BGHZ 120, 1), JZ 1993, 519-521.

Götting, Horst-Peter, Persönlichkeitsrechte als Vermögensrechte, 1995.

, Sanktionen bei Verletzung des postmortalen Persönlichkeitsrechts, GRUR 2004, 801-808.

Gounalakis, Georgios, Persönlichkeitsschutz und Geldersatz, AfP 1998, 10-25.

Hirsch, Hans Joachim, Zur Abgrenzung von Strafrecht und Zivilrecht, FS Engisch, 1969, 304-327.

Hohloch, Gerhard, Allgemeines Schadensrecht. Empfiehlt sich eine Neuregelung der gesetzlichen Regelung des Schadensrechts(§§249-255 BGB)?, Gutachten und Vorschläge zur Überarbeitung des Schuldrechts, Bd. 1, Köln 1981, 375-478.

Hoppe, Persönlichkeitsschutz durch Haftungsrecht, 2001.

Hubmann, Heinrich, Das Persönlichkeitsrecht, 2. Aufl. 1967.

Jaeger, Lothar/Luckey, Jan, Schmerzensgeld : Tabelle, systematische Erläuterungen, 3. Aufl. 2005.

Jhering Rudolf v., Kampf ums Recht, 1872.

Juris PraxisKommentar zum BGB, 3. Aufl. 2006[jurisPK/Bearbeiter로 인용]

Kern, Bernard-Rüdiger, Die Genugtuungsfunktion des Schmerzensgeldes, AcP 191(1991), 247-272.

, Schmerzensgeld bei totalem Ausfall aller geistigen Fähigkeiten und Sinneempfindungen, FS Gitter, 1995, 447-459.

Klein, Stefanie, Der zivlrechtliche Schutz des einzelnen vor Persönlichkeitsrechtsverletzungen durch die Sensationspresse, 2000.

Klimke, Anmerkung zum Urteil des LG München Ⅱ vom 28. 5. 1980, VersR 1981, 390-391.

Knöpfel, Gottfried, Billigkeit und Schmerzensgeld, AcP 155(1956), 135-157.

Kohler, Josef, Die Ideale im Recht, Archiv für Bürgerliches Rechts 5(1891), 161-265.

Kötz, Hein, Gefährdungshaftung, Gutachten und Vorschläge zur Überarbeitung des Schuldrechts, Bd. 2, Köln 1981, 1779-1834.

Kötz, Hein/Wagner, Gerhard, Deliktsrecht, 10. Aufl. 2005.

Lange, Hermann/Schiemann, Schadensersatz, 3. Aufl. 2003.

lange, W. K., Schutz des allgemeinen Persönlichkeitsrechts durch zivilrechtliche Prävention?, VersR 1999, 274-282.

Larenz, Karl/Canaris, Lehrbuch des Schuldrechts, Band II/2 Besonderer Teil/2. Halbband, 13. Aufl. 1994.

Löffler, Martin/Ricker, Reinhart, Handbuch des Pressrechts, 4. Aufl. München 2000.

Lorenz, Egon, Immaterieller Schaden und "billige Entschädigung in Geld": eine Untersuchung auf der Grundlage des § 847 BGB, 1981.

, Schmerzensgeld für die durch eine unerlaubte Handlung wahrnehmungs- und empfindungsunfänig gewordenen Verletzten?, FS Wiese, 1998, 261-277.

Lorenz(Hg.), Schutz der Persönlichkeit, Karlsruher Forum 1996.

Magnus, Ulrich/Fedtke, Jörg, Non-Pecuniary Loss under German Law, in: Rogers(ed.), Damages for Non-Pecuniary Loss in a Comparative Perspective, 2001, 109-128.

Mestmäcker, Eingriffserwerb und Rechtsverletzung in der ungerechtfertigten Bereicherung, JZ 1958, 521-526.

Meyer, Dieter, Genugtuungsfunktion des Schmerzensgeldes und Strafzumessung-LG Düsseldorf, NJW 1974, 1289 und OLG Celle, JZ 1970, 548, JuS 1975, 87-90.

Mugdan, Benno, Die gesammten Materialien zum Bürgerlichen Gesetzbuche für das Deutsche Reich 2. buch-Recht der Schuldverhältnisse, Berlin, 1899.

Müller, Gerda, Zum Ausgleich des immateriellen Schadens nach § 847 BGB, VersR 1993, 909-916.

, Möglichkeiten und Grenzen des Persönlichkeitsrechts, VersR 2000, 797-806.

Münchener Kommentar zum BGB[MünchKomm/Bearbeiter로 인용-]

Münchener Kommentar zur Zivilprozessordnung, 2. Aufl.[MünchKommZPO/Bearbeiter로 인용-]

Nehlsen-von Stryk, Karin, Schmerzensgeld ohne Genugtuung, JZ 1987, 119-127.

Neuner, Robert, Interesse und Vermögensschaden, AcP 133(1933), 277-314.

Ott, Claus/Schäfer, Hans-Bernd, Schmerzensgeld bei Körperverletzungen. eine ökonomische Analyse, JZ 1990, 563-573.

Pauker, Werner, Die Berücksichtigung des Verschuldens bei der Bemessung des Schmerzensgeldes, VersR 2004, 1391-1395.

Pecher, Hans Peter, Buchrezension Egon Lorenz, Immaterieller Schaden und billige Entschädigung in Geld, AcP 185(1985), 383-396.

Riecker, Albert, Anmerkung zum Urteil des LG Hechingen vom 9. 1. 1981, VersR 1982, 254.

Savigny, Friedrich Carl v., Das Obligationenrecht als Theil des heutigen Römischen Rechts, Bd. 2, 1853.

Schäfer, Carsten, Strafe und Prävention im Bürgerlichen Recht, AcP 202(2002), 397-434.

Schäfer, Hans-Bernd/Ott, Claus, Lehrbuch der ökonomischen Analyse des Zivilrechts, 3. Aufl. 2000.

Schlechtriem, Peter, Anmerkung zum Urteil des BGH vom 15. 11. 1994, JZ 1995, 362-364.

Schlobach, Klaus, Das Präventionsprinzip im Recht des Schadensersatzes, 2004.

Schricker, Gerhard, Urheberrecht, Kommentar, 3. Aufl. 2006.[Schricker/Bearbeiter로

인용]

Schwerdtner, Peter, Das Persönlichkeitsrecht in der deutschen Zivilrechtsordnung, 1977.

, Der zivilrechtliche Persönlichekeitsschutz, JuS 1978, 289-299.

, Persönlichkeitsschutz im Zivilrecht, Karlsruher Forum 1996, Schutz der Persönlichkeit, Karlsruhe 1997, 27-51.

Seitz, Walter, Prinz und Prinzessin-Wandlungen des Deliktsrechts durch Zwangskommerzialisierung der Persönlichkeit, NJW 1996, 2848-2850.

Simitis, Spiros, Bundesdatenschutzgesetz, Kommentar, 6. Aufl. 2006.[Simitis/ Bearbeiter로 인용]

Soergel, Bürgerliches Gesetzbuch, Kommentar[Soergel/Bearbeiter로 인용]

Staudinger, Bürgerliches Gesetzbuch, Kommentar[Staudinger/Bearbeiter로 인용]

Stein/Jonas, Kommenatr zum ZPO, 21. Aufl.[Stein/Jonas/Bearbeiter로 인용]

Steffen, Erich, Schmerzensgeld bei Persönlichkeitsverletzung durch Medien, NJW 1997, 10-14.

Stoll, Hans, Empfiehlt sich eine Neuregelung der Verpflichtung zum Geldersatz für immateriellen Schaden?, Gutachten für den 45. Deutschen Juristentag, 1964.

, Der Tod als Schadensfall, FS Pan. J. Zepos, 1973, Band Ⅱ, 681-699.

, Haftungsfolgen im bürgerlichen Recht, 1993.

v. Tuhr/Peter/Escher, Allgemeiner Teil des Schweizerischen Obligationrechts. Bd. 1, 3. Aufl. 1979.

Ulmer, Urheber-und Verlagsrecht, 3. Aufl. 1980.

Wagner, Gerhard, Geldersatz für Persönlichkeitsverletzungen, ZEuP 8(2000), 200-228.

, Anm. zum Urteil des BGH von 1. 12. 1999. GRUR 2000, 717-720.

, Ersatz immmaterieller Schäden: Bestandsaufnahme und europäische Perspektiven, JZ 2004, 319-331.

, Neue Perspektiven im Schadensersatzrecht - Kommerzialisierung, Strafschadensersatz, Kollektivschaden, Gutachten für den 66. Deutschen Juristentag, 2006.

, Schadensersatz - Zweck, Inhalte, Grenzen, in: Egon Lorenz(Hg.), Karlsruher Forum 2006, 1-138.

Wenzel/Burkhardt, Das Recht der Wort-und Bildberichterstattung, 5. Aufl. 2003.

Westermann, Harm Peter, Geldentschädigung bei Persönlichkeitsverletzung - Aufweichung der Dogmatik des Schadensrechts?, Symposion zu Ehren von Claus-Wilhelm Canaris, 1998, 125-149.

Wiese, Günter, Der Ersatz des immateriellen Schadens, Recht und Staat, 1964.

나. 오스트리아

Beisteiner, Angehörigenschmerzengeld, 2009.

Brandstetter/Schmid, Kommentar zum Mediengesetz, 2. Aufl. 1999.

Bydlinski, Franz, Der Ersatz des ideellen Schadens als sachliches und methodisches Problem, JBl 1965, 173-194, 237-254.

, System und Prinzipien des Privatsrechts, 1996.

, Die Umrechnung immaterieller schaden in Geld, Liber Amicorum Pierre Widmer, 2003, 27-48.

Bydlinski, Peter, Grundzüge des Privatrechts, 6. Aufl. 2005.

Danzl, Die (psychische) Gesundheit als geschütztes Rechtsgut des § 1325 ABGB, ZVR 1990, 1-21

Danzl/Gutiérez-Lobos/Müller, Das Schmerzengeld in medizinischer und juristischer Sicht, 9. Aufl. 2008.

Fasching/Konecny/Bearbeiter, Kommentar zu den Zivilprozeßgesetzen, 2. Aufl.

Gschnitzer, Franz, Schuldrecht, Besonderer Teil und Schadenersatz, 1963.

, Lehrbuch des österreichischen bürgerlichen Rechts, Österreichisches Schuldrecht, Allgemeiner Teil, 2. Aufl. 1985.

Griss, Irmgard/Kathrein, Georg/Koziol, Helmut, Entwurf eines neuen österreichischen Schadenersatzrechts, Wien 2006.

Huber, Ch., Fragen der Schadensberechnung, 2. Aufl. 1995.

Jelinek, Wolfgang, Die Persönlichkeit des Verletzen und das Entstehen des Schmerzensgeldanspruchs, JBl 1977, 1-20.

Karner, Ernst, Die Neuregelung des Ersatzes ideeller Schäden bei geschlechtlichem Mißbrauch, JBl 1997, 685-701.

, Der Ersatz ideeller Schäden bei Körperverletzung, 1999.

Karner, Ernst/Koziol, Helmut, Non-Pecuniary Loss under Austrian Law, in: Rogers, (ed.), Damages for Non-Pecuniary Loss in a Comparative Perspective, 2001, 1-27.

, Der Ersatz ideellen Schadens im österreichischenRecht und seine Reform, Gutachten 15. ÖJT(2003), Band Ⅱ.

Kath, Walter, Schmerzengeld, 2005.

Klang/Bearbeiter, Kommentar zum Allgemeinen Buergerlichen Gesetzbuch, 2. Aufl.[Klang/Bearbeiter로 인용-]

Koziol, Helmut, Österreichisches Haftpflichtrecht, Bd. 1: Allgemeiner Teil, 3. Aufl. 1997; Bd. 2: Besonderer Teil, 2. Aufl. 1983.

, Die Bedeutung des Zeitfaktors bei der Bemessung ideeller Schäden, FS Hausheer, 2002, 597-610.

Koziol, Helmut/Bydlinski, Peter/Bollenberger, Raimund,　Kurzkommentar zum ABGB, 2. Aufl. 2007[Kurzkommentar zum ABGB/Bearbeiter로 인용-].

Litzka/Strebinger, MedienG, 5. Aufl. 2005.

Mayrhofer, Heinrich, Schuldrecht, Allgemeiner Teil, 3. Aufl. 1986.

Ofner, Julius, Der Ur-Entwurf und die Berathungs-Protokolle des Oesterreichischen Allgemeinen bürgerlichen Gesetzbuches, 2 Bande, Wien, 1889.

Rummel, Kommentar zum Allgemeinen Bürgerlichen Gesetzbuch, 3. Aufl.[Rummel/ Bearbeiter로 인용-]

Schwimann, Praxiskommentar zum ABGB, 3. Aufl.　2006.[Schwimann/Bearbeiter로 인용-]

Steininger, Viktor, Minderung der Erwerbsfähigkeit ohne Verdienstentgang. Die abstrakten Rente nach § 1325 ABGB und angrenzende Fragen, FS Wilburg, 181-203.

Strasser, Rudolf, Der immaterielle Schaden im österreichischen Recht, 1964.

Wolff, Karl, Grundriss des Österreichischen Bürgerlichen Rechts, 2. Aufl. 1946.

Zeiller, Franz v., Commentar über das ABGB, Bd. 3, 1. Abtlg., 1812.

다. 스위스

Basler Kommentar zum schweizerischen Privatrecht, 4. Aufl. 2007.[Basler Kommentar/Bearbeiter로 인용-]

Basler Kommentar zum Datenschutzgesetz/Bearbeiter, 2. Aufl. 2006.

Berner Kommentar zu Art. 41-61 OR, 2. Aufl. 1998.[Berner Kommentar/Bearbeiter 로 인용]

Burckhardt, C. Chr., Die Revision des Schweiz. Obligationenrechts im Hinblick auf das Schadenersatzrecht, ZSR 44(1903), 469-586.

v. Büren, Bruno, Schweizerisches Obligationenrecht Allgemeiner Teil, 1964.

Guhl, Theo/Koller, Alfred, Schweizerische Obligationenrecht, 9. Aufl. 2000.

Hausheer, Verstärkter Persönlichkeitsschutz: Der Kampf an verschieden Fronten, FG Deschenaux, 1977, 81-97.

Honsell, Schweizerisches Haftpflichtrecht, 4. Aufl. 2005.

Jäggi, Peter, Fragen des Privatrechtlichen Schutzes der Persönlichkeit, ZSR 1960 Ⅱ, 133a-261a.

Keller, A., Haftpflichtrecht im Privatrecht. Bd. 1, 6. Aufl. 2002, Bd. II, 2. Aufl. 1998.

Keller, Max/Gabi, Sonja, Haftpflichtrecht, 2. Aufl. 1988.

Kummer, Max, Grundriss des Zivilprozessrechts, 1970.

Maurer, Hans, Das Persönlichkeitsrecht der juristischen Person bei Konzern und Kartell, Zürcher Diss. 1953.

Merz, Schweizerisches Privatrecht, Obligationenrecht, Allgemeiner Teil, Bd. 6/1, § 18. Genugtuung.

Oftinger, Karl, Schweizerisches Haftpflichtrecht, 4. Aufl. 1975.

Oftinger, Karl/Stark, Emil, Schweizerisches Haftpflichtrecht. Bd. 1, 5. Aufl. 1995.

Perini, A. E., Richterliches Ermessen bei der Schadensberechnung, 1994.

Rey, Heinz, Ausservertragliches Haftpflichtrecht, 4. Aufl. 2008.

Tercier, Pierre, Short Comments Concerning Non-Pecuniary Loss Under Swiss Law, in: Rogers(ed.), Damages for Non-Pecuniary Loss in a Comparative Perspective, 2001, 301-311.

Siedler, Max, Die Genugtuung und ihre Bemessung, in: Münch/Geiser(Hg.), Schaden-Haftung-Versicherung, 1999, 445-489.

Schwenzer, Ingeborg, Schweizerisches Obligationenrecht, Allgemeiner Teil, 4. Aufl. 2006.

라. 프랑스

Barrot, Le dommage corporel et sa compensation, 1988.

Galand-Carval, S., Non-Pecuniary Loss Under French Law, in: Rogers(ed.), Damages for Non-Pecuniary Loss in a Comparative Perspective, 2001, 87-108.

Mazeaud, Henri/Mazeaud, Léon/Tunc, André, Traité theorique et pratique de la responsabilité civile délictuelle et contractuelle, Bd. 1, 6. Aufl. 1965.

Picard, Étienne, The Right to Privacy in French Law, in: Markesinis(ed.), Protecting Privacy: The Clifford Chance Lectures vol. 4, 1999, 49-103.

Viney/Jourdain, Les conditions de la responsabilité, 1998.

, Les effets de la responsabilité, 2001.

마. 영국

Andrews, Neil, English civil procedure : fundamentals of the new civil justice system, 2003.

Barrie, Personal Injury Law, 2nd ed. 2005.

Burrows, Andrew, Remedies for Torts and Breach of Contract, 3rd ed. 2004.

Clerk & Lindsell, On Torts, 19th ed. 2006.

Cooke/Oughton, The Common Law of Obligations, 3rd ed. 2000.

Elliott, Privacy, Confidentiality and Horizontality: The Case of The Celebrity Wedding Photographs, 60 Cambridge Law Journal 231-264(2001).

Fleming, John, The Law of Torts, 8th ed. 1992.

Gately, On Libel and Slander, 11th ed. 2008.

Giliker, a 'new' head of damages: damages for mental distress in the English law of torts, 20 Legal Study, 19-41(2000).

Goff, Lord of Chieveley/Jones, Gareth, Law of Restitution, 5th ed. 1998.

Judicial Study Board, Guidelines for the Assessment of General Damages in Personal Injury Cases, 9th ed. 2008.

Kemp, David/Kemp, Margaret, The Quantum of Damages, Loseblattsammlung, London Stand 1995.

Law Commission Consultation Paper, Damages for Personal Injury: Non-Pecuniary Loss, 1995.

Law Commission Report, Aggravated, Exemplary and Restitutionary Damages (LC

247), 1997.

, Claims for Wrongful Death (LC 263), 1999.

, Damages for Personal Injury: Non-Pecuniary Loss (LC 257), 1999.

, Damages Under the Human Rights Act 1998 (LC 266), 2000.

Markesinis, B.S./Deakin, S.F. Tort Law, 6th ed. 2008.

McGregor, Harvey, On Damages, 18th ed. 2009.

Ohly, Ansgar, Der Schutz der Persönlichkeit im englischen Zivilrecht, RabelsZ 65(2001), 39-77.

Phillipson, The Human Rights Act, 'Horizontal Effect' and the Common Law: a Bang or a Whimper?, 62 M.L.R. 824-849(1999).

Rogers, Non-Pecuniary Loss under English Law, in: Rogers(ed.), Damages for Non-Pecuniary Loss in a Comparative Perspective, 2001, 54-86.

Royal Commission on Civil Liability and Compensation for Personal Injury(Cmnd. 7054), 1978.

Street, Harry, Principles of the law of Damages, 1962.

Tettenborn, The Law of Damages, Butterworths Common Law Series, 2003.

Toulson/Phipps, Confidentiality, 2nd ed. 2006.

Winfield/Jolowicz/Rogers, Tort, 17th ed. 2006.

바. 미국

American Jurisprudence, 2nd ed, 2007.

American Law Institute, Restatement of the Law, Second, Torts.

Bell, Peter A., The Bell Tolls, Towards Full Tort Recovery for Psychic Injury, 36 U. Fla. L. Rev. 333-412(1984).

Belli, Melvin M., The Adequate Award, 39 Cal. L. Rev. 1-41(1951).

Dobbs, Dan B., Law of Remedies, Practitioner Treatise series, 2nd ed. 1993.

, The Law of Torts, Practitioner Treatise series, 2001.

Jaffe, Louis L., Damages for Personal Injury: The Impact of Insurance, 18 Law & Contemp. Probl. 219-240(1953).

Kalven, Harry, Privacy in Tort Law-Were Warren and Brandeis Wrong?, 31 Law & Contemp. Prob. 326-341(1966).

Pearson, Richard N., Liability to Bystanders for Negligently Inflicted Emotional

Harm, A Comment on the Nature of Arbitrary Rules, 34 U. Fla. L. Rev. 477-516(1982).

Peck, Cornelius, Compensation for Pain, 72 Mich. L. Rev. 1355-1396(1974).

Prosser/Keeton, Torts, Hornbook series, 5th ed. 1984.

Schwartz, Gary, Damages under US Law, in: Magnus(ed.), Unification of Tort Law: Damages, 2001, 175-182.

Smith, Steven D., The Critics and the Crisis, A Reassessment of Current Conceptions of Tort Law, 72 Cornell. L. Rev. 765-798(1987).

Warren, Samuel D./Brandeis Louis D., The Right to Privacy, 4 Harvard Law Review 195-220(1890-1891).

사. 비교법 일반

Ady, Johannes, Ersatzansprüche wegen immaterieller Einbußen, 2004.

Amelung, Ulrich, Der Schutz der Privatheit im Zivilrecht, Tübingen, 2002.

Bar, Charistian v., Gemeineuropäisches Deliktsrecht, Bd. 2. 1999.

, Principles of European law: Non-Contractual Liability Arising Out of Damage Caused to Another, 2009(PEL/von Bar, Liab. Dam.로 인용)

Bouck, Civil Jury Trials-Assessing Non-Pecuniary Damages-Civil Jury Trial, 81 Canadian Bar Review, 493-528(2002).

Brüggemeier, Gert, Haftungsrecht-Struktur, Prinzipen, Schutzbereich, 2006.

European Group on Tort Law, Principles of European Tort Law, Text and Commentary, 2005.

Frick, Marie-Theres, Persönlichkeitsrechte. Rechtsvergleichende Studie über den Stand des Persönlichkeitsschutzes in Österreich, Deutschland, der Schweiz und Liechtenstein, Wien 1991.

Göthel, Stephan R., Funktionen des Schmerzensgeldes, RabelsZ 69(2005), 255-307.

, Privacy and the Media - a Comparative Perspective, 2000.

v. Mehren, The US Legal System: Between the Common Law and Civil Law Legal Traditions, Saggi, Conferenze e Seminari, 40, 2000.

Prisching, Immaterieller Schadensersatz in Österreich und USA, 2003.

Schernitzky, Christian, Immaterieller Schadensersatz in Deutschland, Frankreich und in der Europäischen Union, Diss. 2004.

Vergau, Der Ersatz immateriellen Schadens in der Rechtsprechung des 19. Jahrhunderts zum französischen und zum deutschen Deliktsrecht, 2006.

Witzleb, Noramnn, Geldansprüche bei Persönlichkeitsverletzungen durch Medien, 2002.

Zweigert/Kötz, Einführung in die Rechtsvergleichung, 3. Aufl. 1996.

찾아보기

판례색인

■ 대법원

이창현

서울대학교 법과대학 졸업
법학박사(서울대학교)
사법연수원 31기
현재 서강대학교 법학전문대학원 조교수

慰藉料에 관한 硏究
-不法行爲를 중심으로-

초판 인쇄 | 2011년 2월 20일
초판 발행 | 2011년 2월 25일

저 자 | 이창현
발 행 인 | 한정희
발 행 처 | 경인문화사
등록번호 | 제10-18호(1973년 11월 8일)
편 집 | 신학태 김지선 문영주 정연규 안상준 김송이
영 업 | 이화표 최지현
관 리 | 하재일 양현주
주 소 | 서울특별시 마포구 마포동 324-3
전 화 | 718-4831~2
팩 스 | 703-9711
홈페이지 | www.kyunginp.co.kr
이 메 일 | kyunginp@chol.com

ISBN 978-89-499-0758-1 94360
값 29,000원